L'Officiel des
prénoms

GARÇONS

FIRST
Editions

ISBN : 978-2-7540-8535-9
Dépôt légal : mars 2016
Imprimé en Italie
Édition : Audrey Bernard et Astrid Lauzet
Mise en page : Graph'im 64

Éditions First
12, avenue d'Italie, 75 013 Paris
Tél. : 01 44 16 09 00
Fax : 01 44 16 09 01
E-mail : firstinfo@efirst.com
Site internet : www.editionsfirst.fr

Sommaire

Index des encarts thématiques 4

Index des zooms prénoms 5

Introduction 6

Les prénoms masculins 13

Sondage : comment les parents choisissent-ils les prénoms de leurs enfants ? 294

Prénoms en fête 300

Index des encarts thématiques

Le top 20 masculin en 2015 23

Les prénoms masculins les plus portés aujourd'hui 29

Les thématiques dans le vent 46

Les prénoms basques, bretons et occitans 68

Les sonorités masculines d'aujourd'hui et de demain 77

Les prénoms parisiens 99

La législation française 117

Les prénoms masculins québécois 123

Les prénoms masculins suisses romands 131

Les prénoms masculins wallons 143

Les prénoms BCBG 155

Comment les célébrités prénomment-elles leurs enfants ? 192

Le palmarès des prénoms mixtes en 2015 203

Vous avez dit « désuet » ? 209

Les prénoms rétro du début du XXe siècle 216

Les prénoms de rois 225

Les prénoms composés masculins 238

Variations orthographiques et inventions 251

Harmonie d'un prénom avec son patronyme 259

Idées de prénoms masculins triculturels 269

Le palmarès des 100 prénoms masculins du XXe siècle 275

Évolution des pratiques d'attribution des prénoms de 1900 à nos jours 280

Les prénoms anti-cote 290

Les prénoms autour du monde 292

Index des zooms prénoms

Aaron	14	Lucas	172
Adam	17	Maël	177
Arthur	36	Martin	182
Augustin	39	Mathéo, Mathis	185
Camille	54	Maxime	188
Clément	61	Nathan	200
Élie, Eliott	81	Noa, Noah, Noé	206
Enzo	87	Nolan	208
Ethan	91	Oscar	214
Evan	93	Paul	219
Gabin	105	Raphaël	229
Gabriel	107	Robin	234
Gaspard	109	Sacha	242
Hugo	126	Samuel	245
Jules	149	Théo	260
Léo, Léon	163	Thomas, Tom	263
Liam	165	Timéo	266
Louis	169	Yanis	285

Introduction

Le choix du prénom d'un enfant est l'une des premières grandes responsabilités que doivent assumer les parents. Ceux-ci le font souvent avec enthousiasme, mais non sans mal… Et pour cause !

Jamais le prénom n'a été autant utilisé pour désigner l'individu, qu'il soit à l'école, au travail, ou dans un cadre plus privé. Détaché du nom patronymique, le prénom introduit un contexte plus amical et chaleureux dans lequel la personne se reconnaît et s'identifie socialement. Le choix des parents n'en est que plus décisif. Or, dans le même temps, le stock des prénoms recensés n'a jamais été aussi vaste (le répertoire national compte sept fois plus de prénoms aujourd'hui qu'il y a un siècle), et la législation aussi accommodante. Les parents ont littéralement… l'embarras du choix ! Certains n'hésitent pas à tester leurs idées de prénoms sur les forums de sites internet comme celui de **MeilleursPrenoms.com.**

En 15 ans, MeilleursPrenoms.com a considérablement évolué en fonction des demandes des parents. Leurs commentaires ont permis au site de s'adapter à leurs besoins et de mieux répondre à leurs attentes. Aujourd'hui, *L'Officiel des prénoms* poursuit le même objectif. À l'identique du site, ce guide est fondé sur une approche interactive et statistique. Il s'intéresse aux prénoms les plus répandus comme à ceux qui ne font qu'émerger.

1) UN GUIDE DE RÉFÉRENCE SUR PLUS DE 12 000 PRÉNOMS

Vous trouverez dans ce livre une sélection de plus de 12 000 prénoms accompagnés de leur étymologie. Dans leur grande majorité, ces prénoms sont d'origine latine, sémitique (hébraïque et arabe), germanique ou grecque. Ils constituent la base de la grande famille des prénoms « français ». Cependant, ces vingt dernières années, le patrimoine des prénoms s'est enrichi de nouvelles sonorités. L'immigration a largement contribué à cet enrichissement. C'est ainsi que l'on trouve en France une nouvelle gamme de prénoms aux accents espagnols, italiens, scandinaves, slaves ou russes, des consonances d'origine celte, irlandaise, arabe ou anglophone. Nous avons également inclus des prénoms provenant de contrées plus lointaines (Japon, Inde, Iran, Tahiti, Vietnam, Chine, Arménie, Turquie, etc.). Ainsi, cet ouvrage comprend bien des perles rares qui font parler d'elles en dehors de l'Hexagone.

LES PRÉNOMS RÉGIONAUX, UNE SOURCE D'INSPIRATION ET D'ORIGINALITÉ

Pour trouver un prénom qui sort des sentiers battus, les parents sont de plus en plus nombreux à explorer le répertoire des prénoms régionaux : la spécificité de leurs consonances témoigne de la diversité et de la richesse culturelle de la France. Certains d'entre eux connaissent une vogue sans précédent (voir l'encadré consacré aux prénoms régionaux). C'est la raison pour laquelle les prénoms d'origine alsacienne, basque, bretonne, corse, flamande ou occitane ont été mis en valeur dans cet ouvrage. Lorsqu'un prénom présente une identité régionale spécifique, cette information est indiquée. Au total, près de 1 000 prénoms régionaux sont répertoriés dans *L'Officiel des prénoms*.

2) EN QUOI CET OUVRAGE EST-IL DIFFÉRENT DES AUTRES ?

Les prénoms recensés dans ce livre ont la particularité d'être réellement portés* en France. Afin de donner au lecteur un maximum d'informations, la fréquence des prénoms et leur rang d'attribution actuel ont été précisés (voir les méthodes de travail p. X). Une prévision sur la tendance à venir est également indiquée lorsque cette estimation a pu être réalisée. L'objectif est de donner une « photographie » des prénoms, tels qu'ils sont attribués en France aujourd'hui.

* Seuls quelques prénoms dont il est précisé qu'ils sont portés par moins de 30 Français aujourd'hui sont susceptibles d'être encore inédits en France.

TRAITEMENT DES DÉRIVÉS ET VARIANTES

Les déclinaisons les moins répandues sont référencées avec le prénom auquel elles se rapportent. Ubert apparaît sous la forme d'une variante d'Hubert, le premier étant porté par moins de 10 Français, le second, par 43 000. Notons que le classement de ces dérivés a été effectué de manière phonétique. En appliquant ce principe, Lucio se trouvera classé avec Luciano plutôt que Lucien.

ACCENTS

Nous avons accentué les prénoms, quelles que soient leurs origines, conformément à leur graphie usuelle française. De cette manière, un prénom comme Aloïs est orthographié avec le tréma même s'il est inaccentué dans les pays non francophones.

CARACTÉROLOGIE

Les prénoms de *L'Officiel des prénoms* ont fait l'objet d'une étude caractérologique. Fondée sur la numérologie, cette analyse permet d'associer à chaque prénom cinq traits de caractères principaux.

LES « ZOOMS » PRÉNOMS

Les prénoms phares du moment font l'objet d'un encadré spécial, appelé « zoom prénom ». Ces zooms abordent en profondeur l'histoire de ces prénoms. Ils analysent également leurs parcours et leurs évolutions à anticiper pour la France et les pays francophones (Belgique, Suisse, Québec).

PRÉNOMS EN FÊTE

Les dernières pages de cet ouvrage recensent les fêtes de plus de 600 prénoms masculins. Ces derniers sont classés par ordre alphabétique.

SOURCES STATISTIQUES

Les informations basées sur des chiffres (graphiques, fréquences, tendances, prénoms par départements), sont fondées sur les données statistiques de l'Insee. L'encart dédié aux prénoms parisiens a été réalisable grâce aux données du site internet Opendata. paris.fr, publié par la mairie de Paris. Les palmarès 2015 ont été réalisés grâce aux données communiquées par les mairies de Paris, Nice, Nantes, Strasbourg, Montpellier, Bordeaux, Rennes, Reims, Toulon, Grenoble, Angers, Brest, Amiens, Rouen, St Nazaire, St Malo, Chartres,

Dreux, Périgueux, Issy-les-Moulineaux, Rambouillet et Châteaudun pour l'année 2014. Nous remercions les mairies de ces villes pour leur réactivité. En complément, les classements réalisés par la presse ont été pris en compte pour les villes de Marseille (*20 minutes*, le 05/01/2015), Lyon (*Le Progrès*, le 04/01/2015), Toulouse (*La Dépêche*, le 02/01/2015), Perpignan et Carcassonne (*L'Indépendant*, le 12/01/2015), Caen (*Ouest France*, le 03/01/2015) et La Rochelle (*Sud-Ouest*, le 19/01/2015). Des données statistiques internationales ont également été utilisées pour analyser l'évolution globale des pratiques d'attributions. Les données se rapportant à l'Angleterre et au pays de Galles proviennent de l'institut national anglais *National Statistics*. Le CSO, *Central Statistics Office* établit le palmarès des prénoms les plus attribués en Irlande. Le GFDS *Gesellschaf Für Deutsche Sprache* fait de même pour l'Allemagne. Aux États-Unis, la *Social Security Administration* recense les prénoms les plus plébiscités, et en Australie, les gouvernements du New South Wale et du South Wale constituent nos sources d'information. Les données relatives à la Finlande émanent du *Våestörekisterikeskus*. Celles se rapportant à la Norvège proviennent du SSB : *Statistik Sentralbyå*. Enfin le palmarès des prénoms suédois est dressé par le SCB, *Statistiska Centralbyrån*.

La carrière des prénoms dans les régions francophones du Canada, de la Belgique et de la Suisse est suivie de près dans cet ouvrage. La *Régie des rentes* du Québec (www.rrq.gouv.qc.ca) recense les prénoms les plus attribués dans cette région. En Suisse romande, c'est le OFS, l'*Office fédéral suisse* de la statistique, qui compile les données. Enfin, *l'Institut national de statistique de la Belgique* (www.statbel.fgov.be) établit le palmarès des prénoms attribués dans les régions et dans l'ensemble de la Belgique.

Notons que les termes de « français », « anglais », « espagnol », « allemand » et « portugais » associés aux prénoms désignent l'ensemble des pays du monde francophone, anglophone, hispanophone, germanophone et lusophone, régions dans lesquelles ces prénoms sont répandus.

3) MÉTHODOLOGIE

◖ LES PROJECTIONS

Les prénoms recensés dans cet ouvrage ont fait l'objet d'une étude approfondie et de projections statistiques. Ces projections permettent d'estimer le nombre d'attributions d'un prénom. Elles permettent également d'anticiper le positionnement des prénoms dans le palmarès français pour les mois à venir.

◖ LES GRAPHIQUES

Les graphiques des zooms prénoms sont fondés sur les dernières données de l'Insee disponibles (fichier prénom, édition 2012). Ces données répertorient le nombre d'attributions de chaque prénom pour la période 1900-2011. Par conséquent, les données graphiques correspondant aux années 2011 et 2013 résultent d'une projection statistique.

Notons que l'échelle utilisée diffère selon la spécificité du prénom. Le graphique dédié à Nolan commence en 1990 car ce jeune prénom n'émerge pas avant cette décennie. Par contraste, celui de Louis remonte aux années 1900 afin de retracer sa plus longue carrière.

◖ LES FRÉQUENCES

La fréquence associée à chaque prénom est précédée par le pictogramme ; elle indique le nombre estimé de personnes qui portent ce prénom en France. Ces dernières sont nées en France et étaient toujours vivantes au moment où les statistiques de l'Insee ont été compilées.

◖ LE NIVEAU DE POPULARITÉ

Le niveau de popularité des prénoms varie selon celui de leurs attributions estimées pour 2015. Leur classement se lit selon les correspondances ci-dessous :

TOP 50 : classement entre le 1er et le 50e rang des attributions

TOP 100 : classement entre le 51e et le 100e rang des attributions

TOP 200 : classement entre le 101e et le 200e rang des attributions

TOP 300 : classement entre le 201e et le 300e rang des attributions

TOP 400 : classement entre le 301e et le 400e rang des attributions

TOP 500 : classement entre le 401e et le 500e rang des attributions

TOP 600 : classement entre le 501e et le 600e rang des attributions

TOP 700 : classement entre le 601e et le 700e rang des attributions

TOP 800 : classement entre le 701e et le 800e rang des attributions

TOP 900 : classement entre le 801e et le 900e rang des attributions

TOP 1000 : classement entre le 901e et le 1000e rang des attributions

TOP 2000 : classement entre le 1001e et le 2000e rang des attributions

Remarques : Lorsqu'un prénom ne figure pas dans les 2 000 premiers rangs des attributions estimées pour 2015, aucun « top » ne lui est associé. C'est le cas de René qui se place au 4 170e rang. Notons également que les prénoms masculins classés en deçà du 1 400e rang ne devraient pas être attribués plus de 30 fois dans l'Hexagone en 2015. Cette précision est indiquée au fil des pages pour les prénoms concernés.

Comme le montre le tableau ci-dessous, le niveau d'attribution des prénoms chute fortement dès lors que le prénom ne figure pas dans le top 50 national.

Rang	Prénom	Nombre de naissances estimées pour 2015
1er	Léo	5800
51e	Camille	1650
101e	Thibault	800
201e	Idriss	400
301e	Aedan	240
401e	Tyron	160
501e	Thao	125
601e	Aurèle	100
701e	Enrico	80
801e	Amadou	65
901e	Ariel	57
1001e	Doryan	50

LES TENDANCES

Les tendances ont été calculées en prenant en compte l'évolution suivie par chaque prénom sur une période de six ans (on compare l'évolution du prénom au cours des trois dernières années par rapport aux trois années précédentes). Les prénoms portés par plus de 200 personnes entrent dans le champ d'application. Si l'on prend l'exemple de Nolan (p. 207), on peut dire que ce prénom est en forte croissance. En se référant au tableau ci-dessous, on conclut que sa progression a été supérieure à 50 % au cours de ces trois dernières années :

Tendance	Signification
⬆ : en forte croissance	Progression supérieure à 50 %
↗ : en croissance modérée	Progression de 5 à 50 %
➡ : stable	État stationnaire
↘ : en décroissance modérée	Diminution de 5 à 50 %
⬇ : en forte décroissance	Diminution supérieure à 50 %

À noter : Les mentions concernant les tendances et les fréquences s'appliquent toujours à la France sauf dans le cas où un autre pays est spécifié. Les prénoms qui ne montrent pas d'évolution statistiquement significative n'ont pas de tendance indiquée (exemple : Fleury n'est quasiment pas attribué depuis de nombreuses années ; aucune tendance ne lui est associée).

4) INFORMATIONS COMPLÉMENTAIRES À PROPOS DE MEILLEURSPRENOMS.COM

MeilleursPrenoms.com est consulté par plus de 300 000 internautes chaque mois. La plupart d'entre eux sont français, mais de nombreux visiteurs belges, canadiens et suisses viennent y puiser leurs inspirations de prénoms. MeilleursPrenoms.com a été créé en février 2000. Je me suis lancée dans cette aventure avec mon mari après avoir hésité pendant des mois sur les choix de prénoms à donner à nos enfants. Nous habitions alors New York, et nous souhaitions que ces prénoms soient faciles à prononcer en français et en anglais. Cette expérience nous a donné l'envie de réaliser un site qui pourrait aider d'autres parents. Les nombreuses lettres de remerciements m'ont encouragée à poursuivre cette démarche. C'est un peu grâce à eux que L'*Officiel des prénoms* existe aujourd'hui et je les en remercie.

A

Aadil 150
Juste (arabe). Caractérologie : altruisme, idéalisme, intégrité, dévouement, réflexion.

Aaron 11 000 **TOP 50**
Esprit (hébreu). Variantes : Aron, Ayron. Caractérologie : ténacité, méthode, décision, engagement, fiabilité.

Aban
Abbé (celte). Ce prénom est porté par moins de 30 personnes en France. Caractérologie : intégrité, idéalisme, altruisme, réflexion, dévouement.

Abdallah 4 000 **TOP 400**
Serviteur de Dieu (arabe). Variantes : Abdelah, Abdelila, Abdelilah. Caractérologie : gestion, découverte, énergie, audace, originalité.

Abdel 4 000 **TOP 1000**
Serviteur de Dieu (arabe). Variantes : Abdel, Abd-el, Abdelali. Caractérologie : paix, bienveillance, conscience, conseil, gestion.

Abdelaziz 2 000 **TOP 2000**
Serviteur du Tout-Puissant (arabe). On peut estimer que moins de 30 enfants seront prénommés ainsi en 2015. Variantes : Abdelhaziz, Abdelazize, Abdelazziz, Abdellaziz. Forme composée : Abdel-Aziz. Caractérologie : détermination, audace, énergie, découverte, sensibilité.

Abdelhakim 1 500 **TOP 2000**
Serviteur de Celui qui est sage (arabe). On peut estimer que moins de 30 enfants seront prénommés ainsi en 2015. Caractérologie : pratique, communication, résolution, enthousiasme, finesse.

Abdelkader 9 000 **TOP 800**
Serviteur du Puissant (arabe). Variante : Abdulkadir. Forme composée : Abdel-Kader. Caractérologie : idéalisme, altruisme, résolution, organisation, intégrité.

Abdelkarim 1 500 **TOP 2000**
Serviteur de Celui qui est généreux (arabe). On peut estimer que moins de 30 enfants seront prénommés ainsi en 2015. Variantes : Abdelkrim, Abdelkrime. Caractérologie : méthode, fiabilité, organisation, ténacité, résolution.

Abdellah 2 000 **TOP 600**
Serviteur de Dieu (arabe). Caractérologie : organisation, rectitude, humanité, rêve, finesse.

Abdelmalek 750 **TOP 2000**
Serviteur du Souverain suprême (arabe). Variante : Abdelmalik. Forme composée : Abdel-Malik. Caractérologie : pragmatisme, communication, optimisme, créativité, organisation.

Abdon 300
Serviteur (hébreu). Caractérologie : altruisme, idéalisme, intégrité, réflexion, volonté.

Abdullah 950 **TOP 900**
Serviteur de Dieu (arabe). Variantes : Abdala, Abdela, Abdella, Abdellali, Abdou,

AARON

Fête : 1er juillet

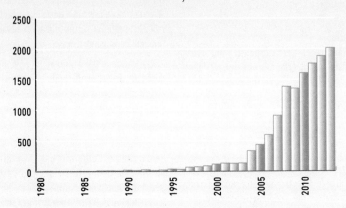

Étymologie : Aaron signifie « esprit » en hébreu mais il a certainement une origine égyptienne ancienne. Au VIIe siècle, Aaron, médecin d'Alexandrie, rédigea une compilation de traités de médecine dans lesquels la petite variole est mentionnée pour la première fois.

Ce prénom de l'Ancien Testament se diffuse à la fin du XVe siècle dans les pays anglophones. Il devient très fréquent dans les années 1980, où il s'impose dans les tops 30 anglais et américain. Son repli est concomitant avec son envol européen. Stimulé par un succès précoce dans les pays scandinaves, Aaron (Aron pour les Suédois) se propage à l'ensemble du Vieux Continent. Sa diffusion nationale s'est particulièrement accélérée depuis 2006 : le nombre d'enfants nés sous ce nom a doublé. En attendant la gloire, Aaron s'est imposé dans les 40 premiers rangs parisiens et français en 2014.

Aaron se décline peu en dehors d'Haroun, une forme arabe peu répandue signifiant « messager », et Ayron, une variante rarissime née dans l'Hexagone en 2000.

Issu de la prestigieuse tribu des Lévi, **Aaron**, le frère cadet de Moïse dans l'Ancien Testament, intercède auprès du pharaon pour demander la libération de son peuple. Malgré l'épisode du Veau d'or (durant l'absence prolongée de Moïse, Aaron cède aux pressions du peuple et crée ce substitut symbolique de Dieu), il est pardonné et élevé au rang de grand prêtre. Il meurt en haut de la montagne Hor sans avoir pu entrer en Terre promise.

Saint Aaron, abbé breton d'origine galloise, fonda le monastère d'Alet sur une petite île au Vᵉ siècle. Elle fut ensuite rattachée à la terre et devint la cité de Saint-Malo. Saint Aaron est fêté le 22 juin à Saint-Malo.

Personnalités célèbres : Aaron Eckhart, acteur américain né en 1968 ; Aaron Fernandez, réalisateur et scénariste mexicain né en 1972 ; AaRON, groupe de musique français, acronyme d'Artificial animals Riding On Neverland.

Statistiques : Aaron est le 43ᵉ prénom masculin le plus donné du XXIᵉ siècle en France. On peut estimer qu'il sera attribué à un garçon sur 190 en 2015.

Abdoul, Abdoulah, Abdoullah, Abdul. Caractérologie : savoir, intelligence, méditation, organisation, indépendance.

Abel 8 000 TOP 300
Souffle, respiration (hébreu). Masculin anglais, français, espagnol et portugais. Dans le livre de la Genèse, Abel, le fils d'Adam et Ève, s'attire les foudres de son frère Caïn lorsque Dieu accepte l'offrande du premier et refuse celle du second. Dévoré par la jalousie, Caïn assassine Abel. Cette tragédie a inspiré de nombreux artistes, peintres et poètes. Variantes : Abélard, Abelardo, Abelin, Abelino. Caractérologie : fidélité, intuition, médiation, relationnel, organisation.

Abiel
Dieu est mon père (hébreu). Masculin anglais. Ce prénom est porté par moins de 30 personnes en France. Caractérologie : médiation, intuition, organisation, relationnel, résolution.

Aboubacar 950 TOP 600
Petit chameau (arabe). Premier calife de l'islam, Abou Bakr prit la succession du prophète Mahomet en 632 et poursuivit la conquête de terres arabes. Variantes : Aboubakar, Aboubakari, Aboubaker, Aboubakr, Boubakary, Boubakeur, Boubker. Caractérologie : organisation, autorité, innovation, énergie, raisonnement.

Abraham 1 500 TOP 900
Père des nations (hébreu). Personnage biblique, patriarche du judaïsme, Abraham est essentiellement porté aux États-Unis et dans les communautés juives. La carrière de ce prénom a été lancée au XVIIᵉ siècle par les puritains anglophones. Ces derniers furent en effet nombreux à l'adopter à leur arrivée en Nouvelle-Angleterre, aux États-Unis. Variantes : Aba, Avraham. Forme basque : Abarran. Caractérologie : vitalité, stratégie, achèvement, leadership, ardeur.

Abriel TOP 2000
Né en avril (latin). Ce prénom est porté par moins de 100 personnes en France. Caractérologie : relationnel, médiation, intuition, résolution, organisation.

Absalom

Mon père est paix (hébreu). Dans l'Ancien Testament, Absalom est le troisième fils de David, le roi d'Israël. Ce prénom est porté par moins de 30 personnes en France. Caractérologie : énergie, innovation, autorité, organisation, ambition.

Acacio

Fleur protectrice du mal (grec). Ce prénom est porté par moins de 100 personnes en France. Caractérologie : découverte, audace, originalité, énergie, analyse.

Achille   🏅 6 000 (TOP 200) ⬀

Qui a de belles lèvres (grec). Afin de le rendre immortel, Thétis plongea son fils Achille dans le Styx, fleuve réservé aux dieux. Le corps d'Achille devint invulnérable, excepté au talon par lequel Thétis l'avait tenu. En perçant son pied d'une flèche fatale, Pâris mit fin aux exploits d'un des plus grands héros de la mythologie grecque. Aujourd'hui encore, on désigne par « talon d'Achille » le point faible d'une personne. Achille est un prénom français. Variantes : Achile, Achilles, Aghiles. Caractérologie : dynamisme, curiosité, courage, décision, indépendance.

Achraf   🏅 1 500 (TOP 900) ➡

Honorable (arabe). Variante : Ashraf. Caractérologie : audace, direction, dynamisme, indépendance, analyse.

Adaïa

Parure divine (hébreu). Ce prénom est porté par moins de 30 personnes en France. Caractérologie : originalité, sagacité, philosophie, connaissances, spiritualité.

Adalbert   🏅 120

Noble, brillant (germanique). Masculin allemand. Variantes : Adalard, Adelbert. Caractérologie : idéalisme, intégrité, altruisme, décision, gestion.

Adam   🏅 35 000 (TOP 50) 🔍 ⬀

Fait de terre rouge (hébreu). Des origines babyloniennes ou phéniciennes pourraient également donner à Adam la signification de « homme » ou « humanité ». Variantes : Adan, Adame, Adamo, Adao, Damek, Damica, Damicke. Caractérologie : dynamisme, direction, audace, indépendance, assurance.

Adama   🏅 1 500 (TOP 900) ➡

Fait de terre rouge (hébreu). Voir Adam. Caractérologie : diplomatie, loyauté, réceptivité, sociabilité, bonté.

Adams   🏅 180 (TOP 2000)

Fait de terre rouge (hébreu). Masculin anglais. Voir Adam. Caractérologie : sociabilité, réceptivité, bonté, diplomatie, loyauté.

Addison

Fils d'Adam (anglais). Addison se féminise depuis plusieurs années aux États-Unis ; il est assez fréquent sous forme de patronyme. Ce prénom est porté par moins de 100 personnes en France. Caractérologie : optimisme, communication, pragmatisme, volonté, résolution.

Adei

Qui montre du respect (basque). Ce prénom est porté par moins de 30 personnes en France. Caractérologie : décision, innovation, énergie, ambition, autorité.

ADAM

Fête : 16 mai

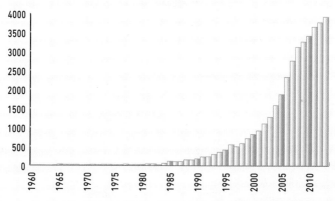

Étymologie : de l'hébreu *adamah* et *adom*, « fait de terre rouge ». Des origines babyloniennes ou phéniciennes signifiant « homme », « humanité » lui sont également associées. Ce vieux prénom est recensé dans les pays anglo-saxons dès le VIIᵉ siècle, mais sa diffusion est beaucoup plus récente en France. Encore inconnu au début des années 1950, Adam prénomme moins de dix Français chaque année. Mais dans les années 1990, l'essor des prénoms de l'Ancien Testament le pousse dans le sillon de Nathan, Noah, Gabriel et Raphaël. Après avoir séduit les parents parisiens (il talonne Gabriel au 2ᵉ rang), Adam pourrait prendre la 3ᵉ place du classement national en 2015.

Valeur sûre dans les tops 50 scandinaves, Adam grandit également dans les pays francophones. Il rencontre un tel succès à Bruxelles qu'il figure, depuis 2000, dans les 10 premières attributions de la capitale. Les musulmans vénèrent Adam en sa qualité de premier homme et de premier prophète, une dimension multiculturelle qui a favorisé son succès. Bien qu'il marque le pas dans les pays anglophones, sa carrière internationale est loin d'être terminée.

Dans le livre de la Genèse, **Adam**, le premier homme créé par Dieu, coule des jours heureux avec Ève dans le jardin des Délices. Mais ce bonheur tranquille s'interrompt lorsque le couple goûte au fruit défendu de l'arbre de la connaissance du bien et du mal. Pour les punir de leur désobéissance, Dieu les chasse du jardin d'Éden, vouant Adam et ses descendants au travail et aux réalités de la vie sur terre. Adam est le patron des jardiniers.

Personnalités célèbres : Adam de la Halle, auteur compositeur français de chansons et rondeaux du XIIIe siècle ; Adam Sandler, acteur américain.

Statistiques : Adam est le 13e prénom masculin le plus donné en France depuis le début du XXIe siècle. On peut estimer qu'il sera attribué à un garçon sur 81 en 2015.

Adel  7 000
Juste (arabe). Caractérologie : persévérance, sécurité, structure, efficacité, honnêteté.

Adelin 500
Noble (germanique). Dans l'Hexagone, Adelin est plus traditionnellement usité au Pays basque. Variantes : Adelino, Adelio, Hedelin. Caractérologie : ouverture d'esprit, humanité, rêve, résolution, rectitude.

Adem 5 000 TOP 100
Équivalent arabe d'Adam. Caractérologie : curiosité, dynamisme, indépendance, courage, charisme.

Adhémar
Noble, illustre (germanique). Ce prénom est porté par moins de 100 personnes en France. Variantes : Adelmard, Adelmo, Adémar. Caractérologie : découverte, énergie, originalité, audace, détermination.

Adiel
Parure divine (hébreu). Ce prénom est porté par moins de 100 personnes en France. Caractérologie : persévérance, décision, structure, sécurité, efficacité.

Adil 4 000 TOP 400
Juste (arabe). Variantes : Adile, Adlâne, Adlen, Adlène. Caractérologie : achèvement, stratégie, ardeur, leadership, vitalité.

Adnane 700 TOP 2000
S'installer (arabe). Variantes : Adnan, Adnen, Adnène. Caractérologie : adaptation, pratique, communication, enthousiasme, générosité.

Adolphe 3 000
Noble, loup (germanique). Un saint, évêque de Westphalie et protecteur des pauvres, porta ce nom au XIIIe siècle. Peu attribué par le passé, ce prénom français a connu son dernier pic de popularité en 1908. On peut estimer que moins de 30 enfants seront prénommés ainsi en 2015. Variantes : Adelphe, Adolf, Adolfo, Adolph, Adolpho. Caractérologie : finesse, volonté, connaissances, sagacité, réalisation.

Adonis 800 TOP 1000
Seigneur (hébreu). Forme basque : Adon. Caractérologie : force, ambition, habileté, décision, caractère.

Adrian 4 000 TOP 400
Habitant d'Adria, Italie (grec). En dehors de l'Hexagone, Adrian est plus particulièrement répandu dans les pays anglophones, germanophones, hispanophones et slaves.

Variantes : Adryan, Adryen. Caractérologie : relationnel, intuition, fidélité, médiation, détermination.

Adriano 2 000
Habitant d'Adria, Italie (grec). Adriano est très porté en Italie et dans les pays lusophones. Caractérologie : résolution, achèvement, vitalité, stratégie, volonté.

Adriel  250
La majesté de Dieu (hébreu). Adriel est également une contraction d'Adrien et des prénoms se terminant en « el ». Variantes : Adrial, Hadriel. Caractérologie : ténacité, méthode, fiabilité, engagement, détermination.

Adrien 103 000
La forme latine Adrianus était portée par une famille romaine habitant la ville d'Adria. C'est elle qui a donné son nom à la mer Adriatique et au célèbre empereur Hadrien. Au cours des siècles, plusieurs saints et six papes ont porté ce nom sous ses différentes formes. Adrien est connu, même si son usage reste discret, jusqu'à la fin du XXᵉ siècle. Il s'envole alors en Europe et dans l'Hexagone, culminant au 20ᵉ rang français en 1991. Il est, avec Adrian et Adriano, très répandu dans le monde occidental et les pays slaves aujourd'hui. ◇ Hadrien succède à Trajan en 117 et règne sur l'Empire romain jusqu'en 138. Homme politique brillant et cultivé, il réorganise l'administration et protège son empire des invasions barbares en fortifiant ses frontières. L'Angleterre lui doit notamment la construction du célèbre mur d'Hadrien. Dans la littérature, Hadrien a inspiré un roman de Marguerite Yourcenar et les écrits de nombreux écrivains. Caractérologie : paix, bienveillance, conscience, conseil, décision.

Aedan 250
Petit feu (celte). Masculin anglais. Caractérologie : savoir, intelligence, sagesse, indépendance, méditation.

Aël 400
Forme bretonne d'Ange : messager (grec). Variante : Aelig. Caractérologie : idéalisme, altruisme, dévouement, réflexion, intégrité.

Agathon

Bonté, gentillesse (grec). Ce prénom est porté par moins de 30 personnes en France. Caractérologie : communication, enthousiasme, pratique, adaptation, sensibilité.

Agenor

D'un grand courage (grec). Ce prénom est porté par moins de 100 personnes en France. Caractérologie : conscience, paix, décision, bienveillance, conseil.

Agnan 160
Chaste, pur (grec). Caractérologie : assurance, indépendance, audace, direction, dynamisme.

Agnel

Chaste, pur (grec). Ce prénom est porté par moins de 100 personnes en France. Variante : Agnan. Forme bretonne : Noan. Caractérologie : créativité, communication, pragmatisme, sympathie, optimisme.

Agustin 180

Consacré par les augures (latin). Agustin est très en vogue en Amérique latine, notamment au Chili et en Uruguay. C'est aussi un prénom traditionnel basque. Variantes : Agosti, Agostinho, Agostino, Agustinho, Agustino. Caractérologie : détermination, innovation, énergie, autorité, bonté.

Ahmed  17 000 TOP 200 →

Digne d'éloges (arabe). Théologien au IXᵉ siècle, Ahmed Ibn Hanbal est l'un des fondateurs de l'école hanbalite, l'une des quatre écoles qui régissent les lois islamiques. Variantes : Aimad, Ahmad, Ahmet, Ahmadou, Ahmid, Amadou, Mamoudou. Caractérologie : persévérance, structure, honnêteté, sécurité, efficacité.

Aïdan 1 000 TOP 400

Petit feu (celte). Se rapporte également à Aodh, prénom porté par le fils du roi Lir dans la mythologie irlandaise. Prénom irlandais, écossais et anglais. Notons qu'Aidan s'est francisé avec l'utilisation du tréma alors que ses origines celtiques en contredisent l'usage. Variantes : Aden, Aedan. Caractérologie : relationnel, fidélité, intuition, médiation, résolution.

Aimable 200

Aimable (latin). Variantes : Amable, Amavel, Mavel. Caractérologie : détermination, sagacité, connaissances, spiritualité, organisation.

Aimé 13 000 TOP 800 ↗

Qui est aimé (latin). Masculin français. Caractérologie : autorité, énergie, innovation, détermination, ambition.

Aïmen 850 TOP 2000 →

Heureux (arabe). Caractérologie : détermination, influence, équilibre, famille, sens des responsabilités.

Aimeric 700 →

Puissant (germanique). Dans l'Hexagone, Aimeric est plus traditionnellement usité en Occitanie. Variantes : Aimerick, Aimery, Amery. Formes basques : Aimar, Aimard. Caractérologie : méthode, ténacité, fiabilité, résolution, engagement.

Aïssa  3 000 TOP 700 →

Jésus (arabe), Dieu sauve (hébreu). Caractérologie : fiabilité, ténacité, sens du devoir, méthode, engagement.

Aitor 140

Père de tous les Basques (mythologie basque). Caractérologie : idéalisme, altruisme, intégrité, réflexion, dévouement.

Akash

Ciel (sanscrit). Akash est très répandu en Inde. Ce prénom est porté par moins de 100 personnes en France. Caractérologie : efficacité, sécurité, structure, persévérance, honnêteté.

Akemi

Beauté naissante (japonais). Ce prénom est porté par moins de 30 personnes en France. Caractérologie : créativité, optimisme, détermination, pragmatisme, communication.

Akim
 4 000 **TOP 2000**

Dieu a établi (hébreu). Prénom russe. On peut estimer que moins de 30 enfants seront prénommés ainsi en 2015. Caractérologie : savoir, intelligence, indépendance, méditation, sagesse.

Akira

Très intelligent (japonais). Ce prénom est porté par moins de 100 personnes en France. Variante : Akio. Caractérologie : honnêteté, structure, sécurité, efficacité, persévérance.

Al
 200

Beau, calme (celte). Masculin anglais. Caractérologie : méthode, ténacité, engagement, sens du devoir, fiabilité.

Ala

Noble, admirable (arabe). Ce prénom est porté par moins de 100 personnes en France. Variante : Alaa. Caractérologie : séduction, découverte, audace, énergie, originalité.

Aladin
 180

Foi élevée (arabe). Aladin est le héros du conte *Aladin, ou la Lampe merveilleuse* issu du recueil arabo-persan des *Mille et Une Nuits*. Caractérologie : dynamisme, courage, indépendance, détermination, curiosité.

Alain
 437 000 **TOP 1000**

Beau, calme (celte). Un saint breton, évêque de Quimper au VIᵉ siècle, atteste l'ancienneté de ce prénom. Il est recensé, en France comme en Angleterre (Alan), dès le Moyen Âge, mais c'est au XXᵉ siècle qu'il fait véritablement carrière en France. Il brille au 3ᵉ rang masculin en 1950 et reste largement attribué ensuite. Une popularité qui lui vaut d'être le 7ᵉ prénom masculin le plus attribué du siècle passé. ◇Dominicain breton au XVᵉ siècle, saint Alain de La Roche fonda plusieurs confréries du Rosaire en France, en Allemagne et aux Pays-Bas. Caractérologie : direction, indépendance, détermination, audace, dynamisme.

Alan
 19 000 **TOP 300**

Beau, calme (celte). Alan est plus traditionnellement usité en Angleterre, en Écosse, en Bretagne et en Occitanie. Variantes : Alane, Alanig, Alann, Alen, Alenn, Lan, Lanig. Caractérologie : innovation, autorité, énergie, autonomie, ambition.

Alaric
 450 **TOP 2000**

Roi de tous (germanique). Masculin allemand, anglais et scandinave. Formes bretonnes : Alar, Alarig. Forme occitane : Alari. Caractérologie : ardeur, achèvement, vitalité, stratégie, leadership.

Albin
 130

Blanc (latin). Caractérologie : optimisme, communication, pragmatisme, détermination, organisation.

Alban
 21 000 **TOP 200**

Blanc (latin). En dehors de l'Hexagone, ce prénom est plus particulièrement usité en Allemagne et dans les pays anglophones. Variante : Albano. Caractérologie : communication, pragmatisme, créativité, optimisme, gestion.

Albéric
🏵 1 000 ➡

Noble, brillant (germanique). Masculin anglais et français. Caractérologie : découverte, énergie, audace, décision, gestion.

Albert
🏵 61 000 **TOP 800** ➡

Noble, brillant (germanique). Albert s'est élancé en Allemagne et en Angleterre au XIXᵉ siècle, au moment où Albert de Saxe (1828-1902) est devenu roi. À la naissance d'Albert Einstein (en 1879), la popularité du prénom atteint des sommets en France. Sa vogue est telle qu'Albert atteint encore le 15ᵉ rang masculin à l'aube de son reflux, en 1920. Très courant dans le monde occidental, ce prénom est devenu rare pour un nouveau-né. ◇ Évêque de Ratisbonne au XIIIᵉ siècle, saint Albert consacra une grande partie de sa vie à la réflexion et à l'enseignement. Il est le patron des scientifiques. Variantes : Albérie, Albertin, Alibert, Albrecht, Bel, Béla, Elbert. Caractérologie : persévérance, structure, gestion, décision, sécurité.

Alberto
🏵 2 000

Noble, brillant (germanique). Masculin espagnol, italien et portugais. On peut estimer que moins de 30 enfants seront prénommés ainsi en 2015. Variantes : Alberti, Albertino. Caractérologie : détermination, direction, audace, dynamisme, raisonnement.

Albin
🏵 3 000 **TOP 600** ➡

Blanc (latin). En dehors de l'Hexagone, Albin est plus particulièrement répandu dans les pays slaves méridionaux. Variante : Albino. Caractérologie :

relationnel, médiation, organisation, intuition, détermination.

Alcée

Poète lyrique grec qui chanta des hymnes à la beauté, à l'amour et à la mort vers 64-58 avant J.-C. Il est considéré comme l'inventeur des vers « alcaïques » qui furent ensuite empruntés par Horace. Ce prénom est porté par moins de 30 personnes en France. Caractérologie : habileté, force, management, passion, ambition.

Alcibiade

Nom d'un général et homme politique grec du Vᵉ siècle avant J.-C. Ce prénom est porté par moins de 30 personnes en France. Caractérologie : énergie, autorité, innovation, gestion, décision.

Alcide
🏵 800 ⬆

Voir Alcibiade. Prénom corse. Caractérologie : méditation, détermination, savoir, intelligence, indépendance.

Alderic
🏵 160

Noble, puissant (germanique). Variante : Alderick. Caractérologie : méditation, savoir, indépendance, intelligence, détermination.

Aldo
🏵 3 000 ➡

Noble (germanique). Aldo est un prénom italien. On peut estimer que moins de 30 enfants seront prénommés ainsi en 2015. Variante : Alde. Caractérologie : découverte, audace, énergie, séduction, originalité.

LE TOP 20 MASCULIN EN 2015

Le palmarès ci-dessous a été réalisé grâce aux données communiquées par les mairies de Paris, Nice, Nantes, Strasbourg, Montpellier, Bordeaux, Rennes, Reims, Toulon, Grenoble, Angers, Brest, Amiens, Rouen, Saint-Nazaire, Saint-Malo, Chartres, Dreux, Périgueux, Issy-les-Moulineaux, Rambouillet et Châteaudun pour l'année 2014. De plus, les classements réalisés par la presse ont été pris en compte pour les villes de Marseille (*20 minutes*, le 05.01.2015), Lyon (*Le Progrès*, le 04.01.2015), Toulouse (*La Dépêche*, le 02.01.2015), Perpignan et Carcassonne (*L'Indépendant*, le 12.01.2015), Caen (*Ouest France*, le 03.01.2015) et La Rochelle (*Sud Ouest*, le 19.01.2015). Enfin, les projections statistiques basées sur les données de l'Insee ont permis des ajustements complémentaires.

Dans le tableau ci-dessous, les prénoms sont classés par ordre décroissant d'attribution estimée pour 2015 en France

1. Léo	6. Lucas	11. Nolan	16. Noah
2. Gabriel	7. Louis	12. Enzo	17. Sacha
3. Adam	8. Arthur	13. Jules	18. Tom
4. Timéo	9. Nathan	14. Liam	19. Théo
5. Raphaël	10. Hugo	15. Ethan	20. Gabin, Maël

Observations

Léo s'est envolé comme une fusée vers le premier rang et l'a sans doute atteint dès 2014. S'il est talonné de près par Gabriel, il n'est plus menacé par Nathan qui chute lourdement. Cette dégringolade aurait pu affecter la vogue des prénoms de l'Ancien Testament, contrarier l'ascension de certains d'entre eux, mais il n'en a rien été. Embusqués tout près du sommet, Gabriel, Adam et Raphaël gardent un trône qui promet d'être disputé. De son côté, Aaron pointe à l'horizon et attend son heure pour briller.

Cette domination affaiblit la source rétro (Louis, Jules) qui, malgré un Léo triomphant, progresse modestement. Dans le même temps, Théo recule mais les terminaisons en « éo » vibrent encore grâce à leur figure de proue (Léo) et Timéo. Cela n'empêche pas Maël de surfer sur la vague des désinences en « el », et de partager sa 20e place avec Gabin, nouveau venu dans l'élite.

Notons le jaillissement de Liam qui gagne 12 places de classement en un an et galvanise l'essor des prénoms irlandais. Cette année encore, la recette des prénoms à succès tient à 2 syllabes et 5 lettres en moyenne.

Pour plus d'information sur les prénoms ci-dessus, voir les encadrés qui leur ont été consacrés..

Aldous

Vieil ami (anglais). Ce prénom est porté par moins de 30 personnes en France. Caractérologie : rectitude, humanité, ouverture d'esprit, générosité, rêve.

Aldric ⭐ 1 000 ⬇

Noble, puissant (germanique). En dehors de l'Hexagone, Aldric est plus particulièrement usité en Allemagne. Variante : Aldrick. Caractérologie : sociabilité, diplomatie, réceptivité, bonté, loyauté.

Aldwin ⭐ 150

Vieil ami (anglais). Caractérologie : idéalisme, altruisme, intégrité, décision, réflexion.

Alessandro ⭐ 3 000 TOP 500 ➡

Défense de l'humanité (grec). Alessandro est très répandu en Italie et au Portugal. Variantes : Alejandro, Alessio. Caractérologie : rectitude, humanité, rêve, logique, caractère.

Alessio ⭐ 2 000 TOP 300 ⬆

Défense de l'humanité (grec). Alessio est un prénom italien. Caractérologie : rectitude, humanité, raisonnement, générosité, tolérance.

Alex ⭐ 26 000 TOP 200 ➡

Défense de l'humanité (grec). Alex est très répandu dans les pays occidentaux et anglophones. Variante : Alec. Caractérologie : exigence, influence, famille, équilibre, sens des responsabilités.

Alexander ⭐ 2 000 TOP 900 ➡

Défense de l'humanité (grec). Alexander est très répandu dans les pays anglophones,

germanophones et scandinaves. Variantes : Sancho, Sander, Sanders, Skender, Xander, Xandre. Caractérologie : volonté, pratique, enthousiasme, communication, raisonnement.

Alexandre ⭐ 259 000 TOP 50 ⬇

Défense de l'humanité (grec). Ce prénom porté par plusieurs saints, huit papes, trois empereurs russes et de nombreux souverains a été, sous ses nombreuses graphies, en usage dès le Moyen Âge. Mais c'est à partir du XVIe siècle qu'il entame une grande carrière dans de nombreux pays occidentaux et slaves. En France, Alexandre a figuré dans le top 10 masculin de 1982 à 2002, s'illustrant à plusieurs reprises dans les tout premiers rangs. Loin d'être éteinte, sa gloire a engendré celles d'Alexis et de Sacha. ◇ Roi de la Macédoine à l'âge de 20 ans, Alexandre le Grand (356-323 avant J.-C.), ou Alexandre III, se rendit maître de l'Empire perse à l'issue de nombreuses batailles. Il fonda, au cours de ses campagnes, une soixantaine de cités avant de mourir au combat à 33 ans. En mémoire de son fondateur, la ville égyptienne d'Alexandrie a gardé son nom. ◇ Alexandre II, tsar de Russie à la fin du XIXe siècle, humanisa la justice, abolit le servage des paysans et s'engagea dans des réformes démocratiques qui diminuèrent les privilèges des classes nobles. Il fut assassiné à Saint-Pétersbourg en 1881. ◇ Alexandre Dumas (1802-1870), écrivain français et auteur de nombreux romans historiques, connut un succès mondial avec *Les Trois Mousquetaires* et *Le Comte de Monte-Cristo*.

Variantes : Aleksandar, Aleksandre, Ales, Alesander, Alexan, Alexandros. Caractérologie : caractère, enthousiasme, logique, communication, pratique.

Alexandro ⭐ 450 TOP 2000 ↗

Défense de l'humanité (grec). Caractérologie : caractère, logique, ténacité, méthode, fiabilité.

Alexi ⭐ 1 500 TOP 700 →

Défense de l'humanité (grec). Caractérologie : sens des responsabilités, famille, équilibre, détermination, raisonnement.

Alexis ⭐ 127 000 TOP 50 ↘

Défense de l'humanité (grec). Ce diminutif d'Alexandre a été porté par cinq empereurs byzantins et un tsar russe, ce qui explique sa popularité en Grèce, en Russie et dans les pays slaves. Au milieu du XXᵉ siècle, Alexis s'est répandu en Allemagne et aux États-Unis où il s'est, depuis la fin des années 1990, considérablement féminisé : en 1999, il figurait au 3ᵉ rang du tableau féminin américain. Cette situation n'affecte en rien le genre d'Alexis en France. Ce choix masculin n'était d'ailleurs pas inconnu lorsqu'il s'est élancé dans le sillon d'Alexandre. Propulsé au 11ᵉ rang français au milieu des années 1990, Alexis est encore prisé par les parents aujourd'hui. ◇ Au XIVᵉ siècle, saint Alexis renonça à ses activités de marchand florentin pour vivre dans la prière et la pauvreté. Caractérologie : intelligence, méditation, raisonnement, détermination, savoir.

Alexy ⭐ 4 000 TOP 500 →

Défense de l'humanité (grec). Variantes : Alexei, Alexian, Alexys. Caractérologie : engagement, ténacité, fiabilité, méthode, bonté.

Alfonso ⭐ 550

Noble, vif (germanique). Ce prénom est particulièrement répandu au Portugal et en Espagne. Caractérologie : énergie, autorité, ambition, innovation, autonomie.

Alfred ⭐ 17 000 TOP 2000 ↘

Noble paix (germanique). Roi des Anglo-Saxons au IXᵉ siècle, Alfred le Grand défendit admirablement son royaume contre les Vikings venus du Danemark. Alfred se diffuse à cette période mais sombre ensuite dans l'oubli. Il renaît au XIXᵉ siècle dans les pays anglophones, scandinaves et germanophones avant de gagner l'Hexagone et le reste de l'Europe. Alfred figurait dans les 30 premiers rangs français en 1910, à l'aube de son déclin. Il a presque totalement disparu depuis les années 1960. On peut estimer que moins de 30 enfants seront prénommés ainsi en 2015. Variantes : Alfrède, Alfredo, Alfie, Alfy, Alphie, Eldrid. Caractérologie : direction, logique, audace, caractère, dynamisme.

Alfredo ⭐ 950

Noble paix (germanique). Alfredo est plus traditionnellement usité en Italie, dans les pays hispanophones et lusophones. C'est aussi un prénom traditionnel basque. Caractérologie : connaissances, logique, sagacité, spiritualité, caractère.

Ali 🏵 21 000 `TOP 200` →
Noble, admirable (arabe). Cousin du prophète Mahomet et époux de sa fille Fatima, Ali fut le quatrième calife « orthodoxe » de l'islam. Ali est répandu dans les cultures musulmanes. Caractérologie : structure, honnêteté, persévérance, efficacité, sécurité.

Alim 🏵 250 `TOP 2000` ↑
Sage, raisonnable (arabe). Caractérologie : ardeur, achèvement, stratégie, vitalité, leadership.

Alistair 🏵 400 `TOP 1000` ↑
Oculiste (grec). Masculin écossais et irlandais. Variante : Alister. Caractérologie : passion, force, ambition, habileté, organisation.

Alix 🏵 6 000 `TOP 400` →
De noble lignée (germanique). Caractérologie : innovation, autorité, énergie, logique, ambition.

Allain 🏵 2 000
Beau, calme (celte). Masculin français. On peut estimer que moins de 30 enfants seront prénommés ainsi en 2015. Caractérologie : ténacité, méthode, fiabilité, engagement, détermination.

Allan 🏵 17 000 `TOP 400` ↓
Beau, calme (celte). En dehors de l'Hexagone, Allan est très répandu en Écosse. Variante : Allen. Caractérologie : méthode, ténacité, fiabilité, engagement, sens du devoir.

Aloïs 🏵 4 000 `TOP 300` ↗
Très sage (vieil allemand). En dehors de l'Hexagone, Alois est particulièrement répandu en Allemagne et en Autriche. Caractérologie : médiation, intuition, logique, relationnel, fidélité.

Aloïse 🏵 400
Très sage (vieil allemand). Caractérologie : raisonnement, méditation, intelligence, détermination, savoir.

Alonzo 🏵 450 `TOP 700` ↑
Nom castillan dérivé d'un patronyme germanique. Prénom italien. Caractérologie : relationnel, intuition, fidélité, adaptabilité, médiation.

Aloyse 🏵 750
Très sage (vieil allemand). Aloyse est plus particulièrement recensé au Luxembourg. Caractérologie : curiosité, dynamisme, courage, indépendance, sympathie.

Alpha 🏵 500 `TOP 2000` →
Désigne la première lettre de l'alphabet grec. Variante : Alfa. Caractérologie : médiation, intuition, relationnel, fidélité, adaptabilité.

Alphée 🏵
Dans la mythologie grecque, Alphée se transforme en fleuve pour rejoindre sa bien-aimée, la nymphe Aréthuse. Ce prénom est porté par moins de 100 personnes en France. Caractérologie : sociabilité, réceptivité, diplomatie, amitié, loyauté.

Alphonse 🏵 9 000 `TOP 2000` →
Noble, vif (germanique). Masculin français. On peut estimer que moins de 30 enfants seront prénommés ainsi en 2015. Variantes : Alfons, Alfonse, Alonso, Alonzo, Alphonso. Caractérologie : idéalisme, intégrité, réflexion, altruisme, bonté.

Alric
🇫🇷 300 TOP 2000 →

Roi de tous (germanique). Masculin allemand. Variantes : Alrick, Alrik. Caractérologie : sagesse, savoir, intelligence, méditation, indépendance.

Altman

Vieil homme (germanique). Masculin anglais. Ce prénom est porté par moins de 30 personnes en France. Caractérologie : originalité, spiritualité, sagacité, connaissances, organisation.

Alvaro
🇫🇷 450 TOP 2000 ↑

Juste, raisonnable (germanique). Prénom espagnol. Variante : Alvar. Caractérologie : influence, famille, équilibre, sens des responsabilités, analyse.

Alvin
🇫🇷 1 500 TOP 2000 →

Noble et fidèle (germanique). Masculin anglais. Variantes : Alvine, Alvino, Alvyn, Alwin. Caractérologie : méthode, engagement, ténacité, fiabilité, résolution.

Aly
🇫🇷 500 TOP 2000 ↗

Noble, admirable (arabe). Caractérologie : sociabilité, loyauté, réceptivité, diplomatie, bonté.

Amadéo
🇫🇷 250 ↓

Amour de Dieu (latin). Prénom italien. Variante : Amadeus. Caractérologie : créativité, communication, optimisme, volonté, pragmatisme.

Amadis

Amour de Dieu (latin). Héros du roman de chevalerie *Amadis de Gaule*, écrit en 1508 par Garci Rodríguez de Montalvo. Ce prénom est porté par moins de 100 personnes en France. Caractérologie : diplomatie, bonté, loyauté, réceptivité, sociabilité.

Amador
🇫🇷 110

Celui qui aime (latin). Masculin espagnol, portugais et basque. Caractérologie : sagacité, connaissances, philosophie, spiritualité, originalité.

Amadou
🇫🇷 2 000 TOP 800 →

Digne d'éloges (arabe). Caractérologie : direction, dynamisme, audace, assurance, indépendance.

Amaël
🇫🇷 1 000 TOP 600 ↑

Variation moderne de Maël : chef, prince (celte). Caractérologie : courage, curiosité, dynamisme, indépendance, charisme.

Amance

Qui est aimé (latin). Ce prénom est porté par moins de 100 personnes en France. Caractérologie : ténacité, méthode, fiabilité, engagement, sécurité.

Amand
🇫🇷 1 000

Qui est aimé (latin). Masculin français. Variante : Amandin. Caractérologie : bienveillance, paix, conseil, conscience, sagesse.

Amandio
🇫🇷 120

Qui est aimé (latin). Variante : Amando. Caractérologie : communication, pratique, caractère, enthousiasme, décision.

Amar
🇫🇷 6 000 TOP 700 ↗

Aimer (latin), bâtisseur (arabe). Caractérologie : bienveillance, conscience, paix, sagesse, conseil.

Amara ⭐ 600 TOP 2000 ↗
Dieu a parlé (hébreu), bâtisseur (arabe), immortel (sanscrit). Prénom indien d'Asie. Caractérologie : savoir, intelligence, méditation, sagesse, indépendance.

Amaram
Manguier (sanscrit). Masculin indien d'Asie. Ce prénom est porté par moins de 30 personnes en France. Caractérologie : adaptabilité, relationnel, fidélité, intuition, médiation.

Amarand
Aimer (latin). Ce prénom est porté par moins de 30 personnes en France. Caractérologie : méditation, intelligence, indépendance, décision, savoir.

Amarin
Aimer (latin). Ce prénom est porté par moins de 30 personnes en France. Caractérologie : réceptivité, loyauté, sociabilité, diplomatie, détermination.

Amaury ⭐ 15 000 TOP 200 ↗
Puissant (germanique). Masculin français. Variante : Amory. Caractérologie : savoir, indépendance, méditation, intelligence, réalisation.

Ambroise ⭐ 4 000 TOP 500 →
Immortel (grec). Prénom français. Saint Ambroise fut l'un des plus grands liturgistes de l'Église. Docteur de l'Église latine, il mourut archevêque de Milan au IVe siècle. Variantes : Ambrose, Ambrosio. Caractérologie : direction, audace, dynamisme, décision, caractère.

Amédé ⭐ 400
Amour de Dieu (latin). Caractérologie : innovation, énergie, ambition, autorité, autonomie.

Amédée ⭐ 2 000 TOP 2000
Amour de Dieu (latin). On peut estimer que moins de 30 enfants seront prénommés ainsi en 2015. Variante : Amédéo. Caractérologie : bienveillance, conseil, paix, conscience, sagesse.

Amélien ⭐ 300
Travailleur (germanique). Variante : Amélio. Caractérologie : dynamisme, courage, curiosité, résolution, indépendance.

Amelin
Travailleur (germanique). Ce prénom est porté par moins de 100 personnes en France. Variantes : Amelio, Amelius. Caractérologie : humanité, rectitude, détermination, générosité, tolérance.

Amiel ⭐ 120
Peuple de Dieu (hébreu). Caractérologie : ténacité, engagement, méthode, fiabilité, détermination.

Amilcar
Chef carthaginois, Hamilcar Barcas battit l'armée romaine en Sicile pendant la première guerre punique. Ce prénom est porté par moins de 30 personnes en France. Variante : Hamilcar. Caractérologie : communication, générosité, pratique, adaptation, enthousiasme.

LES PRÉNOMS MASCULINS LES PLUS PORTÉS AUJOURD'HUI

Les prénoms les plus portés en France ne sont pas ceux qui y sont les plus attribués aujourd'hui. Le tableau ci-dessous nous en fait la démonstration. Ces prénoms sont classés par ordre décroissant, du 1er au 50e prénom le plus porté en 2014.

Les dates entre parenthèses indiquent les années record d'attribution de chaque prénom pour la période de 1900 à 2014.

1. Jean *(1946)*	18. Stéphane *(1971)*	35. Antoine *(1996)*
2. Michel *(1947)*	19. André *(1920)*	36. Marc *(1959)*
3. Philippe *(1963)*	20. Sébastien *(1977)*	37. Maxime *(1992)*
4. Pierre *(1930)*	21. Gérard *(1949)*	38. René *(1920)*
5. Alain *(1950)*	22. Claude *(1936)*	39. Louis *(1920)*
6. Nicolas *(1980)*	23. Pascal *(1962)*	40. Paul *(1920)*
7. Christophe *(1969)*	24. Thierry *(1964)*	41. Romain *(1987)*
8. Patrick *(1956)*	25. Olivier *(1971)*	42. Robert *(1926)*
9. Daniel *(1947)*	26. Thomas *(2000)*	43. Guy *(1947)*
10. Bernard *(1947)*	27. Alexandre *(1995)*	44. Jean-Pierre *(1947)*
11. Christian *(1955)*	28. François *(1963)*	45. Serge *(1952)*
12. Frédéric *(1973)*	29. Didier *(1958)*	46. Franck *(1965)*
13. Jacques *(1946)*	30. Vincent *(1981)*	47. Anthony *(1988)*
14. Laurent *(1970)*	31. Dominique *(1958)*	48. Roger *(1925)*
15. Éric *(1965)*	32. Guillaume *(1984)*	49. Kevin *(1991)*
16. David *(1972)*	33. Bruno *(1963)*	50. Gilles *(1959)*
17. Julien *(1985)*	34. Jérôme *(1974)*	

Jean est le seul prénom masculin qui soit porté par plus d'un million de Français. Porté par plus de 600 000 garçons, **Michel** distance **Philippe**, **Pierre** et **Alain** dans la catégorie des 400 000 individus. De **Nicolas** à **Bruno**, la fréquence des prénoms portés varie dans une tranche de 300 000 à 200 000. Au 50e rang, **Gilles** désigne environ 158 000 Français.

Amin 🏅 3 000 (TOP 600) ➔
Loyal, digne de confiance (arabe). Caractérologie : dynamisme, direction, audace, indépendance, décision.

Amine 🏅 17 000 (TOP 100) ➔
Loyal, digne de confiance (arabe). Ce prénom est particulièrement répandu dans les communautés musulmanes francophones.

Caractérologie : paix, conscience, conseil, bienveillance, résolution.

Amir 5 000

Prince (arabe), proclamé (hébreu). Caractérologie : curiosité, dynamisme, indépendance, courage, charisme.

Amiram

Mon peuple est puissant (hébreu). Ce prénom est porté par moins de 30 personnes en France. Caractérologie : direction, audace, assurance, indépendance, dynamisme.

Amos 200

Né des dieux, fardeau (hébreu). Masculin anglais. Caractérologie : pragmatisme, communication, optimisme, sociabilité, créativité.

Amour 200

Amour (latin). Caractérologie : dynamisme, curiosité, indépendance, courage, raisonnement.

An

Paix (vietnamien). Ce prénom est porté par moins de 100 personnes en France. Caractérologie : influence, famille, sens des responsabilités, équilibre, exigence.

Anaclet

Grâce (hébreu). Ce prénom est porté par moins de 100 personnes en France. Caractérologie : diplomatie, loyauté, sociabilité, réceptivité, organisation.

Anaël 2 000

Grâce (hébreu). Variante : Enaël. Caractérologie : équilibre, sens des responsabilités, influence, exigence, famille.

Anas  5 000

Sociable, sympathique (arabe). Variante : Anes. Caractérologie : ambition, force, management, habileté, passion.

Anastase  250

Résurrection (grec). Variante : Anastasio. Caractérologie : achèvement, vitalité, ardeur, stratégie, leadership.

Anatole  5 000

Aube, soleil levant (grec). Masculin français. Forme basque : Anatoli. Caractérologie : organisation, énergie, audace, découverte, originalité.

Ancelin 350

Serviteur (latin). Variantes : Ancel, Ancelot. Caractérologie : fiabilité, ténacité, méthode, engagement, détermination.

Andelin

Noble (germanique). Ce prénom est porté par moins de 30 personnes en France. Caractérologie : courage, indépendance, décision, dynamisme, curiosité.

Andéol 190

Force, courage (grec). Chrétien parti évangéliser le sud de la Gaule au IIIe siècle, Andéol fut mis à mort par l'empereur Septime. Une commune ardéchoise porte ce nom occitan. Caractérologie : direction, audace, dynamisme, indépendance, assurance.

Anderson 750

Force, courage (grec). Variantes : Ander, Anders. Caractérologie : détermination, rêve, volonté, rectitude, humanité.

Andoni ⭐ 500 **TOP 2000**
Inestimable (latin), fleur (grec). Prénom basque. Variantes : Andere, Andolin. Caractérologie : pratique, communication, enthousiasme, décision, caractère.

André ⭐ 303 000 **TOP 700** →
Force, courage (grec). Ce prénom a été porté par le premier disciple de Jésus et de nombreux saints, ce qui explique sa diffusion ancienne. En usage au Moyen Âge, André (Andrew) devient assez fréquent dans les pays anglophones jusqu'au XXe siècle. En France, il renaît au milieu du XIXe siècle, culmine au 2e rang en 1920 et se maintient dans les 10 premiers choix jusqu'en 1948. En dehors de l'Hexagone, André et ses variantes (Andreas, Andrei, Anders, Andrej, etc.) sont très répandus dans les pays slaves et occidentaux.◇Frère de saint Pierre, saint André fut le premier disciple de Jésus. Il parcourut l'Asie Mineure et la Grèce pour y prêcher l'Évangile et mourut crucifié à Patras. Saint André est le patron de l'Écosse, des pêcheurs et des poissonniers. Caractérologie : famille, éthique, équilibre, influence, décision.

Andrea ⭐ 5 000 **TOP 300** →
Force, courage (grec). Dans l'Hexagone, ce prénom italien a connu une certaine faveur au féminin avant d'émerger au masculin dans les années 1990. Notons qu'Andrea est également un prénom traditionnel basque et corse. Caractérologie : intelligence, savoir, méditation, indépendance, décision.

Andreas ⭐ 3 000 **TOP 500**
Force, courage (grec). Masculin allemand et néerlandais. Caractérologie : décision, habileté, ambition, force, passion.

Andrés ⭐ 650 **TOP 2000**
Force, courage (grec). Prénom espagnol. Caractérologie : connaissances, spiritualité, sagacité, originalité, résolution.

Andrew ⭐ 3 000 **TOP 700** →
Force, courage (grec). Masculin anglais. Caractérologie : loyauté, diplomatie, sociabilité, réceptivité, résolution.

Andrian
Force, courage (grec). Ce prénom est porté par moins de 100 personnes en France. Variantes : Andriano, Andric, Andrick, Andris, Andry. Caractérologie : pionnier, autorité, dynamisme, ambition, ténacité.

Andy ⭐ 10 000 **TOP 300**
Force, courage (grec). En dehors de l'Hexagone, Andy est plus particulièrement répandu dans les pays anglophones. Variante : Anddy. Caractérologie : achèvement, stratégie, réalisation, vitalité, ardeur.

Ange ⭐ 9 000 **TOP 300**
Messager (grec). Masculin français. Caractérologie : humanité, rectitude, rêve, générosité, tolérance.

Angel ⭐ 5 000 **TOP 400**
Messager (grec). En dehors de l'Hexagone, Angel est répandu dans les pays anglophones. Variantes : Angéli, Angelus, Angély, Angie, Angy. Caractérologie : optimisme, communication, sympathie, pragmatisme, créativité.

Angelo 10 000 TOP 300 →
Messager (grec). Angelo est un prénom italien. Variante : Angelito. Caractérologie : intégrité, idéalisme, altruisme, cœur, réflexion.

Angus 200 TOP 2000 ↗
Celui qui est choisi (celte). Masculin anglais. Caractérologie : habileté, ambition, force, passion, sympathie.

Anh 200
Reflet, rayon lumineux (vietnamien). Caractérologie : découverte, énergie, séduction, originalité, audace.

Anibal 110
À la grâce de Baal (dieu phénicien). Variante : Annibal. Caractérologie : pragmatisme, communication, détermination, optimisme, organisation.

Anice 250
Invincible (grec). Caractérologie : curiosité, dynamisme, courage, indépendance, décision.

Anicet 1 500 →
Invincible (grec). On peut estimer que moins de 30 enfants seront prénommés ainsi en 2015. Caractérologie : connaissances, spiritualité, sagacité, organisation, détermination.

Anil 300 ↘
Vent (sanscrit). Prénom indien d'Asie. Caractérologie : rêve, rectitude, humanité, décision, ouverture d'esprit.

Anis 7 000 TOP 200 →
Sociable, sympathique (arabe). Variantes : Aniss, Anisse, Anys. Caractérologie : savoir, intelligence, indépendance, méditation, détermination.

Anouar 1 500 TOP 2000 →
Lumière (arabe). On peut estimer que moins de 30 enfants seront prénommés ainsi en 2015. Variante : Anoir. Caractérologie : méditation, décision, intelligence, savoir, logique.

Anselme 1 500 TOP 900 →
Protection divine (germanique). Variante : Anselmo. Caractérologie : exigence, famille, sens des responsabilités, équilibre, influence.

Anthelme 170
Protection divine (germanique). Caractérologie : bienveillance, attention, paix, gestion, conscience.

Anthime 450 TOP 2000 ↗
Protection divine (germanique). Variantes : Anthyme, Antime. Caractérologie : sagacité, connaissances, spiritualité, résolution, finesse.

Anthony 169 000 TOP 200 ↓
Inestimable (latin), fleur (grec). En dehors de l'Hexagone, Anthony est très répandu dans les pays anglophones. Variantes : Anthonie, Anthoni, Anthoine, Anthonny, Antonie. Caractérologie : spiritualité, connaissances, originalité, sagacité, sensibilité.

Antoine 198 000 TOP 50 →
Inestimable (latin), fleur (grec). Du temps des Romains à la Renaissance, ce nom porté par une vingtaine de saints était modérément attribué. Le XVIᵉ siècle marque

un tournant dans sa carrière : Antoine grimpe à la poursuite de Pierre et Jean aux premiers rangs, se maintenant dans les cimes jusqu'au milieu du XIXe siècle. Il revient dans les années 1990 après une période discrète, s'imposant dans le top 10 français et dans l'élite des choix occidentaux (Antonio en Italie, Anton en Suède, Anthony en Angleterre et aux États-Unis, etc.). Mais à l'issue de cette gloire internationale, son reflux s'accentue. ◇ Saint Antoine de Padoue, franciscain portugais du XIIIe siècle, est reconnu pour les talents de prédicateur qu'il a exercés dans toute l'Europe. À partir du XVIIe siècle, il est également invoqué pour retrouver les objets perdus. Caractérologie : bienveillance, conscience, conseil, résolution, paix.

Anton ⭐ 3 000 TOP 400 ↗

Inestimable (latin), fleur (grec). Anton est très répandu dans les pays scandinaves et slaves. Forme basque : Antton. Forme corse : Antone. Caractérologie : autorité, innovation, énergie, ambition, autonomie.

Antoni ⭐ 1 500 TOP 2000 →

Inestimable (latin), fleur (grec). Prénom catalan. Variantes : Antolin, Antonetto. Caractérologie : autorité, énergie, innovation, ambition, détermination.

Antonin ⭐ 24 000 TOP 200 ↘

Inestimable (latin), fleur (grec). Empereur romain au IIe siècle, Antonin le Pieux pacifia son empire et en favorisa le développement social et économique. Sa piété envers l'empereur Hadrien, son père adoptif, lui valut son titre de « pieux ». ◇ Prélat

italien, saint Antonin devint archevêque de Florence en 1446. Antonin est un prénom français. Variantes : Anthonin, Tonin. Caractérologie : bienveillance, paix, conscience, conseil, décision.

Antonio ⭐ 17 000 TOP 500 →

Inestimable (latin), fleur (grec). Antonio est très répandu dans les pays hispanophones, lusophones et en Italie. Caractérologie : méditation, intelligence, savoir, décision, indépendance.

Antony ⭐ 16 000 TOP 700 ↓

Inestimable (latin), fleur (grec). Antony est répandu dans les pays anglophones. Variantes : Antonie, Antonny. Caractérologie : ambition, force, passion, habileté, management.

Anwar ⭐ 300 TOP 2000 ↑

Lumière (arabe). Caractérologie : communication, résolution, adaptation, enthousiasme, pratique.

Aodren ⭐ 250 TOP 2000 ↑

Au-dessus, royal (celte). Prénom breton. Caractérologie : communication, enthousiasme, pratique, décision, caractère.

Apollinaire ⭐ 180

Qui vient d'Apollonie (grec). Variante : Appolinaire. Caractérologie : structure, persévérance, sécurité, cœur, logique.

Apollon

Fils de Léto et Zeus, Apollon est l'un des dieux les plus adorés de la mythologie gréco-romaine. Héroïque au combat, il est aussi doté de nombreux talents artistiques. Il est souvent présenté comme le dieu du

Soleil, des Arts et de la Musique. Ce prénom est porté par moins de 100 personnes en France. Variantes : Apollo, Apolon. Caractérologie : fiabilité, méthode, engagement, ténacité, cœur.

Ara

Lumière (hébreu). Se rapporte également au nom d'un roi dans la mythologie arménienne. Ce prénom est porté par moins de 100 personnes en France. Caractérologie : relationnel, intuition, adaptabilité, médiation, fidélité.

Arad

Il descend (hébreu). Ce prénom est porté par moins de 30 personnes en France. Caractérologie : sens des responsabilités, famille, équilibre, exigence, influence.

Aram 160 (TOP 2000)

Magnificence, éminence (arménien). Caractérologie : équilibre, famille, sens des responsabilités, influence, exigence.

Aramis 110

Aramis est l'un des trois valeureux mousquetaires du roman d'Alexandre Dumas. Caractérologie : intelligence, savoir, indépendance, méditation, sagesse.

Aran

Forêt (thaïlandais). Ce prénom est porté par moins de 100 personnes en France. Caractérologie : spiritualité, connaissances, sagacité, originalité, résolution.

Arcade 200

Qui vient d'Arcadie (latin). Variantes : Arcadie, Arcadius, Arcady. Caractérologie :

détermination, découverte, énergie, audace, originalité.

Archange 180

Nom de saint qui fut archevêque de Florence vers 151. Caractérologie : communication, pratique, enthousiasme, sympathie, ressort.

Archibald  350 (TOP 2000)

Audacieux (germanique). Masculin anglais. Variantes : Archambaud, Ubald, Ubaldo. Caractérologie : ténacité, fiabilité, méthode, engagement, organisation.

Archimède

Maître de la pensée (grec). Savant grec du IIIe siècle, Archimède a inventé le principe de physique qui porte son nom. Ce dernier établit qu'un corps immergé dans un fluide subit une poussée verticale qui le fait remonter vers la surface. Ce prénom est porté par moins de 30 personnes en France. Caractérologie : intelligence, indépendance, méditation, savoir, sagesse.

Arda  1 000 (TOP 800)

Celui dont le règne est conforme à la loi (arménien). Masculin arménien. Caractérologie : influence, équilibre, famille, exigence, sens des responsabilités.

Areg

Soleil (arménien). Ce prénom est porté par moins de 30 personnes en France. Variantes : Arek, Arev. Caractérologie : méthode, fiabilité, engagement, décision, ténacité.

Arezki 750

Prénom kabyle dont la signification est inconnue. Variantes : Areski, Ariski, Arizki, Rezki, Rizki. Caractérologie : sagacité, connaissances, résolution, finesse, spiritualité.

Argan 180

Argent (celte). Prénom breton. Caractérologie : courage, dynamisme, curiosité, indépendance, décision.

Arie 300

Diminutif probable d'Ariel : lion de Dieu (hébreu). Prénom catalan. Variante : Ari. Caractérologie : conscience, paix, bienveillance, conseil, décision.

Ariel  1 500 TOP 900

Lion de Dieu (hébreu). Dans l'Ancien Testament, le prophète Isaïe utilise le nom symbolique d'Ariel pour désigner la ville de Jérusalem. En dehors de l'Hexagone, Ariel est répandu dans les pays anglophones. Il est attribué de longue date dans les communautés juives. Variante : Arel. Caractérologie : rectitude, humanité, tolérance, rêve, détermination.

Aris  250 TOP 2000

Supérieur (grec). Diminutif d'Aristote, nom porté par le célèbre philosophe grec. Aris est usité en Arménie. Caractérologie : intuition, relationnel, médiation, fidélité, adaptabilité.

Aristide  3 000 TOP 700

Le meilleur (grec). Aristide est un prénom français et italien. Variantes : Ariste,

Aristides. Caractérologie : structure, persévérance, résolution, sécurité, efficacité.

Aristote  190

Supérieur (grec). Nom du célèbre philosophe grec (384-322 avant J.-C.). Caractérologie : achèvement, vitalité, décision, stratégie, ardeur.

Arius

Nom d'un théologien grec, père de l'arianisme, un courant de pensée controversé datant des débuts du christianisme. Ce prénom est porté par moins de 30 personnes en France. Caractérologie : charisme, dynamisme, curiosité, courage, indépendance.

Armand 28 000 TOP 300

Fort, armé (germanique). Masculin français. Variantes : Arman, Armant, Mandy. Formes occitanes : Aman, Amans. Caractérologie : bienveillance, paix, conscience, conseil, détermination.

Armando 1 000 TOP 2000

Fort, armé (germanique). Armando est répandu dans les pays hispanophones et lusophones, ainsi qu'en Italie et au Pays basque. Caractérologie : optimisme, communication, décision, caractère, pragmatisme.

Armel 4 000 TOP 900

Prince, ours (celte). Masculin français et breton. Caractérologie : méthode, ténacité, fiabilité, engagement, détermination.

Armen 170

L'arménien (arménien). Variante : Armin. Caractérologie : équilibre, famille, sens des responsabilités, influence, détermination.

35

ARTHUR

Fête : 15 novembre

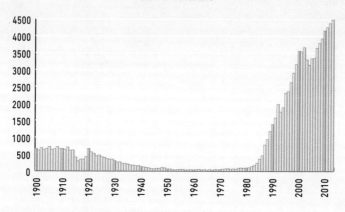

Étymologie : du celte *arzh*, « ours ». Figure légendaire de la littérature médiévale, Arthur est l'un des premiers prénoms celtes à s'être diffusé en France. Nourri par de nombreux récits folkloriques dès le VIᵉ siècle, il grandit en Bretagne avant de conquérir l'ensemble de la Gaule. Sa carrière est florissante en Angleterre et en France, où il connaît un bel essor jusqu'à la fin du Moyen Âge. Au XIXᵉ siècle, Arthur renaît dans les pays anglophones, mais il peine à s'élever en France, en dépit de l'élan insufflé par Arthur Rimbaud. Son nouvel essai français a porté ses fruits en 2007, lorsqu'il est entré dans le top 20 français. Il est aujourd'hui très prisé à Paris et dans l'ensemble de l'Hexagone.

Arthur rencontre moins de succès à l'échelle internationale. À l'exception de l'Irlande qui lui reste fidèle, il peine à s'épanouir en Europe. Sa percée dans les tops 10 romand et belge fera-t-elle des émules ?

Arthur, ou **Artus**, le roi légendaire des Bretons, repoussa les armées anglo-saxonnes qui tentaient d'envahir la Bretagne. Ses exploits, contés au XIIᵉ siècle par Chrétien de Troyes, en font l'un des chevaliers les plus connus des romans de la Table ronde.

Personnalités célèbres : Arthur Schopenhauer, philosophe allemand (1788-1860) ; Arthur Rimbaud, poète français (1854-1891) ; Arthur Conan Doyle, écrivain et auteur de *Sherlock Holmes* (1859-1930) ; Arthur Rubinstein, pianiste virtuose américain (1887-1982) ; Arthur Miller, dramaturge américain (1915-2005) ; Arthur H., chanteur français né en 1966 ; Arthur, humoriste et présentateur de télévision né en 1966.

Statistiques : Arthur est le 10ᵉ prénom masculin le plus donné en France depuis le début du XXIᵉ siècle. On peut estimer qu'il sera attribué à un garçon sur 95 en 2015. Par contraste, le rarissime **Artus** sera attribué à un garçon sur 22 000.

Arnaud
 128 000 TOP 500

Aigle, gouverneur (germanique). Abbé dans le monastère de sainte Sabine, saint Arnaud vécut à Padoue au XIIIᵉ siècle. Jeté au cachot par le gouverneur tyrannique de la région, il mourut au bout de huit années d'emprisonnement. Ce prénom français est également un choix traditionnel occitan. Caractérologie : audace, énergie, découverte, originalité, détermination.

Arnauld
1 500

Aigle, gouverneur (germanique). On peut estimer que moins de 30 enfants seront prénommés ainsi en 2015. Variantes : Arnald, Arnaut, Arne, Arnie. Caractérologie : ambition, force, passion, habileté, décision.

Arnault
1 000

Aigle, gouverneur (germanique). Caractérologie : bienveillance, paix, conscience, organisation, résolution.

Arno
2 000 TOP 900

Aigle, gouverneur (germanique). Arno est plus traditionnellement usité dans les pays anglophones et au Pays basque. Caractérologie : détermination, optimisme, pragmatisme, créativité, communication.

Arnold
2 000

Aigle, gouverneur (germanique). Arnold est particulièrement répandu dans les pays germanophones et anglophones. En France, il est plus traditionnellement usité en Alsace et dans les Flandres. On peut estimer que moins de 30 enfants seront prénommés ainsi en 2015. Variantes : Arnaldo, Arnould, Arnoux. Caractérologie : autorité, innovation, énergie, volonté, analyse.

Aron
900 TOP 400

Esprit (hébreu). Caractérologie : communication, adaptation, pratique, enthousiasme, résolution.

Arsène
6 000 TOP 300

Masculin (grec). Variantes : Arsenio, Arsenius. Caractérologie : passion, force, ambition, habileté, décision.

Arthémon

Divin (latin). Ce prénom est porté par moins de 30 personnes en France. Variantes : Artème, Artémon, Arthème, Arthène. Caractérologie : volonté, découverte, énergie, audace, détermination.

Arthur
 79 000 TOP 50

Ours (celte). Variantes : Arthaud, Artur. Caractérologie : énergie, découverte, audace, originalité, organisation.

37

Arthus  700 TOP 2000
Ours (celte). Caractérologie : organisation, bienveillance, conscience, conseil, paix.

Artur 600 TOP 1000
Ours (celte). Caractérologie : sens des responsabilités, famille, gestion, influence, équilibre.

Arturo 200
Ours (celte). Masculin espagnol et italien. Caractérologie : pragmatisme, optimisme, organisation, raisonnement, communication.

Artus  500 TOP 2000
Ours (celte). Prénom breton. Variantes : Arzel, Arzu. Caractérologie : gestion, méditation, intelligence, savoir, indépendance.

Aslan 200 TOP 2000
Lion (turc). Variante : Arslan. Caractérologie : intuition, relationnel, fidélité, adaptabilité, médiation.

Athanaël
Présent de Dieu (hébreu). Ce prénom est porté par moins de 100 personnes en France. Caractérologie : gestion, achèvement, vitalité, stratégie, attention.

Athanase 550
Immortel (grec). Masculin français. Variantes : Athanas, Athos. Caractérologie : famille, équilibre, finesse, sens des responsabilités, influence.

Athmane 140
Homme sage (germanique). Variantes : Athman, Atman, Atmane. Caractérologie :

ambition, habileté, passion, force, sensibilité.

Atilla 400
Dieu est exalté (hébreu). Variantes : Atila, Atilio, Attila, Attilius, Attilo. Caractérologie : autorité, innovation, énergie, organisation, ambition.

Atoa
D'une grande bravoure (tahitien). Ce prénom est porté par moins de 30 personnes en France. Caractérologie : dynamisme, direction, audace, indépendance, assurance.

Aubert 400
Noble, brillant (germanique). Cette forme médiévale d'Albert est devenue un patronyme assez répandu en France. Variantes : Aubertin, Aubrey, Aubri. Caractérologie : persévérance, gestion, structure, sécurité, décision.

Aubin  4 000 TOP 300
Blanc (latin). Masculin français. Caractérologie : médiation, intuition, résolution, relationnel, organisation.

Aubry 400
Noble, brillant (germanique). Caractérologie : ténacité, méthode, gestion, fiabilité, engagement.

Audoin
Se rapporte à saint Hadouin, évêque du Mans au VIIe siècle. Il érigea une abbaye portant son nom dans la paroisse d'Aurion, dans le Maine. Ce prénom est porté par moins de 100 personnes en France.

AUGUSTIN

Fête : 28 août

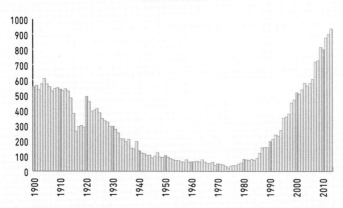

Étymologie : du latin *augustinus*, « consacré par les augures ». Ce prénom, apparu dès les premiers temps du christianisme, se propage grâce à la popularité de saint Augustin, théologien du IVᵉ siècle considéré comme le plus important docteur de l'Église. Au Moyen Âge, la postérité d'un autre saint, Augustin de Canterbury, intensifie la vogue de ce prénom en Angleterre. Il est plus discret en France jusqu'au XIXᵉ siècle, où il prend une certaine ampleur, sans toutefois dépasser celle d'Auguste.

Augustin se raréfie au XXᵉ siècle, mais la vogue du rétro le fait renaître dans les années 1990. Après avoir conquis la capitale (il vient de s'imposer dans le top 20 parisien), Augustin grandit dans l'Hexagone. Il devrait atteindre le 60ᵉ rang masculin en 2015.

À l'international, Agustín est en vogue dans plusieurs pays d'Amérique latine, notamment au Chili et en Uruguay. Quant à August, il décolle au Danemark.

Élevé par une mère chrétienne et un père incroyant, **saint Augustin** naît à Tagaste (en Tunisie), en 354. Élève brillant, il enseigne la rhétorique à Milan et se convertit au christianisme avant de retourner en Afrique, où il devient évêque d'Hippone. *Les Confessions* font partie des nombreux écrits qui ont fondamentalement marqué l'histoire de l'Église. Saint Augustin est le patron des imprimeurs.

Moine italien au VIᵉ siècle, **saint Augustin de Canterbury** partit évangéliser l'Angleterre ; il parvint à convertir le roi du Kent et plusieurs milliers de ses sujets.

Personnalités célèbres : Agustín Lara, chanteur et compositeur mexicain (1897-1970) ; Augustin Lesage, peintre français (1876-1954) ; Augustin Legrand, comédien français né en 1975.

Statistiques : Augustin est le 74e prénom masculin le plus donné en France depuis le début du XXIe siècle. On peut estimer qu'il sera attribué à un garçon sur 300 en 2015.

Caractérologie : dynamisme, direction, volonté, indépendance, assurance.

Audran
🏅 550 ⬇

Au-dessus, royal (celte). Masculin français et breton. Variante : Audren. Caractérologie : indépendance, résolution, curiosité, dynamisme, courage.

Audric
🏅 1 500 **TOP 2000** ↘

Noble, puissant (germanique). On peut estimer que moins de 30 enfants seront prénommés ainsi en 2015. Variante : Adrick. Caractérologie : réceptivité, sociabilité, loyauté, bonté, diplomatie.

Audry
🏅 200 →

Noble, puissant (germanique). Caractérologie : sens des responsabilités, équilibre, famille, influence, réussite.

Auguste
🏅 15 000 **TOP 300** ↗

Vénérable, grand (latin). Le titre d'Auguste fut donné aux empereurs romains après qu'Octave, le premier d'entre eux, eut été surnommé ainsi. Ce prénom, très connu aux premiers siècles, se raréfie au début du Moyen Âge. Néanmoins, la forme latine Augustus vivote encore dans quelques pays européens lorsque Auguste s'élance en France. Il devient assez fréquent au XIXe siècle, et figure encore dans les 30 premiers rangs français dans les années 1900. Sa disparition progressive

a sans doute permis la renaissance récente d'Augustin. ◇ Auguste est le nom de postérité d'Octave (63 avant J.-C - 14 après J.-C), le fils adoptif de Jules César. Ses qualités exceptionnelles de gestionnaire et de chef de guerre lui permirent de gouverner un vaste Empire romain et d'y établir la *pax Romana*, une paix qui dura plusieurs siècles. Variantes : August, Augusto, Gusto, Guste. Caractérologie : ténacité, fiabilité, méthode, amitié, organisation.

Augustin
🏅 18 000 **TOP 100** 🔍 ↗

Consacré par les augures (latin). Variante : Gustin. Caractérologie : sécurité, structure, résolution, persévérance, sympathie.

Aumaric

Puissant (germanique). Ce prénom est porté par moins de 30 personnes en France. Caractérologie : pragmatisme, optimisme, sociabilité, communication, créativité.

Aurel
🏅 550 **TOP 2000** →

En or (latin). Masculin allemand et roumain. Caractérologie : optimisme, communication, pragmatisme, décision, créativité.

Aurèle
🏅 1 500 **TOP 600** ↗

En or (latin). Caractérologie : stratégie, achèvement, ardeur, vitalité, décision.

Aurélien  76 000

En or (latin). Peu connu avant 1975, Aurélien émerge dans la vague des prénoms d'inspiration romaine. Son ascension fulgurante le propulse dans le top 30 français en quelques années. Une gloire néanmoins éphémère comparée à celles de Maxime, Adrien, Romain et Romane, issus de la même souche. ◇ Empereur romain au IIIe siècle, Aurélien reconstruisit l'unité de son empire et repoussa les invasions des Barbares. Il institua le culte du Soleil à Rome, proclamant *Sol Invictus* (soleil invaincu) le patron de l'Empire romain. La date officielle de sa fête fut fixée au 25 décembre. Un saint évêque d'Arles au VIe siècle porta également ce prénom. Variantes : Aurélian, Aurélio, Aurian, Auriol, Orélien. Caractérologie : sécurité, structure, persévérance, détermination, efficacité.

Aurre

En or (latin), devant (basque). Ce prénom est porté par moins de 30 personnes en France. Caractérologie : rêve, humanité, rectitude, ouverture d'esprit, décision.

Austin 120

Consacré par les augures (latin). Masculin anglais. Caractérologie : communication, pratique, décision, gestion, enthousiasme.

Auxence  650

Augmenter (latin). Caractérologie : autorité, innovation, énergie, ambition, autonomie.

Avédis

Porteur de bonnes nouvelles (arménien). Masculin arménien. Ce prénom est porté par moins de 100 personnes en France. Caractérologie : équilibre, famille, influence, résolution, sens des responsabilités.

Avel

Forme bretonne d'Abel. Ce prénom est porté par moins de 100 personnes en France. Caractérologie : ténacité, fiabilité, méthode, sens du devoir, engagement.

Avelino 200

Souffle, respiration (hébreu). Caractérologie : logique, bienveillance, paix, caractère, conscience.

Aven

Noble ami (irlandais). Ce prénom est porté par moins de 30 personnes en France. Caractérologie : bienveillance, conseil, conscience, sagesse, paix.

Aventin

Avènement (latin). Ce prénom est porté par moins de 30 personnes en France. Caractérologie : engagement, méthode, fiabilité, ténacité, sens du devoir.

Avi 300

Père de tous (hébreu). Caractérologie : charisme, curiosité, dynamisme, courage, indépendance.

Aviel 130

Dieu est mon père (hébreu). Caractérologie : structure, persévérance, sécurité, efficacité, décision.

Aviv

Printemps (hébreu). Masculin anglais. Ce prénom est porté par moins de 30 personnes en France. Caractérologie : idéalisme, altruisme, intégrité, dévouement, réflexion.

Avner ⭐ 170

Père de la flamme (hébreu). Caractérologie : conscience, bienveillance, paix, conseil, résolution.

Awen ⭐ 450 **TOP 2000** →

Noble ami (irlandais). Awen est plus traditionnellement usité en Irlande et en Bretagne. Variante : Aven. Caractérologie : intelligence, sagesse, savoir, méditation, indépendance.

Axel ⭐ 66 000 **TOP 50** →

Dérivé scandinave d'Absalom : mon père est paix (hébreu). De longue date associé aux pays scandinaves, Axel se diffuse dès le XIIe siècle en hommage à un saint, évêque danois et homme d'État, qui vécut en ce temps. Longtemps inconnu en France, il parvient à s'élancer jusqu'aux portes du top 20 français au début des années 2000. Forme scandinave répandue : Aksel. Caractérologie : famille, équilibre, éthique, exigence, influence.

Aydan ⭐ 550 **TOP 600** ↗

Petit feu (celte). Voir Aïdan. Masculin anglais. Variante : Ayden. Caractérologie : intégrité, réflexion, réalisation, idéalisme, altruisme.

Aylan ⭐ 500 **TOP 700** ↑

Clair de lune (turc). Caractérologie : achèvement, vitalité, amitié, ardeur, stratégie.

Aymen ⭐ 4 000 **TOP 200** ↗

Heureux (arabe). Variantes : Ayman, Aymane, Aymon. Caractérologie : ténacité, fiabilité, méthode, engagement, réalisation.

Aymeric ⭐ 21 000 **TOP 300** ↘

Puissant (germanique). Masculin français. Variantes : Amalric, Aymerie, Aymerik. Forme basque : Ainaut. Caractérologie : relationnel, médiation, intuition, amitié, réalisation.

Aymerick ⭐ 1 500 **TOP 2000** ↘

Puissant (germanique). Caractérologie : fiabilité, bonté, méthode, réalisation, ténacité.

Ayoub ⭐ 10 000 **TOP 100** ↗

Équivalent arabe de Job : Dieu a établi (hébreu). Variante : Ayoube. Caractérologie : énergie, innovation, autorité, ambition, gestion.

Azad ⭐ 550 **TOP 800** ↑

Noble, libre (arménien). Masculin arménien. Caractérologie : découverte, audace, originalité, séduction, énergie.

Azedine ⭐ 800 →

La religion est puissante (arabe). Variantes : Azdin, Azeddine. Caractérologie : énergie, autorité, innovation, ambition, résolution.

Aziz ⭐ 3 000 **TOP 1000** →

Aimé, précieux, puissant (arabe). Calife fatimide, Al-Aziz Billah ordonna la construction de la mosquée d'Al-Hâlim au Caire en 380. Ce prénom est attribué de longue date dans les communautés musulmanes. Variantes : Aaziz, Azize, Azouz,

Azziz. Caractérologie : ambition, habileté, force, passion, management.

Azur

Couleur bleue (français). Ce prénom est porté par moins de 100 personnes en France. Caractérologie : optimisme, communication, pragmatisme, créativité, sociabilité.

Azzedine 1 500 TOP 2000

La religion est puissante (arabe). On peut estimer que moins de 30 enfants seront prénommés ainsi en 2015. Variantes : Azzdine, Azzedin. Caractérologie : ouverture d'esprit, rectitude, humanité, rêve, résolution.

B

Bachir 2 000 TOP 2000 →

Qui annonce une bonne nouvelle (arabe). On peut estimer que moins de 30 enfants seront prénommés ainsi en 2015. Caractérologie : dynamisme, courage, indépendance, organisation, curiosité.

Badis 1 500 TOP 600 →

Prénom kabyle qui fut porté par un roi, Badis le Hammadite, au XIᵉ siècle. Caractérologie : achèvement, leadership, ardeur, vitalité, stratégie.

Badr 1 000 TOP 2000 →

Pleine lune, zénith (arabe). Variantes : Bader, Badre. Caractérologie : intelligence, savoir, indépendance, méditation, sagesse.

Bakar

Seul, unique (basque). Ce prénom est porté par moins de 100 personnes en France.

Caractérologie : paix, bienveillance, sagesse, conscience, conseil.

Bakary 1 000 TOP 900 →

Patronyme répandu dans de nombreux pays d'Afrique. Variante : Bakari. Caractérologie : structure, persévérance, sécurité, efficacité, honnêteté.

Balthazar 1 000 TOP 900 →

Dieu protège le roi (grec). Selon la tradition chrétienne, Balthazar, l'un des trois Rois mages venus d'Orient, se laissa guider par une étoile jusqu'à Bethléem. Lorsqu'il se présenta devant l'Enfant Jésus, il lui offrit de la myrrhe pour l'honorer comme roi. ◇ Dans l'Ancien Testament, Balthazar, le roi de Babylone, organise un festin. Durant la fête, une inscription mystérieuse apparaît sur les murs. Captif du roi, le prophète Daniel interprète ce message et annonce la fin imminente du royaume. La prophétie se réalise avec l'assassinat de Balthazar dans la nuit. Variante : Balthasar. Caractérologie : habileté, force, ambition, passion, organisation.

Bao 140 TOP 2000

Protection, précieux (vietnamien). Caractérologie : rectitude, humanité, générosité, ouverture d'esprit, rêve.

Baptiste 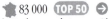 83 000 TOP 50

Immerger (grec). De longue date associé à saint Jean-Baptiste, ce prénom s'est diffusé sous différentes formes (Baptist, Battista, etc.) dans les pays chrétiens. Il est éclipsé par Jean-Baptiste dès le XVIIIe siècle en France, et n'émerge pas avant la fin des années 1950. C'est alors que le repli de Jean puis la disgrâce des prénoms composés lui dégagent la voie. Baptiste s'est hissé au 17e rang français en 2002 ; il n'est pas prêt de sombrer dans l'oubli. ◇ Fils de Zacharie et d'Élisabeth, saint Jean le Baptiste naquit en Palestine au Ier siècle. Infatigable prêcheur des foules qui s'amassaient sur les rives du Jourdain, il baptisa Jésus et de nombreux convertis dans l'eau du fleuve. Caractérologie : diplomatie, sociabilité, détermination, réceptivité, loyauté.

Baptistin 350

Immerger (grec). Caractérologie : sociabilité, diplomatie, loyauté, réceptivité, résolution.

Barack

Béni (arabe, hébreu). Masculin anglais. Ce prénom est porté par moins de 30 personnes en France. Variante : Barrak. Caractérologie : sens des responsabilités, influence, équilibre, exigence, famille.

Baran 450 TOP 2000

Pluie (persan, turc). Caractérologie : réflexion, altruisme, intégrité, idéalisme, décision.

Barclay

Bois de bouleau (anglais). Plus fréquent sous forme de patronyme. Masculin écossais et anglais. Ce prénom est porté par moins de 30 personnes en France. Caractérologie : vitalité, stratégie, achèvement, ardeur, gestion.

Barea

Fruit de mer (basque). Ce prénom est porté par moins de 30 personnes en France. Caractérologie : altruisme, intégrité, idéalisme, réflexion, détermination.

Barnabé  1 000 TOP 2000

Fils du prophète (hébreu). Formes basques : Barnaba, Barnabe. Caractérologie : savoir, intelligence, méditation, indépendance, résolution.

Barry 130

Aux cheveux clairs (irlandais). Masculin anglais. Variante : Barrie. Caractérologie : indépendance, audace, assurance, direction, dynamisme.

Barthélemy 3 000 TOP 900

Fils de Tolomai (araméen). Masculin français. Variantes : Bario, Barthélemi, Bortolo. Forme basque : Bartolo. Forme occitane : Bertomieu. Caractérologie : audace, dynamisme, direction, réalisation, finesse.

Baruch

Béni (hébreu). Ce prénom est porté par moins de 30 personnes en France.

Caractérologie : ardeur, achèvement, stratégie, gestion, vitalité.

Basile 🏰 8 000 `TOP 200` ↗

Roi (grec). Variante : Basil. Formes basques : Basilio, Bazil, Bazile. Caractérologie : optimisme, organisation, communication, pragmatisme, détermination.

Bassem 🏰 300 ↘

Celui qui sourit (arabe). Variantes : Bassam, Bessem. Caractérologie : originalité, découverte, énergie, séduction, audace.

Bastian 🏰 2 000 `TOP 700` ↘

Respecté, vénéré (grec). Dans l'Hexagone, Bastian est plus traditionnellement usité en Bretagne. Caractérologie : pratique, communication, enthousiasme, adaptation, résolution.

Bastien 🏰 49 000 `TOP 100` →

Respecté, vénéré (grec). Masculin français. Caractérologie : savoir, méditation, intelligence, indépendance, décision.

Batiste 🏰 1 500 `TOP 700` ↘

Immerger (grec). Masculin français. Variante : Battista. Caractérologie : méthode, fiabilité, ténacité, engagement, décision.

Baudouin 🏰 1 000 `TOP 900` ↗

Audacieux, amical (germanique). Variante : Baudoin. Caractérologie : volonté, bienveillance, paix, conscience, raisonnement.

Bay

Septième-né, ou né au mois de juillet (vietnamien). Ce prénom est porté par moins de 30 personnes en France. Caractérologie :

innovation, ambition, énergie, autorité, autonomie.

Beaudoin

Audacieux, amical (germanique). Ce prénom est porté par moins de 30 personnes en France. Variante : Beaudouin. Caractérologie : force, ambition, volonté, analyse, habileté.

Béchir 🏰 650 →

Qui apporte les bonnes nouvelles (arabe). Caractérologie : rêve, humanité, ouverture d'esprit, rectitude, sensibilité.

Békir 🏰 300 ↘

Qui apporte les bonnes nouvelles (arabe). Caractérologie : altruisme, idéalisme, intégrité, réflexion, dévouement.

Ben 🏰 2 000 `TOP 700` →

Diminutif anglophone des prénoms formés avec Ben. Caractérologie : générosité, pratique, enthousiasme, adaptation, communication.

Benedetto

Béni (latin). Ce prénom est porté par moins de 100 personnes en France. Variantes : Benilde, Benedict, Benito. Caractérologie : rectitude, ouverture d'esprit, humanité, rêve, caractère.

Benjamin 🏰 139 000 `TOP 100` ↘

Fils du Sud (hébreu). Ce prénom biblique est établi de longue date dans les communautés juives du monde entier. Doté d'un saint ayant vécu au Ve siècle, il fut également usité dans les familles chrétiennes au Moyen Âge. Il est peu fréquent lorsque les puritains anglophones relancent sa vogue

Une vague de prénoms courts déferle en France depuis la fin des années 1990. Qu'ils soient anciens, nouveaux, issus du terroir français ou du monde entier, ces choix enrichissent le répertoire collectif de sonorités inédites. Alors que les prénoms d'origine irlandaise ou celte font monter les terminaisons en « an », l'engouement des Français pour les prénoms régionaux est sans précédent. Celui-ci a répandu des sonorités jusqu'alors spécifiques à la Bretagne, au Pays basque ou à l'Occitanie (voir l'encadré sur les prénoms régionaux). Sans avoir disparu, les prénoms médiévaux sont un peu éclipsés par la renaissance du rétro (Léo, Arthur, Louis, Jules, etc.). Dans un autre registre, la gloire de Gabriel, Adam, Noah et Raphaël marque une vogue des prénoms de l'Ancien Testament inédite en France.

Les tendances qui influencent la mode des prénoms masculins peuvent être rassemblées autour de plusieurs thématiques. Voici un aperçu des choix qui les composent. Des perles rares qui apparaissent tout juste en France ont été incluses.

• Les courts (une à deux syllabes)

Aaron, Achille, Adam, Arthur, Clovis, Côme, Éden, Eliott, Ethan, Evan, Gabin, Ilan, Jules, Kenzo, Liam, Lino, Louis, Lucas, Maé, Maël, Mahé, Malo, Marius, Milo, Nathan, Noa, Noah, Noam, Noé, Nolan, Oscar, Pablo, Paul, Rayan, Renan, Romain, Ruben, Ryan, Sacha, Solal, Swan, Tao, Tilio, Tom, Victor, Yaël, Yoan.

• Les celtes et les irlandais

Aidan, Alan, Armel, Arthur, Audren, Awen, Corentin, Darren, Donovan, Douglas, Elouan, Eoghan, Erwan, Evan, Fergus, Gildas, Glenn, Keny, Kerian, Kevin, Killian, Kyle, Kylian, Liam, Loan, Logan, Lou, Maël, Maëlan, Malo, Malone, Malory, Neal, Nolan, Odran, Renan, Ronan, Ryan, Tanguy, Tristan, Youen.

• Les rétro

Alfred, Alphonse, Amédée, Antoine, Aristide, Auguste, Augustin, Barthélémy, Charles, Constant, Cyprien, Émile, Eugène, Félix, Ferdinand, Fernand, Firmin, François, Gustave, Henri, Honoré, Irénée, Isidore, Joseph, Jules, Justin, Léandre, Léon, Léopold, Louis, Lucien, Mathurin, Max, Oscar, Pierre, Théodore, Théophile, Victor, Virgile.

• Les médiévaux

Aloys, Amaury, Ambroise, Amédée, Anastase, Aurèle, Archambault, Arnaud, Arthur, Augustin, Aymeric, Béranger, Bertrand, Clément, Clotaire, Clovis, Édouard, Enguerrand, Étienne,

Eudes, Fulbert, Gautier, Geoffroy, Ghislain, Grégoire, Guillaume, Hugues, Léon, Lothaire, Louis, Perceval, Raoul, Robin, Roland, Théobald, Thibaut, Tristan.

•Les prénoms de source biblique (Ancien Testament)

Aaron, Abel, Adam, Ariel, Benjamin, Dan, Daniel, David, Éden, Élie, Emmanuel, Ethan, Gabriel, Ilan, Isaac, Jacob, Jérémie, Joachim, Jonas, Joseph, Manoah, Moïse, Nathan, Noa, Noam, Noé, Raphaël, Ruben, Samuel, Simon, Zacharie.

au XVIIᵉ siècle. Très rare jusqu'au début des années 1970, Benjamin se hisse dans les 10 premiers rangs français en l'espace de deux décennies. Il est très répandu dans les pays anglo-saxons aujourd'hui, notamment aux États-Unis. ◇ Dans l'Ancien Testament, Benjamin est le fils de Jacob et Rachel. En le mettant au monde, Rachel le prénomme Ben Oni (« fils de ma douleur »), avant de décéder. Mais Jacob, qui ne peut se résoudre à tant de tristesse, opte pour un prénom signifiant « fils du Sud ». Benjamin est le père de la tribu des Benjaminites dont Saül, le premier roi d'Israël, est descendant. ◇ Prédicateur en Perse, saint Benjamin fut condamné au martyre par le roi Yezdegerd au Vᵉ siècle. Variantes : Benji, Bunyamin, Bunyamine. Caractérologie : audace, énergie, découverte, originalité, détermination.

Benoist 🏆 1 000

Béni (latin). Caractérologie : créativité, pragmatisme, décision, optimisme, communication.

Benoît 🏆 116 000 TOP 500 ⬇

Béni (latin). Masculin français. Issu d'une famille noble italienne au IVᵉ siècle, saint Benoît se retira pour méditer dans une caverne à la fin de ses études. Il fonda douze monastères, dont l'abbaye du Mont-Cassin, près de Naples. Caractérologie : médiation, relationnel, fidélité, intuition, adaptabilité.

Benoni 🏆 120

Béni (latin). Variante : Benony. Caractérologie : dynamisme, charisme, courage, curiosité, indépendance.

Béranger 🏆 600

Esprit, ours (germanique). Caractérologie : sagacité, connaissances, spiritualité, originalité, détermination.

Bérenger 🏆 1 000 ⬇

Esprit, ours (germanique). Forme occitane : Berengier. Caractérologie : intuition, relationnel, fidélité, médiation, adaptabilité.

Bernard 🏆 344 000 ➡

Force, ours (germanique). Puissant par son étymologie, Bernard se répand dès le Moyen Âge dans les pays chrétiens. Au IXᵉ siècle, sa notoriété est renforcée par un saint originaire de Lyon qui devint archevêque de Vienne-sur-le-Rhône et fonda l'abbaye de Romans. Les liens politiques qu'il tisse à la cour de Charlemagne en font un personnage très influent. En maintenant un niveau constant d'attribution, ce prénom est devenu intemporel jusqu'au XIXe siècle, où il s'est essoufflé avant de revenir de plus belle. Il culmine au 3e rang français en 1942 et reste l'un des 10 premiers choix des parents jusqu'en 1958, avant de chuter brutalement. On peut estimer que moins de 30 enfants seront prénommés ainsi en 2015. Variantes : Barnard, Bernhard, Bernat, Bernd, Bernie, Berny. Caractérologie : ambition, force, habileté, détermination, passion.

Bernardin 300
Force, ours (germanique). Caractérologie : décision, méthode, fiabilité, ténacité, engagement.

Bernardo 300
Force, ours (germanique). Bernardo est très répandu en Italie et dans les pays hispanophones et lusophones. Caractérologie : détermination, curiosité, dynamisme, volonté, courage.

Berthold
Brillant, illustre (germanique). Masculin allemand. Ce prénom est porté par moins de 100 personnes en France. Caractérologie : communication, pratique, finesse, enthousiasme, analyse.

Bertin 850
Brillant, illustre (germanique). Variante : Bertil. Caractérologie : dynamisme, curiosité, charisme, courage, indépendance.

Bertrand 61 000 ⊘
Brillant, corbeau (germanique). Masculin français. On peut estimer que moins de

30 enfants seront prénommés ainsi en 2015. Variantes : Belt, Beltig, Bertram, Bertranet, Bertranot. Forme basque : Bertran. Caractérologie : ambition, autorité, détermination, énergie, innovation.

Berty 120
Brillant, illustre (germanique). Masculin anglais. Variantes : Berthie, Bertie. Caractérologie : spiritualité, connaissances, originalité, philosophie, sagacité.

Béryl 160
Pierre précieuse vert pâle (grec). Caractérologie : stratégie, vitalité, ardeur, achèvement, bonté.

Bilal 11 000  TOP 200 ⊙
Eau, rafraîchissement (arabe). Bilal fut une personnalité importante de l'islam. Noir affranchi, il devint vers l'an 600 le premier muezzin de l'islam. Devenu trésorier général, il participa à l'administration de l'Empire musulman jusqu'à la mort de Mahomet. Ce prénom a été découvert dans l'Hexagone dans les années 1980. Variantes : Belal, Bellal, Bilail, Bilale, Bilele, Bilhal, Billale, Bylel. Caractérologie : rectitude, rêve, humanité, tolérance, gestion.

Bildad
Aimé (hébreu). Ce prénom est porté par moins de 30 personnes en France. Caractérologie : courage, curiosité, dynamisme, indépendance, organisation.

Bilel  5 000 TOP 300 ➡
Eau, rafraîchissement (arabe). Caractérologie : persévérance, structure, sécurité, efficacité, honnêteté.

Bill 110

Protecteur résolu (germanique). Masculin anglais. Caractérologie : achèvement, stratégie, leadership, ardeur, vitalité.

Billal 1 500 TOP 2000 ↘

Eau, rafraîchissement (arabe). On peut estimer que moins de 30 enfants seront prénommés ainsi en 2015. Caractérologie : créativité, pragmatisme, gestion, communication, optimisme.

Billy 2 000 ↘

Protecteur résolu (germanique). Masculin anglais. On peut estimer que moins de 30 enfants seront prénommés ainsi en 2015. Variante : Bily. Caractérologie : équilibre, famille, sens des responsabilités, influence, exigence.

Bixente 700 TOP 2000 →

Forme basque de Vincent : qui triomphe (latin). Caractérologie : savoir, intelligence, méditation, sagesse, indépendance.

Bjorn 140

Ours (scandinave). Caractérologie : découverte, audace, énergie, originalité, décision.

Blaise 3 000 TOP 2000 →

Qui balbutie (latin). On peut estimer que moins de 30 enfants seront prénommés ainsi en 2015. Variante : Blaize. Caractérologie : pratique, communication, décision, enthousiasme, gestion.

Blake

Foncé, ou clair (anglais). Masculin anglais. Ce prénom est porté par moins de 100 personnes en France. Caractérologie : fiabilité, ténacité, engagement, méthode, gestion.

Blanc

Clair (germanique). Ce prénom est porté par moins de 30 personnes en France. Formes basques : Blanko, Blanco. Caractérologie : découverte, audace, énergie, originalité, organisation.

Bobby 170

Brillant, gloire (germanique). Masculin anglais. Variantes : Bob, Boby. Caractérologie : autonomie, autorité, innovation, ambition, énergie.

Bogdan 300 TOP 2000 →

Présent de Dieu (slave). Prénom polonais, russe et ukrainien. Variante : Bodhan. Caractérologie : savoir, intelligence, méditation, volonté, réalisation.

Bojan 120

Conflit (tchèque). Prénom slave méridional. Caractérologie : famille, équilibre, sens des responsabilités, influence, exigence.

Bonaventure 120

Chanceux (latin). Caractérologie : diplomatie, sociabilité, analyse, volonté, réceptivité.

Boniface 400

Bonne figure, heureuse destinée (latin). Caractérologie : détermination, autorité, énergie, innovation, raisonnement.

Borg

Protection du château (scandinave). Ce prénom est porté par moins de 30 personnes en France. Caractérologie : bienveillance, paix, conscience, sagesse, conseil.

Boris 15 000 TOP 2000
Combattant, guerrier (slave). Boris est très répandu dans les pays slaves et en Roumanie. On peut estimer que moins de 30 enfants seront prénommés ainsi en 2015. Variantes : Borislav, Borris, Borya. Caractérologie : altruisme, réflexion, idéalisme, dévouement, intégrité.

Bosco
Bois (latin). Ce prénom est porté par moins de 100 personnes en France. Caractérologie : rectitude, humanité, organisation, générosité, ouverture d'esprit.

Boualem 800
Chef, meneur de troupe (arabe). Variantes : Boualam, Bouhalem. Caractérologie : équilibre, famille, sens des responsabilités, gestion, caractère.

Boubacar 1 000 TOP 1000 →
Petit chameau (arabe). Variantes : Boubakar, Boubaker. Caractérologie : idéalisme, intégrité, altruisme, organisation, analyse.

Bradley 1 500 TOP 700 →
Terrain déboisé (anglais). Masculin anglais. Variantes : Brad, Bradan, Braden, Bradin, Bradleigh, Bradlie, Bradly, Brady. Caractérologie : ténacité, fiabilité, cœur, méthode, réussite.

Brahim 8 000 TOP 700 →
Père des nations (hébreu). Variantes : Braham, Brahima, Brahime. Caractérologie : famille, équilibre, sens des responsabilités, exigence, influence.

Brandon 11 000 TOP 700 ↓
Épée, tison (vieux norrois). Ce prénom est parfois usité en tant que variante de Brendan. Brandon est répandu dans les pays anglophones. Variantes : Brandy, Brendon. Caractérologie : détermination, audace, énergie, découverte, volonté.

Branislav
Protection, gloire (slave). Masculin serbe, slovaque, tchèque et slovène. Ce prénom est porté par moins de 100 personnes en France. Caractérologie : habileté, ambition, force, organisation, détermination.

Brayan 3 000 TOP 600 ↘
Puissance, noblesse, respect (celte). Variante : Brayane. Caractérologie : connaissances, sagacité, originalité, spiritualité, décision.

Brendan 1 500 ↓
Prince (celte). Ce prénom est parfois usité en tant que variante de Brandon. Masculin irlandais et anglais. On peut estimer que moins de 30 enfants seront prénommés ainsi en 2015. Variante : Brandan. Caractérologie : méthode, ténacité, résolution, engagement, fiabilité.

Brenton
La ville près de la colline (celte). Plus fréquent sous forme de patronyme. Masculin anglais. Ce prénom est porté par moins de 30 personnes en France. Variante : Brent. Caractérologie : sagacité, connaissances, spiritualité, originalité, philosophie.

Brett 🟦 120

Ancien patronyme qui désignait les premiers habitants de Grande-Bretagne. Masculin anglais. Variantes : Bret, Brit. Caractérologie : médiation, relationnel, intuition, adaptabilité, fidélité.

Briac 🟦 1 000 TOP 2000 ➡

Puissance, noblesse, respect (celte). Prénom breton. Caractérologie : gestion, bienveillance, conscience, paix, conseil.

Brian 🟦 8 000 TOP 2000 ⬇

Puissance, noblesse, respect (celte). Brian est un prénom irlandais et anglais. Caractérologie : vitalité, stratégie, achèvement, décision, ardeur.

Brice 🟦 27 000 TOP 900 ⬇

Tacheté, moucheté (celte). Masculin français et anglais. Caractérologie : autorité, innovation, autonomie, ambition, énergie.

Brieg 🟦 250 ⬇

Puissance, noblesse, respect (celte). Prénom breton. Variante : Briag. Caractérologie : curiosité, courage, dynamisme, indépendance, charisme.

Brieuc 🟦 2 000 TOP 700 ➡

Puissance, noblesse, respect (celte). Prénom breton. Variante : Brieux. Caractérologie : engagement, fiabilité, méthode, ténacité, sens du devoir.

Brivael

Puissance, respect, prince (celte). Masculin breton. Ce prénom est porté par moins de 100 personnes en France. Caractérologie : paix, détermination, bienveillance, organisation, conscience.

Broderick

Fils de grand gouverneur (gallois). Ce prénom est porté par moins de 30 personnes en France. Caractérologie : structure, volonté, analyse, persévérance, sécurité.

Bronislaw 🟦 300

Protection, gloire (slave). Prénom polonais. Variantes : Bronislas, Bronislav. Caractérologie : découverte, énergie, audace, décision, logique.

Bruce 🟦 2 000 TOP 2000 ⬇

Ce prénom est à l'origine un patronyme de lointaine ascendance normande et scandinave. Masculin écossais et anglais. On peut estimer que moins de 30 enfants seront prénommés ainsi en 2015. Caractérologie : ténacité, méthode, engagement, fiabilité, sens du devoir.

Bruno 🟦 205 000 TOP 1000 ⬇

Armure, couleur brune (germanique). Peu commun au Moyen Âge, Bruno est traditionnellement usité pour désigner les enfants aux cheveux bruns ou au teint mat. Un saint originaire de Cologne, fondateur de l'ordre des Chartreux au XIe siècle, illustre ce nom qui deviendra populaire en Allemagne. Il se propage à l'Angleterre mais reste bien rare en France jusqu'à son émergence dans les années 1930. Bruno culmine au 8e rang masculin au début des années 1960. Il connaît une certaine vogue jusqu'à l'aube du troisième millénaire. Variantes : Bruneau, Brunon, Brunot. Caractérologie : indépendance, intelligence, savoir, méditation, raisonnement.

Bryan  22 000 TOP 300

Puissance, noblesse, respect (celte). En dehors de l'Hexagone, Bryan est très répandu en Irlande et dans les pays anglophones. Variante : Bryann. Caractérologie : bienveillance, paix, conscience, conseil, décision.

Bryce 450

Tacheté, moucheté (celte). Masculin anglais. Caractérologie : vitalité, achèvement, sympathie, ardeur, stratégie.

Burak 800 TOP 2000

Aux dix mille sources (arménien). Caractérologie : ardeur, vitalité, stratégie, achèvement, organisation.

Byron 450 TOP 2000

Étable (anglais). Caractérologie : intuition, relationnel, adaptabilité, médiation, fidélité.

C

Cadet

Prénom masculin révolutionnaire rendu célèbre grâce à la chanson *Cadet Rousselle* (1792). Ce prénom est porté par moins de 30 personnes en France. Caractérologie : famille, sens des responsabilités, influence, équilibre, organisation.

Caelan

Élancé (irlandais). Ce prénom est porté par moins de 100 personnes en France. Caractérologie : humanité, rêve, générosité, rectitude, tolérance.

Caleb 200 TOP 2000

Audacieux (hébreu). Caractérologie : dynamisme, curiosité, courage, indépendance, organisation.

Calhoun

Petit bois (irlandais). Ce prénom est porté par moins de 30 personnes en France. Variante : Colhoun. Caractérologie : réceptivité, bonté, diplomatie, sociabilité, loyauté.

Calixte 1 000 TOP 900

Le plus beau (grec). Variantes : Cali, Calix, Calliste, Callixte. Caractérologie : décision, réceptivité, sociabilité, logique, diplomatie.

Callum

Colombe (latin). Masculin écossais et anglais. Ce prénom est porté par moins de 100 personnes en France. Caractérologie : ambition, passion, habileté, force, management.

Calvin  3 000 TOP 400

Chauve (latin). Calvin est répandu dans les pays anglophones. Caractérologie : savoir, indépendance, méditation, intelligence, décision.

Camel 🌲 800
Parfait, achevé (arabe). Variante : Camal. Caractérologie : méditation, indépendance, intelligence, sagesse, savoir.

Cameron 🌲 3 000 TOP 300 →
Nez crochu (écossais). Cameron est répandu en Écosse et dans les pays anglophones. Variantes : Camron, Camerone, Kameron. Caractérologie : volonté, raisonnement, équilibre, sens des responsabilités, famille.

Camil 🌲 1 000 TOP 400 ↑
Jeune assistant de cérémonies (étrusque). Caractérologie : fidélité, intuition, relationnel, médiation, adaptabilité.

Camille 🌲 31 000 TOP 50 🔍 ↑
Jeune assistant de cérémonies (étrusque). Variantes : Camil, Camillo, Camilo, Kamillo. Caractérologie : énergie, innovation, ambition, résolution, autorité.

Candide 🌲 130
D'un blanc éclatant (latin). Variante : Candido. Caractérologie : résolution, efficacité, structure, sécurité, persévérance.

Carl 🌲 4 000 TOP 800 →
Force (germanique). Carl est très répandu en Allemagne et dans les pays anglophones. C'est aussi un prénom traditionnel alsacien. Forme occitane : Carle. Caractérologie : sagesse, intelligence, méditation, savoir, indépendance.

Carlo 🌲 1 500 ↓
Force (germanique). Carlo est un prénom italien. On peut estimer que moins de 30 enfants seront prénommés ainsi en 2015. Caractérologie : méthode, raisonnement, ténacité, fiabilité, engagement.

Carlos 🌲 10 000 TOP 2000 →
Force (germanique). Carlos est très répandu dans les pays hispanophones et lusophones. On peut estimer que moins de 30 enfants seront prénommés ainsi en 2015. Variantes : Carles, Carlito. Caractérologie : audace, énergie, découverte, originalité, logique.

Carmelo 🌲 1 000
Vigne divine (hébreu). Variantes : Carmel, Carmello. Caractérologie : sécurité, persévérance, caractère, structure, logique.

Carol 🌲 500
Force (germanique). Masculin anglais. Variantes : Carolus, Caryl. Caractérologie : fiabilité, ténacité, engagement, méthode, logique.

Casimir 🌲 3 000
Assemblée, paix (slave). Masculin russe et slave. On peut estimer que moins de 30 enfants seront prénommés ainsi en 2015. Variantes : Casimiro, Casimo, Kasimir, Kazimir. Caractérologie : ouverture d'esprit, rêve, humanité, rectitude, générosité.

Cassien 🌲 160 TOP 2000
Vide (latin). Variantes : Cassian, Cassius. Caractérologie : connaissances, sagacité, spiritualité, originalité, détermination.

Cecil 🌲 160
Aveugle (latin). On rencontre également cette forme masculine anglaise de Cécile avec l'accent aigu. Variantes :

CAMILLE

Fête : 14 juillet

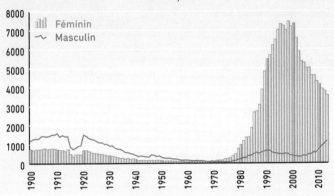

Étymologie : l'étymologie de Camille est obscure, mais on lui attribue généralement une origine étrusque. À Rome, *camillus* était le nom donné au jeune assistant des prêtres pendant les cérémonies. Ce vieux prénom a longtemps désigné une majorité de garçons, comme au XIXe siècle et au début du XXe, où Camille était attribué à un tiers de Françaises. Il a fallu attendre le début des années 1960 pour que ce choix mixte atteigne la parité, puis 1965 pour que la version féminine soit prédominante. Mais Camille n'a pas fini de nous surprendre. En effet, alors que cette star féminine des années 1990 poursuit son reflux, une proportion grandissante de garçons naissent sous ce nom. On peut même estimer qu'en 2015, un Camille sur quatre né en France sera un garçon. Du jamais vu depuis 1976 ! Serait-on en train d'assister à la renaissance de Camille au masculin ?

Infirmier au XVIe siècle, **saint Camille** se rendit célèbre en créant l'ordre des Camilliens. Grâce à cet ordre religieux, les conditions de soins prodigués dans les hôpitaux s'améliorèrent. Le pape Léon XIII l'a déclaré protecteur des hôpitaux, des infirmes, des infirmiers et des infirmières.

Dans l'histoire : journaliste et membre du club des Cordeliers, Camille Desmoulins appela le peuple aux armes le 14 juillet 1789, incitant la foule à se rassembler devant les portes de la Bastille. Cette date charnière de la Révolution est aujourd'hui la Fête nationale française. Accusé de comploter pour rétablir la royauté, il fut guillotiné le même jour que Danton à Paris en 1794.

Dans la littérature : Camille est le prénom choisi par Corneille pour incarner l'héroïne forte et passionnée d'*Horace*. Elle est tantôt une petite fille modèle, tantôt une jeune fille pure et idéalisée dans de nombreux romans de la comtesse de Ségur.

Personnalités célèbres : Camille Pissarro, peintre français (1830-1903) ; Camille, compositrice et chanteuse française contemporaine ; Camille Laurens, romancière française ; Camille Lacourt, nageur français, champion du monde dans plusieurs épreuves de dos.

Statistiques : Camille est le 59ᵉ prénom masculin le plus donné en France depuis le début du XXIᵉ siècle. On peut estimer qu'il sera attribué à un garçon sur 250 (contre une fille sur 120) en 2015.

Cécilien, Cécilio. Caractérologie : dynamisme, curiosité, courage, indépendance, charisme.

Cédric 149 000 TOP 500
Chef de bataille (anglais). Prénom gallois, anglais et français. Moine anglais au VIIᵉ siècle, saint Cédric évangélisa les Saxons et devint évêque. Fondateur de plusieurs abbayes, il mourut de la peste en soignant les malades qui en étaient infectés. Variantes : Céderic, Cédrique, Cédrix, Cédryc, Ceydric, Sédric. Caractérologie : paix, sagesse, conscience, bienveillance, conseil.

Cédrick 2 000
Chef de bataille (anglais). Masculin français. On peut estimer que moins de 30 enfants seront prénommés ainsi en 2015. Caractérologie : habileté, force, ambition, passion, management.

Célestin 4 000 TOP 400
Qui se rapporte au ciel (latin). Variantes : Céleste, Celestino, Colestin.

Caractérologie : paix, organisation, bienveillance, résolution, conscience.

Célian 4 000 TOP 300
Aveugle (latin). Masculin français. Caractérologie : ardeur, détermination, stratégie, achèvement, vitalité.

Célien 350 TOP 2000
Aveugle (latin). Caractérologie : adaptation, communication, pratique, générosité, enthousiasme.

Célio 450 TOP 2000
Aveugle (latin). Prénom italien. Caractérologie : stratégie, achèvement, ardeur, vitalité, raisonnement.

Celyan 550 TOP 500
Aveugle (latin). Caractérologie : conseil, paix, bienveillance, conscience, bonté.

Cémil 140
Beau (arabe). Variantes : Cem, Cemal. Caractérologie : sens des responsabilités, famille, équilibre, influence, exigence.

César 6 000 TOP 400 →

Tête aux cheveux longs (latin). En latin, César (ou Cæsar) est le titre honorifique qui désigne les empereurs de l'Empire. Brillant homme d'État romain, Jules César (11-44 avant J.-C.) conquit la Gaule et repoussa les frontières de son empire jusqu'au Rhin. Peu après avoir été nommé consul et dictateur à vie, il fut assassiné par des conspirateurs en plein sénat. C'est Brutus, son protégé, qui l'acheva du 23e et ultime coup de poignard. Saint César de Bus, le fondateur des Pères de la doctrine chrétienne, porta également ce prénom au XVIIe siècle. En dehors de l'Hexagone, César est particulièrement usité dans les pays hispanophones et au Portugal. Variantes : Césaire, Césare. Caractérologie : dynamisme, audace, direction, indépendance, décision.

Ceylan

Prénom moderne mixte qui désigne le Sri Lanka. Ce prénom est porté par moins de 100 personnes en France. Caractérologie : conseil, conscience, amitié, bienveillance, paix.

Chabane 250

Se rapporte au huitième mois de l'année lunaire musulmane (arabe). Caractérologie : spiritualité, connaissances, sagacité, finesse, organisation.

Chad 400 TOP 2000

Bataille, guerrier (celte). Masculin anglais. Caractérologie : sagacité, spiritualité, connaissances, originalité, philosophie.

Chahine 1 000 TOP 500 ↑

Le roi des rois (arabe). Chahine est également un prénom arménien d'origine perse. Variantes : Chahan, Chahin. Caractérologie : pratique, communication, enthousiasme, adaptation, résolution.

Chaï 130

Un présent (hébreu). Caractérologie : pratique, enthousiasme, communication, générosité, adaptation.

Chaïm

Vie (hébreu). Chaim est assez répandu aux États-Unis et dans les cultures juives. Ce prénom est porté par moins de 100 personnes en France. Variante : Chaym. Caractérologie : méditation, savoir, intelligence, sagesse, indépendance.

Chaker 160

Reconnaissant (arabe). Variantes : Chakir, Chakour, Chokri, Choukri. Caractérologie : audace, direction, sensibilité, dynamisme, détermination.

Chakib 850 TOP 2000 →

Rétribution, don (arabe). Caractérologie : originalité, gestion, connaissances, sagacité, spiritualité.

Chalom 130

Paix (hébreu). Caractérologie : sagacité, connaissances, spiritualité, philosophie, originalité.

Cham

Travailleur assidu (vietnamien). Ce prénom est porté par moins de 100 personnes en France. Caractérologie : savoir, intelligence, méditation, indépendance, sagesse.

C

Chan 110

Explication, exposition (chinois), arbuste aromatique (cambodgien). Nom de famille très courant en Chine. Caractérologie : ambition, management, habileté, passion, force.

Charef 180

De haut rang (arabe). Variantes : Charaf, Charif, Sharif. Caractérologie : découverte, audace, énergie, détermination, raisonnement.

Charlélie 650

Contraction de Charles et Élie. Variante : Charlély. Caractérologie : innovation, autorité, énergie, ambition, décision.

Charlemagne 300

Force (germanique). Héritier du royaume de Pépin le Bref, Charlemagne fut roi des Francs de 768 à 814 et empereur d'Occident de 800 à 814. Caractérologie : bienveillance, paix, conscience, réalisation, ressort.

Charles 100 000

Force (germanique). Au cours des siècles, dix rois de France, sept empereurs d'Allemagne et plusieurs rois anglais, suédois et espagnols ont porté ce nom. Malgré ce passé riche en histoire, Charles est peu répandu avant la Restauration. En 1660, le retour puis le couronnement de Charles II en Angleterre donnent une impulsion au prénom. Lorsque Charles Dickens (1812) et Charles Baudelaire (1821) voient le jour, Charles et ses différentes graphies sont devenus très en vogue en Europe. En France, ce prénom reste prisé tout au long de la vie de Charles de Gaulle (1890-1970). Il n'a jamais disparu des maternités depuis son repli dans les années 1920. ◊ Issu d'une famille noble italienne, saint Charles fit le choix de vivre pauvrement et d'accomplir sa vocation religieuse. Archevêque de Milan, il soigna lui-même les malades de la peste en 1576. Variantes : Charle, Charlet, Charlot. Formes basques : Karol, Thales. Caractérologie : détermination, communication, pragmatisme, optimisme, créativité.

Charles-Antoine 800

Forme composée de Charles et Antoine. Caractérologie : rêve, rectitude, humanité, finesse, analyse.

Charles-Édouard 1 000

Forme composée de Charles et Édouard. Caractérologie : vitalité, achèvement, stratégie, volonté, raisonnement.

Charles-Élie 200

Forme composée de Charles et Élie. Caractérologie : résolution, spiritualité, sagacité, originalité, connaissances.

Charles-Henri 1 500

Forme composée de Charles et Henri. On peut estimer que moins de 30 enfants seront prénommés ainsi en 2015. Caractérologie : pratique, communication, adaptation, enthousiasme, décision.

Charles-Louis 180

Forme composée de Charles et Louis. Caractérologie : connaissances, logique, sagacité, spiritualité, décision.

Charley ⭐ 1 000

Force (germanique). Caractérologie : sympathie, altruisme, idéalisme, intégrité, ressort.

Charlie ⭐ 8 000 TOP 200 ↗

Force (germanique). Charles Spencer Chaplin, plus connu sous le nom de Charlie Chaplin (1889-1977), est sans doute le plus célèbre des Charlie. Le célèbre acteur et réalisateur britannique a choisi ce prénom alors qu'il venait de percer aux États-Unis. Découvert en France dans les années 1930, Charlie reste longtemps dans l'ombre d'un Charles glorieux. C'est peut-être le film de Tim Burton, *Charlie et la Chocolaterie* (en 2005), qui amplifie son envolée. Avant l'attentat contre Charlie Hebdo, en janvier 2014, il faisait jeu égal avec Charly et se plaçait non loin Charles dans le top 100 masculin. Par ailleurs, son niveau d'attribution était équivalent dans les deux genres. Il est prématuré de déterminer si cette attaque bouleversera la carrière du prénom. Cependant, dans les semaines qui ont suivi les attentats, un nombre plus important de Charlie ont été inscrits en deuxième prénom sur les registres d'état civil français. Variantes : Charli, Charly. Caractérologie : médiation, relationnel, intuition, fidélité, détermination.

Charly ⭐ 16 000 TOP 200 ↗

Force (germanique). Caractérologie : structure, sécurité, persévérance, efficacité, action.

Cheick ⭐ 550 TOP 2000 ↗

Le maître que l'expérience a rempli de sagesse (arabe). Variantes : Cheik, Cheikh. Caractérologie : enthousiasme, pratique, communication, adaptation, finesse.

Chems ⭐ 170

Soleil (arabe). Variantes : Chams, Shams, Shems, Shemsy. Caractérologie : optimisme, pragmatisme, communication, créativité, sociabilité.

Chems-Eddine ⭐ 200 TOP 2000 ↑

Forme composée de Chems et Eddine. Caractérologie : habileté, force, ambition, passion, détermination.

Chérif ⭐ 2 000 TOP 2000

De haut rang (arabe). On peut estimer que moins de 30 enfants seront prénommés ainsi en 2015. Variantes : Chériff, Sherif. Caractérologie : ténacité, fiabilité, engagement, méthode, logique.

Chi

Nouvelle génération (chinois). Ce prénom est porté par moins de 100 personnes en France. Caractérologie : intuition, médiation, relationnel, adaptabilité, fidélité.

Chiraz

Lion (arménien). Ce prénom est porté par moins de 30 personnes en France. Caractérologie : intuition, relationnel, médiation, fidélité, adaptabilité.

Chrétien ⭐ 250

Messie (grec). Très courant au Moyen Âge et à l'époque des croisades, ce prénom délaissé pour Christian n'est plus attribué en France depuis les années 1960. Poète français au XIIᵉ siècle, Chrétien de Troyes écrivit les romans de la Table ronde, œuvre inspirée par des récits médiévaux et les légendes celtes et bretonnes. Caractérologie : direction, indépendance, dynamisme, attention, audace.

Chris ⭐ 4 000 TOP 400 →

Diminutif des prénoms formés avec Chris. Chris est très répandu aux Pays-Bas, dans les pays anglophones et scandinaves. Variante : Chrys. Caractérologie : pratique, communication, enthousiasme, adaptation, générosité.

Christian ⭐ 344 000 TOP 700 ↘

Messie (grec). Sous ses différentes graphies, ce prénom porté par une longue lignée de rois danois apparaît au XVIIᵉ siècle dans plusieurs pays européens. Au début du XXᵉ siècle, il est encore peu connu lorsque Christiane commence sa carrière française. Parti sur les traces de son féminin, Christian connaît le succès et figure, dès le lendemain de la Seconde Guerre mondiale, dans les 10 premiers rangs masculins. Il restera dans le groupe de tête durant quinze ans, culminant à la 5ᵉ place en 1954. Sa gloire est fatale à Chrétien, une forme ancienne du prénom qui disparaît totalement dans les années 1960. ◇ Évangélisateur de la Pologne au XIᵉ siècle, saint Christian fut assassiné avec ses frères moines venus d'Italie. Il est fêté le 12 novembre. Variantes : Christ, Christel, Christiaen, Christien, Christin, Kristian. Caractérologie : relationnel, décision, intuition, attention, médiation.

Christophe ⭐ 363 000 TOP 900 ↓

Porte-Christ (grec). Selon la légende, saint Christophe était un passeur syrien qui aida un enfant à traverser les eaux tumultueuses d'un fleuve. Lorsqu'il découvrit que son passager était le Christ, il se fit baptiser. La notoriété du patron des voyageurs est ancienne : le prénom est recensé dans les pays chrétiens dès le Moyen Âge. Sa fréquence augmente au XVIᵉ siècle grâce à l'exploit de Christophe Colomb (1451-1506), navigateur rendu célèbre par la découverte de l'Amérique. Christophe se fait plus discret au XIXᵉ siècle, mais il revient au siècle suivant dans de nombreux pays occidentaux. En France, il a trôné sur le palmarès masculin de 1967 à 1970 avant de reprendre par deux fois la couronne de Stéphane. Il s'est ensuite maintenu dans les premiers choix jusqu'au début des années 1980. Variantes : Christo, Christobal, Christos, Christy, Chrystophe. Caractérologie : persévérance, sécurité, finesse, analyse, structure.

Christopher ⭐ 36 000 TOP 500 ↘

Porte-Christ (grec). Christopher est très répandu dans les pays européens et anglophones. Variantes : Christofer, Chrystopher, Kristofer. Caractérologie : logique, méthode, ténacité, fiabilité, attention.

Ciaran

Brun (irlandais). Ce prénom est porté par moins de 100 personnes en France. Caractérologie : autonomie, autorité, résolution, énergie, ambition.

Clair ⭐ 400

Illustre (latin). Masculin français et anglais. Caractérologie : méditation, sagesse, intelligence, savoir, indépendance.

Clancy

Descendant (irlandais). Masculin anglais et irlandais. Ce prénom est porté par moins de 30 personnes en France. Caractérologie : engagement, ténacité, méthode, fiabilité, sympathie.

Clarence ⭐ 1 000 TOP 800 ⊘

Illustre (latin). Masculin anglais. Variantes : Clarel, Clarens, Claris, Clarius. Caractérologie : sagacité, connaissances, spiritualité, originalité, résolution.

Clark ⭐ 160

Secrétaire, clerc (anglais). Caractérologie : humanité, rectitude, organisation, ouverture d'esprit, rêve.

Claude ⭐ 289 000 TOP 2000 ⊘

Boiteux (latin). Deux empereurs romains portent le nom latin Claudius aux premiers siècles, mais c'est au VIIe siècle que saint Claude, l'évêque de Besançon, fait naître le prénom en Franche-Comté. Claude est alors inexistant et se diffuse très lentement. Une dizaine de siècles lui seront nécessaires pour être finalement connu en France et en Angleterre. Si sa carrière devenue florissante tourne court au XIXe siècle, c'est pour mieux briller au suivant. Au masculin, Claude figure parmi les 10 premiers rangs français de 1930 à 1950. Il s'affichera même troisième à son point culminant (1936). Par comparaison, l'envol de Claude au féminin est resté discret.

◇ Saint Claude La Colombière, jésuite au XVIIe siècle, confesseur de sainte Marguerite-Marie, est fêté le 15 février. On peut estimer que moins de 30 enfants seront prénommés ainsi en 2015. Variantes : Claudie, Claudien, Claudino, Claudius, Clodius. Caractérologie : audace, direction, indépendance, dynamisme, assurance.

Claudio ⭐ 1 500 ➡

Boiteux (latin). Masculin italien, espagnol et portugais. On peut estimer que moins de 30 enfants seront prénommés ainsi en 2015. Caractérologie : réceptivité, sociabilité, diplomatie, raisonnement, loyauté.

Claudius ⭐ 1 500

Boiteux (latin). On peut estimer que moins de 30 enfants seront prénommés ainsi en 2015. Caractérologie : humanité, rêve, rectitude, générosité, tolérance.

Claudy ⭐ 1 000

Boiteux (latin). Formes occitanes : Glaudi, Claudi. Formes basques : Kauldi, Klaudi, Klaudio. Caractérologie : pratique, communication, adaptation, réalisation, enthousiasme.

Clayton ⭐ 350 TOP 2000 ➡

Qui habite sur un sol d'argile (anglais). Variante : Clay. Caractérologie : altruisme, idéalisme, organisation, intégrité, bonté.

Cléandre

Homme-lion (grec). Ce prénom est porté par moins de 100 personnes en France. Caractérologie : habileté, ambition, management, passion, détermination.

CLÉMENT

Fête : 23 novembre

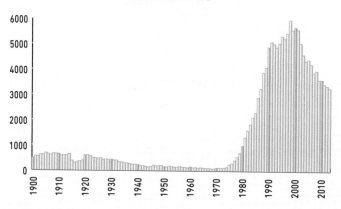

Étymologie : du latin *clemens*, « douceur, bonté ». La renommée de ce prénom, porté par quatorze papes, est immense. Pour autant, Clément n'a jamais connu d'engouement comparable à celui de référents chrétiens qui, tels Jean ou Pierre, prénommèrent tant d'enfants. Boudé en Angleterre et dans les pays anglophones, Clément n'a guère été populaire en France qu'au Moyen Âge. Modestement attribué au XIXᵉ siècle, il s'éclipse une grande partie du siècle suivant avant de renaître dans les années 1990. C'est en devenant le 8ᵉ choix préféré des Français en 1998 qu'il obtient son meilleur classement. Malgré son reflux, Clément s'établit au 22ᵉ rang du podium aujourd'hui.

Rarissime à l'échelle internationale, Clément est peu attribué dans les pays francophones. Non loin de l'Hexagone, il n'est guère plus visible qu'en Wallonie aujourd'hui. Notons que les attributions de son féminin ont connu une belle amplitude au début du troisième millénaire. On peut anticiper la naissance de plus de 2 000 petites Clémence en France cette année.

Saint Clément de Rome, le premier pape qui porta ce prénom, est le troisième successeur de saint Pierre. C'est à la tête d'une Église encore naissante qu'il écrivit une lettre aux Corinthiens, missive historique qui marqua la première intervention de l'Église de Rome sur une autre Église. Jugé trop influent, saint Clément aurait subi le martyre par noyade sous le règne de Trajan. Il est le patron des bateliers et des marins.

61

Pape italien, **Clément VII** (1478-1534) est célèbre pour s'être opposé au divorce d'Henri VIII et de Catherine d'Aragon. Il excommunia le roi anglais lorsqu'il se remaria avec sa maîtresse, Anne Boleyn. Cette action est à l'origine du schisme anglican.

Personnalités célèbres : Clément Ader, ingénieur français précurseur de l'aviation (1841-1925) ; Clément Janequin, compositeur français (1485-1558).

Statistiques : Clément est le 20e prénom masculin le plus donné en France depuis le début du XXIe siècle. On peut estimer qu'il sera attribué à un garçon sur 140 en 2015.

Clément ⭐ 142 000 TOP 50 🔍 ➡️
Douceur, bonté (latin). Variante : Clémenceau. Forme corse : Clemente. Caractérologie : altruisme, idéalisme, intégrité, réflexion, dévouement.

Clémentin ⭐ 200 ⬇️
Douceur, bonté (latin). Caractérologie : dynamisme, indépendance, curiosité, courage, charisme.

Cléo ⭐ 400 TOP 2000 ↘️
Gloire, célébrité (grec). Cleo est recensé dans les pays anglophones. Caractérologie : achèvement, leadership, vitalité, stratégie, ardeur.

Cléon
Gloire, célébrité (grec). Ce prénom est porté par moins de 30 personnes en France. Caractérologie : organisation, sécurité, persévérance, efficacité, honnêteté.

Cléophas
Célébration (grec). Ce prénom est porté par moins de 100 personnes en France. Caractérologie : connaissances, sagacité, spiritualité, cœur, originalité.

Cliff ⭐ 200
Falaise (anglais). Masculin anglais. Caractérologie : réflexion, intégrité, altruisme, raisonnement, idéalisme.

Clifford ⭐ 170
Ville proche d'une falaise (anglais). Masculin anglais. Caractérologie : indépendance, audace, direction, dynamisme, logique.

Clint
Village sur une colline (anglo-saxon). Ce prénom est porté par moins de 100 personnes en France. Variante : Clinton. Caractérologie : honnêteté, structure, efficacité, persévérance, sécurité.

Clotaire ⭐ 1 500 TOP 2000 ⬆️
Gloire, puissance (germanique). Clotaire fut illustré par quatre rois mérovingiens et fut très populaire chez les Francs du Ve au VIIIe siècle. Variante : Clothaire. Caractérologie : réceptivité, sociabilité, diplomatie, raisonnement, détermination.

Clovis ⭐ 5 000 TOP 300 ➡️
Illustre au combat (germanique). Clovis, roi des Francs de 481 à 511, se fit baptiser par l'évêque de Reims en 496. Il est

considéré comme le premier roi catholique de France. Caractérologie : vitalité, achèvement, ardeur, stratégie, logique.

Clyde 300 TOP 2000

Qui habite près de la rivière Clyde (celte). Masculin anglais. Caractérologie : persévérance, sécurité, structure, sympathie, efficacité.

Cody 400 TOP 2000

Coussin (anglo-saxon). Masculin anglais. Variante : Coddy. Caractérologie : réceptivité, sociabilité, loyauté, diplomatie, bonté.

Colas 650 TOP 2000

Victoire du peuple (grec). Caractérologie : curiosité, dynamisme, courage, charisme, indépendance.

Colbert 250

Cou (latin). Plus fréquent sous forme de patronyme. Masculin anglais. Caractérologie : communication, pratique, enthousiasme, adaptation, analyse.

Colby

Ville minière (anglais). Masculin anglais. Ce prénom est porté par moins de 30 personnes en France. Caractérologie : pratique, communication, adaptation, enthousiasme, générosité.

Cole

Mineur (anglais). Masculin anglais. Ce prénom est porté par moins de 100 personnes en France. Variantes : Coleman, Colman. Caractérologie : rêve, rectitude, humanité, volonté, ouverture d'esprit.

Colin 5 000 TOP 400

Victoire du peuple (grec). En dehors de l'Hexagone, Colin est répandu en Écosse et dans les pays anglophones. Variante : Collin. Forme basque : Kolin. Caractérologie : habileté, ambition, force, raisonnement, passion.

Colomban 170 TOP 2000

Colombe (latin). Prénom corse. Caractérologie : organisation, optimisme, communication, pragmatisme, volonté.

Côme 6 000 TOP 200

Univers (grec). Prénom français. Médecin syrien au IIIe siècle, saint Côme consacra sa vie à soigner les pauvres avant d'être condamné au martyre par Lysias, le gouverneur de la région. Il est le patron des médecins. Caractérologie : rêve, humanité, rectitude, tolérance, volonté.

Conogan

Blanc, courage (celte). Masculin breton. Ce prénom est porté par moins de 30 personnes en France. Caractérologie : amitié, conseil, conscience, paix, bienveillance.

Conrad 450

Conseiller courageux (germanique). Masculin allemand. Variantes : Conrado, Corado. Caractérologie : dynamisme, volonté, direction, raisonnement, audace.

Constant 5 000 TOP 800

Constant (latin). Masculin français. Variante : Constans. Caractérologie : intelligence, savoir, indépendance, gestion, méditation.

Constantin 🌟 2 000 TOP 600 →

Constant (latin). De nombreux empereurs d'Orient, plusieurs saints et un pape ont porté ce prénom. Le 21 mai célèbre saint Constantin Ier le Grand, le plus célèbre d'entre eux. Celui-ci imposa le christianisme à son empire après s'être converti en 313. En renommant Byzance Constantinople (« la ville de Constantin »), il dota l'Empire romain d'une seconde capitale. Ce prénom est particulièrement répandu en Bulgarie, en Russie et en Roumanie. Variantes : Costa, Constantino, Costantino. Caractérologie : communication, pragmatisme, optimisme, résolution, analyse.

Corentin 🌟 52 000 TOP 200 ⌄

Ami (celte). Masculin français. Variantes : Coranthin, Corantin, Corentyn. Caractérologie : achèvement, vitalité, stratégie, raisonnement, ardeur.

Corneille 🌟 140

Cornu, corneille (latin). Variantes : Cornelis, Cornelius, Cornely, Cornil, Korneli. Caractérologie : adaptation, communication, pratique, enthousiasme, analyse.

Corto 🌟 500 ⌄

Petit (latin). Masculin espagnol. Caractérologie : force, ambition, habileté, passion, raisonnement.

Corwin 🌟

Ami intime (anglais). Masculin anglais. Ce prénom est porté par moins de 100 personnes en France. Variantes : Corwinn, Corwyn, Corwynn. Caractérologie : énergie, autorité, innovation, raisonnement, ambition.

Cory 🌟 140

Ravin, crevasse (irlandais). Variante : Corey. Caractérologie : savoir, méditation, logique, indépendance, intelligence.

Cosme 🌟 200 ↗

Univers (grec). Variante : Cosma. Caractérologie : innovation, autorité, volonté, ambition, énergie.

Court 🌟

Cour de justice (anglais). Ce prénom est porté par moins de 30 personnes en France. Variantes : Courte, Courtlin. Caractérologie : courage, dynamisme, curiosité, indépendance, analyse.

Craig 🌟 160

Rocher (gallois). Ce prénom gallois est usité dans les pays anglophones. Caractérologie : diplomatie, loyauté, réceptivité, bonté, sociabilité.

Crépin 🌟 200

Crépu (latin). Forme occitane : Crispin. Caractérologie : relationnel, intuition, médiation, fidélité, cœur.

Crescent 🌟 140

Croître (latin). Variante : Crescence. Caractérologie : paix, bienveillance, organisation, conscience, détermination.

Cristian 🌟 250 →

Messie (grec). Variantes : Cristiano, Christiano, Cristino. Forme occitane : Crestian. Caractérologie : pratique, communication, gestion, décision, enthousiasme.

Cristiano 🌟 650 TOP 1000 ⌄

Messie (grec). Masculin italien et portugais. Caractérologie : rectitude, humanité, raisonnement, générosité, ouverture d'esprit.

Cristobal 🗿 250
Porte-Christ (grec). Prénom espagnol. Caractérologie : rêve, rectitude, humanité, gestion, logique.

Cristophe 🗿 180
Porte-Christ (grec). Variantes : Cristofe, Cristopher, Cristovao. Caractérologie : découverte, énergie, attention, audace, logique.

Curt
Enclos (latin). Masculin anglais. Ce prénom est porté par moins de 100 personnes en France. Caractérologie : ambition, passion, habileté, force, management.

Curtis 🗿 1 500 **TOP 500** ↗
Enclos (latin). Masculin anglais. Variante : Kurtis. Caractérologie : idéalisme, altruisme, réflexion, organisation, intégrité.

Cyprien 🗿 7 000 **TOP 500** ⬇
Qui vient de Chypre (grec). Variantes : Ciprian, Ciprien, Cipriano, Cyprian, Cypriano. Caractérologie : idéalisme, altruisme, amitié, intégrité, réflexion.

Cyr 🗿 350
Seigneur (grec). Caractérologie : ambition, autorité, innovation, énergie, autonomie.

Cyrano
Habitant de Cyrène, ancienne ville grecque. Cyrano est également le prénom du héros romantique de *Cyrano de Bergerac*, pièce de théâtre d'Edmond Rostand (1897). Ce prénom est porté par moins de 100 personnes en France. Caractérologie : ténacité, fiabilité, méthode, amitié, raisonnement.

Cyrian 🗿 450 **TOP 2000**
Seigneur (grec). Caractérologie : intelligence, savoir, méditation, décision, cœur.

Cyriaque 🗿 1 500 **TOP 2000** →
Seigneur (grec). On peut estimer que moins de 30 enfants seront prénommés ainsi en 2015. Variantes : Cyriac, Cyrius. Forme basque : Ziriako. Caractérologie : humanité, rectitude, cœur, action, rêve.

Cyriel 🗿 160
Seigneur (grec). Caractérologie : idéalisme, altruisme, réflexion, intégrité, cœur.

Cyril 🗿 86 000 **TOP 500**
Seigneur (grec). En dehors de l'Hexagone, Cyril est répandu dans les pays anglophones. Caractérologie : persévérance, structure, honnêteté, sécurité, efficacité.

Cyrille 🗿 33 000 ⬇
Seigneur (grec). Masculin français. On peut estimer que moins de 30 enfants seront prénommés ainsi en 2015. Variantes : Ciryl, Cyrile. Caractérologie : communication, pragmatisme, optimisme, cœur, créativité.

Cyrus 🗿 250 ⬂
Seigneur (grec), soleil (persan). Cyrus II le Grand, fondateur de l'Empire perse, vécut au VIe siècle avant J.-C. Variantes : Cyrius, Sirius, Syrius. Caractérologie : courage, dynamisme, indépendance, charisme, curiosité.

Czeslaw

🏴 750

Gloire immense (slave). Prénom polonais. Variantes : Ceslas, Ceszlaw. Caractérologie : rectitude, rêve, humanité, ouverture d'esprit, générosité.

● ●

D

Daegan

Journée lumineuse (scandinave). Ce prénom est porté par moins de 30 personnes en France. Caractérologie : dynamisme, courage, curiosité, indépendance, réalisation.

Daël

Vallée (vieil anglais). Ce prénom est porté par moins de 100 personnes en France. Caractérologie : ténacité, fiabilité, méthode, sens du devoir, engagement.

Dagan

Dieu des Semences et de l'Agriculture des populations sémitiques du Nord-Ouest, Dagan fut notamment révéré par les Philistins. Dagan signifie « grains » en hébreu. Ce prénom est porté par moins de 100 personnes en France. Variantes : Daeg, Dag, Dagane, Dagen. Caractérologie : rêve, humanité, rectitude, réalisation, ouverture d'esprit.

Dale

Vallée (vieil anglais). Masculin anglais. Ce prénom est porté par moins de

100 personnes en France. Caractérologie : structure, sécurité, persévérance, honnêteté, efficacité.

Daley

Fils de l'assemblée (irlandais). Ce prénom est porté par moins de 30 personnes en France. Caractérologie : relationnel, réussite, médiation, cœur, intuition.

Dalil

🏴 900 **TOP 1000** →

Guide (arabe). Caractérologie : diplomatie, sociabilité, réceptivité, bonté, loyauté.

Dalmar

Mer (latin). Ce prénom est porté par moins de 30 personnes en France. Caractérologie : fiabilité, ténacité, sens du devoir, méthode, engagement.

Damian

🏴 750 **TOP 700** ↑

Dompter (grec). Masculin anglais, roumain et néerlandais. Variante : Damiano. Caractérologie : conseil, bienveillance, paix, décision, conscience.

Damien

🏴 122 000 **TOP 300** ↓

Dompter (grec). Prénom français. Médecin syrien au IIIe siècle, saint Damien consacra sa vie à soigner les pauvres avant d'être condamné au martyre par Lysias, le gouverneur de la région. Il est le patron des

médecins. Variantes : Damiens, Damon.
Caractérologie : autorité, innovation,
ambition, énergie, décision.

Damon

170

Dompter (grec). Damon et Pythias sym-
bolisent le lien indéfectible de l'amitié. Au
Ve siècle avant J.-C., lorsque Pythéas fut
condamné à mort par Denys le Jeune, le
tyran de Syracuse, Damon se porta garant
de Pythéas en l'absence de ce dernier. Il
était sur le point d'être supplicié lorsque
Pythéas apparut. Damon voulut mourir à
la place de son ami et le combat qui s'en-
suivit émut tant le tyran qu'il renonça à sa
sentence en échange de leur amitié. Cette
forme anglophone de Damien est plus particulièrement répandue aux États-Unis.
Caractérologie : adaptabilité, relationnel,
volonté, fidélité, médiation.

Dan

4 000 TOP 600 →

Dieu est mon juge (hébreu). Dan est très
répandu dans les pays anglophones. Personnage biblique, Dan est le patriarche de
la tribu des Danites, l'une des douze tribus
d'Israël. Variantes : Dane, Dann. Caractérologie : direction, audace, indépendance,
dynamisme, assurance.

Danaos

Dans la mythologie grecque, Danaos
est choisi par les dieux pour devenir roi
d'Argos. Ce prénom est porté par moins
de 30 personnes en France. Caractérologie : caractère, volonté, intégrité, réflexion,
dévouement.

Danick

130

L'étoile du matin (slave). Caractérologie :
conscience, organisation, paix, bienveillance, détermination.

Daniel

345 000 TOP 200 →

Dieu est mon juge (hébreu). Un prophète de
la Bible et plusieurs saints ont, dès les premiers siècles, popularisé ce nom dans l'Empire romain d'Orient. À la fin du Moyen
Âge, Daniel devient assez fréquent dans les
pays chrétiens, y compris slaves, se maintenant avec constance jusqu'au début du
XIXe siècle. À l'issue d'une période de décrue,
ce prénom rejaillit et brille sur la troisième
marche du podium français en 1946. Il
reste ensuite très attribué jusqu'au milieu
des années 1970. ◇ L'Ancien Testament
présente Daniel comme l'un de ses quatre
grands prophètes. Lorsqu'il est capturé
par Nabuchodonosor, le roi de Babylone,
il ne reste pas longtemps son prisonnier :
ses visions divines et sa faculté d'expliquer les songes en font rapidement l'un
de ses plus proches conseillers. ◇ Prêtre
solitaire, saint Daniel le Styliste vécut
en Asie Mineure au Ve siècle. Il est fêté le
11 décembre. Variantes : Danaël, Danijel,
Danilo, Danillo, Danyl. Caractérologie :
intégrité, idéalisme, réflexion, altruisme,
résolution.

Danny

2 000 TOP 800 →

Dieu est mon juge (hébreu). Masculin
anglais. Caractérologie : persévérance,
structure, sécurité, efficacité, réalisation.

LES PRÉNOMS BASQUES, BRETONS ET OCCITANS

Les prénoms les plus attribués sur le plan national font décidément recette en régions. De la Picardie à la Provence, en passant par l'Auvergne, les classements régionaux font place belle à Léo, Gabriel et Adam, les stars du palmarès français. Cela ne signifie pas que les prénoms à forte identité régionale aient disparu. Redécouverts et attribués par davantage de parents chaque année, ces derniers sont en plein essor, notamment en Bretagne, au Pays basque et en Occitanie. Certains gardent une identité régionale très marquée. Le basque Iban, et les bretons Yaël et Malo sont presque exclusivement attribués dans leurs régions respectives. Quant à Andrea ou Mael, ils revendiquent une identité régionale tout en se propageant en dehors de leurs frontières.

D'autres encore connaissent tant de succès que leurs origines s'en trouvent oubliées. Mathéo, Rafael et Loïs ont beau s'être propagés dans l'ensemble de la France, ils n'en restent pas moins bretons, basques et occitans. Parce qu'ils grandissent dans l'ombre de stars nationales, ces prénoms apparaissent rarement dans les classements régionaux. Pour leur redonner une voix, nous avons réuni la garde montante des prénoms de tradition et d'identités basques, bretonnes et occitanes. Ils sont dépourvus d'accents, conformément à l'usage traditionnel.

• Les basques
Agustin, Alfredo, Andoni, Andrea, Aitor, Armando, Arno, Diego, Eneko, Esteban, Ettore, Fabrizio, Faustin, Felipe, Goran, Iban, Jaime, Javier, Joan, Jon, Julian, Julio, Leandro, Manuel, Martin, Mikel, Ozan, Pablo, Paco, Rafael, Ruben, Saverio, Stefan, Yael, Yan, Yoann, Yohan, Yorick, Youcef, Zacharia.

Notons que Rafael, Esteban et Martin maintiennent leur suprématie à la tête du palmarès basque.

• Les bretons
Alan, Armel, Arthur, Bastian, Brendan, Brieuc, Elouan, Evan, Ewan, Gael, Goulven, Gildas, Gurvan, Gwenael, Gwendal, Josselin, Judicael, Kenan, Loan, Loïc, Mael, Malo, Matheo, Morgan, Pol, Renan, Ronan, Suliac, Tanguy, Titouan*, Yaël, Yann, Yoan, Youenn, Yves.

Dans les prénoms bretons, Lena, Maelys, Louane, Arthur, Maël, Matheo et Evan détiennent les records d'attribution.

• **Les occitans**

Agustin, Alan, Andeol, Andrea, Andrieu, Antime, Antoni, Arnaud, Auban, Aubin, Aumaric, Calixte, Carles, Cosme, Emilian, Enric, Esteve, Fabian, Felip, Felix, Gabin, Guibert, Guilhem, Jan, Joan, Jordan, Jordi, Julian, Leon, Lino, Lois, Martin, Matias, Roman, Titouan, Vital, Vivian.

Dans la sélection occitane, les choix dominants sont Gabin, Martin, et Titouan.

Sur le plan national, Arthur, Gabin, Martin et Rafaël sont les choix régionaux qui ont connu les plus fortes progressions.

* Bien que Titouan ait des origines occitanes, il est presque exclusivement attribué en Bretagne aujourd'hui.

Dante  500
Endurant (latin). Prénom italien. Variante : Dantes. Caractérologie : ambition, habileté, management, force, passion.

Danton
Nom de l'homme politique français (1759-1794). Ce prénom est porté par moins de 30 personnes en France. Caractérologie : courage, curiosité, dynamisme, caractère, indépendance.

Dany 16 000
Dieu est mon juge (hébreu). Masculin français. Variante : Dani. Caractérologie : achèvement, vitalité, réussite, stratégie, ardeur.

Dao
Philosophies (vietnamien). Ce prénom est porté par moins de 100 personnes en France. Caractérologie : intuition, relationnel, médiation, fidélité, adaptabilité.

Daoud  600
Forme arabe de David : aimé, chéri (hébreu). Caractérologie : rêve, rectitude, générosité, humanité, ouverture d'esprit.

Daouda 900
Forme africaine de David : aimé, chéri (hébreu). Caractérologie : innovation, autorité, énergie, ambition, autonomie.

Dara 150
Chêne (celte), perle de sagesse (hébreu), étoile (cambodgien), chef (turc), riche (persan), beau (swahili). Caractérologie : bienveillance, conscience, paix, conseil, sagesse.

Darcy
Homme au teint mat (irlandais). Ce prénom anglophone masculin est également attribué aux filles dans l'Hexagone. Variante : Darcie. Caractérologie : bienveillance, conscience, réussite, paix, conseil.

Darian
Détenteur du bien (grec). Masculin anglais. Ce prénom est porté par moins

de 100 personnes en France. Caractérologie : résolution, intuition, fidélité, adaptabilité, médiation.

Dario  1 500 **TOP 500**
Voir Darius. Dario est un prénom italien. Caractérologie : relationnel, intuition, adaptabilité, médiation, fidélité.

Darius 🪦 950 **TOP 900**
Forme latine du perse antique *daraya*, « posséder » et *vahu*, « bon ». Trois rois perses ont porté ce prénom. Darius Iᵉʳ, l'un des plus grands souverains de l'Asie occidentale, était d'une énergie et d'une intelligence vives. Il reconstitua l'unité de l'Empire perse et la légua à son fils Darius II. Vaincu par Alexandre, son petit-fils, Darius III, fut le dernier descendant des Achéménides. Caractérologie : humanité, tolérance, rectitude, rêve, générosité.

Daron
Nom d'une province historique d'Arménie (arménien). Ce prénom est porté par moins de 100 personnes en France. Caractérologie : connaissances, sagacité, spiritualité, détermination, volonté.

Darren 🪦 700 **TOP 700**
Grand (irlandais). Masculin anglais. Variante : Daren. Caractérologie : famille, résolution, équilibre, influence, sens des responsabilités.

Daryl 🪦 950 **TOP 2000**
Aimé (anglo-saxon). Masculin anglais. Variantes : Darrel, Darryl. Caractérologie : équilibre, famille, influence, sens des responsabilités, réalisation.

Dave 🪦 1 000
Aimé, chéri (hébreu). Masculin anglais. Caractérologie : dynamisme, curiosité, courage, charisme, indépendance.

David 🪦 299 000 **TOP 200**
Aimé, chéri (hébreu). Dans l'Ancien Testament, David est célèbre pour avoir terrassé le géant Goliath avec sa fronde, mettant un terme à la guerre qui opposait les Philistins à l'armée d'Israël. Cet épisode biblique a inspiré les œuvres de Michel-Ange, Titien et bien d'autres artistes. David est très répandu dans les pays anglophones depuis le Moyen Âge, notamment en Écosse qui a compté deux rois porteurs du nom. Malgré sa notoriété, ce prénom est rare avant le milieu du XXᵉ siècle en France. Il rencontre un fort engouement une fois redécouvert, s'illustrant dans les 5 premiers rangs français tout au long des années 1970. On rencontre David et ses variantes (Daoud, Davud, Davo, Davut, etc.) dans le monde entier. ◇ Jeune berger dans l'Ancien Testament, David se distingue à la cour du roi grâce à ses talents de poète et de musicien hors pair. Il épouse la fille du roi Saül, et s'il commet l'adultère avec Bethsabée, son repentir n'en fut pas moins exemplaire. Devenu roi, David rassemble les Hébreux et leur offre Jérusalem pour capitale. Variantes : Daivy, Deve. Caractérologie : engagement, ténacité, méthode, sens du devoir, fiabilité.

Davide 🪦 550
Aimé, chéri (hébreu). Caractérologie : rêve, ouverture d'esprit, rectitude, décision, humanité.

Davis 250

Fils de David (anglais). Plus courant sous forme de patronyme anglophone. Variantes : Davidson, Davison. Caractérologie : direction, dynamisme, audace, assurance, indépendance.

Davor

Amour (slave). Masculin croate, serbe et slovène. Ce prénom est porté par moins de 100 personnes en France. Caractérologie : équilibre, affection, conseil, conscience, volonté.

Davut 160

Aimé, chéri (hébreu). Prénom suisse allemand. Caractérologie : audace, énergie, originalité, gestion, découverte.

Davy  9 000 TOP 2000

Aimé, chéri (hébreu). Caractérologie : sagacité, connaissances, spiritualité, réussite, originalité.

Dawson  950 TOP 2000

Aimé, chéri (hébreu). La série *Dawson*, diffusée sur TF1 en 1999, est à l'origine de l'apparition de ce prénom. Variante : Dowson. Caractérologie : efficacité, persévérance, sécurité, structure, caractère.

Dayan  600 TOP 800

Juge (hébreu). Variante : Dayane. Caractérologie : humanité, rectitude, générosité, réalisation, ouverture d'esprit.

Dean  500 TOP 2000

Vallée ou doyen (vieil anglais). Masculin anglais et néerlandais. Caractérologie : exigence, influence, famille, équilibre, sens des responsabilités.

Delane

Enfant de rival (irlandais). Ce prénom est porté par moins de 30 personnes en France. Variantes : Delaine, Delainey, Delan, Delaney, Delano, Delayno. Caractérologie : découverte, énergie, audace, séduction, originalité.

Delmar

Mer (latin). Masculin anglais. Ce prénom est porté par moins de 30 personnes en France. Variantes : Delmor, Delmore. Caractérologie : habileté, passion, force, détermination, ambition.

Delphin 600

Dauphin (latin). Delphin est un prénom anglophone rare. Bien qu'il soit relativement répandu en Belgique, le dérivé masculin Delphe est rarissime en France. Variante : Dauphin. Forme basque : Delfin. Caractérologie : audace, énergie, découverte, cœur, action.

Demba 1 000 TOP 2000

Prénom sénégalais dont la signification est inconnue. Caractérologie : sagacité, connaissances, philosophie, originalité, spiritualité.

Démétrien

Amoureux de la terre (grec). Ce prénom est porté par moins de 30 personnes en France. Caractérologie : sociabilité, créativité, optimisme, pragmatisme, communication.

Denis 130 000 TOP 700

Fils de Dieu (grec). Dieu du Vin dans la mythologie grecque, Dionysos donne des racines anciennes à ce prénom. Porté par un saint du IIIe siècle et attesté au Moyen

Âge, Denis s'implante outre-Manche sous le règne de Guillaume le Conquérant. Il y devient assez fréquent et maintient son niveau d'occurrences jusqu'au XVIIᵉ siècle. Son essor français est bien plus tardif : Denis monte aux portes du top 20 dans les années 1960 et prénomme plus de 1 000 nouveau-nés par an jusqu'en 1979. ◇Missionnaire en Gaule au IIIᵉ siècle, saint Denis fut le premier évêque de Paris. L'empereur Domitien le jugea trop influent et le fit décapiter sur le mont des Martyrs (aujourd'hui connu sous le nom de Montmartre). Saint Denis est le patron de la France. Caractérologie : bienveillance, paix, conseil, détermination, conscience.

Deniz 🏵 950 (TOP 2000) →
Fils de Dieu (grec). Caractérologie : structure, sécurité, persévérance, efficacité, honnêteté.

Denovan 🏵 250 (TOP 2000) ↗
Puissant gouverneur (celte). Masculin anglais. Caractérologie : pratique, communication, adaptation, caractère, enthousiasme.

Denys 🏵 1 000 (TOP 2000) ↘
Fils de Dieu (grec). Variantes : Dennis, Deny, Dennys. Caractérologie : méthode, fiabilité, engagement, ténacité, réalisation.

Derek 🏵 350 (TOP 2000) ↑
Gouverneur du peuple (germanique). Masculin anglais. Variantes : Darrick, Darrik, Darryk, Dereck, Derrick. Caractérologie : savoir, intelligence, indépendance, méditation, sagesse.

Désiré 🏵 5 000 ↓
Désiré (latin). On peut estimer que moins de 30 enfants seront prénommés ainsi en 2015. Variantes : Désir, Désirat. Caractérologie : conseil, paix, bienveillance, détermination, conscience.

Desmond
Homme du monde (celte). Masculin anglais et irlandais. Ce prénom est porté par moins de 100 personnes en France. Caractérologie : réceptivité, diplomatie, sociabilité, caractère, loyauté.

Devin
Poète (gaélique). Ce prénom est porté par moins de 100 personnes en France. Caractérologie : idéalisme, intégrité, réflexion, dévouement, altruisme.

Devon 🏵 350 (TOP 900) ↑
Dérivé de Devin, essentiellement féminin en Irlande et dans les pays anglophones. Variante : Davon. Caractérologie : conscience, bienveillance, paix, conseil, volonté.

Devrig
Petit cours d'eau (gallois). Ce prénom est porté par moins de 100 personnes en France. Caractérologie : relationnel, médiation, intuition, fidélité, adaptabilité.

Devy 🏵 250 →
Aimé, chéri (hébreu). Variante : Dewi. Caractérologie : médiation, relationnel, intuition, fidélité, adaptabilité.

Dewitt
Blanc (néerlandais). Porté aussi sous forme de patronyme. Ce prénom est porté par

moins de 30 personnes en France. Caractérologie : rectitude, rêve, humanité, ouverture d'esprit, générosité.

Diango

Prénom malien dont la signification est inconnue. Ce prénom est porté par moins de 100 personnes en France. Variante : Django. Caractérologie : volonté, réussite, indépendance, curiosité, charisme.

Dick

Puissant gouverneur (germanique). Ce prénom est porté par moins de 100 personnes en France. Variante : Dix. Caractérologie : rectitude, ouverture d'esprit, rêve, humanité, générosité.

Didier   218 000

Désiré, attendu (latin). Bien qu'il ait donné son nom à plusieurs saints et à de nombreuses communes françaises, Didier a été peu attribué par le passé. Il s'élance comme une nouveauté au début des années 1940, au point d'atteindre le 7e rang à son pic (en 1958). Il reste quelque temps dans l'élite avant de s'éclipser en fin de siècle. ◇ Archevêque de Vienne au VIIe siècle, saint Didier fut assassiné sur l'ordre de la reine Brunehaut. La population scella son crime à jamais en bâtissant la commune de Saint-Didier-de-Chalarone autour du tombeau de l'archevêque. Il est fêté le 23 mai. On peut estimer que moins de 30 enfants seront prénommés ainsi en 2015. Variante : Diadie. Caractérologie : persévérance, sécurité, structure, efficacité, honnêteté.

Diego   12 000

Supplanter, talonner (hébreu). Cette forme espagnole de Jacques est très répandue dans les pays hispanophones. Variante : Diegue. Caractérologie : sécurité, structure, persévérance, volonté, efficacité.

Dieter   160

Gouverneur du peuple (germanique). Masculin allemand. Caractérologie : spiritualité, sagacité, connaissances, originalité, philosophie.

Dietmar

Peuple célèbre (germanique). Masculin allemand. Ce prénom est porté par moins de 30 personnes en France. Caractérologie : connaissances, spiritualité, originalité, résolution, sagacité.

Dietrich

Gouverneur du peuple (germanique). Masculin allemand. Ce prénom est porté par moins de 100 personnes en France. Variante : Diebold. Caractérologie : méthode, fiabilité, ténacité, engagement, sensibilité.

Dilan   1 000 TOP 2000

Mer (gallois). Variantes : Dillan, Dilane, Dilhan. Caractérologie : méthode, fiabilité, ténacité, engagement, résolution.

Dimitri    36 000 TOP 300

Amoureux de la terre (grec). Dimitri est très répandu en Russie, en Italie, en Serbie et dans les pays slaves. Variantes : Dimitrios, Dimitris. Caractérologie : innovation, énergie, autorité, ambition, autonomie.

Dimitry 🏵 1 500 **TOP 2000** ⬇

Amoureux de la terre (grec). Masculin anglais. On peut estimer que moins de 30 enfants seront prénommés ainsi en 2015. Caractérologie : habileté, force, ambition, management, passion.

Dinh 🏵 110

Nom de famille répandu au Vietnam (vietnamien). La famille des Dinh a été à la tête de la dynastie du même nom. Caractérologie : achèvement, ardeur, vitalité, leadership, stratégie.

Dino 🏵 1 000 **TOP 2000** ➡

Diminutif des prénoms qui se terminent avec le suffixe « dino ». Caractérologie : équilibre, famille, influence, sens des responsabilités, volonté.

Diogène

De la famille de Dieu (grec). Ce prénom est porté par moins de 100 personnes en France. Caractérologie : audace, découverte, originalité, énergie, volonté.

Diogo 🏵 650 **TOP 800** ↗

Supplanter, talonner (hébreu). Ce prénom est particulièrement répandu au Portugal. Caractérologie : dynamisme, charisme, courage, indépendance, curiosité.

Dionisio

Fils de Dieu (grec). Dionysos est le dieu du Vin dans la mythologie grecque. Ce prénom est porté par moins de 100 personnes en France. Variantes : Dion, Dioni, Dionis. Caractérologie : résolution, sécurité, structure, volonté, persévérance.

Dixon

Fils de Dick (anglais). Masculin anglais. Ce prénom est porté par moins de 100 personnes en France. Caractérologie : communication, pragmatisme, créativité, caractère, optimisme.

Djamal 🏵 1 500 **TOP 2000**

D'une grande beauté physique et morale (arabe). On peut estimer que moins de 30 enfants seront prénommés ainsi en 2015. Variante : Djamale. Caractérologie : courage, dynamisme, indépendance, curiosité, charisme.

Djamel 🏵 7 000 **TOP 2000** ➡

D'une grande beauté physique et morale (arabe). On peut estimer que moins de 30 enfants seront prénommés ainsi en 2015. Variantes : Djamele, Djamil. Caractérologie : altruisme, idéalisme, intégrité, réflexion, dévouement.

Djemel 🏵 700

D'une grande beauté physique et morale (arabe). Variante : Djemal. Caractérologie : sécurité, structure, persévérance, efficacité, honnêteté.

Djibril 🏵 4 000 **TOP 200** ➡

Équivalent arabe de Gabriel : force de Dieu (hébreu). Dans le Coran, Djibril est l'ange porteur d'ordres et de châtiments divins. C'est lui qui révèle le Coran à Mahomet. Djibril est largement attribué dans les cultures musulmanes. Variante : Jibril. Caractérologie : idéalisme, organisation, réflexion, gestion, intégrité.

Djilali 1 000

Respectable (kabyle). Caractérologie : adaptation, enthousiasme, générosité, pratique, communication.

Domenico 850

Qui appartient au Seigneur (latin). Domenico est très répandu en Italie. Caractérologie : analyse, équilibre, famille, volonté, éthique.

Domingo 500

Qui appartient au Seigneur (latin). Ce prénom est particulièrement répandu au Portugal. Variante : Mingo. Caractérologie : découverte, énergie, audace, caractère, originalité.

Dominique 213 000 TOP 2000

Qui appartient au Seigneur (latin). Dérivé du latin *dominicus*, Dominique et ses différentes graphies (Dominic en Angleterre, Domingo en Espagne, Domenico en Italie, etc.) sont attribués dès le Moyen Âge. Ils deviennent, au fil du temps, très courants dans les familles catholiques. Dominique s'efface au XIXe siècle dans l'Hexagone et on le trouve en petite forme avant la Seconde Guerre mondiale. Sa renaissance entraîne l'émergence, puis le vif succès de son féminin, ce qui le transforme en prénom mixte. Dans les deux genres, il brillera dans le top 10 français une bonne partie des années 1950. Aujourd'hui, Dominique est porté par une courte majorité d'hommes (58 %). ◇ Originaire de Castille, saint Dominique de Guzman fut prédicateur dans les campagnes du Languedoc. Il eut pour mission de combattre l'hérésie cathare et de ramener les Albigeois à la foi catholique. Fondateur en 1206 de l'ordre des Frères prêcheurs (plus tard appelé ordre des Dominicains), il est l'un des pères de l'Inquisition. On peut estimer que moins de 30 enfants seront prénommés ainsi en 2015. Variantes : Dom, Dominico, Dominick, Dominik, Menault. Caractérologie : caractère, force, ambition, habileté, logique.

Domitien

Celui qui a soumis (latin). Ce prénom est porté par moins de 100 personnes en France. Variante : Domitian. Caractérologie : stratégie, ardeur, achèvement, volonté, vitalité.

Don 550

Puissant gouverneur (celte). Masculin anglais. Caractérologie : conscience, bienveillance, paix, conseil, volonté.

Donagan

Fête (arménien). Ce prénom est porté par moins de 30 personnes en France. Caractérologie : réalisation, réceptivité, diplomatie, sociabilité, volonté.

Donald 950

Puissant gouverneur (celte). Masculin écossais et anglais. Caractérologie : audace, originalité, découverte, énergie, caractère.

Donatien 2 000

Présent de Dieu (latin). On peut estimer que moins de 30 enfants seront prénommés ainsi en 2015. Variantes : Donat, Donatio. Caractérologie : énergie, autorité, innovation, détermination, volonté.

75

Donovan ⭐ 7 000 `TOP 500` ⬇
Ancien patronyme irlandais signifiant :
« brun foncé ». Donovan est très répandu
en Irlande et dans les pays anglophones.
Variantes : Donavan, Donovane, Dono-
vann. Caractérologie : méthode, ténacité,
fiabilité, engagement, volonté.

Doran
Prénom anglophone inspiré d'un nom de
famille irlandais signifiant : « descendant
de l'exil ». Ce prénom est porté par moins
de 100 personnes en France. Caractérologie : intelligence, savoir, résolution, volonté,
méditation.

Dorian ⭐ 31 000 `TOP 200` ⬂
Grec (latin). En dehors de l'Hexagone,
Dorian est répandu dans les pays anglo-
phones. Variantes : Doriand, Doriann.
Caractérologie : savoir, décision, carac-
tère, intelligence, méditation.

Doris ⭐ 300
Grec (latin). Caractérologie : relationnel,
médiation, intuition, fidélité, adaptabilité.

Doryan ⭐ 1 500 `TOP 900` ⬂
Grec (latin). Variante : Doryann. Caractérologie : dynamisme, volonté, réalisation,
curiosité, courage.

Douglas ⭐ 1 000 ⬇
Rivière bleu foncé (celte). Masculin écossais
et anglais. Variante : Doug. Caractérologie : spiritualité, sagacité, connaissances,
originalité, réussite.

Dov ⭐ 300 ⬂
Ours (hébreu). Caractérologie : énergie,
découverte, audace, originalité, séduction.

Dragan ⭐ 650 ➡
Précieux (slave). Prénom serbe, croate,
slovène et macédonien. Caractérologie :
altruisme, intégrité, idéalisme, décision,
réussite.

Drake
Dragon (latin). Masculin anglais. Ce prénom est porté par moins de 30 personnes
en France. Variante : Drago. Caractérologie : communication, créativité, pragmatisme, optimisme, détermination.

Driss ⭐ 4 000 `TOP 800` ⬂
Diminutif d'Idriss : études, connaissance
(arabe). Variantes : Dris, Dryss, Drice,
Drisse. Caractérologie : sens des responsabilités, équilibre, famille, influence,
exigence.

Duane ⭐ 140
De petite taille, brun (irlandais). Variantes :
Doan, Doane. Caractérologie : rectitude,
humanité, générosité, ouverture d'esprit,
rêve.

Duarte ⭐ 170
Gardien des richesses (germanique). Ce
prénom est particulièrement répandu au
Portugal. Caractérologie : conscience,
bienveillance, paix, organisation,
résolution.

Duc ⭐ 190
Désir (vietnamien). Caractérologie :
audace, direction, indépendance, dynamisme, assurance.

Duncan ⭐ 1 000 `TOP 2000` ⬇
Tête brune (celte). Masculin écossais et anglais. Variante : Dunkan.

Penchons-nous sur les sons, les rythmes et les parcours empruntés par les prénoms dont la gloire est confirmée ou dont l'existence est à découvrir. En s'imposant dans le top 20 français, Maël, Adam et Gabin ont diversifié l'éventail des sonorités les plus en vue. Par contraste, leur (petite) taille est remarquablement homogène : ces prénoms s'égrènent pour la plupart en deux syllabes et en moins de six lettres. Diminutifs (Sacha, Théo, Liam), importés (Enzo, Lola, Yanis), bibliques (Nathan, Noah) ou rétro (Léo, Jules), ces minimalistes triomphent sous toutes les formes. Tour d'horizon des sonorités dans l'air du temps :

Les juxtapositions de voyelles

Malgré la chute de Théo et Mathéo, les terminaisons en « éo » n'ont pas dit leur dernier mot. Elles sont galvanisées par Léo, qui devrait briller au sommet du classement 2015, et par Timéo qui s'en approche. Ce duo encourage les sonorités inversées de Noé, Manoé et Loevan. Autre juxtaposition de voyelles dans l'air du temps : celle du « oa » de Noah. Son succès a généré la percée de Noa, Noam et Manoah, et pavé la carrière de Dao, Tao et Paolo. Ces mariages de voyelles inspireront-ils les combinaisons de demain ? Le « aé » de Maé suscite déjà l'engouement des parents. Son succès ne manquera pas d'alimenter les « io » ascendants d'Ezio, Alessio, Elio, et Fabio.

Les « o »

Les désinences en « o » ne sont guère affectées par la décrue des superstars Enzo et Hugo. Lorenzo, Nino, Kenzo et Tiago poursuivent une remarquable ascension dans le top 100 français. Sans oublier Milo, Léandro, Sandro et Lisandro qui se profilent à l'horizon.

Les « an »

Les consonances irlandaises, que l'on croyait désavouées avec la chute de Ryan, reviennent en force depuis 2003. Menées par Évan, elles ont permis l'envol de Nolan, Noan, Loan et Elouan. Dans ce contexte, les petits noms qui riment avec eux (Nathan, Ethan, Estéban, Soan, Ilan, et les plus rares Célian, Milan, Solan et Sévan) ont fleuri même s'ils étaient dépourvus d'origines gaéliques. L'avènement de Liam pourrait élargir le succès de ces désinences en « am ».

Les « el » et les « is »

La montée des prénoms bibliques donne, depuis la fin des années 1990, un bel essor à Raphaël et Gabriel. C'est une aubaine pour Maël, qui a suivi ce duo dans le top 20, et une chance que Naël et Rafaël saisiront peut-être pour grimper vers le sommet. En attendant leur jaillissement, Ismaël montre la voie aux graines de star Enaël et Timaël.

De leur côté, Yanis et Mathis favorisent la poussée d'Aloïs, Clovis et Loris. De quoi ressusciter les ardeurs d'Aramis, le plus célèbre des mousquetaires de la littérature qui, après un siècle d'oubli, réapparaît dans quelques maternités.

L'attrait des sonorités venues d'ailleurs

Nombre de prénoms qui enrichissent le patrimoine français sont importés de pays voisins (Allemagne, Angleterre, Espagne, Italie, Irlande). La percée des espagnols Mateo et Lisandro, des italiens Leandro et Nino, du grec Yanis, des slaves Sacha et Milan, des anglais (Aaron, Owen), des irlandais (Liam, Nolan), des scandinaves Nils, Solveig et Sven en témoigne. Nous observons par ailleurs que les prénoms exotiques séduisent de plus en plus de parents. Certains, comme Kéo, sont tirés de la culture indienne. D'autres sont originaires d'îles lointaines, comme Téva à Tahiti ou Tao en Asie. De nombreux prénoms venus d'ailleurs peuvent être découverts au fil des pages de cet ouvrage.

Caractérologie : créativité, communication, optimisme, pragmatisme, sociabilité.

Dusan 120
Spirituel (slave). Prénom tchèque, serbe et slovaque. Caractérologie : découverte, originalité, énergie, audace, séduction.

Dusty 180
Se rapporte au patronyme Dustin qui signifie : « pierre de Thor » (scandinave). Variante : Dustin. Caractérologie : réalisation, vitalité, stratégie, achèvement, organisation.

Dylan 63 000
Mer (gallois). Dans les contes médiévaux des Mabinogion, Dylan disparaît dans la mer peu après sa naissance, ce qui lui vaut le surnom de « fils de la vague ». Ce masculin gallois est établi de longue date au pays de Galles. Il était inconnu en France jusqu'à son jaillissement, à la fin du XXe siècle. Sans même prendre le temps de se faire connaître, Dylan a bondi au 6e rang français en 1996 avant de se replier plus lentement. Il est désormais très répandu dans les pays anglophones et néerlandophones. Variantes : Dylane, Dylann, Dyllan. Caractérologie : réceptivité, sociabilité, diplomatie, réalisation, sympathie.

E

Ea

Feu (irlandais). Ce prénom est porté par moins de 30 personnes en France. Caractérologie : sens des responsabilités, équilibre, famille, influence, exigence.

Earvin 110

Ami (germanique). Caractérologie : paix, bienveillance, conscience, conseil, résolution.

Édan 170

Variante d'Aidan : petit feu (celte). Caractérologie : sagesse, conscience, paix, bienveillance, conseil.

Eddie 4 000

Diminutif des prénoms formés avec Ed. Masculin anglais. On peut estimer que moins de 30 enfants seront prénommés ainsi en 2015. Variantes : Ed, Eddi, Edi, Edie. Caractérologie : intégrité, altruisme, réflexion, idéalisme, dévouement.

Eddine 200

Religion (arabe). Caractérologie : dynamisme, curiosité, courage, indépendance, charisme.

Eddy  24 000

Diminutif des prénoms formés avec Ed. Eddy est très répandu dans les pays anglophones. Variante : Edy. Caractérologie : relationnel, médiation, intuition, fidélité, adaptabilité.

Éden  3 000

Paradis (hébreu). Dans l'Ancien Testament, le jardin d'Éden désigne le lieu où vécurent Adam et Ève, le premier couple de l'humanité. Ce prénom, largement usité par les puritains anglais au XVIIe siècle, apparaît pour la première fois en France en 1977, au masculin d'abord, puis au féminin à partir de 1986. Son succès dans les deux genres en fit un prénom mixte pionnier. Aujourd'hui, Éden est attribué à une majorité de garçons. Caractérologie : énergie, innovation, autonomie, ambition, autorité.

Eder

Beau (basque). Ce prénom est porté par moins de 100 personnes en France. Caractérologie : dynamisme, courage, indépendance, curiosité, charisme.

Edern 300

De très grande taille (gallois). Masculin gallois et breton. Caractérologie : direction, assurance, audace, dynamisme, indépendance.

Edgar  5 000

Lance riche (germanique). Edgar est répandu dans les pays anglophones. Caractérologie : stratégie, vitalité, achèvement, détermination, réalisation.

Edgard 3 000

Lance riche (germanique). Masculin français. On peut estimer que moins de 30 enfants seront prénommés ainsi en 2015. Caractérologie : réalisation, communication, pratique, enthousiasme, détermination.

Edis `TOP 2000`

Gardien des richesses (germanique). Ce prénom est porté par moins de 100 personnes en France. Caractérologie : autorité, innovation, ambition, décision, énergie.

Edmond ⭐ 17 000 ➡

Riche protecteur (germanique). Masculin français. On peut estimer que moins de 30 enfants seront prénommés ainsi en 2015. Variantes : Edmé, Edmon, Edmondo, Edmont, Edmund. Caractérologie : autorité, innovation, énergie, volonté, ambition.

Édouard ⭐ 37 000 `TOP 200` ➡

Gardien des richesses (germanique). Ce nom porté par huit rois d'Angleterre (Edward) est très courant outre-Manche depuis le haut Moyen Âge. Sa vogue, plus tardive en France, se manifeste essentiellement au XIXe siècle. Au début des années 1900, il figure encore dans les 40 premiers rangs avant de se faire plus discret. Édouard n'a jamais disparu des maternités ; il pourrait redécoller dans les prochaines années. ◇ Couronné roi d'Angleterre en 1041, Édouard fut l'un des souverains les plus aimés des Anglais. Pieux et bon, il protégea les pauvres en diminuant leurs impôts et en favorisant le développement d'une justice pour tous. Contrairement à ses successeurs, il s'efforça de préserver la paix sous son règne. Il est appelé « saint Édouard le Confesseur » en hommage à sa compassion et à sa capacité d'écoute. Caractérologie : courage, curiosité, raisonnement, volonté, dynamisme.

Édric

Prospère, puissant (germanique). Masculin anglais. Ce prénom est porté par moins de 100 personnes en France. Caractérologie : optimisme, communication, pragmatisme, créativité, sociabilité.

Edris

Puissant, prospère (germanique), ou variante moderne d'Idriss. Ce prénom est porté par moins de 100 personnes en France. Caractérologie : dynamisme, direction, indépendance, audace, détermination.

Eduardo ⭐ 800 `TOP 2000` ⬆

Gardien des richesses (germanique). Eduardo est répandu en Italie. Variante : Edouardo. Caractérologie : volonté, courage, dynamisme, curiosité, analyse.

Edur

Neige (basque). Ce prénom est porté par moins de 30 personnes en France. Caractérologie : optimisme, pragmatisme, communication, sociabilité, créativité.

Edward ⭐ 2 000 `TOP 1000` ⬆

Gardien des richesses (germanique). Masculin anglais. Variantes : Édard, Édouart, Edvard, Edwart. Caractérologie : innovation, autorité, énergie, décision, ambition.

Edwin ⭐ 3 000 `TOP 2000` ⬊

Riche ami (germanique). Masculin anglais. Variantes : Edvin, Edwyn. Caractérologie : innovation, autorité, énergie, autonomie, ambition.

ÉLIE, ELIOTT

Fête : 20 juillet

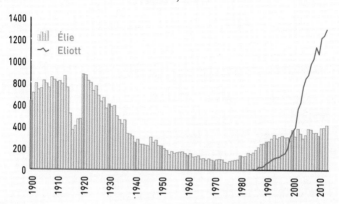

Étymologie : il est vraisemblable qu'Eliott se rattache, comme Élie, à une forme francisée du nom hébreu *Elijah* signifiant « le Seigneur est mon Dieu ». Son histoire est ancienne puisqu'on le recense sous la forme d'Élias chez les Grecs et les Latins. Élias et ses formes dérivées se propagent essentiellement à partir du IXe siècle, après le martyre de saint Élie, un prêtre espagnol de Cordoue. Au XVIe siècle, la Réforme fait redécouvrir Ellis, Eliott, Hélias et Élie en Europe. Sauvés de l'oubli, ces prénoms réapparaissent épisodiquement, comme aux XIXe et XXe siècles. À défaut d'avoir connu la gloire, Élie a remporté, aux côtés du Héli breton, quelques succès récents. Il reprend depuis les années 1980 un cours ascendant.

De son côté, Eliott renaît dans l'Hexagone 1983, l'année suivant l'immense succès d'*E.T.*, le film de Steven Spielberg. Son jeune héros inspire tant de parents que le prénom triomphe aux États-Unis. S'il n'a pas encore conquis le pays de Molière, Eliott et ses homonymes ont fait du chemin : ils s'affichent dans le top 40 français et viennent de percer dans l'élite parisienne.

Elies est particulièrement en vogue en Bretagne mais les formes anciennes Heli, Eliez et Elion ont totalement disparu en France. Eliott est la forme orthographique la plus attribuée dans l'Hexagone et au Québec, où ce choix est en vogue.

Prophète de l'Ancien Testament, **Élie** annonce à Achab, le roi d'Israël, que son culte impie sera sanctionné par la colère du dieu Yahvé. Après plusieurs années de sécheresse, Élie convoque le peuple et les prêtres de Baal sur le mont Carmel. Il prédit alors le retour de la pluie au peuple converti d'Israël. Plus tard, lorsque Jéhu succède au roi Achab, Élie choisit Élisée comme successeur avant de s'élever vers le ciel sur un char de feu.

Personnalité célèbre : George Eliott, de son vrai nom Mary Ann Evans, écrivaine anglaise (1819-1880).

Statistiques : Eliott est le 60ᵉ prénom masculin le plus donné en France depuis le début du XXIᵉ siècle. On peut estimer qu'il sera attribué à un garçon sur 300 en 2015. Par contraste, **Élie** devrait prénommer un garçon sur 9000 cette année.

Efflam
🎖 250 ⬇

Rayonnant, brillant (celte). Prénom breton. Caractérologie : intelligence, caractère, savoir, méditation, indépendance.

Egan

Feu (celte). Masculin irlandais. Ce prénom est porté par moins de 100 personnes en France. Variantes : Egann, Egon. Caractérologie : indépendance, curiosité, dynamisme, courage, charisme.

Egun

Jour (basque). Ce prénom est porté par moins de 30 personnes en France. Caractérologie : sympathie, sociabilité, réceptivité, loyauté, diplomatie.

Éli
🎖 550 ⬆

Le Seigneur est mon Dieu (hébreu). Éli est très répandu en Israël, dans les pays anglophones et scandinaves. Variantes : Éliel, Éllis, Élly, Ély, Héli, Hélie. Caractérologie : ambition, habileté, passion, force, management.

Élia
🎖 300 TOP 2000 ⬇

Le Seigneur est mon Dieu (hébreu). Élia est plus traditionnellement usité en Italie et en Corse. Malgré sa mixité, Élia est très largement féminin. Variantes : Élya, Elyo, Ilia, Ilya. Caractérologie : idéalisme, réflexion, altruisme, détermination, intégrité.

Eliad

Dieu éternel (hébreu). Masculin anglais. Ce prénom est porté par moins de 100 personnes en France. Variante : Elead. Caractérologie : persévérance, structure, sécurité, efficacité, décision.

Éliam
🎖 170 TOP 2000

Dieu du peuple (hébreu). Caractérologie : ténacité, détermination, méthode, fiabilité, engagement.

Élian
🎖 3 000 TOP 600 ➡

Le Seigneur est mon Dieu (hébreu). Caractérologie : dynamisme, curiosité, courage, indépendance, décision.

Élias
🎖 9 000 TOP 200 ➡

Le Seigneur est mon Dieu (hébreu). Elias est répandu dans les pays lusophones, hispanophones, et en Grèce. Variantes : Éliasse, Éllias, Hélias. Caractérologie : énergie, autorité, ambition, détermination, innovation.

Eliaz 450
Le Seigneur est mon Dieu (hébreu). Prénom breton. Variante : Eliez. Caractérologie : achèvement, vitalité, stratégie, ardeur, détermination.

Élie  19 000 TOP 200 🔍 ➡
Le Seigneur est mon Dieu (hébreu). Caractérologie : efficacité, sécurité, structure, honnêteté, persévérance.

Eliel 200 ➡
Le Seigneur est mon Dieu (hébreu). Caractérologie : sagacité, philosophie, connaissances, spiritualité, originalité.

Eliezer 250 ↗
Le Seigneur est mon Dieu (hébreu). Caractérologie : stratégie, vitalité, ardeur, achèvement, leadership.

Élio  3 000 TOP 300 ↗
Soleil (grec). Dans la mythologie grecque, Hélios est le dieu du Soleil et de la Lumière. Elio est très répandu en Italie. Caractérologie : courage, curiosité, indépendance, dynamisme, analyse.

Elior 170 TOP 2000
Dieu est ma lumière (hébreu). Caractérologie : découverte, raisonnement, audace, séduction, originalité.

Eliot  8 000 TOP 200 ➡
Le Seigneur est mon Dieu (hébreu). Eliot est particulièrement répandu dans les pays anglophones. Caractérologie :

indépendance, intelligence, savoir, méditation, raisonnement.

Eliott 13 000 TOP 100 🔍 ➡
Le Seigneur est mon Dieu (hébreu). Caractérologie : tolérance, rectitude, humanité, rêve, analyse.

Élisée 600 ➡
Dieu a aidé (hébreu). Variantes : Élisien, Elisio. Forme basque : Eliseo. Caractérologie : audace, direction, dynamisme, indépendance, détermination.

Elliot 5 000 TOP 300 🔍 ➡
Le Seigneur est mon Dieu (hébreu). Elliot est particulièrement répandu dans les pays anglophones. Caractérologie : analyse, direction, audace, dynamisme, indépendance.

Elliott 1 500 TOP 500 ↗
Le Seigneur est mon Dieu (hébreu). Masculin anglais. Caractérologie : communication, enthousiasme, raisonnement, pratique, adaptation.

Elmer
Noble, célèbre (germanique). Masculin anglais. Ce prénom est porté par moins de 30 personnes en France. Variante : Ulmer. Caractérologie : vitalité, achèvement, leadership, stratégie, ardeur.

Elmo
Amical (grec). Masculin italien et anglais. Ce prénom est porté par moins de 100 personnes en France. Caractérologie : rectitude, humanité, rêve, volonté, ouverture d'esprit.

Éloan 🎖 1 000 TOP 300 ↑
Lumière (celte). Ce dérivé récent d'Elouan s'orthographie également sans accent. Variantes : Eloann, Iloan. Caractérologie : relationnel, intuition, fidélité, adaptabilité, médiation.

Éloi 🎖 5 000 TOP 400 →
Élu (latin). Masculin français. Caractérologie : découverte, énergie, audace, originalité, logique.

Eloïm
La main de Dieu (hébreu). Ce prénom est porté par moins de 100 personnes en France. Caractérologie : rectitude, humanité, volonté, générosité, analyse.

Eloïs 🎖 300 TOP 2000 ↗
Illustre au combat (germanique). Caractérologie : décision, paix, bienveillance, conscience, logique.

Elouan 🎖 6 000 TOP 200 →
Lumière (celte). Originaire d'Irlande, saint Elouan mena une vie d'ermite en Bretagne au VIIe siècle. Il est honoré dans une chapelle de Saint-Guen (Côtes-d'Armor), où se trouve son tombeau. Ce prénom est très populaire en Bretagne. Variantes : Elouann, Elouen, Elouane. Caractérologie : curiosité, indépendance, dynamisme, courage, charisme.

Éloy 🎖 250 TOP 2000 ↑
Élu (latin). Prénom espagnol. Caractérologie : communication, enthousiasme, pratique, adaptation, bonté.

Elrad
Dieu commande (hébreu). Ce prénom est porté par moins de 30 personnes en France. Caractérologie : décision, méthode, fiabilité, ténacité, engagement.

Elric 🎖 600 →
Roi de tous (germanique). Variante : Elrick. Caractérologie : intuition, relationnel, médiation, fidélité, adaptabilité.

Elton 🎖 160
De la vieille ville (anglais). Masculin anglais. Caractérologie : communication, pratique, enthousiasme, adaptation, générosité.

Elvin 🎖 450 ↘
Noble et fidèle (germanique). Variante : Elwin. Caractérologie : ambition, management, passion, force, habileté.

Elvis 🎖 2 000 TOP 2000 →
Sage (scandinave). Masculin anglais. On peut estimer que moins de 30 enfants seront prénommés ainsi en 2015. Variante : Elwis. Caractérologie : ténacité, méthode, fiabilité, engagement, résolution.

Élyas 🎖 1 500 TOP 500 →
Le Seigneur est mon Dieu (hébreu). Variante : Élyass. Caractérologie : achèvement, sympathie, stratégie, vitalité, ardeur.

Élyes 🎖 3 000 TOP 400 →
Le Seigneur est mon Dieu (hébreu). Variantes : Élies, Éliesse, Élyess, Élyesse, Hélies. Caractérologie : pratique, communication, enthousiasme, adaptation, bonté.

Élysée 130

Dieu est serment (hébreu). Caractérologie : ambition, passion, force, habileté, sympathie.

Elzéar

Le Seigneur est mon Dieu (hébreu). Ce prénom est porté par moins de 100 personnes en France. Variante : Elzéard. Caractérologie : méthode, fiabilité, ténacité, engagement, détermination.

Emanuel  800 TOP 2000

Dieu est avec nous (hébreu). Masculin allemand et scandinave. Caractérologie : vitalité, achèvement, ardeur, stratégie, leadership.

Émeric  9 000 TOP 600

Puissant (germanique). Masculin français. Variantes : Émerick, Émerik, Émery, Émeryc, Émmeric, Émmerie, Émmery. Caractérologie : stratégie, achèvement, ardeur, leadership, vitalité.

Emerson 200

Fils d'Emery (vieil anglais). Caractérologie : habileté, détermination, force, volonté, ambition.

Emil  400 TOP 2000

Travailleur (germanique). Masculin allemand, slave, scandinave et anglais. Caractérologie : créativité, optimisme, sociabilité, pragmatisme, communication.

Émile  42 000 TOP 300

Travailleur (germanique). Ce nom porté par une grande famille romaine renaît en France au XVIe siècle. Il atteint son sommet durant la vie d'Émile Zola (1840-1902),

se manifestant aussi bien en Allemagne (Emil) qu'au Portugal ou en Espagne (Emilio). Émile reste assez attribué dans l'Hexagone jusqu'à sa disparition progressive dans les années 1920. Mais ce choix rétro frémit de nouveau. Il pourrait briguer de nouveaux trophées dans les prochaines années. ◇ Général romain né vers 230 avant J.-C, Lucius Æmilius Paullus vainquit Persée, le dernier roi de Macédoine, à Pydna. Au IIIe siècle, un saint portant ce nom fut condamné au martyre à Carthage pour avoir proclamé sa foi. Caractérologie : vitalité, achèvement, stratégie, leadership, ardeur.

Émilien 16 000 TOP 300

Travailleur (germanique). Ermite espagnol, saint Émilien fonda l'ermitage de San Millan à Tarragone au VIe siècle. Émilien est un prénom français. Caractérologie : engagement, ténacité, méthode, sens du devoir, fiabilité.

Emilio 2 000 TOP 600

Travailleur (germanique). Emilio est très répandu en Italie, dans les pays hispanophones et lusophones. Variantes : Emil, Emilian, Emiland, Emiliano, Emilion, Emille, Mil, Milio. Caractérologie : intégrité, altruisme, idéalisme, raisonnement, volonté.

Émin 450 TOP 2000

Loyal, digne de confiance (arabe). Variante : Émine. Caractérologie : charisme, indépendance, dynamisme, curiosité, courage.

Emir 🌟 1 500 (TOP 200) ↑
Décret (turc). Variantes : Emire, Emirhan, Emircan. Caractérologie : humanité, rectitude, rêve, ouverture d'esprit, générosité.

Emmanuel 🌟 119 000 (TOP 300) →
Dieu est avec nous (hébreu). Masculin français et anglais. En donnant ce nom à l'enfant que portait une jeune femme vierge, le prophète Isaïe désigna avec une certaine ambiguïté le messie à venir. Par la suite, Emmanuel a été identifié au Christ par les chrétiens. Forme basque : Imanol. Caractérologie : adaptation, générosité, enthousiasme, pratique, communication.

Emre 🌟 2 000 (TOP 900) ↘
Frère (turc). Variantes : Emra, Emrah. Caractérologie : courage, indépendance, charisme, dynamisme, curiosité.

Emrick 🌟 500 (TOP 2000) →
Maître de maison (germanique). Variante : Emric. Caractérologie : indépendance, curiosité, dynamisme, courage, charisme.

Emrys 🌟 500 (TOP 600) ↑
Immortel (grec). Emrys est un prénom gallois. Variante : Emris. Caractérologie : force, habileté, ambition, détermination, réalisation.

Énaël 🌟 450 (TOP 100) ↑
Combinaison de la sonorité « én » et des prénoms se terminant en « aël ». Caractérologie : assurance, dynamisme, audace, indépendance, direction.

Eneko 🌟 500 (TOP 2000) →
À moi (basque). Eneko est également une forme basque d'Ignace signifiant « feu » en

latin. Caractérologie : énergie, découverte, audace, séduction, originalité.

Enes 🌟 2 000 (TOP 400) →
Ami (turc). Caractérologie : intuition, relationnel, fidélité, médiation, résolution.

Enguerran 🌟 700 ↘
Ange, corbeau (germanique). Voir Enguerrand. Variante : Engueran. Caractérologie : fiabilité, méthode, détermination, ténacité, bonté.

Enguerrand 🌟 1 500 (TOP 800) →
Ange, corbeau (germanique). Enguerrand de Marigny fut le ministre du roi Philippe IV le Bel, mais c'est grâce aux *Rois maudits*, de Maurice Druon, que ce prénom français a été redécouvert. Variante : Enguerand. Caractérologie : sympathie, vitalité, stratégie, achèvement, réalisation.

Enis 🌟 750 (TOP 800) ↗
Ami (turc). Variantes : Enis, Ennis, Enys. Caractérologie : résolution, diplomatie, sociabilité, réceptivité, loyauté.

Énoah (TOP 600)
Combinaison de la lettre « É » et de Noah. Ce prénom est porté par moins de 100 personnes en France. Caractérologie : savoir, médiation, culture, intelligence, sagesse.

Enogat
Qui combat avec honneur (celte). Masculin breton. Ce prénom est porté par moins de 100 personnes en France. Caractérologie : achèvement, vitalité, ardeur, stratégie, leadership.

ENZO

Fête : 13 juillet

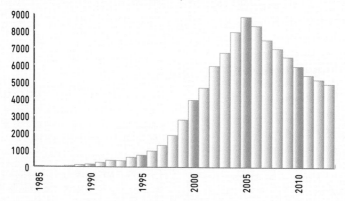

Étymologie : forme italienne d'Henri, du germain *heim*, « maison », et *ric*, « puissant », d'où la signification « maître de maison ». Fils naturel de l'empereur germanique Frédéric II, Enzo devint roi de Sardaigne en 1242. Il s'illustra par son courage en combattant, aux côtés de son père, contre le pape et les Génois à la Meloria. Mais après avoir conquis une grande partie du Milanais, il fut vaincu et capturé. Prisonnier, il fut assigné à résidence dans un palais bolonais où il établit une cour somptueuse jusqu'à sa mort, en 1272.

Enzo et Lilou font partie des prénoms dont la gloire est sortie des écrans. C'est en 1988 que *Le Grand Bleu* paraît au cinéma et qu'Enzo, l'un de ses héros, séduit le public. L'impact du film de Luc Besson est immédiat. Propulsé au zénith à une vitesse fulgurante, Enzo trône pendant trois ans sur le palmarès français… avant de céder sa couronne à Lucas. Il devrait devancer Jules au 12ᵉ rang du classement 2015.

Le repli d'Enzo survient après celui de Matteo, mais la vague d'inspiration italienne est inépuisable ; la relève s'annonce déjà avec Lorenzo qui évolue dans le top 40 français. En dehors de l'Hexagone, Enzo est plus particulièrement prisé en Italie, en Wallonie et en Suisse romande.

Personnalités célèbres : Enzo Ferrari (1898-1998) est le créateur italien de la Ferrari, l'automobile la plus rapide et la plus chère du monde ; Enzo Enzo est le nom de scène de Körin Ternovtzeff, chanteuse, auteure et interprète française.

Statistiques : Enzo est le 5ᵉ prénom masculin le plus donné en France depuis le début du XXIᵉ siècle. On peut estimer qu'il sera attribué à un garçon sur 102 en 2015.

Enoha
🏷 550 **TOP 400** ⬆

Parfums (tahitien). Caractérologie : sagacité, philosophie, spiritualité, originalité, connaissances.

Enos

Homme (hébreu). Ce prénom est porté par moins de 30 personnes en France. Caractérologie : passion, ambition, force, habileté, management.

Enrick
🏷 750 ⬇

Variante d'Enric ou Erick : maître de maison (germanique). Variantes : Enric, Enrik. Caractérologie : famille, équilibre, influence, sens des responsabilités, exigence.

Enrico
🏷 650 **TOP 2000**

Maître de maison (germanique). Enrico est un prénom italien. Variante : Enriko. Caractérologie : audace, indépendance, direction, dynamisme, raisonnement.

Enrique
🏷 2 000 **TOP 900** ➡

Maître de maison (germanique). Enrique est un prénom espagnol. Caractérologie : habileté, ambition, force, passion, management.

Enver
🏷 110

Beauté, intelligence (turc). Caractérologie : ambition, innovation, autorité, autonomie, énergie.

Enzo
🏷 93 000 **TOP 50** 🔍 ⬇

Maître de maison (germanique). Variante : Enso. Caractérologie : équilibre, influence, éthique, famille, exigence.

Eoen

Bien né (grec). Cette forme irlandaise d'Eugène est connue en Irlande et dans les pays anglophones. Ce prénom est porté par moins de 30 personnes en France. Caractérologie : créativité, pragmatisme, communication, adéquation, optimisme.

Éole
🏷 110

Soleil (breton), vent (grec). Dans la mythologie grecque, Éole est le maître des vents. Caractérologie : dynamisme, direction, audace, indépendance, assurance.

Éos

L'aurore (grec). Dans la mythologie grecque, Éos est la déesse de l'aurore. Ce prénom est porté par moins de 30 personnes en France. Caractérologie : enthousiasme, pratique, générosité, adaptation, communication.

Éphraïm
🏷 350 **TOP 2000** ↗

Fructueux (hébreu). Éphraïm est un prénom de l'Ancien Testament. Variante : Éphrem. Caractérologie : connaissances, spiritualité, sagacité, ressort, réalisation.

Érasme

Qui est aimé (grec). Ce prénom est porté par moins de 30 personnes en France. Caractérologie : originalité, sagacité, spiritualité, connaissances, décision.

Eren
🏷 1 000 **TOP 800** ➡

Saint (turc). Caractérologie : paix, bienveillance, conscience, sagesse, conseil.

Erhan
🏵 300 ⬇

Conscient (hébreu). Variantes : Eran, Érane. Caractérologie : innovation, autorité, ambition, énergie, décision.

Éric
🏵 303 000 **TOP 500** ➡

Noble souverain (germanique). Voir Erik. Ce grand prénom scandinave a été, sous ses différentes graphies, porté par plus de vingt rois suédois et danois. Issu d'une autre lignée, Erik le Rouge, navigateur et explorateur norvégien du Xe siècle, est également célèbre pour avoir fondé la première colonie du Groenland. En dehors de son berceau nordique, Erik émerge en Allemagne et en Angleterre au XIXe siècle. Il gagne la France bien plus tard, dans les années 1940. Doté d'un « c » final, il se hisse au 3e rang masculin en 1965 avant de chuter fortement. ◇ Saint Erik, roi de Suède, améliora la condition des femmes et christianisa son pays au XIIe siècle. Il mourut assassiné par un prince danois à Uppsala. Caractérologie : ambition, force, passion, habileté, management.

Erich
🏵 300

Noble souverain (germanique). Masculin allemand. Caractérologie : savoir, intelligence, méditation, indépendance, sagesse.

Erick
🏵 6 000 ⬇

Noble souverain (germanique). En dehors de l'Hexagone, ce prénom est particulièrement porté dans les pays anglophones. On peut estimer que moins de 30 enfants seront prénommés ainsi en 2015. Variante : Erico. Caractérologie : indépendance, dynamisme, audace, direction, assurance.

Erik
🏵 3 000 **TOP 2000**

Noble souverain (germanique). Voir Éric. Plus de vingt rois suédois et danois ont porté ce prénom. Saint Erik, roi de Suède, améliora la condition des femmes et christianisa son pays au XIIe siècle. Il mourut assassiné par un prince danois à Uppsala. On peut estimer que moins de 30 enfants seront prénommés ainsi en 2015. Caractérologie : sagacité, philosophie, connaissances, spiritualité, originalité.

Ernest
🏵 11 000 **TOP 600** ⬆

Qui mérite (germanique). En dehors de l'Hexagone, ce prénom est particulièrement porté dans les pays anglophones. Variantes : Arnst, Erneste, Ernie, Erno, Ernst. Caractérologie : résolution, idéalisme, intégrité, altruisme, réflexion.

Ernesto
🏵 400

Qui mérite (germanique). Masculin italien, espagnol, portugais et occitan. Caractérologie : paix, détermination, bienveillance, conscience, conseil.

Erol
🏵 350 ⬇

Noble (anglais), fort, courageux (turc). Caractérologie : énergie, découverte, originalité, audace, logique.

Éros
🏵 400 **TOP 2000** ⬇

Dieu de l'Amour dans la mythologie grecque. Caractérologie : pratique, communication, enthousiasme, adaptation, décision.

Ervin 🏆 350 TOP 2000 →
Ami (germanique). Caractérologie : originalité, audace, découverte, énergie, séduction.

Erwan 🏆 35 000 TOP 100 ⬇
If (celte). Masculin français et breton. Variantes : Ervan, Ervin, Erwoan. Caractérologie : sagacité, spiritualité, originalité, connaissances, détermination.

Erwann 🏆 7 000 TOP 400 ⬇
If (celte). Masculin français et breton. Caractérologie : communication, pragmatisme, optimisme, créativité, résolution.

Erwin 🏆 2 000 ⬇
Ami (germanique). On peut estimer que moins de 30 enfants seront prénommés ainsi en 2015. Variante : Erwine. Caractérologie : équilibre, sens des responsabilités, famille, exigence, influence.

Ésaïe 🏆 400 TOP 2000 ↗
Dieu est mon salut (hébreu). Fils d'Isaac et de Rébecca dans la Bible, Ésaü donne son droit d'aînesse à son frère Jacob en échange d'un plat de lentilles. Caractérologie : communication, pratique, enthousiasme, détermination, adaptation.

Estéban 🏆 22 000 TOP 100 ⬇
Couronné (grec). Cette forme espagnole d'Étienne a émergé dans les années 1980, au moment où le dessin animé *Les Cités d'Or* était diffusé pour la première fois. Estéban, le personnage héroïque de cette série, a fait bien des émules. Variantes : Estebane, Estebann, Estefan, Estevan, Estheban. Caractérologie : optimisme,

communication, créativité, pragmatisme, sociabilité.

Estève 🏆 250 ↗
Couronné (grec). Dans l'Hexagone, Estève est plus traditionnellement usité en Occitanie. Formes basques : Estebe, Istebe. Caractérologie : honnêteté, persévérance, structure, sécurité, efficacité.

Ethan 🏆 36 000 TOP 50 🔍 →
Fort, ferme (hébreu). Variantes : Etan, Etane, Etann, Ethane, Ethann. Caractérologie : pratique, enthousiasme, adaptation, communication, sensibilité.

Éthaniel
Contraction d'Ethan et Daniel. Ce prénom est porté par moins de 100 personnes en France. Caractérologie : intuition, relationnel, finesse, médiation, résolution.

Étienne 🏆 53 000 TOP 300 ⬇
Couronné (grec). De nombreux saints, plusieurs papes et souverains ont porté cette forme française de Stéphane. La popularité de saint Étienne, l'un des premiers diacres martyrs de l'Église, fut si grande que ce prénom supplanta Stéphane à partir du XIVe siècle. Sa prééminence, d'une grande longévité, ne prit fin qu'à la gloire naissante de Stéphane à la fin des années 1950. Étienne figurait dans le top 70 masculin à la fin des années 1990 et se raréfie aujourd'hui. Caractérologie : humanité, rectitude, rêve, tolérance, générosité.

Ettore 🏆 110
Constant, qui retient (grec). Ce prénom italien est également usité dans le Pays basque. Variante : Etore. Caractérologie :

ETHAN

Fête : pas de fête connue

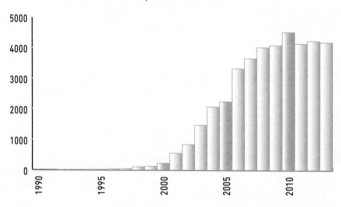

Étymologie : forme d'Etan qui signifie en hébreu « fort, ferme ». Redécouvert outre-Atlantique dans les années 1990, ce prénom biblique renaît après deux millénaires d'éclipse. Et de quelle manière ! Les effets de son jaillissement se mesurent à l'échelle planétaire. Son parcours français ne fait pas figure d'exception. Après avoir timidement émergé en 1989 (3 naissances), puis plus résolument les années suivantes, Ethan s'est envolé ; il pointe aujourd'hui au 15e rang du classement.

Deux éléments expliquent ce succès foudroyant. D'une part, il est évident que la montée de Nathan a favorisé celle d'Ethan. L'ascension de ce duo phonétiquement proche s'observe aussi bien en France que dans les pays anglophones. D'autre part, sa carrière a été galvanisée par la gloire des terminaisons en « an ».

En dehors de l'Hexagone, Ethan est en vogue dans de nombreux pays anglophones et en Espagne, où la forme ibérique Izan se place 17e. Sa cote est aussi manifeste dans la sphère francophone, où il se distingue dans les tops 20 wallon et romand. Il grandit même au Québec, où l'on pensait que sa forte identité anglophone freinerait ses ambitions. Notons que la forme hébraïque Etan (aussi orthographiée Etân) est peu usitée en France.

Etan est un prénom porté par trois personnages de l'Ancien Testament. Le premier, lévite, chante et joue de la cymbale pendant le transfert de l'Arche à Jérusalem ; le deuxième, fils de Mahol, fait preuve d'une si grande sagesse qu'elle est comparée à celle du roi Salomon ; le troisième, personnage dont on sait peu de choses, est l'un des petits-fils de Judas.

Personnalité célèbre : Ethan Coen est un cinéaste américain qui a produit, avec son frère Joel, les films *Fargo* et *The Barber*.

Statistiques : Ethan est le 12ᵉ prénom masculin le plus donné en France depuis le début du XXIᵉ siècle. On peut estimer qu'il sera attribué à un garçon sur 100 en 2015.

intuition, relationnel, fidélité, médiation, adaptabilité.

Eudes
 550

Noble, fortuné (latin). Variante : Eudelin. Caractérologie : idéalisme, intégrité, réflexion, altruisme, dévouement.

Eudore

Beau présent (grec). Ce prénom est porté par moins de 30 personnes en France. Caractérologie : dynamisme, analyse, courage, indépendance, caractère.

Eugène
 22 000

Bien né (grec). Comme son étymologie l'indique, ce nom désignait à l'origine les fils de bonnes familles. Il fut, dès les premiers siècles, porté par plusieurs saints. Quatre papes assurèrent ensuite sa visibilité tout au long du Moyen Âge. Eugène et ses variantes se propagent dans toutes les langues européennes, notamment dans les pays slaves et en Russie, où il est révéré par les orthodoxes. Au sommet de sa carrière française dans la seconde moitié du XIXᵉ siècle, il s'illustre parmi les 10 premiers rangs. Eugène est encore placé 20ᵉ en 1908, au seuil d'un reflux qui le voit disparaître dans les années 1960. Il devrait renaître dans les prochaines années. ◇ Au VIᵉ siècle, saint Eugène de Carthage défendit l'Église malgré les persécutions d'Huméric, le roi des Vandales. Variantes : Eoen, Eugen, Eugénien, Eugenius, Eugenio, Gène. Caractérologie : pratique, cœur, communication, enthousiasme, adaptation.

Eustache
 450

Récolte abondante (grec). Caractérologie : gestion, audace, direction, attention, dynamisme.

Eutrope

De tempérament calme (grec). Ce prénom est porté par moins de 100 personnes en France. Caractérologie : autorité, énergie, cœur, innovation, logique.

Evan
 32 000

If (celte), bien né, jeune guerrier (vieil irlandais), ou forme galloise de Jean. Variante : Évane. Caractérologie : famille, équilibre, éthique, influence, exigence.

Evandre

Contraction d'Evan et Alexandre. Ce prénom est porté par moins de 30 personnes en France. Caractérologie : paix, conscience, bienveillance, résolution, conseil.

Evann
 3 000

Voir Evan. Evann est répandu dans les pays anglophones. Caractérologie : sociabilité, diplomatie, loyauté, réceptivité, bonté.

EVAN

Fête : 3 mai

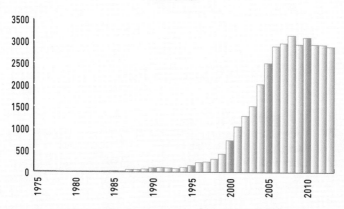

Étymologie : dans la tradition bretonne, l'origine de ce prénom associé à Yves signifie « if » en celte. Mais d'autres étymologies établies outre-Manche sont recevables. Evan pourrait être rattaché à *Iefan*, une forme galloise de Jean, tout comme il pourrait signifier « bien né » ou « jeune guerrier » en ancien irlandais. À moins qu'il ne revendique un lien avec Ésus, le dieu gaulois de la Guerre.

À l'exception du pays de Galles, où ses occurrences se multiplient à partir du XVIe siècle, Evan n'a guère été attribué autrement que sous une forme patronymique (Evan, Ievan). C'est bien plus tard que le prénom se propage hors du berceau gallois pour gagner l'Angleterre puis les pays anglophones. Comment expliquer sa percée récente dans l'Hexagone ?

L'engouement pour les prénoms irlando-bretons a bien évidemment favorisé son essor à la fin des années 1990. L'offensive du trio Evan, Kylian et Rayan n'a-t-il pas conquis la France ? La débâcle d'Yves a également favorisé la carrière de ce jeune héritier.

En 2012, Evan s'est hissé aux portes du top 20 français. S'il ne s'élève pas plus haut dans les prochaines années, il pourra toujours revendiquer la paternité de plusieurs variantes. Citons Ewan, Evann et Erwan pour celles qui sont les plus données. Au féminin, Evane, Evanne et Evana sont des perles rares en pleine expansion.

En dehors de l'Hexagone, Evan évolue dans le top 25 suisse romand et les 80 premiers choix belges et québécois. L'engouement que les parents espagnols lui manifestent a permis à Ivan de monter aux portes du top 10 ibérique en 2009. Mais son recul dans les pays anglophones compromet la poursuite d'une carrière internationale.

Prédicateur méthodiste gallois, **Evan Roberts** est à l'origine du mouvement du Réveil (mouvement des Églises pentecôtistes) au début du XXᵉ siècle au pays de Galles.

Statistiques : Evan est le 27ᵉ prénom masculin le plus donné en France depuis le début du XXIᵉ siècle. On peut estimer qu'il sera attribué à un garçon sur 150 en 2015.

Evans

Fils d'Evan (anglais). Masculin anglais. Variante : Évence. Caractérologie : philosophie, connaissances, spiritualité, sagacité, originalité.

Évariste

Agréable (grec). Variante : Evaristo. Caractérologie : altruisme, idéalisme, détermination, intégrité, réflexion.

Even

île, chance, victoire (vieux norrois), forme bretonne d'Yves. Masculin breton et scandinave. Variante : Iwen. Caractérologie : dynamisme, direction, audace, indépendance, assurance.

Évrard

Puissant ours sauvage (germanique). Évrard est plus traditionnellement usité en Alsace et dans les Flandres. Variantes : Éberhard, Everard, Everhard. Caractérologie : audace, découverte, originalité, énergie, décision.

Ewan

Voir Evan. Ewan est très répandu dans les pays anglophones. C'est aussi un prénom breton traditionnel. Variante : Ewann.

Caractérologie : savoir, indépendance, méditation, intelligence, sagesse.

Ewen

Voir Evan. Ewen est particulièrement attribué en Angleterre et en Bretagne. Variantes : Ewenn, Ewin, Evyn, Evon, Iwan. Caractérologie : réceptivité, diplomatie, sociabilité, bonté, loyauté.

Eymeric

Puissant (germanique). Variantes : Eymard, Eymerick. Caractérologie : équilibre, sens des responsabilités, famille, sympathie, influence.

Eytan

Fort, ferme (hébreu). Variante : Eythan. Caractérologie : intuition, relationnel, médiation, adaptabilité, fidélité.

Ézéchiel

Dieu donne la force (hébreu). Caractérologie : énergie, innovation, ambition, autorité, autonomie.

Ezio

Aigle (latin). Prénom italien. Caractérologie : autorité, énergie, innovation, autonomie, ambition.

F

Fabian 4 000 **TOP 900**

Fève (latin). Dans l'Hexagone, ce prénom anglophone est plus traditionnellement usité en Occitanie. Variante : Fabiano. Caractérologie : famille, éthique, équilibre, détermination, influence.

Fabien 107 000 **TOP 600**

Fève (latin). Masculin français. Caractérologie : direction, audace, indépendance, décision, dynamisme.

Fabio 6 000 **TOP 300**

Fève (latin). Fabio est un prénom italien. Variante : Fabricio. Caractérologie : famille, influence, équilibre, éthique, exigence.

Fabrice 129 000 **TOP 2000**

Fabricateur (latin). Au XIXe siècle, Stendhal a contribué à la vogue de ce prénom en faisant de Fabrice del Dongo le héros de son roman *La Chartreuse de Parme.* ◇On sait peu de choses sur saint Fabrice de Tolède, si ce n'est qu'il mourut martyr au IIIe siècle. On peut estimer que moins de 30 enfants seront prénommés ainsi en 2015. Caractérologie : vitalité, stratégie, résolution, achèvement, analyse.

Fabrizio 650

Fabricateur (latin). Fabrizio est un prénom italien. Caractérologie : découverte, audace, originalité, séduction, énergie.

Fadi 650 **TOP 800**

Celui qui porte secours (arabe). Variante : Fady. Caractérologie : intuition, adaptabilité, médiation, relationnel, fidélité.

Faël 200 **TOP 2000**

Heureux présage (arabe). Caractérologie : sagesse, paix, bienveillance, conseil, conscience.

Fahad 200

Panthère, léopard (arabe). Variantes : Fahd, Fahde, Fahed. Caractérologie : médiation, relationnel, adaptabilité, fidélité, intuition.

Fahim 550 **TOP 1000**

Intelligent, qui apprend facilement (arabe). Variantes : Fahem, Fahmi. Caractérologie : ambition, autonomie, innovation, autorité, énergie.

Fanch 250

Forme bretonne de François : libre (latin). Caractérologie : audace, énergie, originalité, découverte, séduction.

Faniel

Heureux (vieil anglais). Masculin anglais. Ce prénom est porté par moins de 30 personnes en France. Variante : Fane. Caractérologie : résolution, analyse, intuition, médiation, relationnel.

Fantin 400

Enfant (latin). Caractérologie : énergie, innovation, ambition, résolution, autorité.

Faouzi 1 500

Qui aura du succès (arabe). On peut estimer que moins de 30 enfants seront prénommés ainsi en 2015. Variante : Faousi.

Caractérologie : analyse, équilibre, influence, famille, sens des responsabilités.

Farès ⭐ 6 000 TOP 200 ↗

Chevalier, valeureux comme un lion (arabe). Variantes : Faress, Faresse. Caractérologie : efficacité, sécurité, structure, persévérance, décision.

Farid ⭐ 17 000 TOP 2000 →

Unique (arabe). Ce prénom est particulièrement répandu dans les communautés musulmanes francophones. On peut estimer que moins de 30 enfants seront prénommés ainsi en 2015. Variantes : Faride, Farrid, Férid. Caractérologie : intuition, adaptabilité, relationnel, médiation, fidélité.

Faris ⭐ 400 TOP 2000 →

Chevalier, valeureux comme un lion (arabe). Caractérologie : achèvement, stratégie, ardeur, leadership, vitalité.

Farouk ⭐ 1 500 TOP 2000 ↗

Celui qui discerne le bien du mal (arabe). Variantes : Farik, Faruk. Caractérologie : altruisme, intégrité, idéalisme, gestion, logique.

Fathi ⭐ 1 000 →

Victorieux (arabe). Variantes : Fathy, Fati, Fethy. Caractérologie : achèvement, vitalité, ardeur, stratégie, leadership.

Fatih ⭐ 2 000 TOP 2000 ↘

Victorieux (arabe). On peut estimer que moins de 30 enfants seront prénommés ainsi en 2015. Variantes : Fatah, Fatèh. Caractérologie : ambition, force, habileté, management, passion.

Faust

Heureux, fortuné (latin). Masculin anglais. Ce prénom est porté par moins de 100 personnes en France. Variante : Fauste. Caractérologie : structure, sécurité, organisation, persévérance, efficacité.

Faustin ⭐ 1 500 TOP 700 →

Heureux, fortuné (latin). Dans l'Hexagone, Faustin est plus traditionnellement usité au Pays basque. Variantes : Faustino, Fausto. Caractérologie : humanité, rectitude, rêve, détermination, raisonnement.

Fawzi ⭐ 450 ↘

Qui aura du succès (arabe). Variantes : Faïz, Fauzi. Caractérologie : intuition, relationnel, médiation, fidélité, décision.

Fayçal ⭐ 3 000 TOP 1000 →

Juge (arabe). Variantes : Faïçal, Faïsal, Faïssal, Fayçel, Faysal, Fayssal. Caractérologie : enthousiasme, pratique, communication, adaptation, générosité.

Federico ⭐ 400 ↑

Pouvoir de la paix (germanique). Federico est très répandu dans les pays hispanophones et en Italie. Caractérologie : logique, médiation, relationnel, caractère, intuition.

Félicien ⭐ 3 000 TOP 2000 ↘

Heureux (latin). On peut estimer que moins de 30 enfants seront prénommés ainsi en 2015. Variantes : Félice, Felician, Feliciano. Caractérologie : logique, ouverture d'esprit, rêve, humanité, rectitude.

Felipe 850

Qui aime les chevaux (grec). Ce prénom espagnol est très répandu dans les pays hispanophones. Forme occitane : Felip. Caractérologie : stratégie, sympathie, vitalité, achèvement, analyse.

Félix  23 000 TOP 300

Heureux (latin). En dehors de l'Hexagone, Felix est très répandu en Allemagne et en Autriche. Formes basques et bretonnes : Feliz, Filiz, Heliz. Caractérologie : intuition, relationnel, médiation, analyse, fidélité.

Ferdinand 5 000 TOP 800

Courageux, aventurier (germanique). Masculin allemand, français, néerlandais et tchèque. Variante : Ferdi. Caractérologie : communication, pragmatisme, résolution, optimisme, volonté.

Fergus

Choix (irlandais). Fergus est assez répandu en Écosse. Ce prénom est porté par moins de 100 personnes en France. Caractérologie : sympathie, sécurité, persévérance, structure, analyse.

Fernand 32 000

Courageux, aventurier (germanique). Navigateur portugais, Fernand de Magellan a découvert en 1520 le détroit auquel il a donné son nom. En France, Fernand s'est placé à la 21e place du classement en 1920, son dernier pic de popularité. On peut estimer que moins de 30 enfants seront prénommés ainsi en 2015. Caractérologie : achèvement, vitalité, volonté, stratégie, détermination.

Fernando  4 000 TOP 2000

Courageux, aventurier (germanique). Fernando est très répandu dans les pays hispanophones et lusophones. On peut estimer que moins de 30 enfants seront prénommés ainsi en 2015. Variante : Fernandez. Caractérologie : résolution, courage, dynamisme, volonté, curiosité.

Ferréol 250 TOP 2000

De fer (latin). Variantes : Féréol, Ferrero, Ferruccio, Ferrucio, Feruccio, Ferucio, Ferrer. Caractérologie : savoir, intelligence, méditation, indépendance, logique.

Féthi 750

Victorieux (arabe). Caractérologie : enthousiasme, pratique, communication, attention, adaptation.

Fiacre

Se rapporte à saint Fiacre, moine irlandais qui vécut en France au VIIe siècle. Il est le patron des jardiniers. Ce prénom est porté par moins de 100 personnes en France. Caractérologie : résolution, sens des responsabilités, famille, équilibre, analyse.

Filipe 2 000

Qui aime les chevaux (grec). Ce prénom est particulièrement répandu au Portugal. On peut estimer que moins de 30 enfants seront prénommés ainsi en 2015. Variantes : Filip, Filipo. Caractérologie : pratique, sympathie, analyse, communication, enthousiasme.

Finn

Blanc, clair (gaélique). Ce prénom est porté par moins de 100 personnes en France.

Caractérologie : indépendance, méditation, intelligence, sagesse, savoir.

Firmin 🌟 3 000 **TOP 2000** →
Fermeté, rigueur (latin). Prénom français. Saint Firmin, évêque d'Uzès au VIᵉ siècle, est invoqué pour l'aide aux caractères faibles. Forme basque : Fermin. Caractérologie : paix, bienveillance, conseil, conscience, volonté.

Flavien 🌟 13 000 **TOP 600** ↓
Couleur jaune, blond (latin). Masculin français. Variantes : Flavian, Flavy. Caractérologie : famille, équilibre, caractère, sens des responsabilités, logique.

Flavio 🌟 3 000 **TOP 500** ↘
Couleur jaune, blond (latin). Flavio est très répandu en Italie et dans les pays hispanophones. Caractérologie : diplomatie, sociabilité, loyauté, analyse, réceptivité.

Fleury 🌟 300
Fleur (latin). Variantes : Fiore, Fiorello, Fleuret, Fleuri, Fleuris. Caractérologie : conscience, bienveillance, sympathie, paix, analyse.

Flint
Ruisseau (anglo-saxon). Masculin anglais. Ce prénom est porté par moins de 30 personnes en France. Caractérologie : sagacité, spiritualité, connaissances, analyse, originalité.

Floran 🌟 550 ↓
Floraison (latin). Variantes : Florant, Florancio. Caractérologie : analyse, pragmatisme, communication, optimisme, résolution.

Floréal 🌟 600
Floraison (latin). Ce nom désignait également la période du printemps dans le calendrier révolutionnaire. Caractérologie : conscience, paix, bienveillance, logique, décision.

Florent 🌟 65 000 **TOP 400** ↘
Floraison (latin). Masculin français. Caractérologie : altruisme, idéalisme, réflexion, intégrité, logique.

Florentin 🌟 5 000 **TOP 800** ↓
Floraison (latin). Florentin est répandu en Roumanie. Variantes : Florentino. Caractérologie : découverte, énergie, audace, analyse, originalité.

Florestan 🌟 300 ↘
Floraison (latin). Caractérologie : réceptivité, sociabilité, diplomatie, décision, logique.

Florian 🌟 124 000 **TOP 200** ↓
Floraison (latin). En dehors de l'Hexagone, Florian est répandu dans les pays anglophones et germanophones. Saint Florian est le patron de l'Autriche. Variantes : Florain, Floriant, Florien, Florin, Floride, Flory, Floryan. Forme basque : Floriano. Caractérologie : détermination, pratique, raisonnement, communication, enthousiasme.

Florient 🌟 600 ↓
Floraison (latin). Caractérologie : idéalisme, altruisme, intégrité, réflexion, analyse.

LES PRÉNOMS PARISIENS

La mairie de Paris a publié la liste des prénoms déclarés à l'état civil entre 2004 et 2014 sur son site internet **Opendata.paris.fr**. Ci-dessous le classement des 20 prénoms les plus attribués dans la capitale en 2014 :

Filles		Garçons	
1. Louise	11. Juliette	1. Gabriel	11. Lucas*
2. Chloé	12. Rose	2. Adam	12. Jules
3. Inès	13. Éva	3. Raphaël	13. Hugo
4. Alice	14. Anna	4. Louis	14. Joseph
5. Jeanne	15. Léa	5. Paul	15. Sacha
6. Sarah*	16. Jade	6. Arthur	16. Gaspard
7. Camille	17. Zoé	7. Victor	17. Martin
8. Lina	18. Charlotte	8. Mohamed	18. Léo
9. Emma	19. Joséphine	9. Alexandre	19. Thomas
10. Adèle	20. Manon	10. Maxime	20. Augustin

Commentaires et observations

Dans ce millésime 2014, Gabriel et Louise poursuivent leur règne entamé en 2007. Ils devancent largement Emma et Léo qui, malgré leur gloire nationale, peinent à s'imposer dans la capitale. Le cru parisien se distingue de bien des manières. Son bouquet, plus multicolore, reflète les choix d'une population plus diverse. En témoigne Mohamed, marqueur identitaire des familles musulmanes qui brille bien plus à Paris qu'à l'échelle nationale. En témoigne le triomphe des choix multiculturels qui, d'Adam** à Lina, n'ont jamais autant brillé. Cet engouement, concomitant avec l'essor des prénoms de l'Ancien Testament à la fin des années 1990, a vu l'éclosion de prénoms nouveaux dans l'Hexagone (Nathan, Adam, Aaron). Ces choix ont d'autant plus de succès qu'ils séduisent les familles de confessions juive et chrétienne, ainsi qu'un large éventail de parents non pratiquants. Restent les prénoms de saints (Anna, Jeanne, Augustin, Paul, Thomas) qui font florès parce qu'ils sont à la fois classiques et internationaux.

L'engouement pour le rétro, moteur d'une innovation toute parisienne, a lancé la carrière nationale de Gabriel, Victor, Louise, Alice et Juliette. Il en va de même pour certains prénoms de l'Ancien Testament. Mais les tendances nationales influencent également les choix parisiens. Ainsi, Noah, Nathan, Lucas, Léo, Emma et Chloé se sont envolés à Paris bien après avoir conquis les autres villes françaises. De là à penser que toute star nationale puisse rayonner dans la capitale, il y a un pas que nous ne franchirons pas. Car les Parisiens se méfient des innovations. Ils boudent même les prénoms nouveaux. Ainsi, Lilou et Timéo ne figurent même pas dans les 100 premiers choix parisiens ! Une situation qui affecte les sonorités les plus en vogue. Dans ce contexte, les terminaisons irlandaises (Kylian, Nolan) font peu d'émules, pas plus que les désinences en « éo ». Seul Léo, avec son côté rétro, a pu s'élever au 18e rang.

Mais revenons au millésime parisien. En 2014, Martin a délogé Antoine du palmarès masculin. Chez les filles, Éva et Jade ont rebondi dans l'élite aux dépens d'Anaïs et Nina. Mais dans les nouveautés, c'est Adèle qui créé la surprise en s'emparant de la 10e place. Que de bouleversements en une année ! Et dire que d'autres étoiles s'élèvent à l'horizon. Sentinelles postées aux portes du top 20, Sofia, Margaux, Oscar et Léon ont toutes les chances d'intégrer (ou réintégrer) le classement 2015. Et c'est sans compter sur Camille qui jaillit dans le top 50 masculin avec une vigueur prometteuse…

*Si l'on prenait en compte les variantes dans ce palmarès, Sara(h) se classerait 2e devant Chloé, et Luca(s) devancerait Mohamed au 8e rang masculin.

**En sa qualité de premier homme et prophète, Adam est également vénéré par les musulmans.

Florimond 🏆 650 ↗

Floraison (latin). Variante : Florimon. Caractérologie : méditation, savoir, intelligence, caractère, logique.

Floris 🏆 750 **TOP 2000** →

Floraison (latin). Floris est plus particulièrement répandu dans les cultures néerlandophones. Variante : Florice. Caractérologie : sagacité, philosophie, raisonnement, spiritualité, originalité.

Floyd 🏆 140

Cheveux gris (gallois). Caractérologie : achèvement, vitalité, ardeur, leadership, stratégie.

Foad 🏆 130

Généreux, qui a du cœur (arabe). Caractérologie : leadership, vitalité, stratégie, achèvement, ardeur.

Fortunato 🏆 110

Chanceux (latin). Variante : Fortuna. Caractérologie : fiabilité, analyse, ténacité, méthode, résolution.

Foster

Gardien de forêt (anglais). Masculin anglais. Ce prénom est porté par moins de 30 personnes en France. Caractérologie : fidélité, intuition, relationnel, médiation, décision.

Fouad 🛡 5 000 TOP 2000 ⬇

Généreux, qui a du cœur (arabe). On peut estimer que moins de 30 enfants seront prénommés ainsi en 2015. Variantes : Fouaad, Fouade, Fouede, Fouhad. Caractérologie : adaptabilité, relationnel, intuition, fidélité, médiation.

Foucauld 🛡 450 TOP 2000 ↘

Peuple de la forêt (germanique). Se rapporte également à Charles de Foucauld, prêtre assassiné en 1916 à Tamanrasset. Variante : Foucault. Caractérologie : intuition, médiation, adaptabilité, relationnel, fidélité.

Foued 🛡 1 000 ⬇

Généreux, qui a du cœur (arabe). Variante : Fouhed. Caractérologie : bienveillance, conscience, caractère, paix, conseil.

Foulques 🛡 200

Peuple (germanique). Caractérologie : résolution, relationnel, raisonnement, assurance, sociabilité.

Franc 🛡 950

Libre, français (latin). Caractérologie : équilibre, détermination, sens des responsabilités, famille, raisonnement.

Francesco 🛡 2 000 TOP 2000 ➡

Libre, français (latin). Francesco est un prénom italien. On peut estimer que moins de 30 enfants seront prénommés ainsi en 2015. Caractérologie : enthousiasme, pratique, communication, raisonnement, détermination.

Francis 🛡 121 000 TOP 2000 ➡

Libre, français (latin). Cette forme anglaise de François, répandue depuis des siècles dans les pays anglophones, a connu son apogée en France en 1952. Après avoir culminé au 20e rang masculin, elle s'est repliée pour disparaître à la fin du siècle. On peut estimer que moins de 30 enfants seront prénommés ainsi en 2015. Variante : Francys. Caractérologie : savoir, intelligence, méditation, analyse, résolution.

Francisco 🛡 6 000 TOP 2000 ➡

Libre, français (latin). Francisco est très répandu dans les pays hispanophones et lusophones. On peut estimer que moins de 30 enfants seront prénommés ainsi en 2015. Caractérologie : détermination, spiritualité, connaissances, raisonnement, sagacité.

Francisque 🛡 900

Libre, français (latin). Caractérologie : analyse, audace, énergie, découverte, résolution.

Franck 🛡 170 000 TOP 900 ⬇

Libre, français (latin). Évocateur du peuple des Francs, ce diminutif de Francis a surgi dans l'Hexagone au milieu des années 1960. Sans faire de grandes vagues, Franck s'est placé au 13e rang français à son sommet. Il est beaucoup moins répandu que le Frank anglophone ou germanophone qui a décollé dès le milieu du XIXe siècle dans de nombreux pays. Caractérologie : stratégie, achèvement, détermination, vitalité, raisonnement.

Francky ⭐ 2 000 ⊗

Libre, français (latin). On peut estimer que moins de 30 enfants seront prénommés ainsi en 2015. Variantes : Franco, Francki, Franckie, Franki, Frankie. Formes bretonnes : Soaig, Soizic. Caractérologie : sympathie, sens des responsabilités, équilibre, famille, analyse.

Franco ⭐ 2 000

Libre, français (latin). Franco est un prénom espagnol et italien. On peut estimer que moins de 30 enfants seront prénommés ainsi en 2015. Caractérologie : raisonnement, pragmatisme, communication, optimisme, créativité.

François ⭐ 248 000 TOP 400 ⊗

Ce prénom ancien a été porté par plusieurs saints, deux rois de France, et plus récemment, deux présidents français et un pape. Il vient du latin *francus*, « homme libre », et signifie également « le Français » depuis que saint François d'Assise, prénommé Giovanni par sa mère, fut renommé Francesco par son père : ce dernier revenait si heureux d'un voyage d'affaires en France qu'il voulut ainsi lui rendre hommage. Au XIIIᵉ siècle, Francesco et François se diffusent ensemble, puis François devient la forme française prédominante. Il est très répandu au moment du règne de François Iᵉʳ, au XVIᵉ siècle, et restera l'un des 10 prénoms les plus attribués jusqu'au XIXᵉ siècle. Il fallait que François reprenne son souffle pour se hisser aux portes du top 20 français en 1961, son dernier point culminant. Il est aujourd'hui un prénom rare pour les nouveau-nés. ◇ Le 4 octobre célèbre la fête de saint François d'Assise (1182-1226), le plus connu des saints porteurs du nom. Saint François d'Assise vendit ses biens au profit des pauvres, fonda un ordre qui porta son nom et partit évangéliser les campagnes. Il prêcha la foi aux musulmans de Syrie et d'Égypte et plaida pour l'arrêt de la guerre opposant chrétiens et musulmans auprès du sultan de Damiette. ◇ Artisan de la Réforme catholique, saint François de Sales (1567-1622) est le patron des journalistes. Il est fêté le 24 janvier. Caractérologie : structure, sécurité, persévérance, raisonnement, détermination.

François-Xavier ⭐ 7 000 ⊗

Forme composée de François et Xavier. Jésuite missionnaire au XVIᵉ siècle, saint François-Xavier partit sur la demande du pape Paul III prêcher en Indes orientales et au Japon. Il est le patron des missionnaires. On peut estimer que moins de 30 enfants seront prénommés ainsi en 2015. Caractérologie : volonté, intuition, médiation, relationnel, analyse.

Frank ⭐ 10 000 ⊗

Libre, français (latin). En dehors de l'Hexagone, Frank est très répandu dans les pays anglophones, germanophones et néerlandophones. On peut estimer que moins de 30 enfants seront prénommés ainsi en 2015. Caractérologie : courage, dynamisme, curiosité, indépendance, détermination.

Franklin 750

Libre, français (latin). Masculin anglais. Caractérologie : persévérance, résolution, structure, sécurité, analyse.

Franky 700

Libre, français (latin). Caractérologie : créativité, optimisme, communication, pragmatisme, détermination.

Frantz 5 000

Libre, français (latin). On peut estimer que moins de 30 enfants seront prénommés ainsi en 2015. Variante : Frans. Caractérologie : structure, sécurité, sensibilité, persévérance, détermination.

Franz 950

Libre, français (latin). Franz est un prénom allemand. Caractérologie : médiation, fidélité, détermination, relationnel, intuition.

Fraser

Fraise (écossais). Ce prénom est porté par moins de 30 personnes en France. Caractérologie : ténacité, engagement, méthode, fiabilité, résolution.

Fred 4 000

Diminutif des prénoms formés avec Fred. Masculin anglais, néerlandais, allemand et français. On peut estimer que moins de 30 enfants seront prénommés ainsi en 2015. Variante : Frede. Caractérologie : famille, équilibre, sens des responsabilités, influence, volonté.

Freddy 16 000

Pouvoir de la paix (germanique). Masculin allemand. On peut estimer que moins de 30 enfants seront prénommés ainsi en 2015. Variantes : Freddi, Freddie, Fredi, Fredj, Fredo. Caractérologie : vitalité, stratégie, ardeur, volonté, achèvement.

Frédéric 304 000 **TOP 1000**

Pouvoir de la paix (germanique). Ce grand prénom royal a été, sous ses différentes graphies, porté par une trentaine de souverains germaniques, prusses, danois, suédois et norvégiens. Il est fréquent dans les pays anglo-saxons et scandinaves à partir du XVIIIe siècle mais peine à briller en France. C'est bien plus tard, au terme d'une progression lente mais constante, qu'il se révèle au XXe siècle. Il culmine au 4e rang masculin en 1973, après la gloire d'Éric, avant de chuter brutalement. ◇ Surnommé Barberousse, Frédéric Ier (Friedrich en allemand) fut le premier roi de Prusse au XVIIIe siècle. Son fils et successeur, Frédéric II le Grand, réorganisa ses États et fit de son armée une force militaire redoutable. Intellectuel francophile, il tissa des liens avec Voltaire et les plus grands savants de son époque. Caractérologie : dynamisme, curiosité, logique, courage, caractère.

Frederick 5 000

Pouvoir de la paix (germanique). Masculin anglais. On peut estimer que moins de 30 enfants seront prénommés ainsi en 2015. Variantes : Frederi, Frederich, Frederico, Fredric, Friedrich, Fritz. Caractérologie : méditation, savoir, volonté, intelligence, raisonnement.

Frederik 1 000

Pouvoir de la paix (germanique). Caractérologie : fiabilité, méthode, engagement, ténacité, caractère.

Fredy 2 000

Pouvoir de la paix (germanique). On peut estimer que moins de 30 enfants seront prénommés ainsi en 2015. Caractérologie : ténacité, méthode, fiabilité, engagement, volonté.

Fridolin

Elfe, conseiller (germanique). Ce prénom est porté par moins de 100 personnes en France. Caractérologie : bienveillance, conscience, paix, logique, caractère.

Fulbert 500

Peuple brillant (germanique). Caractérologie : enthousiasme, communication, adaptation, pratique, analyse.

Fulgence

Fulgurant (latin). Ce prénom est porté par moins de 100 personnes en France. Variantes : Fulgencio, Fulgent. Caractérologie : direction, dynamisme, audace, cœur, indépendance.

Fulvio

Couleur jaune, blond (latin). Masculin italien. Ce prénom est porté par moins de 100 personnes en France. Variante : Fulvien. Caractérologie : ténacité, méthode, fiabilité, engagement, logique.

G

Gabin 21 000 TOP 50 🔍 ↗

Qui vient de Gabium, une ancienne ville d'Italie centrale (latin). Caractérologie : paix, bienveillance, conscience, conseil, décision.

Gabriel 91 000 TOP 50 🔍 ↗

Force de Dieu (hébreu). Variantes : Gabe, Gabi, Gabirel, Gabriele, Gabryel. Caractérologie : altruisme, idéalisme, détermination, amitié, intégrité.

Gaby 1 500 TOP 600 ↑

Force de Dieu (hébreu). Masculin anglais. Caractérologie : force, ambition, habileté, passion, management.

Gad 250 TOP 2000 ↗

Chanceux, heureux (hébreu). Caractérologie : communication, pratique, enthousiasme, réalisation, adaptation.

Gadiel

Fortune de Dieu (hébreu). Ce prénom est porté par moins de 30 personnes en France. Caractérologie : intuition, relationnel, réussite, médiation, cœur.

GABIN

Fête : 19 février

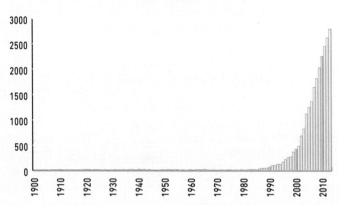

Étymologie : se rapporte à *Gabinus*, un nom latin qui signifiait : « qui vient de Gabium » (ce terme désigne une ancienne ville du Latium, en Italie centrale). Mais l'origine pouvant expliquer l'essor de ce prénom est très différente. Gabin aurait pour ancêtre Gauvain, le neveu du roi Arthur. Chevalier de la Table ronde, Gauvain avait toutes les qualités d'un gentleman et portait souvent l'épée Excalibur. Selon la légende, sa force se trouvait décuplée avec la lumière du soleil. Véhiculée par les légendes arthuriennes au Moyen Âge, la popularité de ce personnage assura au prénom une large diffusion en France et en Grande-Bretagne*.

Gawain réapparaît en Écosse au XVIe siècle et surgit sous la forme de Gabin en Occitanie, notamment en Provence. C'est précisément cette graphie qui renaît dans l'Hexagone (elle a franchi le seuil des 20 attributions en 1986). L'acteur Jean Gabin (1904-1976) a peut-être contribué à son succès, et peu importe que son nom de naissance ait été Jean-Alexis Moncorgé. Alors que la forme Gavin semble reculer dans les pays anglophones, Gabin s'élance avec toute la fougue d'un prénom neuf. Il pourrait bondir au 20e rang français en 2015.

Sous le règne de l'empereur Dioclétien au IIIe siècle, **saint Gavino** mourut martyr avec sa fille en Sardaigne.

Personnage de l'Ancien Testament, **Jabin**, le roi de Hazor (en Galilée), dirige une coalition contre les Israélites. Il est vaincu par les troupes de Josué et la ville est brûlée.

Personnalité célèbre : Gabin Nuissier, chorégraphe français.

Statistiques : Gabin est le 22ᵉ prénom masculin le plus donné en France depuis le début du XXIᵉ siècle. On peut estimer qu'il sera attribué à un garçon sur 130 en 2015.

* Gawain était alors l'équivalent anglais de Gauvain.

Gaël 31 000

Seigneur généreux (celte). Ancien peuple celte, les Gaëls s'établirent en Irlande à la fin du Vᵉ siècle. Ce prénom breton s'orthographie souvent sans tréma. Variante : Gaelig. Caractérologie : méditation, savoir, intelligence, cœur, indépendance.

Gaétan 48 000

De Gaète, ville d'Italie (latin). Ce prénom français s'orthographie également avec un tréma. Variante : Gaéthan. Caractérologie : communication, enthousiasme, pratique, générosité, adaptation.

Gaetano 600

De Gaète, ville d'Italie (latin). Caractérologie : altruisme, réflexion, dévouement, intégrité, idéalisme.

Gaïl

Variation anglophone de Gaël. Masculin anglais. Ce prénom est porté par moins de 100 personnes en France. Caractérologie : sensibilité, médiation, fidélité, conseil, intuition.

Gaïus

Variante de Caïus, ancien prénom latin issu du grec gaia, la terre. Ce prénom est porté par moins de 30 personnes en France. Caractérologie : communication, générosité, pratique, adaptation, enthousiasme.

Gamal 190

Chameau (arabe). Caractérologie : connaissances, sagacité, réussite, spiritualité, originalité.

Gamiel

Dieu est ma récompense (hébreu). Ce prénom est porté par moins de 30 personnes en France. Caractérologie : relationnel, sympathie, intuition, médiation, réalisation.

Gang

Petite montagne (chinois). Ce prénom est porté par moins de 30 personnes en France. Caractérologie : loyauté, diplomatie, sociabilité, réceptivité, bonté.

Garry 1 500

Lance, gouverner (germanique). On peut estimer que moins de 30 enfants seront prénommés ainsi en 2015. Caractérologie : influence, famille, sens des responsabilités, exigence, équilibre.

Gary 5 000

Lance, gouverner (germanique). Masculin anglais. Caractérologie : paix, sagesse, bienveillance, conscience, conseil.

Gaspard 11 000

Gardien du trésor (hébreu). Variantes : Caspar, Casper, Gaspar, Jasper. Caractérologie : optimisme, communication, créativité, pragmatisme, réalisation.

GABRIEL

Fête : 29 septembre

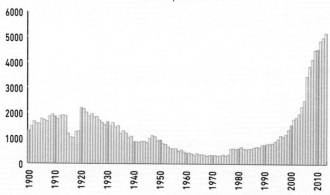

Étymologie : de l'hébreu *gabor* et *el*, « force de Dieu ». Après avoir connu une certaine faveur au Moyen Âge, l'engouement pour ce prénom s'estompe et se déplace de la France aux pays anglophones. Plusieurs siècles d'éclipse partielle lui sont imposés avant qu'il ne renaisse à la fin des années 1990. Après l'inconstance des grands débuts, plus rien ne semble entraver l'élan qui le porte aujourd'hui. Le jaillissement de Raphaël, qui rime avec lui, a encouragé ce retour, mais c'est à l'essor des prénoms bibliques qu'il doit avant tout sa gloire. Il trône sur le classement parisien depuis 2007 et devrait s'imposer au 2e rang national en 2015.

Comme la plupart des référents bibliques, Gabriel jouit d'une immense notoriété internationale. Bien que sa popularité soit variable selon les pays, il descend rarement en seconde division des classements. En zone francophone, il trône sur le palmarès suisse romand et figure en tête des pelotons wallon et québécois. De son côté, le féminin Gabrielle reprend des couleurs : ce choix devrait être attribué à plus de 1 000 Françaises en 2015. Il devance Gabriella qui reste essentiellement implanté dans les pays hispanophones et anglo-saxons. Gabriel se prête peu aux variations, mais le diminutif Gaby est attribué dans les deux genres.

Gabriel est vénéré dans le judaïsme, le christianisme et l'islam. Dans l'Ancien Testament, il est le messager du ciel qui aide le prophète Daniel à interpréter ses songes. Il apparaît sous la même forme dans le Nouveau Testament pour annoncer à Marie qu'elle va mettre au monde l'Enfant Jésus. Enfin, dans le Coran, Djibril (équivalent arabe de Gabriel) est considéré comme l'ange porteur d'ordres et de châtiments divins. C'est lui qui révèle le Coran à Mahomet.

L'archange Gabriel est le patron des postiers et de nombreux métiers de la communication.

Statistiques : Gabriel est le 3e prénom masculin le plus donné en France depuis le début du XXIe siècle. On peut estimer qu'il sera attribué à un garçon sur 75 en 2015.

Gaston

Accueillant (germanique). Masculin français. Évêque d'Arras, Gaston (ou saint Vaast) aurait été l'instructeur religieux de Clovis avant son baptême. Caractérologie : fiabilité, engagement, méthode, ténacité, sens du devoir.

Gatien

Accueillant (germanique). Caractérologie : sociabilité, réceptivité, diplomatie, résolution, loyauté.

Gaultier

Commander, gouverner (germanique). Variante : Gaulthier. Caractérologie : communication, détermination, enthousiasme, amitié, pratique.

Gauthier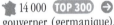

Commander, gouverner (germanique). Masculin français. Caractérologie : stratégie, achèvement, vitalité, attention, action.

Gautier

Commander, gouverner (germanique). Caractérologie : rêve, détermination, humanité, amitié, rectitude.

Gauvain

Faucon de plaine (gallois). Gawain, le neveu du roi Arthur, est considéré comme l'un des meilleurs chevaliers de la Table ronde. Gauvain est la forme française de ce prénom. Variantes : Gavin, Gauvin. Caractérologie : optimisme, pragmatisme, réalisation, amitié, communication.

Gaylord

Gaillard (vieux français). Masculin anglais. On peut estimer que moins de 30 enfants seront prénommés ainsi en 2015. Variante : Gaylor. Caractérologie : dynamisme, audace, réalisation, analyse, direction.

Gédéon

Qui coupe les arbres (hébreu). Caractérologie : originalité, énergie, découverte, caractère, audace.

Genès

Naissance (latin). Ce prénom est porté par moins de 30 personnes en France. Variante : Genest. Caractérologie : curiosité, charisme, indépendance, dynamisme, courage.

Genseric

Puissant gouverneur (scandinave). Ce prénom est porté par moins de 100 personnes en France. Caractérologie : force, sympathie, ambition, résolution, habileté.

Geoffray

La paix de Dieu (germanique). Masculin français. Caractérologie : relationnel, médiation, intuition, fidélité, décision.

GASPARD

Fête : 28 décembre, 6 janvier

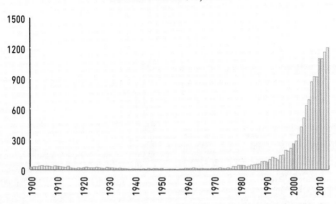

Étymologie : Gapard se rapporte à *ghizbar*, un nom hébreu d'origine perse signifiant « gardien du trésor ». L'Évangile selon saint Matthieu raconte que des Mages venus d'Orient se laissèrent guider par une étoile jusqu'à Bethléem pour honorer Jésus nouveau-né. Au VIᵉ siècle, l'Église nomma ces mages Gaspard, Melchior et Balthazar, mais c'est au XIIᵉ siècle que leur double reconnaissance, liturgique et iconographique, lança la carrière des prénoms.

Gaspard est en faveur du Moyen Âge au début du XIXᵉ siècle, mais il se raréfie ensuite, au point de ne prénommer aucun Français en 1955. Sa renaissance est singulièrement lente jusqu'à la fin des années 1980, où ses attributions frémissent à Paris. En attendant la gloire nationale, Gaspard s'est hissé au 16ᵉ rang parisien en 2014.

Dans les peintures du XIIᵉ siècle, Gaspard apparaît sous les traits d'un jeune homme imberbe au teint clair, agenouillé pour offrir l'or à Jésus. À ses côtés, Melchior, le plus âgé des trois, offre l'encens pendant que Balthazar, le roi maure coiffé d'un turban, tend la myrrhe. Ensemble, ils représentent les peuples et les continents connus de l'époque : l'Asie, l'Europe et l'Afrique. Cet épisode biblique fut également immortalisé par Rubens au début du XVIIᵉ siècle.

Saint Gaspard del Bufalo, évangélisateur italien au XVIIIᵉ siècle, est fêté le 28 décembre.

Personnalités célèbres : Gaspard Koenig, écrivain français né en 1982 ; Gaspard Ulliel, acteur français né en 1984 ; Gaspard Proust, humoriste français.

Statistiques : Gaspard est le 65e prénom masculin le plus donné en France depuis le début du XXIe siècle. On peut estimer qu'il sera attribué à un garçon sur 330 en 2015. Notons que son féminin **Gasparine** n'a pas été attribué depuis 1927.

Geoffrey 🌟 27 000 TOP 900 ⬇

La paix de Dieu (germanique). En dehors de l'Hexagone, Geoffrey est répandu dans les pays anglophones. Variante : Gottfried. Caractérologie : bienveillance, paix, conscience, sagesse, conseil.

Geoffroy 🌟 8 000 TOP 2000 ⬇

La paix de Dieu (germanique). Dans l'Hexagone, Geoffroy est plus traditionnellement usité dans les Flandres. On peut estimer que moins de 30 enfants seront prénommés ainsi en 2015. Variantes : Geoffroi, Goeffrey. Caractérologie : connaissances, sagacité, originalité, spiritualité, philosophie.

George 🌟 900 TOP 200 ↗

Labourer le sol (grec). Prénom anglais et roumain. Caractérologie : optimisme, créativité, pragmatisme, communication, sociabilité.

Georges 🌟 154 000 TOP 300 ↑

Labourer le sol (grec). Peu connu par le passé, Georges entame une carrière anglaise sous le règne de George Ier (1714-1727). Pourvoyeur de succès, ce patronage royal répand le prénom dans le monde anglophone avant de le propulser dans l'Hexagone. Bien qu'il ait atteint son apogée à la fin du XIXe siècle, Georges se maintient parmi les 10 premiers choix français de 1900 à 1929. Une longévité qui fait de lui le 17e prénom le plus attribué du XXe siècle

en France. ◇ Soldat romain né en Cappadoce, saint Georges mourut martyr en 303 sous le règne de Dioclétien. Une légende raconte qu'il aurait tué un dragon dans un camp libyen afin de sauver une princesse qui allait lui être sacrifiée. Patron de l'Angleterre, saint Georges a inspiré la création de la croix de Saint-Georges, récompense attribuée aux plus braves et courageux. George Washington (1732-1799), le premier président des États-Unis, Georges Pompidou (1911-1974), président français, et plusieurs rois d'Angleterre ont illustré ce prénom. Et depuis l'été 2013, un nouvel héritier à la couronne britannique se prénomme George : le fils de Kate Middleton et du prince William. Variantes : Georgie, Georgio, Georgy, Jurgen, Jorj. Forme basque : Gorka. Forme bretonne : Yun. Caractérologie : structure, sécurité, persévérance, efficacité, détermination.

Gérald 🌟 29 000 ⬇

Lance, gouverner (germanique). Masculin français et anglais. On peut estimer que moins de 30 enfants seront prénommés ainsi en 2015. Variantes : Géralde, Geraldo, Geraldy. Caractérologie : sociabilité, réceptivité, diplomatie, réalisation, sympathie.

Gérard 🌟 292 000 ⬇

Lance puissante (germanique). Les troupes normandes de Guillaume le Conquérant ont introduit ce prénom en Angleterre au XIᵉ siècle. Il y fait tant d'émules qu'il se propage aux pays anglo-saxons, où sa carrière est stable jusqu'au XVIIᵉ siècle. En France comme en outre-Manche, Gérard renaît dans les années 1920. Il s'est imposé dans les 10 premiers rangs français de 1938 à 1950. ◇ Abbé de Brogne au Xᵉ siècle, saint Gérard réforma plusieurs abbayes dans le nord-est de la France. On peut estimer que moins de 30 enfants seront prénommés ainsi en 2015. Variantes : Gérardin, Gerardo, Gerbert, Gerhard. Variante alsacienne : Guerard. Caractérologie : décision, achèvement, vitalité, stratégie, réussite.

Géraud 🏆 2 000 ⬇

Lance, gouverner (germanique). Géraud d'Aurillac, comte et fondateur de l'abbaye d'Aurillac, vécut au IXᵉ siècle. On peut estimer que moins de 30 enfants seront prénommés ainsi en 2015. Caractérologie : relationnel, médiation, intuition, sympathie, réalisation.

Germain 🏆 13 000 TOP 900 ➡

De même sang (latin). Masculin français. Variante : Germano. Variante basque et occitane : German. Caractérologie : sécurité, structure, réalisation, persévérance, détermination.

Germinal 🏆 400

Période du début du printemps dans le calendrier révolutionnaire. Caractérologie : sagacité, sympathie, connaissances, réalisation, spiritualité.

Gérôme 🏆 1 500

Nom sacré (grec). Voir Jérôme. On peut estimer que moins de 30 enfants seront prénommés ainsi en 2015. Caractérologie : rêve, tolérance, volonté, rectitude, humanité.

Gervais 🏆 3 000

Prêt au combat (germanique). Masculin français. On peut estimer que moins de 30 enfants seront prénommés ainsi en 2015. Caractérologie : détermination, humanité, rectitude, rêve, réalisation.

Gery 🏆 1 000

Diminutif des prénoms formés avec Ger. Variante : Gerry. Caractérologie : autorité, innovation, ambition, autonomie, énergie.

Ghaïs 🏆 190

Vigoureux (arabe). Caractérologie : achèvement, vitalité, action, ardeur, stratégie.

Gharib 🏆 120

Nom d'un des personnages des *Mille et Une Nuits*, recueil anonyme de contes populaires écrits en arabe au XIIIᵉ siècle, d'origine persane. Caractérologie : intégrité, idéalisme, altruisme, action, réflexion.

Ghislain 🏆 11 000 ⬊

Doux (germanique). Masculin français. On peut estimer que moins de 30 enfants seront prénommés ainsi en 2015. Variantes : Ghyslain, Gyslain. Caractérologie : sympathie, intelligence, méditation, savoir, ressort.

Giacomo 🏆 450 ⬇

Supplanter, substituer (hébreu). Giacomo est un prénom italien. Caractérologie :

idéalisme, intégrité, altruisme, logique, réussite.

Gian  250

Dieu fait grâce (hébreu). Prénom italien. Caractérologie : structure, sécurité, persévérance, efficacité, résolution.

Gianni 5 000 **TOP 300**

Dieu fait grâce (hébreu). Gianni est un prénom italien. Variantes : Gian, Giani, Gianny. Caractérologie : idéalisme, décision, réflection, humanité, fiabilité.

Gidéon

Qui coupe les arbres (hébreu). Ce prénom est porté par moins de 100 personnes en France. Caractérologie : rêve, rectitude, ouverture d'esprit, humanité, caractère.

Gil 3 000

Diminutif des prénoms formés avec Gil. Masculin espagnol, portugais et anglais. On peut estimer que moins de 30 enfants seront prénommés ainsi en 2015. Caractérologie : énergie, autorité, ambition, autonomie, innovation.

Gilane

Contraction de Gilles et Anne. Ce prénom est porté par moins de 30 personnes en France. Caractérologie : communication, pragmatisme, détermination, créativité, amitié.

Gilbert 109 000

Promesse brillante (germanique). Évêque de Meaux au XIIe siècle, saint Gilbert fonda deux monastères, l'un dans l'Allier et l'autre dans le Puy-de-Dôme. En dehors de l'Hexagone, Gilbert est très répandu dans les pays anglophones et en Allemagne. On peut estimer que moins de 30 enfants seront prénommés ainsi en 2015. Variante : Wilbert. Caractérologie : direction, dynamisme, audace, indépendance, sympathie.

Gilberto 300

Promesse brillante (germanique). Gilberto est très répandu dans les pays hispanophones et lusophones. Caractérologie : méditation, savoir, logique, intelligence, cœur.

Gildas 7 000

Chevelure (celte), ou doré (vieil anglais). Prénom breton. On peut estimer que moins de 30 enfants seront prénommés ainsi en 2015. Variantes : Jildas, Jildaz. Caractérologie : connaissances, spiritualité, originalité, réalisation, sagacité.

Gilles  158 000 **TOP 2000**

Bouclier protecteur de chevaux (grec). De nombreuses légendes entourent ce prénom français. Ermite dans le Gard au Ve siècle, saint Gilles fit bâtir un monastère sur l'un des chemins de Compostelle. Depuis, ce lieu est devenu le village de Saint-Gilles-du-Gard.◊ On dit que l'égide, origine étymologique de Gilles, était le bouclier miraculeux d'Athéna et de Zeus. On peut estimer que moins de 30 enfants seront prénommés ainsi en 2015. Variantes : Ghiles, Giles, Gille, Gilian, Gillian, Gill. Forme occitane : Geli. Caractérologie : cœur, énergie, autorité, innovation, décision.

Gillian 🌟 600 ➔
Bouclier protecteur de chevaux (grec). Masculin anglais. *Caractérologie* : énergie, bonté, autorité, innovation, détermination.

Gino 🌟 5 000 **TOP 700** ➔
Royal (latin). Gino est un prénom italien. *Variantes* : Gine, Ginno. *Caractérologie* : idéalisme, altruisme, intégrité, réflexion, dévouement.

Giordano
Descendre (hébreu). En plus d'être italien, Giordano est également un choix traditionnel basque. Ce prénom est porté par moins de 100 personnes en France. *Caractérologie* : diplomatie, sociabilité, volonté, réceptivité, réalisation.

Giorgio 🌟 350 ⬇
Labourer le sol (grec). Giorgio est un prénom italien. *Caractérologie* : vitalité, ardeur, leadership, achèvement, stratégie.

Giovanni 🌟 9 000 **TOP 400** ➔
Dieu fait grâce (hébreu). Giovanni est un prénom italien. *Variantes* : Giovani, Giovany, Giovanny, Jovanny. *Caractérologie* : audace, direction, dynamisme, caractère, réussite.

Girard 🌟 250
Lance puissante (germanique). Dans l'Hexagone, Girard est plus traditionnellement usité en Occitanie. *Variante* : Giraud. *Caractérologie* : communication, optimisme, créativité, pragmatisme, réussite.

Gireg
Ambre (celte). Ce prénom est porté par moins de 100 personnes en France.

Variantes : Guéric, Guérric, Guirec, Guireg. *Caractérologie* : ambition, énergie, autorité, autonomie, innovation.

Gislain 🌟 500
Doux (germanique). *Caractérologie* : stratégie, achèvement, cœur, vitalité, décision.

Giulio 🌟 300 **TOP 2000** ➔
De la famille romaine de Iule (latin). Prénom italien. *Caractérologie* : raisonnement, énergie, autorité, ambition, innovation.

Giuseppe 🌟 2 000 **TOP 2000** ↗
Dieu ajoutera (hébreu). Giuseppe est un prénom italien. *Caractérologie* : décision, habileté, force, ambition, cœur.

Glen 🌟 450 ➔
Vallée boisée (irlandais). *Caractérologie* : sociabilité, réceptivité, diplomatie, loyauté, cœur.

Glenn 🌟 1 500 **TOP 2000** ➔
Vallée boisée (irlandais). Masculin écossais et anglais. *Caractérologie* : cœur, méditation, intelligence, savoir, indépendance.

Godard
Divinement ferme (germanique). Ce prénom est porté par moins de 30 personnes en France. *Caractérologie* : fiabilité, ténacité, méthode, réussite, engagement.

Godefroy 🌟 850
La paix de Dieu (germanique). *Variante* : Godefroi. *Caractérologie* : indépendance, volonté, courage, dynamisme, curiosité.

Gonthier

Combat, armée (germanique). Dans l'Hexagone, Gonthier est plus traditionnellement usité en Alsace. Ce prénom est porté par moins de 30 personnes en France. Caractérologie : paix, conscience, bienveillance, sensibilité, action.

Gontran
800

Combat, corbeau (germanique). Roi de Bourgogne de 561 à 592, saint Gontran œuvra pour la paix et la christianisation de la population. Ce prénom rare a traversé les siècles sans pour autant disparaître. Caractérologie : achèvement, vitalité, stratégie, résolution, ardeur.

Gonzague
1 500

Nom d'une famille noble italienne du XVIe siècle. On peut estimer que moins de 30 enfants seront prénommés ainsi en 2015. Caractérologie : conscience, paix, conseil, bienveillance, cœur.

Goran
900

Croix sacrée (basque). Caractérologie : indépendance, audace, direction, dynamisme, résolution.

Gordon
400

Colline triangulaire (anglais). Masculin écossais et anglais. Caractérologie : audace, dynamisme, direction, caractère, indépendance.

Gottlieb

Amour de Dieu (latin). Masculin allemand. Ce prénom est porté par moins de 30 personnes en France. Caractérologie : altruisme, idéalisme, intégrité, amitié, raisonnement.

Goulven
1 000

Blanc, heureux (celte). Prénom breton. Variante : Goulwen. Caractérologie : sens des responsabilités, équilibre, amitié, famille, volonté.

Gracien

Grâce (latin). Ce prénom est porté par moins de 100 personnes en France. Variante : Grace. Caractérologie : communication, optimisme, résolution, pragmatisme, sympathie.

Graham

Maison grise (anglo-saxon), patronyme écossais ancien. Graham est recensé dans les pays anglophones. Ce prénom est porté par moins de 100 personnes en France. Variante : Grahem. Caractérologie : pratique, communication, ressort, réalisation, enthousiasme.

Grant

Grand, généreux (anglais). Masculin écossais et anglais. Ce prénom est porté par moins de 100 personnes en France. Caractérologie : paix, bienveillance, conseil, conscience, décision.

Gratien
750

Grâce (latin). Masculin français. Variantes : Gratian, Graziano. Caractérologie : loyauté, sociabilité, résolution, réceptivité, diplomatie.

Greg
750

Veilleur, vigilant (grec). Masculin anglais. Variantes : Graig, Gregg. Caractérologie : direction, audace, indépendance, assurance, dynamisme.

Grégoire
🏆 23 000 **TOP 300** →

Veilleur, vigilant (grec). Prénom français. Auteur des *Dialogues* et pape en 590, Grégoire Iᵉʳ le Grand est l'un des quatre Pères de l'Église d'Occident. Sa popularité alimenta la vogue de ce prénom pendant des siècles. Parmi ses successeurs, quinze papes se firent prénommer Grégoire. Caractérologie : communication, pragmatisme, optimisme, créativité, sociabilité.

Grégory
🏆 89 000 **TOP 400** ↓

Veilleur, vigilant (grec). En dehors de l'Hexagone, Gregory est très répandu dans les pays anglophones. Variantes : Gregor, Grégori, Grégorie, Grégorio. Caractérologie : dynamisme, courage, charisme, curiosité, indépendance.

Griffin
Noble (celte). Masculin anglais. Ce prénom est porté par moins de 30 personnes en France. Variante : Griffith. Caractérologie : sens des responsabilités, équilibre, famille, influence, exigence.

Guénael
🏆 1 500 ⊘

Blanc, heureux, prince (celte). Prénom breton. On peut estimer que moins de 30 enfants seront prénommés ainsi en 2015. Variante : Ganael. Caractérologie : loyauté, sympathie, sociabilité, réceptivité, diplomatie.

Guénhael
🏆 250

Blanc, heureux, généreux (celte). Prénom breton. Caractérologie : autorité, énergie, ambition, amitié, innovation.

Guénolé
🏆 800 ⊘

Blanc, heureux, valeur (celte). Prénom breton. Caractérologie : savoir, indépendance, méditation, intelligence, sympathie.

Guérande
Célèbre nom des salines bretonnes de Guérande. Ce prénom est porté par moins de 30 personnes en France. Caractérologie : optimisme, communication, pragmatisme, sympathie, réalisation.

Guerino
🏆 110

Qui protège (germanique). Variantes : Guérin, Guerrino. Caractérologie : logique, ambition, force, habileté, cœur.

Guerric
🏆 400 ↓

Puissant protecteur (germanique). Variante : Gueric. Caractérologie : rectitude, sympathie, ouverture d'esprit, rêve, humanité.

Guewen
🏆 450 **TOP 2000** ⊘

Blanc, heureux (celte). Prénom breton. Caractérologie : optimisme, créativité, sympathie, communication, pragmatisme.

Gui
🏆 140

Forêt (germanique). Dans l'Hexagone, Gui est plus traditionnellement usité en Occitanie. Caractérologie : autonomie, autorité, innovation, ambition, énergie.

Guido
🏆 600

Guide (latin). Guido est un prénom italien. Caractérologie : loyauté, raisonnement, adaptabilité, intuition, médiation.

Guilhem
🏆 7 000 **TOP 500** ⊘

Protecteur résolu (germanique). Dans l'Hexagone, Guilhem est plus traditionnellement usité en Occitanie. Caractérologie : communication, enthousiasme, pratique, ressort, sympathie.

Guilian
🎖 250 ⬇

Protecteur résolu (germanique). Variantes : Gislain, Guilain, Guillain, Guillian, Guislain, Guylain, Guylian. Caractérologie : énergie, innovation, résolution, sympathie, autorité.

Guillaume
🎖 207 000 TOP 300 ⬇

Protecteur résolu (germanique). Ce prénom riche en histoire doit beaucoup à Guillaume le Conquérant (1027-1087), duc de Normandie célèbre pour avoir été roi d'Angleterre. Très courant en France à la fin du Moyen Âge, Guillaume reste un prénom prisé jusqu'à la fin du XVIIIe siècle. Il renaît dans les années 1960 alors que Guy tombe en disgrâce, et culmine au 3e rang masculin au milieu des années 1980. Il n'a pas encore disparu des maternités aujourd'hui. ◇ À la mort d'Édouard le Confesseur, Guillaume de Normandie affirma qu'il était le successeur désigné du roi anglais. Mais son cousin Harold, qui revendiquait la même chose, se fit couronner le premier. Guillaume souleva une armée et partit à la conquête du trône anglais. Vainqueur, il se fit couronner en 1066 et devint l'un des souverains les plus puissants de l'Occident. Variantes : Guilem, Guilhelm, Guilherme, Guillermo, Guilhaume, Guillemin, Guyllaume, Gwilherm. Caractérologie : relationnel, médiation, intuition, réussite, cœur.

Guillem
🎖 700 TOP 900 ↗

Protecteur résolu (germanique). Dans l'Hexagone, ce prénom catalan est plus traditionnellement usité en Occitanie. Caractérologie : originalité, sagacité, connaissances, amitié, spiritualité.

Guirec
🎖 450 ➡

Ambre (celte). Prénom breton. Caractérologie : idéalisme, altruisme, réflexion, sympathie, intégrité.

Gunther
🎖 350

Combat, armée (germanique). Masculin allemand. Variante : Gunter. Caractérologie : communication, pratique, action, enthousiasme, sensibilité.

Gurval

Sagesse, bravoure, valeur (celte). Masculin breton. Ce prénom est porté par moins de 100 personnes en France. Caractérologie : humanité, rêve, rectitude, ouverture d'esprit, réalisation.

Gurvan
🎖 2 000 TOP 2000 ➡

Sagesse (celte). Prénom breton. On peut estimer que moins de 30 enfants seront prénommés ainsi en 2015. Variantes : Gurvann, Gurwan. Caractérologie : réceptivité, réalisation, sociabilité, diplomatie, bonté.

Gustave
🎖 7 000 TOP 400 ↗

Combattant (germanique). Masculin germanique d'origine scandinave, Gustave serait moins connu s'il n'avait pas été porté par une lignée de six rois suédois. La notoriété du deuxième d'entre eux, Gustave II Adolphe (1594-1632), entraîne la diffusion progressive du prénom en Europe. Il

LA LÉGISLATION FRANÇAISE

Les parents d'aujourd'hui ont une liberté de choix de prénom qui leur fut longtemps contestée. Pendant la Révolution, les lois françaises imposaient aux parents de choisir les prénoms selon qu'ils étaient en usage dans les différents calendriers ou dans une liste qui incluait des personnages de l'histoire ancienne. Un prénom peu conformiste n'avait aucune chance d'être accepté par les fonctionnaires d'État.

Dans les années 1960, la montée des identités régionales pousse de nombreuses familles à se rebeller contre le système. Bon nombre de parents décident alors de maintenir leurs choix de prénom, au risque de priver l'enfant d'une existence civile reconnue.
L'instruction ministérielle du 12 avril 1966 élargit, fort heureusement, le répertoire de prénoms recevables à des prénoms tirés de la mythologie, aux prénoms régionaux et aux prénoms composés. Elle tolère même dans certains cas les diminutifs et les variations.
Ce n'est qu'en 1993 que la loi s'assouplit réellement, garantissant l'acceptabilité de n'importe quel prénom du moment qu'il ne paraît pas contraire à l'intérêt de l'enfant. De tels cas ne surviennent que très rarement. Cependant, un prénom qui paraît grossier ou péjoratif, qui présente une consonance ridicule ou paraît d'une extrême complexité à porter, peut être contesté par l'officier de l'état civil. De plus, la préservation du droit pour les tiers de protéger leur patronyme interdit, en théorie, l'attribution de prénoms qui sont des patronymes célèbres.

Dans les cas où ces limites ne sont pas respectées, l'officier d'état civil informe le procureur de la République du choix effectué par les parents. Le procureur peut alors à son tour saisir le juge aux affaires familiales. Si ce dernier estime que le prénom sort des limites autorisées par la loi, il en ordonne la suppression des registres d'état civil. Dans ce cas de figure, le juge a le pouvoir d'attribuer un autre prénom, à moins que les parents ne conviennent d'un nouveau choix légalement acceptable. En 2012, un enfant prénommé Titeuf s'est vu interdire son prénom par la justice. La Cour de cassation, qui avait été saisie en appel, a expliqué son jugement : « L'association au personnage de pré-adolescent naïf et maladroit risque de constituer un réel handicap pour l'enfant devenu adolescent puis adulte, tant dans ses relations personnelles que professionnelles. » L'enfant est désormais appelé Grégory, son deuxième prénom.

Changement de prénom
Des raisons légitimes peuvent inciter le porteur d'un prénom à en changer. Dans ce cas, une procédure légale doit être engagée. L'intéressé doit adresser sa demande, en précisant les motifs, auprès du juge aux affaires familiales du tribunal de grande instance de son lieu de

naissance ou de son domicile. Elle peut être adressée par son représentant légal si le demandeur est mineur. Le tribunal rend un jugement et la décision est immédiatement transmise à l'officier d'état civil par le procureur de la République. Le changement de prénom est alors mentionné sur les registres de l'état civil. Notons que l'adjonction ou la suppression de prénoms peut également être demandée.

connaîtra, sous ses différentes formes, une certaine vogue au XIXe siècle. En France, sa popularité est illustrée par deux célébrités qui ont transcendé les siècles, l'écrivain Gustave Flaubert (1821-1880) et le peintre Gustave Courbet (1819-1877). En perte de vitesse au début du XXe siècle, Gustave quitte rapidement le top 40 français. Il bourgeonne depuis peu et pourrait renaître dans les prochaines années. ◇ Gustave II Adolphe le Grand, roi de Suède, fut si respecté pour son génie militaire qu'il fut surnommé « le Lion du Nord ». Les réformes qu'il mit en place et ses interventions durant la guerre de Trente Ans permirent d'élever la Suède au rang des grandes puissances européennes. Il mourut au combat durant la bataille de Lützen le 16 novembre 1632. Variantes : Gustav, Gustavo. Caractérologie : curiosité, dynamisme, cœur, réussite, courage.

Guy 🎖 183 000 ⬇
Forêt (germanique). Comme d'autres prénoms médiévaux avant lui, Guy a refait surface dans un passé récent. Diffusé par le culte de plusieurs saints, il fut assez fréquent en Europe du Xe au XVe siècle. Après une période de retrait, il renaît à l'aube du XXe siècle, peut-être sous l'impulsion de Guy de Maupassant (1850-1893), et connaît un succès durable dans l'Hexagone (de 1930 à 1960). Guy a été le 39e prénom le plus attribué du siècle dernier en France. On peut estimer que moins de 30 enfants seront prénommés ainsi en 2015. Caractérologie : achèvement, vitalité, stratégie, ardeur, leadership.

Guylain 🎖 400
Doux (germanique). Variantes : Gislain, Guilain, Guilen, Guillain, Guillian, Guislain, Guylian Caractérologie : achèvement, stratégie, décision, vitalité, cœur.

Gweltaz 🎖 350 ⬇
Chevelure (celte). Prénom breton. Caractérologie : attention, persévérance, structure, sécurité, cœur.

Gwen 🎖 450 TOP 2000 ➡
Blanc, heureux (celte). Prénom breton. Variante : Gwenn. Caractérologie : fiabilité, ténacité, engagement, méthode, sens du devoir.

Gwenaël 🎖 9 000 TOP 900 ➡
Blanc, heureux, prince (celte). Prénom breton. Variantes : Gwanal, Gwanaël, Gwenal, Gwenel, Gwenhaël, Gwennaël. Caractérologie : sécurité, efficacité, persévérance, structure, bonté.

Gwendal 🌸 5 000 TOP 900 ⬇
Blanc, heureux, paiement (celte). Prénom breton. Caractérologie : pratique, réalisation, communication, enthousiasme, bonté.

Gwenole 🌸 900 ➡
Blanc, heureux, valeur (celte). Prénom breton. Variante : Gwennole. Caractérologie : rectitude, cœur, humanité, ouverture d'esprit, rêve.

Gwenvael 🌸 250
Contraction de Gwenn et Maël. Prénom breton. Caractérologie : habileté, force, ambition, amitié, réalisation.

H

Habib 🌸 3 000 TOP 900 ➡
Aimé, généreux (arabe). Caractérologie : structure, persévérance, efficacité, sécurité, honnêteté.

Hacène 🌸 1 000 ⬇
Qui excelle (arabe). Variante : Hacen. Caractérologie : intégrité, altruisme, réflexion, dévouement, idéalisme.

Hadi 🌸 450 ↘
Qui guide au droit chemin (arabe). Variantes : Haddi, Hady. Caractérologie : sécurité, efficacité, honnêteté, persévérance, structure.

Hadj 🌸 600 ⬇
Grand voyageur (arabe). Caractérologie : dynamisme, curiosité, courage, indépendance, charisme.

Hadriel TOP 2000
La majesté de Dieu (hébreu). Ce prénom est porté par moins de 100 personnes en France. Caractérologie : pragmatisme, créativité, communication, décision, optimisme.

Hadrien  🌸 5 000 TOP 500 ➡
La forme latine Adrianus était portée par une famille romaine habitant la ville d'Adria. C'est elle qui a donné son nom à la mer Adriatique et au célèbre empereur Hadrien. Ce prénom est apparu pour la première fois en France en 1972. Surfant sur la vogue d'Adrien, sans pour autant s'envoler, il se fait remarquer au milieu des années 1990. Aujourd'hui, Hadrien est rarement attribué aux nouveau-nés, mais il est connu sous cette orthographe.◇ Hadrien succède à Trajan en 117 et règne sur l'Empire romain jusqu'en 138. Homme politique brillant et cultivé, il réorganise l'administration et protège son empire des invasions barbares en fortifiant ses frontières. L'Angleterre lui doit notamment la construction du célèbre mur d'Hadrien.

Dans la littérature, Hadrien a inspiré un roman de Marguerite Yourcenar et les écrits de nombreux écrivains. Variante : Hadrian. Caractérologie : découverte, énergie, audace, résolution, originalité.

Hafid
1 500

Celui qui protège (arabe). On peut estimer que moins de 30 enfants seront prénommés ainsi en 2015. Variantes : Hafed, Hafide. Caractérologie : dynamisme, audace, direction, indépendance, assurance.

Haï

Rivière (vietnamien). Ce prénom est porté par moins de 100 personnes en France. Caractérologie : dévouement, réflexion, altruisme, idéalisme, intégrité.

Haïm
250

La vie (hébreu). Variante : Haym. Caractérologie : efficacité, persévérance, structure, honnêteté, sécurité.

Hakim
9 000 TOP 700

Qui est juste et sage (arabe). Variantes : Hachim, Hakime. Caractérologie : conseil, bienveillance, conscience, sagesse, paix.

Hal

Puissant général d'armée (scandinave). Ce prénom est porté par moins de 30 personnes en France. Caractérologie : créativité, communication, optimisme, sociabilité, pragmatisme.

Halil
700

Amitié, loyauté (turc). Caractérologie : conseil, conscience, paix, bienveillance, sagesse.

Halim
1 500 TOP 2000

Indulgent (arabe). On peut estimer que moins de 30 enfants seront prénommés ainsi en 2015. Variante : Halime. Caractérologie : intelligence, savoir, méditation, indépendance, sagesse.

Hamdi
650

Rendre grâce (arabe). Caractérologie : management, force, habileté, ambition, passion.

Hamed
2 000

Digne d'éloges (arabe). On peut estimer que moins de 30 enfants seront prénommés ainsi en 2015. Caractérologie : structure, persévérance, sécurité, honnêteté, efficacité.

Hamid
3 000 TOP 2000

Digne d'éloges (arabe). On peut estimer que moins de 30 enfants seront prénommés ainsi en 2015. Variantes : Hamida, Hamide, Hamidou. Caractérologie : vitalité, stratégie, achèvement, ardeur, leadership.

Hamilton

Château fort (anglais). Ce prénom est porté par moins de 100 personnes en France. Caractérologie : réceptivité, sociabilité, diplomatie, sensibilité, raisonnement.

Hamza
10 000 TOP 200

Puissant (arabe). Variantes : Amza, Hamsa. Caractérologie : méthode, fiabilité, ténacité, engagement, sens du devoir.

Hans
1 500

Dieu fait grâce (hébreu). Ce prénom allemand est également répandu dans les pays scandinaves et néerlandophones. On peut estimer que moins de 30 enfants seront prénommés ainsi en 2015. Variantes : Hane, Hänsel. Caractérologie : paix, bienveillance, conscience, sagesse, conseil.

Harald 250
Puissant général d'armée (scandinave). Masculin allemand et scandinave. Caractérologie : ardeur, leadership, achèvement, stratégie, vitalité.

Haris 500
Fils d'Henri (germanique). Haris est plus particulièrement répandu dans les pays anglophones et en Grèce. Caractérologie : autonomie, autorité, énergie, innovation, ambition.

Harley
La prairie du lièvre (anglais). Ce prénom est porté par moins de 100 personnes en France. Caractérologie : bienveillance, paix, conscience, amitié, action.

Harold  3 000 TOP 2000
Puissant général d'armée (scandinave). Masculin anglais. On peut estimer que moins de 30 enfants seront prénommés ainsi en 2015. Variante : Arold. Caractérologie : ténacité, raisonnement, fiabilité, méthode, engagement.

Haroun  900 TOP 600
Forme arabe d'Aaron : esprit (hébreu). Variantes : Arun, Arouna, Harouna, Harun. Caractérologie : courage, dynamisme, résolution, curiosité, analyse.

Harrison 250
Fils d'Henri (anglais). Plus courant sous forme de patronyme anglophone. Variante : Harris. Caractérologie :

enthousiasme, communication, adaptation, résolution, pratique.

Harry 4 000 TOP 700
Maître de foyer (germanique). Masculin anglais. Variante : Hary. Caractérologie : intelligence, indépendance, action, savoir, méditation.

Hasan 1 500 TOP 900
Beau (arabe). Variantes : Assan, Assen, Hassane. Caractérologie : connaissances, spiritualité, philosophie, sagacité, originalité.

Hassan 4 000 TOP 800
Beau (arabe). Caractérologie : force, ambition, management, passion, habileté.

Hassen  2 000 TOP 2000
Beau (arabe). Variantes : Hassein, Hassene. Caractérologie : pragmatisme, communication, créativité, optimisme, sociabilité.

Hatem 850 TOP 1000
Générosité (arabe). Variantes : Atime, Hatim, Hatime. Caractérologie : médiation, intuition, fidélité, relationnel, sensibilité.

Hayden 650 TOP 400
Se rapporte au compositeur Josef Haydn (1732-1809). Hayden est également une nouvelle forme d'Aidan. Masculin anglais. Caractérologie : réalisation, créativité, pragmatisme, optimisme, communication.

Hector 4 000 TOP 300
Constant, qui retient (grec). Masculin anglais et français. Fils d'Andromaque et Priam, Hector est l'un des héros de la guerre de Troie dans la mythologie grecque.

Caractérologie : paix, conscience, logique, bienveillance, attention.

Hédi 🌸 3 000 TOP 500 →
Qui guide au droit chemin (arabe). Variantes : Heddi, Heddy, Hédy. Caractérologie : vitalité, stratégie, ardeur, achèvement, leadership.

Heinrich 🌸 110
Maître de maison (germanique). Heinrich est un prénom allemand. Variantes : Heinrick, Heinz. Caractérologie : réceptivité, sociabilité, diplomatie, loyauté, bonté.

Hélian 🌸 190
Éclat du soleil (grec). Caractérologie : structure, sécurité, persévérance, efficacité, décision.

Héliodore
Don du soleil (grec). Ce prénom est porté par moins de 30 personnes en France. Variante : Éléodore. Caractérologie : caractère, dynamisme, audace, direction, logique.

Hélios 🌸 500 TOP 2000 ↓
Soleil (grec). Dans la mythologie grecque, Hélios est le dieu du Soleil et de la Lumière. Variantes : Hélias, Hélio. Caractérologie : découverte, énergie, audace, logique, décision.

Helmut 🌸 190
Protection, casque (germanique). Helmut est un prénom allemand. Variantes : Hellmut, Hellmuth, Helmi. Caractérologie : intelligence, savoir, méditation, indépendance, finesse.

Helori 🌸 110
Noble, seigneur, généreux (celte). Prénom breton. Variante : Helory. Caractérologie :

persévérance, structure, logique, efficacité, sécurité.

Henri 🌸 137 000 TOP 400 →

Maître de maison (germanique). Sous ses différentes graphies (Henry, Harry, Enrique, Enrico, Heinrich, etc.), ce prénom royal fut porté par quatre rois de France, huit rois anglais et de nombreux souverains castillans et germaniques. Henri est recensé au Moyen Âge mais il décolle véritablement dans les pays européens au XVIIe siècle. À la fin du XIXe siècle, il est très attribué en France (dans les 5 premiers rangs masculins jusque dans les années 1900). Malgré son déclin subséquent, Henri n'a jamais déserté les maternités. ◇ Surnommé le Vert-Galant en référence à ses nombreuses maîtresses, Henri IV est resté dans l'histoire comme un roi doué d'une grande intelligence politique. Assassiné en 1610 par Ravaillac, un catholique fanatique, il fut pleuré par le peuple envers lequel il avait été généreux. ◇ Le 13 juillet célèbre un empereur germanique du XIe siècle, Henri II, qui œuvra pour la propagation de la foi chrétienne. Caractérologie : altruisme, idéalisme, intégrité, réflexion, dévouement.

Henrick 🌸 500
Maître de maison (germanique). Dans l'Hexagone, ce prénom est plus traditionnellement usité dans les Flandres. Variantes : Endrick, Hendrick, Hendrik, Hendrix, Henrie, Hendryk, Henrick, Henrik, Henrico, Henriko, Henryk. Caractérologie : attention, courage, dynamisme, indépendance, curiosité.

LES PRÉNOMS MASCULINS QUÉBECOIS

Ces palmarès sont fondés sur les dernières données diffusées par la Régie des rentes du Québec. Les prénoms sont classés par ordre décroissant d'attribution pour l'année 2014.

1. William	6. Jacob	11. Gabriel	16. Benjamin
2. Thomas	7. Alexis	12. Raphaël	17. Charles
3. Félix	8. Logan	13. Antoine	18. Xavier
4. Liam	9. Olivier	14. Émile	19. Léo
5. Nathan	10. Samuel	15. Noah	20. Adam

Commentaires et observations

William poursuit son règne entamé en 2004 et il s'en est fallu de peu (une quarantaine d'attributions) que Thomas, son rival oublié, l'écarte du trône. En attendant mieux, Thomas met fin aux espoirs de Nathan qui chute du 2e au 5e rang. Malgré ce revers, la vogue des prénoms de l'Ancien Testament reste prégnante grâce aux succès de Jacob, Samuel, Gabriel, Raphaël, Noah, Benjamin et Adam.

Dans un autre registre, Liam bondit au 4e rang et pourrait se hisser plus haut, d'autant qu'un autre choix irlandais (Logan) vient lui prêter main-forte. Ce prénom court (4 lettres) est en pleine ascension en Suisse romande et en France, mais les parents québécois l'ont choisi bien avant les autres. En attendant d'en faire autant, Félix, Émile et Léo parviennent à imposer quelques couleurs rétro.

On en oublierait presque le succès invisible d'Elliot qui, si l'on comptait les graphies Eliott et Eliot, se placerait entre Raphaël et Antoine. De la même manière, Raphaël et Lucas se classeraient respectivement 6e et 19e si l'on prenait en compte le nombre de naissances de leurs variantes Rafaël et Luca.

Horizon 2016

Eliott devrait, sans l'aide de ses variantes, intégrer le top 20 prochainement. De son côté, Louis poursuit une envolée confortée par son succès français et wallon. Il devrait s'imposer dans l'élite avant Arthur qui surgit à l'horizon.

Henrique 🎗 1 000 ⊙
Maître de maison (germanique). Caractérologie : originalité, sagacité, connaissances, philosophie, spiritualité.

Henry 🎗 6 000 **TOP 2000** ⊙
Maître de maison (germanique). Henry est très répandu dans les pays anglophones. On peut estimer que moins de 30 enfants

seront prénommés ainsi en 2015. Caractérologie : spiritualité, connaissances, sagacité, originalité, action.

Heol

Soleil (breton), vent (grec). Ce prénom est porté par moins de 100 personnes en France. Caractérologie : ténacité, engagement, fiabilité, méthode, sens du devoir.

Herald

Le porteur de nouvelles (anglais). Masculin hongrois. Ce prénom est porté par moins de 100 personnes en France. Caractérologie : créativité, communication, optimisme, pragmatisme, détermination.

Herbert 800

Soldat glorieux (germanique). Masculin anglais et allemand. Variantes : Hébert, Herb, Heribert. Caractérologie : méthode, fiabilité, engagement, ténacité, sensibilité.

Herbod

Audacieux (germanique). Masculin breton. Ce prénom est porté par moins de 30 personnes en France. Caractérologie : caractère, méditation, savoir, intelligence, attention.

Hercule

Gloire majestueuse (grec). Ce prénom est porté par moins de 100 personnes en France. Variantes : Ercole, Hercules. Caractérologie : dévouement, intégrité, altruisme, idéalisme, réflexion.

Hermann 1 500

Soldat (germanique). Masculin anglais, allemand et scandinave. On peut estimer que moins de 30 enfants seront prénommés

ainsi en 2015. Variantes : Erman, Hermand, Herman, Hermelin. Caractérologie : détermination, audace, dynamisme, direction, indépendance.

Hermès 250

Dans la mythologie grecque, Hermès est le fils de Maia et Zeus. Il est le dieu des Voyageurs et le messager des dieux. Variante : Ermès. Caractérologie : énergie, découverte, audace, décision, originalité.

Hérode

Grand roi de Judée en 37 avant J.-C., Hérode a procuré à son royaume un développement économique prospère. Il est à l'origine de la construction de nombreuses villes et monuments historiques que l'on peut encore visiter de nos jours. Ce prénom est porté par moins de 100 personnes en France. Caractérologie : dynamisme, direction, audace, indépendance, assurance.

Hervé 125 000

Fort, combattant (celte). Aveugle de naissance, saint Hervé vécut au VIe siècle. La légende raconte que ce moine breton marchait accompagné d'un loup en guise de guide. Très populaire en Bretagne, saint Hervé est le protecteur des chevaux. On peut estimer que moins de 30 enfants seront prénommés ainsi en 2015. Variante : Harvey. Formes bretonnes : Herve, Veig. Caractérologie : sécurité, persévérance, efficacité, structure, honnêteté.

Hess

Don de Dieu (hébreu). Ce prénom est porté par moins de 30 personnes en France.

Caractérologie : sens des responsabilités, famille, équilibre, influence, exigence.

Hicham
⭐ 5 000 **TOP 900** →
Celui qui est généreux (arabe). Variantes : Icham, Hichame, Hicheme, Ichaï. Caractérologie : famille, équilibre, influence, sens des responsabilités, exigence.

Hichem
⭐ 2 000 **TOP 2000** ↓
Celui qui est généreux (arabe). On peut estimer que moins de 30 enfants seront prénommés ainsi en 2015. Variantes : Ichem, Hicheme. Caractérologie : audace, indépendance, dynamisme, direction, assurance.

Hilaire
⭐ 2 000 →
Joyeux (latin). On peut estimer que moins de 30 enfants seront prénommés ainsi en 2015. Caractérologie : détermination, vitalité, stratégie, ardeur, achèvement.

Hippolyte
⭐ 5 000 **TOP 500** ↘
Dompteur de chevaux (grec). Masculin français. Variantes : Hipolyte, Hippolite, Hippolythe, Hypolite, Hypolyte, Hyppolite, Hyppolyte. Caractérologie : raisonnement, idéalisme, altruisme, sensibilité, intégrité.

Hoang
⭐ 250
Rose (vietnamien). Au Vietnam, la rose est le symbole de l'amour. Caractérologie : rêve, générosité, humanité, rectitude, ouverture d'esprit.

Hocine
⭐ 4 000 **TOP 2000** →
Excellence, beauté (arabe). Variante : Hosni. On peut estimer que moins de 30 enfants seront prénommés ainsi en

2015. Caractérologie : idéalisme, intégrité, altruisme, raisonnement, réflexion.

Hoel
⭐ 400 ↓
Noble, au-dessus (celte). Prénom breton. Caractérologie : ténacité, méthode, fiabilité, engagement, sens du devoir.

Homère
Otage, promesse, sécurité (grec). Poète épique grec, auteur de l'*Iliade* et de l'*Odyssée*, Homère aurait vécu au VIIIe siècle avant J.-C. Ses textes occupent une place importante dans la culture classique européenne. Ce prénom est porté par moins de 100 personnes en France. Caractérologie : autorité, énergie, ambition, innovation, volonté.

Honoré
⭐ 3 000 **TOP 2000**
Honoré (latin). Masculin français. Variante : Honorat. Caractérologie : communication, pratique, générosité, adaptation, enthousiasme.

Honorin
⭐ 100
Honoré (latin). Caractérologie : pragmatisme, communication, créativité, optimisme, sociabilité.

Horace
⭐ 250 ↓
Voir (grec). Masculin français et anglais. Variantes : Horacio, Horatio, Otis. Caractérologie : découverte, audace, énergie, logique, décision.

Horacio
⭐ 200 ↓
Voir (grec). Masculin espagnol et portugais. Variante : Horatio. Caractérologie : raisonnement, harmonie, volonté, affection, conseil.

HUGO

Fête : 1er avril

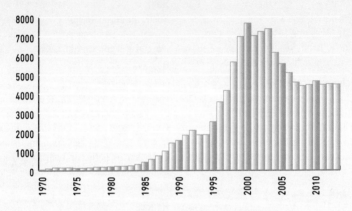

Étymologie : du germain *hug,* « esprit, intelligence ». Patronyme que l'auteur des *Misérables* a rendu mondialement célèbre, Hugo a pourtant été peu attribué avant les années 1980. Il doit son succès éclair à sa terminaison en « o », sa petite taille (quatre lettres) et sa jeunesse. Après s'être imposé au 4e rang du palmarès en 2000, son reflux se précise. Il devrait toutefois se maintenir, à Paris comme dans l'ensemble de l'Hexagone, dans les 15 premiers choix.

Il est difficile de déterminer si les campagnes publicitaires et l'image sexy de la marque Hugo Boss ont influencé sa redécouverte. Toujours est-il que sa notoriété a dépassé celle d'Hugues, un grand nom du Moyen Âge dont on aurait pu attendre la Renaissance. Un temps portés par la gloire d'Hugo, les élans d'Ugo sont vite retombés. Ce dernier figure désormais dans le top 400, loin devant Hugolin.

Dans les régions francophones, Hugo est davantage attribué en Romandie qu'au Québec, mais c'est en Belgique qu'il bat tous les records (dans le top 15 wallon depuis 2006). Dans le reste de l'Europe, il est très souvent choisi par les parents suédois et espagnols aujourd'hui.

Hugues Capet est le fondateur de la troisième dynastie des rois de France. De nombreux comtes et ducs illustrèrent ce prénom en France.

Saint Hugues fut évêque de Grenoble, puis bénédictin de la Chaise-Dieu au XIIe siècle.

Personnalité célèbre : Hugo Chávez, devenu président du Venezuela le 2 février 1999 et mort le 5 mars 2013.

Statistiques : Hugo est le 9ᵉ prénom masculin le plus donné en France depuis le début du XXIᵉ siècle. On peut estimer qu'il sera attribué à un garçon sur 99 en 2015.

Houcine ⭐ 850 TOP 2000 →

Excellence, beauté (arabe). Variante : Houssine. Caractérologie : communication, pragmatisme, créativité, optimisme, analyse.

Howard ⭐ 180

Esprit courageux (germanique). Masculin anglais. Caractérologie : paix, bienveillance, volonté, conscience, résolution.

Hubert ⭐ 43 000 TOP 2000 ⌄

Esprit brillant (germanique). Fils d'un duc d'Aquitaine, au VIIᵉ siècle, Hubert chassait dans la forêt des Ardennes lorsqu'il remarqua une croix plantée entre les bois d'un magnifique cerf. Cet incident, qui le fit entrer dans la vie monastique, fait également de saint Hubert le patron des chasseurs. En dehors de l'Hexagone, Hubert est plus particulièrement répandu dans les pays anglophones et en Allemagne. On peut estimer que moins de 30 enfants seront prénommés ainsi en 2015. Variante : Ubert. Caractérologie : diplomatie, sociabilité, loyauté, réceptivité, finesse.

Hugo ⭐ 112 000 TOP 50 🔍 →

Esprit, intelligence (germanique). Variante : Ugo. Caractérologie : bienveillance, paix, conscience, conseil, sagesse.

Hugolin ⭐ 120

Esprit, intelligence (germanique). Variante : Ugolin. Caractérologie : logique, découverte, audace, énergie, action.

Hugues ⭐ 22 000 TOP 2000 ⌄

Esprit, intelligence (germanique). Hugues Capet, fondateur de la troisième dynastie des rois de France au Xᵉ siècle, et saint Hugues, évêque de Grenoble en 1080, illustrèrent ce prénom français. Variantes : Hugh, Ugue, Ugues. Caractérologie : idéalisme, altruisme, amitié, intégrité, réflexion.

Humbert ⭐ 400

Esprit brillant (germanique). Masculin anglais et allemand. Forme basque : Umbert. Caractérologie : influence, équilibre, famille, sens des responsabilités, sensibilité.

Humberto ⭐ 300

Variation d'Umberto : esprit brillant (germanique). Caractérologie : optimisme, générosité, finesse, raisonnement, pragmatisme.

Huseyin ⭐ 1 500 TOP 2000 ⌄

Beauté (arabe). Variantes : Hossein, Hussein. Caractérologie : action, sociabilité, diplomatie, amitié, réceptivité.

127

Huy
Projection de lumière, splendide (vietnamien). Ce prénom est porté par moins de 100 personnes en France. Caractérologie : humanité, rêve, générosité, rectitude, ouverture d'esprit.

Hyacinthe ⭐ 1 500 (TOP 2000) →
Pierre (grec), nom de fleur. On peut estimer que moins de 30 enfants seront prénommés ainsi en 2015. Variantes : Hyacinth, Hyacinte. Caractérologie : enthousiasme, communication, pratique, ressort, finesse.

• •

Iago
Supplanter, talonner (hébreu). Iago est un personnage de la pièce de théâtre *Othello*, de Shakespeare. Masculin écossais, gallois, espagnol et portugais. Ce prénom est porté par moins de 100 personnes en France. Variante : Yago. Caractérologie : dynamisme, courage, indépendance, curiosité, charisme.

Ian ⭐ 1 500 (TOP 800) ⬇
Dieu fait grâce (hébreu). Ian est une forme irlandaise et écossaise de Jean. Variante : Iain. Caractérologie : paix, conscience, résolution, bienveillance, conseil.

Ianis ⭐ 1 000 (TOP 2000) ⬇
Dieu fait grâce (hébreu). Voir Yanis. Variante : Iannis. Caractérologie : originalité, spiritualité, sagacité, connaissances, résolution.

Iban ⭐ 1 500 (TOP 600) ⬇
Forme basque de Jean : Dieu fait grâce (hébreu). Caractérologie : achèvement, vitalité, détermination, ardeur, stratégie.

Ibrahim ⭐ 10 000 (TOP 100) ↗
Équivalent arabe d'Abraham : père des nations (hébreu). Caractérologie : paix, bienveillance, conscience, conseil, sagesse.

Ibrahima ⭐ 2 000 (TOP 500) ↗
Forme arabe d'Abraham : père des nations (hébreu). Caractérologie : connaissances, spiritualité, originalité, sagacité, philosophie.

Ido
Son témoin (hébreu). Dans l'Ancien Testament, Ido est le grand-père du prophète Zacharie. Ce prénom est porté par moins de 30 personnes en France. Caractérologie : innovation, énergie, autorité, autonomie, ambition.

Idris ⭐ 2 000 (TOP 500) ↗
Gouverneur impétueux (gallois), ou variante d'Idriss. Caractérologie : dynamisme, curiosité, charisme, indépendance, courage.

Idriss ⭐ 4 000 `TOP 300`

Études, connaissance (arabe). Variantes : Idrissa, Idrisse, Ydris, Ydriss. Caractérologie : conseil, bienveillance, paix, conscience, sagesse.

Ignace ⭐ 1 500

Feu (latin). Masculin français. On peut estimer que moins de 30 enfants seront prénommés ainsi en 2015. Variantes : Ignaci, Ignacy, Ignazio. Caractérologie : enthousiasme, pratique, communication, résolution, sympathie.

Igor ⭐ 3 000 `TOP 2000`

Fils, protection (germanique). Igor est très répandu en Russie, en Italie et dans les pays slaves. On peut estimer que moins de 30 enfants seront prénommés ainsi en 2015. Caractérologie : méthode, ténacité, sens du devoir, fiabilité, engagement.

Ihsan ⭐ 350 `TOP 2000`

Bienveillant, humble (arabe). Variante : Ihsane. Caractérologie : famille, équilibre, influence, détermination, sens des responsabilités.

Ilan ⭐ 9 000 `TOP 200`

Arbre (hébreu). En dehors de l'Hexagone, Ilan est très répandu en Israël. Variantes : Hilan, Ilane, Ilhan, Illan, Ilann. Caractérologie : réflexion, altruisme, idéalisme, intégrité, décision.

Ilario ⭐ 500 `TOP 2000`

Joyeux (latin). Masculin italien et basque. Variantes : Hilari, Hilario, Lari. Caractérologie : ambition, autorité, innovation, énergie, analyse.

Ildebert

Brillante bataille (germanique). Ce prénom est porté par moins de 100 personnes en France. Variante : Hildebert. Caractérologie : sociabilité, pragmatisme, communication, optimisme, créativité.

Ilhan ⭐ 3 000 `TOP 300`

Arbre (hébreu). Caractérologie : passion, force, ambition, décision, habileté.

Ilian ⭐ 4 000 `TOP 300`

Qui vient de Dieu (arabe), le Seigneur est mon Dieu (hébreu). Variantes : Iliane, Ylian, Yliane. Caractérologie : idéalisme, réflexion, décision, altruisme, intégrité.

Ilias ⭐ 3 000 `TOP 500`

Qui vient de Dieu (arabe), le Seigneur est mon Dieu (hébreu). Variantes : Iliass, Iliasse. Caractérologie : indépendance, courage, dynamisme, curiosité, charisme.

Ilies ⭐ 3 000 `TOP 500`

Qui vient de Dieu (arabe), le Seigneur est mon Dieu (hébreu). Variantes : Iliess, Iliesse. Caractérologie : réflexion, idéalisme, altruisme, décision, intégrité.

Illan ⭐ 1 000 `TOP 700`

Arbre (hébreu), jeunesse (basque). Caractérologie : décision, pratique, communication, adaptation, enthousiasme.

Iloan

Variation d'Elouan : lumière (celte). Ce prénom est porté par moins de 100 personnes en France. Caractérologie : logique, bienveillance, paix, conscience, décision.

Ilyan  1 500 TOP 400

Qui vient de Dieu (arabe), le Seigneur est mon Dieu (hébreu). Caractérologie : connaissances, sympathie, résolution, sagacité, spiritualité.

Ilyas  3 000 TOP 300

Qui vient de Dieu (arabe), le Seigneur est mon Dieu (hébreu). Variantes : Ilya, Ilyass, Ilyasse. Caractérologie : communication, enthousiasme, pratique, générosité, adaptation.

Ilyes  11 000 TOP 100

Qui vient de Dieu (arabe), le Seigneur est mon Dieu (hébreu). Variantes : Illies, Illyes, Ilyess, Ilyesse. Caractérologie : résolution, savoir, sympathie, méditation, intelligence.

Imad  2 000 TOP 800

Celui qui soutient (arabe). Variantes : Imade, Imed. Forme composée : Imad-Eddine. Caractérologie : rectitude, générosité, humanité, rêve, tolérance.

Imanol  650 TOP 700

Forme basque d'Emmanuel : Dieu est avec nous (hébreu). Caractérologie : raisonnement, ténacité, audace, indépendance, décision.

Imran 2 000 TOP 200

Fleurissant, épanoui (arabe). Variantes : Amran, Imrane. Caractérologie : autorité, innovation, énergie, ambition, résolution.

Iñaki 300

Feu (latin). Variante : Inacio. Caractérologie : habileté, ambition, passion, force, décision.

Indiana

Divin (latin), nom d'un État américain. Masculin anglais. Ce prénom est porté par moins de 100 personnes en France. Caractérologie : spiritualité, connaissances, originalité, résolution, sagacité.

Indy 140

Divin (latin). Masculin anglais et néerlandais. Caractérologie : méditation, intelligence, savoir, indépendance, sagesse.

Innocent 250

Innocent (latin). Caractérologie : engagement, ténacité, analyse, méthode, fiabilité.

Ioan 190

Dieu fait grâce (hébreu). Ce prénom est plus particulièrement usité au pays de Galles, en Roumanie et dans les pays slaves. Variante : Ioanes. Caractérologie : créativité, pragmatisme, communication, optimisme, décision.

Ioen

If (celte), bien né, jeune guerrier (vieil irlandais), ou forme galloise de Jean. Ce prénom est porté par moins de 100 personnes en France. Caractérologie : philosophie, sagacité, connaissances, originalité, spiritualité.

Irénée 1 500

Paix (grec). On peut estimer que moins de 30 enfants seront prénommés ainsi en 2015. Caractérologie : adaptabilité, intuition, médiation, fidélité, relationnel.

Iris

Arc-en-ciel (grec). Masculin anglais, néerlandais, grec et scandinave. Ce prénom

LES PRÉNOMS MASCULINS SUISSES ROMANDS

Ce palmarès est fondé sur les dernières données diffusées par l'Office fédéral suisse de la statistique (OFS). Les prénoms sont classés par ordre décroissant d'attribution pour l'année 2013.

1. Gabriel	6. Nathan	11. Maxime	16. Alexandre
2. Liam	7. Léo	12. Ethan	17. Nolan
3. Théo	8. Thomas	13. Samuel	18. Arthur
4. Noah	9. Lucas	14. Enzo	19. Simon
5. Luca	10. Louis	15. Benjamin	20. Alexis

Commentaires et observations

Gabriel trône sur le classement suisse romand pour la 3e année consécutive et conforte la vogue des prénoms de l'Ancien Testament. Celle-ci a placé Nathan et Noah dans les 6 premiers rangs et propulse Benjamin au 15e. Peu importe que Samuel chute à l'issue d'une belle carrière : Simon, l'une des nouveautés du tableau, est prêt à prendre sa relève. Notons le déclin relatif de Luca(s) qui, dans ses deux graphies, maintient un nombre d'attributions supérieur à Gabriel.

Dans les autres thématiques tendance, les terminaisons en « éo » reprennent vigueur grâce à Théo et Léo qui s'envolent vers les cieux. Mais c'est un prénom venu d'Irlande qui créé la surprise : Liam s'impose au 2e rang après en avoir gagné 9 en un an. Par contraste, Thomas et Alexandre ont subi les plus forts reflux et pourraient quitter le classement prochainement. C'est chose faite pour David et Matteo qui ont cédé leurs places à Simon et Alexis.

En 2015...

L'entrée fracassante de Timéo dans le top 40 (+37 places en un an) augure un succès d'autant plus inéluctable que ce prénom triomphe déjà en France voisine. Mais Timéo devra peut-être attendre la percée de Diego, posté aux portes du classement, et celle de Robin qui s'envole comme une fusée. Porté par la vague des prénoms de l'Ancien Testament, Adam est quasiment assuré d'intégrer l'élite.

est porté par moins de 100 personnes en France. Caractérologie : direction, assurance, audace, indépendance, dynamisme.

Irmin

Se rapporte à Irmin, dieu païen (germanique). Ce prénom est porté par moins de 100 personnes en France. Caractérologie :

rectitude, humanité, rêve, ouverture d'esprit, générosité.

Irvin  500
Beau (celte). Masculin anglais. Variantes : Irvine, Irving, Irwin. Caractérologie : altruisme, intégrité, idéalisme, dévouement, réflexion.

Isaac  6 000 TOP 200
Rire (hébreu). Dans l'Ancien Testament, Isaac est le fils de Sarah et Abraham. Lorsque Sarah apprend à l'âge de 99 ans qu'elle attend un enfant, elle est secouée d'un petit rire, d'où l'origine (« rire ») du prénom Isaac. En succédant à Abraham, Isaac devient le deuxième grand patriarche d'Israël. Ce prénom a connu une certaine faveur auprès des puritains américains au XVIIe siècle. Il est de longue date attribué dans les communautés juives. Variantes : Isa, Isaak, Isac. Caractérologie : éthique, exigence, équilibre, influence, famille.

Isaïe  450
Dieu est mon salut (hébreu). Variantes : Isaï, Jesaïa. Caractérologie : intelligence, savoir, méditation, indépendance, détermination.

Isao 110 TOP 2000
Mérite, exploit (japonais). Caractérologie : management, ambition, force, passion, habileté.

Isas
Celui qui mérite (japonais). Ce prénom est porté par moins de 30 personnes en France. Caractérologie : pragmatisme, optimisme, créativité, communication, sociabilité.

Ishak 600 TOP 700
Équivalent arabe d'Isaac : rire (hébreu). Caractérologie : communication, créativité, optimisme, sociabilité, pragmatisme.

Isidore 1 500
Don d'Isis (grec). Masculin anglais et français. On peut estimer que moins de 30 enfants seront prénommés ainsi en 2015. Variantes : Isidor, Isidoro. Caractérologie : savoir, intelligence, résolution, méditation, volonté.

Islem 750 TOP 500
Salut et paix dans la soumission à Dieu (arabe). Variante : Islam. Caractérologie : méthode, engagement, fiabilité, ténacité, résolution.

Ismaël 12 000 TOP 100
Dieu a entendu (hébreu). Prénom espagnol. Caractérologie : courage, curiosité, indépendance, dynamisme, détermination.

Ismaïl 5 000 TOP 200
Forme arabe d'Ismaël : Dieu a entendu (hébreu). Variantes : Esmaël, Ismayil, Ismaïla. Caractérologie : humanité, rectitude, générosité, ouverture d'esprit, rêve.

Isman
Protection (hébreu). Ce prénom est porté par moins de 30 personnes en France. Caractérologie : réceptivité, sociabilité, loyauté, diplomatie, décision.

Ismet 170
Celui qui protège (arabe). Variante : Samet. Caractérologie : pratique, communication, enthousiasme, adaptation, décision.

Israël 🚩 600 (TOP 2000) ↗
Qui débat avec Dieu (hébreu). Caractérologie : autorité, innovation, détermination, énergie, ambition.

Issa 🚩 3 000 (TOP 300) ↑
Jésus (arabe), Dieu sauve (hébreu). Caractérologie : enthousiasme, communication, pratique, générosité, adaptation.

Issam 🚩 3 000 (TOP 300) ↗
Engagement (arabe). Variantes : Isam, Issame. Caractérologie : savoir, intelligence, indépendance, méditation, sagesse.

Ivan 🚩 8 000 (TOP 500) →
Dieu fait grâce (hébreu). Ivan est très répandu en Russie et dans les pays slaves. Variante : Ivann. Caractérologie : décision, vision, assurance, dynamisme, autonomie.

Ivo 🚩 200
If (celte). Prénom breton. Variante : Yvo. Caractérologie : dynamisme, audace, direction, indépendance, assurance.

Iwan 🚩 550 (TOP 2000) →
Forme galloise et bretonne de Jean : Dieu fait grâce (hébreu). Caractérologie : diplomatie, sociabilité, réceptivité, loyauté, détermination.

Iyad 🚩 900 (TOP 400) ↑
Soutien (arabe). Caractérologie : pratique, communication, enthousiasme, réalisation, adaptation.

Izan 🚩
Fort, ferme (hébreu). Izan est une forme espagnole moderne d'Ethan. Ce prénom est porté par moins de 100 personnes en France. Caractérologie : énergie, découverte, originalité, détermination, audace.

- -

J

Jack 🚩 9 000 (TOP 900) ↓
Malgré sa ressemblance avec Jacques, Jack est une forme moderne de Jankin, un diminutif de Jean très courant au Moyen Âge dans les pays anglophones. Jack est très en vogue en Angleterre. Variantes : Jac, Jacq, Jacmé. Caractérologie : sagacité, connaissances, spiritualité, originalité, organisation.

Jacki 🚩 2 000
Diminutif de Jacques ou Jack. On peut estimer que moins de 30 enfants seront prénommés ainsi en 2015. Caractérologie : intelligence, indépendance, savoir, méditation, organisation.

Jackie 🚩 14 000
Diminutif de Jacques ou Jack. Masculin anglais et français. On peut estimer que moins de 30 enfants seront prénommés

ainsi en 2015. Caractérologie : communication, optimisme, pragmatisme, détermination, organisation.

Jackson ⭐ 550 TOP 2000 ↗

Fils de Jack (vieil anglais). Masculin anglais. Caractérologie : énergie, autorité, innovation, ambition, organisation.

Jacky ⭐ 60 000 ↓

Diminutif de Jacques ou Jack. Masculin anglais et français. On peut estimer que moins de 30 enfants seront prénommés ainsi en 2015. Caractérologie : audace, découverte, originalité, énergie, gestion.

Jacob ⭐ 1 500 TOP 800 ↑

Supplanter, talonner (hébreu). L'étymologie de Jacob fait référence aux circonstances de sa naissance : la Bible le décrit tenant le talon de son jumeau Ésaü au moment de leur naissance. Ce prénom biblique est établi de longue date dans les communautés juives, mais les puritains ont également contribué à son succès au XVIIᵉ siècle dans les pays anglophones. Héros de la saga américaine *Twilight*, Jacob a trôné sur le palmarès américain dans les années 2000. Il est répandu dans les pays néerlandophones et scandinaves mais peine encore à décoller en France. ◇ Fils d'Isaac et de Rébecca dans l'Ancien Testament, Jacob rachète à son frère jumeau Ésaü son droit d'aînesse contre un plat de lentilles. Léa et Rachel, ses épouses successives, mettent au monde les futurs patriarches des douze tribus d'Israël. Variantes : Jacobin, Iacob, Iacov. Forme basque : Jacobe. Caractérologie :

134

structure, persévérance, sécurité, organisation, efficacité.

Jacques ⭐ 304 000 TOP 500 →

Supplanter, talonner (hébreu). Cette forme française de Jacob se propage à la fin du Moyen Âge et devient très usitée jusqu'au XVIIIᵉ siècle. Jacques se fait plus discret avant de resurgir au début du XXᵉ siècle, s'imposant dans les 10 premiers choix de 1926 à 1953. Il est beaucoup plus rare aujourd'hui mais sa renaissance est à envisager. De son côté, le Jack anglais ne l'a pas attendu pour briller outre-Manche dans les années 1990 et 2000. ◇ Jacques de Molay, le dernier grand maître des Templiers, est célèbre pour avoir lancé une malédiction sur les Capétiens avant de périr sur le bûcher à Paris, en 1314. Deux apôtres du Christ, martyrs à Rome au Iᵉʳ siècle, portèrent ce prénom. Jacques le Majeur et Jacques le Mineur sont respectivement fêtés les 25 juillet et 3 mai. Variantes : Jacque, Jacquelin, Jacquemin, Jacquot, Jaques, Jeacques. Forme bretonne : Kou. Variantes irlandaises : Seamus, Shamus. Caractérologie : efficacité, structure, persévérance, sécurité, honnêteté.

Jacquie ⭐ 650

Supplanter, talonner (hébreu). Variantes : Jacqui, Jacquies, Jacquis, Jacquit. Caractérologie : communication, résolution, pratique, enthousiasme, adaptation.

Jacquy ⭐ 1 500

Supplanter, talonner (hébreu). On peut estimer que moins de 30 enfants seront prénommés ainsi en 2015. Variante : Jaquy.

Caractérologie : originalité, découverte, énergie, audace, séduction.

Jad  1 000 **TOP 700**

Présent de Dieu (arabe). Caractérologie : exigence, sens des responsabilités, influence, équilibre, famille.

Jaden 700 **TOP 300**

Ce dérivé masculin de Jade, né en France dans les années 2000, désigne une pierre fine de couleur verte. Masculin anglais. Variantes : Jade, Jayden. Caractérologie : connaissances, sagacité, originalité, philosophie, spiritualité.

Jaï

Victorieux (sanscrit). Ce prénom est porté par moins de 30 personnes en France. Caractérologie : fidélité, intuition, adaptabilité, médiation, relationnel.

Jaime 750

Supplanter, talonner (hébreu). Ce prénom basque est très répandu dans les pays hispanophones et lusophones. Variantes : Jaume, Jayme. Caractérologie : loyauté, sociabilité, résolution, diplomatie, réceptivité.

Jaky 700

Supplanter, talonner (hébreu). Variantes : Jakes, Jaki, Jakie. Forme bretonne : Jak. Caractérologie : médiation, adaptabilité, intuition, fidélité, relationnel.

Jalil  900 **TOP 800**

Qui est grand (arabe). Variantes : Djelal, Djelali, Djeloul, Djelloul, Jalal, Jalale, Jalel, Jallal, Jelal. Caractérologie : ambition, management, force, habileté, passion.

Jamal 3 000

D'une grande beauté physique et morale (arabe). On peut estimer que moins de 30 enfants seront prénommés ainsi en 2015. Variantes : Jamale, Jamil, Jémil. Caractérologie : ambition, autorité, innovation, autonomie, énergie.

Jamel 4 000

D'une grande beauté physique et morale (arabe). On peut estimer que moins de 30 enfants seront prénommés ainsi en 2015. Caractérologie : énergie, audace, originalité, découverte, séduction.

James 19 000 **TOP 400**

Supplanter, talonner (hébreu). Ce prénom anglais est très répandu dans les pays anglophones. Variantes : Jame, Jamie, Jammes. Caractérologie : optimisme, communication, créativité, pragmatisme, sociabilité.

Jameson

Fils de James (anglais). Ce prénom est porté par moins de 100 personnes en France. Caractérologie : énergie, découverte, audace, originalité, caractère.

Jamie 190 **TOP 2000**

Supplanter, talonner (hébreu). Masculin écossais et anglais. Variante : Jaimie. Caractérologie : fidélité, relationnel, intuition, décision, médiation.

Jamy 400

Supplanter, talonner (hébreu). Variante : Jammy. Caractérologie : sécurité, structure, efficacité, réalisation, persévérance.

Jan ⭐ 1 500 TOP 2000 ⊙
Dieu fait grâce (hébreu). Jan est particulièrement usité dans les pays scandinaves et néerlandophones. C'est aussi un choix traditionnel occitan. On peut estimer que moins de 30 enfants seront prénommés ainsi en 2015. Variantes : Jen, Jens. Caractérologie : sagesse, intelligence, savoir, méditation, indépendance.

Jan ⭐ 1 500 TOP 2000 ⊙
Dieu fait grâce (hébreu). Masculin allemand, néerlandais et suédois. On peut estimer que moins de 30 enfants seront prénommés ainsi en 2015. Caractérologie : sagesse, intelligence, savoir, méditation, indépendance.

Janick ⭐ 1 500
Dieu fait grâce (hébreu). Prénom breton. On peut estimer que moins de 30 enfants seront prénommés ainsi en 2015. Variantes : Janic, Janik, Janis, Janssen. Caractérologie : détermination, communication, pratique, enthousiasme, organisation.

Janis ⭐ 400 TOP 2000 ⊙
Dieu fait grâce (hébreu). Masculin anglais. Caractérologie : ambition, passion, habileté, détermination, force.

Janvier ⭐ 150
Correspond au mois de l'année (latin). Caractérologie : sagacité, connaissances, originalité, résolution, spiritualité.

Jany ⭐ 1 500
Dieu fait grâce (hébreu). On peut estimer que moins de 30 enfants seront prénommés ainsi en 2015. Variante : Janny. Caractérologie : découverte, audace, énergie, séduction, originalité.

Jao TOP 2000
Se rapporte au nom d'une divinité inca. Jao est répandu au Brésil et au Portugal. Ce prénom est porté par moins de 100 personnes en France. Caractérologie : ambition, habileté, force, management, passion.

Jarod ⭐ 2 000 TOP 600 →
Celui qui descendra (hébreu). Caractérologie : pragmatisme, créativité, communication, sociabilité, optimisme.

Jaroslaw
Le printemps de gloire (slave). Masculin polonais. Ce prénom est porté par moins de 30 personnes en France. Variante : Jaroslav. Caractérologie : idéalisme, intégrité, altruisme, détermination, raisonnement.

Jasmin ⭐ 450 TOP 2000 ⊘
Fleur de jasmin (persan). En dehors de l'Hexagone, Jasmin est plus particulièrement attribué dans les pays anglophones, germanophones et néerlandophones. Variantes : Yasmin, Asmin. Caractérologie : pratique, enthousiasme, communication, adaptation, résolution.

Jason ⭐ 19 000 TOP 300 →
Dieu sauve (hébreu). Jason est très répandu dans les pays anglophones et aux Pays-Bas. Variante : Djason. Caractérologie : originalité, énergie, découverte, séduction, audace.

Jauffrey 250

La paix de Dieu (germanique). Variantes : Aufrey, Auffrey, Jauffret, Jaufre. Caractérologie : relationnel, sympathie, analyse, intuition, médiation.

Javier 800

Maison neuve (basque). Javier est très répandu dans les pays hispanophones et lusophones. Caractérologie : réceptivité, diplomatie, sociabilité, loyauté, décision.

Jawad  3 000 TOP 500

Celui qui est bon et généreux (arabe). Variantes : Djawad, Jawade, Jawed. Caractérologie : enthousiasme, communication, adaptation, générosité, pratique.

Jay 180

Victorieux (sanscrit), diminutif anglophone des prénoms commençant par le préfixe « Ja ». Caractérologie : humanité, rêve, générosité, ouverture d'esprit, rectitude.

Jayden 450 TOP 400

Ce dérivé masculin de Jade, né en France dans les années 2000, désigne une pierre fine de couleur verte. Masculin anglais et néerlandais. Variante : Jaiden. Caractérologie : dynamisme, réalisation, indépendance, courage, curiosité.

Jayson  2 000 TOP 500

Dieu sauve (hébreu). Variantes : Jaison, Jeason, Jeson, Jeyson. Caractérologie : optimisme, pragmatisme, créativité, communication, sociabilité.

Jean 1 114 000 TOP 200

Dieu fait grâce (hébreu). L'apôtre Jean et saint Jean-Baptiste ont, dès le Iᵉʳ siècle, entraîné le succès de Jean. Une diffusion renforcée par les nombreux saints, papes et rois porteurs du nom à différents moments de l'histoire. Jean grandit en Orient avant de se propager en Occident chrétien, où il est très attribué au Moyen Âge. Sous ses différentes graphies (John, Juan, Giovanni, Johannes, Jan, Ivan, etc.), il se maintient tout premier ou presque du XIVᵉ au XIXᵉ siècle. En France, sa prééminence est encore incontestée durant la première partie du XXᵉ siècle, où il règne sans interruption jusqu'à ce que Philippe le détrône en 1959. Il est encore aujourd'hui le prénom le plus porté en France. ◇ Infatigable prêcheur des foules qui s'amassaient sur les rives du Jourdain, Jean le Baptiste (aujourd'hui Jean-Baptiste) baptisa Jésus et de nombreux convertis dans l'eau du fleuve. Il est le patron des Québécois, des cordeliers, des rémouleurs et des tonneliers. Caractérologie : adaptation, pratique, générosité, communication, enthousiasme.

137

Jean-Baptiste 38 000 TOP 600

Forme composée de Jean et Baptiste. Fils de Zacharie et d'Élisabeth, Jean naquit en Palestine au Iᵉʳ siècle. Infatigable prêcheur des foules qui s'amassaient sur les rives du Jourdain, il baptisa Jésus et de nombreux convertis dans l'eau du fleuve, ce qui lui valut le surnom de Jean le Baptiste (aujourd'hui Jean-Baptiste). Il est le patron des Québécois, des cordeliers, des rémouleurs et des tonneliers. Notons que le vrai nom de Molière était Jean-Baptiste Poquelin. Caractérologie : audace, énergie, découverte, résolution, originalité.

Jean-Charles 🌟 18 000 ⬇

Forme composée de Jean et Charles. On peut estimer que moins de 30 enfants seront prénommés ainsi en 2015. Caractérologie : paix, bienveillance, conseil, conscience, décision.

Jean-Christophe 🌟 30 000 ⬇

Forme composée de Jean et Christophe. On peut estimer que moins de 30 enfants seront prénommés ainsi en 2015. Caractérologie : sagacité, spiritualité, connaissances, sensibilité, raisonnement.

Jean-Claude 🌟 139 000 ⬇

Forme composée de Jean et Claude. On peut estimer que moins de 30 enfants seront prénommés ainsi en 2015. Caractérologie : structure, sécurité, efficacité, persévérance, honnêteté.

Jean-David 🌟 1 500 ➡

Forme composée de Jean et David. On peut estimer que moins de 30 enfants seront prénommés ainsi en 2015. Caractérologie : méditation, savoir, indépendance, intelligence, résolution.

Jean-Denis 🌟 2 000

Forme composée de Jean et Denis. On peut estimer que moins de 30 enfants seront prénommés ainsi en 2015. Caractérologie : humanité, rectitude, rêve, détermination, tolérance.

Jean-Emmanuel 🌟 1 000 ⬇

Forme composée de Jean et Emmanuel. Caractérologie : équilibre, famille, influence, sens des responsabilités, exigence.

Jean-François 🌟 89 000 ⬇

Forme composée de Jean et François. On peut estimer que moins de 30 enfants seront prénommés ainsi en 2015. Caractérologie : savoir, intelligence, méditation, détermination, raisonnement.

Jean-Gabriel 🌟 1 500 ➡

Forme composée de Jean et Gabriel. On peut estimer que moins de 30 enfants seront prénommés ainsi en 2015. Caractérologie : communication, pratique, enthousiasme, sympathie, résolution.

Jean-Jacques 🌟 45 000 ⬊

Forme composée de Jean et Jacques. On peut estimer que moins de 30 enfants seront prénommés ainsi en 2015. Caractérologie : connaissances, spiritualité, sagacité, originalité, philosophie.

Jean-Joseph 🌟 1 000 ⬊

Forme composée de Jean et Joseph. Caractérologie : honnêteté, sécurité, structure, efficacité, persévérance.

Jean-Lou 🌟 800 ⬇

Forme composée de Jean et Lou. Caractérologie : équilibre, influence, exigence, famille, sens des responsabilités.

Jean-Louis 🌟 67 000 ⬊

Forme composée de Jean et Louis. On peut estimer que moins de 30 enfants seront prénommés ainsi en 2015. Caractérologie :

sagacité, connaissances, décision, spiritualité, logique.

Jean-Loup 🌟 3 000 ➡️

Forme composée de Jean et Loup. On peut estimer que moins de 30 enfants seront prénommés ainsi en 2015. Caractérologie : efficacité, structure, persévérance, sympathie, sécurité.

Jean-Luc 🌟 104 000 ↘️

Forme composée de Jean et Luc. On peut estimer que moins de 30 enfants seront prénommés ainsi en 2015. Caractérologie : communication, pratique, enthousiasme, adaptation, générosité.

Jean-Marc 🌟 81 000 ⬇️

Forme composée de Jean et Marc. On peut estimer que moins de 30 enfants seront prénommés ainsi en 2015. Caractérologie : réceptivité, sociabilité, résolution, diplomatie, loyauté.

Jean-Marie 🌟 69 000 ↘️

Forme composée de Jean et Marie. On peut estimer que moins de 30 enfants seront prénommés ainsi en 2015. Caractérologie : engagement, ténacité, méthode, fiabilité, résolution.

Jean-Matthieu 🌟 250

Forme composée de Jean et Matthieu. Caractérologie : audace, détermination, dynamisme, sensibilité, direction.

Jean-Michel 🌟 77 000 ↘️

Forme composée de Jean et Michel. On peut estimer que moins de 30 enfants seront prénommés ainsi en 2015. Caractérologie :

stratégie, vitalité, ardeur, décision, achèvement.

Jeannot 🌟 2 000

Dieu fait grâce (hébreu). On peut estimer que moins de 30 enfants seront prénommés ainsi en 2015. Caractérologie : spiritualité, originalité, sagacité, connaissances, philosophie.

Jean-Pascal 🌟 4 000

Forme composée de Jean et Pascal. On peut estimer que moins de 30 enfants seront prénommés ainsi en 2015. Caractérologie : indépendance, audace, direction, dynamisme, bonté.

Jean-Patrick 🌟 2 000

Forme composée de Jean et Patrick. On peut estimer que moins de 30 enfants seront prénommés ainsi en 2015. Caractérologie : intégrité, décision, cœur, idéalisme, altruisme.

Jean-Paul 🌟 73 000 `TOP 2000` ↘️

Forme composée de Jean et Paul. On peut estimer que moins de 30 enfants seront prénommés ainsi en 2015. Caractérologie : ambition, passion, force, habileté, bonté.

Jean-Philippe 🌟 42 000 ⬇️

Forme composée de Jean et Philippe. On peut estimer que moins de 30 enfants seront prénommés ainsi en 2015. Caractérologie : structure, persévérance, sécurité, sympathie, ressort.

Jean-Pierre 🌟 176 000 `TOP 2000` ➡️

Forme composée de Jean et Pierre. Cette association a brillé dans le top 20 français au milieu des années 1940, alors que les prénoms composés connaissaient leur âge d'or. Jean-Pierre est aujourd'hui la composition masculine la plus portée en France. On peut estimer que moins de 30 enfants seront prénommés ainsi en 2015. Caractérologie : relationnel, fidélité, intuition, médiation, décision.

Jean-Roch 🗿 400
Forme composée de Jean et Roch. Caractérologie : logique, réceptivité, décision, diplomatie, sociabilité.

Jean-Sébastien 🗿 5 000 TOP 2000
Forme composée de Jean et Sébastien. On peut estimer que moins de 30 enfants seront prénommés ainsi en 2015. Caractérologie : méditation, savoir, intelligence, indépendance, décision.

Jean-Victor 🗿 400
Forme composée de Jean et Victor. Caractérologie : intégrité, idéalisme, altruisme, volonté, analyse.

Jean-Yves 🗿 32 000 ⬇
Forme composée de Jean et Yves. On peut estimer que moins de 30 enfants seront prénommés ainsi en 2015. Caractérologie : diplomatie, sociabilité, réceptivité, loyauté, réalisation.

Jeff 🗿 1 500 TOP 2000 ⬊
La paix de Dieu (germanique). Masculin anglais. On peut estimer que moins de 30 enfants seront prénommés ainsi en 2015. Variante : Jef. Caractérologie : humanité, générosité, rectitude, rêve, tolérance.

Jefferson 🗿 1 500 TOP 2000 ➡
Fils de Jeffrey (anglais). Patronyme porté par Thomas Jefferson, le deuxième président des États-Unis. On peut estimer que moins de 30 enfants seront prénommés ainsi en 2015. Caractérologie : vitalité, achèvement, ardeur, stratégie, décision.

Jeffrey 🗿 2 000 TOP 2000 ⬊
La paix de Dieu (germanique). On peut estimer que moins de 30 enfants seront prénommés ainsi en 2015. Variante : Jeffry. Caractérologie : communication, pratique, enthousiasme, adaptation, décision.

Jehan 🗿 750 ➡
Dieu fait grâce (hébreu). Masculin français. Caractérologie : intuition, relationnel, médiation, adaptabilité, fidélité.

Jeoffrey 🗿 1 000
La paix de Dieu (germanique). Variante : Jeoffray. Caractérologie : humanité, rectitude, rêve, ouverture d'esprit, décision.

Jérémi 🗿 1 500 ⬊
Dieu élève (hébreu). Masculin hongrois. On peut estimer que moins de 30 enfants seront prénommés ainsi en 2015. Variantes : Gérémie, Gérémy, Gérémi, Jérémiah, Jérémias. Caractérologie : résolution, sens des responsabilités, famille, influence, équilibre.

Jérémie 🗿 30 000 TOP 500 ⬊
Dieu élève (hébreu). Peu attribué par le passé, ce prénom biblique connaît une certaine faveur à la fin des années 1980. Il rencontre toutefois moins de succès que la forme anglophone Jeremy, et se trouve quatre fois moins porté qu'elle dans

l'Hexagone. ◇ Personnage biblique, Jérémie est l'un des trois grands prophètes d'Israël. Il demande à son peuple d'accepter la domination babylonienne comme une épreuve sous peine d'être châtié par Yahvé. Mais il est rejeté par le peuple et ses oracles se concrétisent lorsque la ville de Jérusalem et le Temple sont détruits. L'immense peine de Jérémie est décrite dans les Lamentations de Jérémie (celles-là mêmes qui ont donné naissance au nom « jérémiade ») dans l'Ancien Testament. Caractérologie : relationnel, médiation, intuition, résolution, fidélité.

Jérémy 🏆 131 000 TOP 300 ⬇

Dieu élève (hébreu). Ce prénom biblique est massivement choisi par les protestants anglais puis américains au XVIIe siècle. Il est très fréquent dans le monde anglophone lorsqu'il apparaît en France dans les années 1960. Son succès rapide lui permet d'éclipser la forme française Jérémie et de bondir au 4e rang masculin en 1987. Malgré son repli, il est, encore aujourd'hui, un prénom choisi par les parents. Caractérologie : structure, persévérance, détermination, sécurité, réalisation.

Jérôme 🏆 200 000 TOP 2000 ⬇

Nom sacré (grec). Au Ve siècle, saint Jérôme traduisit de l'hébreu en latin une grande partie de la Bible. Malgré cette production titanesque, le nom du patron des traducteurs inspira peu de parents avant le XIXe siècle. Après avoir fait de timides percées outre-Manche, Jérôme s'élance finalement en France. On le trouve au 6e rang à son point culminant, en 1974, avant son

reflux accéléré à la fin du siècle. Il n'est pas apparenté à Jérémy mais a peut-être, par ses premières lettres en commun, favorisé l'essor de ce dernier. Variantes : Gérôme, Géronimo, Girolamo, Jeroen, Jéronime, Jéronimo, Yerom. Forme basque : Jerolin. Caractérologie : communication, enthousiasme, volonté, pratique, résolution.

Jerry 🏆 1 500 ⬇

Nom sacré (grec). Masculin anglais. On peut estimer que moins de 30 enfants seront prénommés ainsi en 2015. Caractérologie : fiabilité, résolution, méthode, ténacité, engagement.

Jesse 🏆 1 000 TOP 2000 ↗

Un présent (hébreu). Jesse est plus particulièrement répandu en Finlande, dans les pays anglophones et aux Pays-Bas. Variante : Jess. Caractérologie : méthode, fiabilité, ténacité, sens du devoir, engagement.

Jessim 🏆 1 500 TOP 500 ↗

Grand, majestueux (arabe). Variante : Jassim. Caractérologie : adaptation, communication, pratique, enthousiasme, résolution.

Jessy 🏆 12 000 TOP 300 ↗

Un présent (hébreu). Jessy est très répandu dans les pays anglophones. Variantes : Djessy, Jessi. Caractérologie : équilibre, sens des responsabilités, famille, influence, exigence.

Jésus 🏆 1 500 ⬇

Dieu sauve (hébreu). Ce prénom biblique est très peu répandu en dehors de l'Espagne et du Portugal. On peut estimer que moins de 30 enfants seront prénommés ainsi en 2015. Caractérologie : loyauté, réceptivité, diplomatie, sociabilité, bonté.

Jibriel

Contraction de Jibril et Gabriel. Ce prénom est porté par moins de 30 personnes en France. Caractérologie : détermination, diplomatie, organisation, sociabilité, réceptivité.

Jibril  2 000 TOP 400

Équivalent arabe de Gabriel : force de Dieu (hébreu). Voir Djibril. Variantes : Gibril, Jebril. Caractérologie : conseil, bienveillance, organisation, conscience, sagesse.

Jilani 170

Nom du fondateur de la Qadiriya, branche soufie de l'islam créée au XIᵉ siècle en Iraq. Caractérologie : dynamisme, direction, détermination, indépendance, assurance.

Jillian 190

De la famille romaine de Iule (latin). Masculin anglais. Variante : Jilian. Caractérologie : structure, efficacité, persévérance, détermination, sécurité.

Jim  2 000 TOP 2000

Supplanter, talonner (hébreu). Masculin anglais. On peut estimer que moins de 30 enfants seront prénommés ainsi en 2015. Variante : Gim. Caractérologie : dynamisme, curiosité, courage, charisme, indépendance.

Jimmy  34 000 TOP 300

Supplanter, talonner (hébreu). Jimmy est très répandu dans les pays anglophones. Variantes : Djimmy, Gimmy, Jimi, Jimy.

Caractérologie : sagacité, spiritualité, connaissances, réalisation, originalité.

Joachim 9 000 TOP 300

Dieu a établi (hébreu). Roi de Juda au VIᵉ siècle, Joachim complota avec les Égyptiens contre le protectorat babylonien dirigé par Nabuchodonosor. Variantes : Akim, Kimo, Joachin, Joackim, Joakim, Joakin, Jochim, Johakim. Caractérologie : indépendance, curiosité, analyse, dynamisme, courage.

Joakim 1 000 TOP 700

Dieu a établi (hébreu). Caractérologie : audace, originalité, énergie, séduction, découverte.

Joan  6 000 TOP 400

Dieu fait grâce (hébreu). Voir Joan au féminin. Joan est un prénom catalan et occitan. Caractérologie : sens du devoir, engagement, méthode, ténacité, fiabilité.

Joanis

Dieu fait grâce (hébreu). Ce prénom est porté par moins de 100 personnes en France. Variante : Joannis. Caractérologie : curiosité, dynamisme, indépendance, courage, détermination.

Joannes 1 500

Dieu fait grâce (hébreu). Joannes est assez répandu dans les cultures néerlandophones. On peut estimer que moins de 30 enfants seront prénommés ainsi en 2015. Formes basques : Joanes, Joanko. Caractérologie : conscience, paix, conseil, sagesse, bienveillance.

LES PRÉNOMS MASCULINS WALLONS

Ce palmarès est fondé sur les dernières données diffusées par l'Institut national de statistique de la Belgique. Les prénoms sont classés par ordre décroissant d'attribution pour l'année 2012.

1. Nathan	6. Noah	11. Sacha	16. Victor
2. Hugo	7. Lucas*	12. Mathéo	17. Mathys
3. Louis	8. Gabriel	13. Timéo	18. Jules
4. Théo	9. Arthur	14. Maxime	19. Mathis
5. Ethan	10. Tom	15. Romain	20. Alexandre

Commentaires et observations

Dans ce millésime 2012, les juxtapositions de voyelles poursuivent leur offensive. Non seulement Théo et Mathéo restent haut placés, mais leurs positions se trouvent confortées par l'arrivée d'un bolide à croissance exponentielle : Timéo. Après avoir conquis les Français, ce nouveau venu pourrait rapidement gagner les cimes wallonnes. Mais la vague des doubles voyelles n'a pas empêché l'émergence d'une autre. Sous l'égide de Nathan, en première position, les prénoms de l'Ancien Testament n'ont jamais autant brillé. Après Ethan et Noah, Gabriel vient même d'intégrer le top 10.

Ces succès ne font pas le jeu des prénoms irlando-bretons, dont le déclin se précise : Evan perd pied dans le top 30 et Kyllian se fait de plus en plus discret. Heureusement que le Breton Arthur fait de la résistance ! On notera l'endurance remarquable d'Alexandre, de Mathis et Mathys : ce trio devrait céder sa place après avoir marqué toute une génération d'enfants nés au début des années 2000.

En 2015...

Peu éloignés du panthéon wallon, Aaron, Nolan et Robin poursuivent leur ascension et sont idéalement placés pour intégrer l'élite wallonne.

*Si l'on prenait en compte le nombre d'attributions de Luca, Lucas occuperait la première place du classement.

Joanny 1 000
Dieu fait grâce (hébreu). Variantes : Joannet, Joanni, Joannic, Joannick, Joannin, Joanis, Joannis, Joany. Caractérologie :

sagesse, méditation, indépendance, savoir, intelligence.

Joao 3 000 TOP 900
Dieu fait grâce (hébreu). Joao est répandu au Brésil et au Portugal. Caractérologie :

originalité, énergie, découverte, séduction, audace.

Joaquim 🌟 4 000 (TOP 800) →
Dieu a établi (hébreu). Joaquim est très répandu au Portugal. Caractérologie : dynamisme, curiosité, courage, indépendance, logique.

Joaquin 🌟 950 (TOP 2000) ↗
Dieu fait grâce (hébreu). Joaquin est très répandu dans les pays hispanophones. Caractérologie : bienveillance, conscience, paix, détermination, raisonnement.

Joas 🌟 110
Supplanter, talonner (hébreu). Caractérologie : altruisme, intégrité, réflexion, idéalisme, dévouement.

Job
Forme bretonne de Joseph : Dieu ajoutera (hébreu). Ce prénom est porté par moins de 100 personnes en France. Caractérologie : rêve, ouverture d'esprit, humanité, générosité, rectitude.

Jocelin 🌟 650 ↗
Étymologie possible : doux prince (germanique). Caractérologie : audace, découverte, énergie, analyse, résolution.

Jocelyn 🌟 12 000 (TOP 1000) →
Étymologie possible : doux prince (germanique). Masculin français et anglais. Fils de Judaël, le roi de Domnonée, saint Josse refusa la couronne pour se consacrer à la vie monastique au VIIe siècle. Voir Judicaël. Variantes : Jocelin, Joscelyn. Caractérologie : adaptation, pratique, communication, amitié, enthousiasme.

Jody 🌟 250
Diminutif de Joseph et de Joël. Masculin anglais. Caractérologie : réalisation, humanité, ouverture d'esprit, rêve, rectitude.

Joé 🌟 2 000 (TOP 900) →
Diminutif des prénoms formés avec Jo. Masculin anglais. Caractérologie : optimisme, communication, pragmatisme, créativité, sociabilité.

Joël 🌟 130 000 (TOP 1000) ↓
Dieu est Dieu (hébreu). Joël est l'un des douze « petits prophètes » de l'Ancien Testament. Il convainquit le peuple de se repentir de son éloignement de Dieu. Cette pénitence fit cesser la sécheresse et l'invasion de sauterelles qu'il avait prophétisées. Ce prénom français est répandu dans les cultures néerlandophones. Caractérologie : famille, éthique, influence, équilibre, exigence.

Joévin 🌟 300 ↓
Jupiter, jeune (latin). Caractérologie : pragmatisme, optimisme, décision, communication, caractère.

Joey 🌟 2 000 (TOP 600) →
Diminutif anglophone des prénoms formés avec Jo. Caractérologie : audace, dynamisme, direction, indépendance, assurance.

Joffrey 🌟 7 000 ↓
La paix de Dieu (germanique). Masculin français. On peut estimer que moins de 30 enfants seront prénommés ainsi en 2015. Variantes : Joeffrey, Jofrey, Joffray, Joffre. Caractérologie : structure, persévérance, efficacité, sécurité, résolution.

Johan ⭐ 31 000 TOP 200 →
Dieu fait grâce (hébreu). En dehors de l'Hexagone, Johan est très répandu en Allemagne, dans les pays scandinaves et néerlandophones. Il est aussi un prénom traditionnel en Alsace et dans le Pays basque. Variante : Johane. Caractérologie : pratique, enthousiasme, communication, adaptation, générosité.

Johann ⭐ 18 000 TOP 600 ↘
Dieu fait grâce (hébreu). En dehors de l'Hexagone, Johann est très répandu en Allemagne. Caractérologie : force, ambition, habileté, passion, management.

Johannes ⭐ 600 →
Dieu fait grâce (hébreu). Johannes est très répandu en Allemagne. Variantes : Johanes, Johanne, Johannis, Johanny, Johany. Caractérologie : curiosité, courage, dynamisme, charisme, indépendance.

John ⭐ 13 000 TOP 600 →
Dieu fait grâce (hébreu). En dehors de l'Hexagone, ce prénom est particulièrement porté dans les pays anglophones. Caractérologie : intuition, médiation, relationnel, fidélité, adaptabilité.

Johnny ⭐ 15 000 TOP 2000 ↘
Dieu fait grâce (hébreu). En dehors de l'Hexagone, ce prénom est particulièrement porté dans les pays anglophones. On peut estimer que moins de 30 enfants seront prénommés ainsi en 2015. Caractérologie : énergie, originalité, découverte, audace, séduction.

Johnson ⭐ 180
Fils de John (anglais). Caractérologie : curiosité, indépendance, dynamisme, courage, charisme.

Johny ⭐ 2 000
Dieu fait grâce (hébreu). On peut estimer que moins de 30 enfants seront prénommés ainsi en 2015. Variantes : Djohnny, Jhon, Jhonny, Jonnhy, Jonny, Jony. Caractérologie : idéalisme, intégrité, réflexion, altruisme, dévouement.

Jolan ⭐ 1 500 TOP 600 →
Vallée aux chênes morts (amérindien). Caractérologie : connaissances, spiritualité, sagacité, originalité, philosophie.

Jon ⭐ 650 TOP 2000 →
Dieu fait grâce (hébreu). Dans l'Hexagone, Jon est plus traditionnellement usité au Pays basque. Caractérologie : communication, pratique, enthousiasme, adaptation, générosité.

Jonaël ⭐ 140
Contraction de Jonas et Joël. Caractérologie : communication, pragmatisme, optimisme, créativité, sociabilité.

Jonas ⭐ 6 000 TOP 300 →
Colombe (hébreu). Grâce à la popularité de l'histoire de Jonas dans la Bible, ce prénom, sous ses différentes formes, est connu au Moyen Âge. Il devient plus fréquent au XVIIe siècle grâce aux puritains anglophones qui le choisissent massivement. Sa percée française est très modeste puisque Jonas prénomme 250 garçons à son pic, en 2005. Il est plus particulièrement répandu

dans les pays anglo-saxons, scandinaves et néerlandophones aujourd'hui. ◇ Jonas est un personnage de l'Ancien Testament. Lorsque Dieu lui ordonne de convertir la ville païenne de Ninive, il fuit sa mission en s'embarquant sur un bateau. Mais un violent orage éclate et l'équipage doit jeter Jonas par-dessus bord afin d'apaiser la colère divine. Avalé par une baleine, Jonas se repent et accepte son mandat. L'ordre religieux est promptement rétabli à Ninive et Dieu épargne la ville de ses châtiments. Maints peintres et artistes ont immortalisé ces scènes bibliques. Variantes : Jonah, Yonas. Caractérologie : découverte, énergie, audace, séduction, originalité.

Jonatan ⭐ 350 ⬇

Dieu a donné (hébreu). Caractérologie : communication, pragmatisme, optimisme, sociabilité, créativité.

Jonathan ⭐ 102 000 TOP 300 ⬂

Dieu a donné (hébreu). Ce prénom biblique s'est propagé dans les pays anglophones à partir du XVIIᵉ siècle, mais il est longtemps resté inconnu en France. Au début des années 1960, avant son jaillissement, il ne prénomme qu'une poignée de Français chaque année. Qui aurait imaginé qu'il s'élève au 5ᵉ rang masculin en l'espace de quinze ans ? Son repli étant plus doux, il reste actuellement attribué. Jonathan est très répandu dans les pays anglophones, germanophones, néerlandophones et scandinaves. ◇ Dans l'Ancien Testament, Jonathan, le fils du roi Saül, est le jeune officier qui repousse l'armée ennemie en tuant le général des Philistins. Son courage, sa générosité et son intelligence sont légendaires. Variantes : Janathan, Johnatan, Johnathan, Jonathane, Jonathann, Jonnathan. Caractérologie : intuition, médiation, fidélité, finesse, relationnel.

Joran ⭐ 550 ⬇

Labourer le sol (grec). Joran est plus particulièrement usité dans les pays scandinaves et en Bretagne. Caractérologie : structure, sécurité, efficacité, persévérance, décision.

Jordan ⭐ 52 000 TOP 200 ⬂

Descendre (hébreu). Nom anglais désignant le fleuve (Jourdain) dans lequel Jésus-Christ a été baptisé par saint Jean-Baptiste. Ce prénom répandu dans les pays anglophones a connu une soudaine popularité en Occitanie dans les années 1990. Variantes : Djordan, Jourdain. Caractérologie : décision, ambition, force, caractère, habileté.

Jordane ⭐ 3 000

Descendre (hébreu). On peut estimer que moins de 30 enfants seront prénommés ainsi en 2015. Variantes : Djordan, Jordann, Jordhan. Caractérologie : persévérance, structure, sécurité, décision, caractère.

Jordi ⭐ 1 500 ⬇

Labourer le sol (grec). Dans l'Hexagone, ce prénom catalan est plus traditionnellement usité en Occitanie. On peut estimer que moins de 30 enfants seront prénommés ainsi en 2015. Variante : Jorgi. Caractérologie : diplomatie, sociabilité, réceptivité, loyauté, bonté.

Jordy ⭐ 3 000 **TOP 2000** →
Labourer le sol (grec). On peut estimer que moins de 30 enfants seront prénommés ainsi en 2015. Caractérologie : humanité, rectitude, rêve, ouverture d'esprit, réussite.

Jorge ⭐ 2 000
Labourer le sol (grec). Jorge est très répandu dans les pays hispanophones et lusophones. On peut estimer que moins de 30 enfants seront prénommés ainsi en 2015. Caractérologie : innovation, énergie, autorité, décision, ambition.

Joris ⭐ 15 000 **TOP 400** ↘
Labourer le sol (grec). Cette forme néerlandaise de Georges est répandue aux Pays-Bas. Variantes : Jauris, Jorick, Jorris, Jory, Jorys. Caractérologie : ambition, force, habileté, management, passion.

José ⭐ 51 000 **TOP 800** →
Dieu ajoutera (hébreu). En dehors de l'Hexagone, José est très répandu dans les pays hispanophones et lusophones. Caractérologie : méthode, fiabilité, sens du devoir, ténacité, engagement.

Joseph ⭐ 133 000 **TOP 200** ↗
Dieu ajoutera (hébreu). Bien que plusieurs saints aient porté ce nom aux premiers siècles, Joseph se manifeste peu avant la Réforme. Il est alors massivement choisi par les protestants en référence au personnage de l'Ancien Testament. Au milieu du XVIIe siècle, les puritains anglophones le propagent aux États-Unis, et plusieurs souverains européens naissent sous ce prénom. Il devient, sous ses différentes graphies (José, Guiseppe, Iosef, Josef, Josep, etc.), très fréquent au XIXe siècle, y compris dans les pays slaves. En France, on le trouve souvent placé dans les premiers rangs jusqu'aux années 1900. Il quitte le top 10 national à la fin de la Première Guerre mondiale et décline sans disparaître. ◇ Dans l'Ancien testament, Joseph, le fils préféré de Jacob, est vendu comme esclave par ses frères jaloux qui le font passer pour mort. Malgré sa nouvelle condition, Joseph, qui a le don d'interpréter les rêves, est remarqué par le pharaon. Il le nomme gouverneur, ce qui épargne la famine aux Égyptiens. Plus tard, Joseph pardonne à ses frères et renoue avec sa famille. Dans le Nouveau Testament, saint Joseph est l'époux de la Vierge Marie et le père de Jésus. Le patron des charpentiers est célébré le 19 mars. Caractérologie : autorité, innovation, énergie, ambition, autonomie.

Joséphin
Dieu ajoutera (hébreu). Ce prénom est porté par moins de 30 personnes en France. Caractérologie : paix, conscience, bienveillance, détermination, action.

Joshua ⭐ 7 000 **TOP 200** ↗
Dieu aidera (hébreu). Cette forme anglophone de Josué est très répandue dans les pays anglo-saxons, notamment aux États-Unis. Elle est également populaire dans les communautés juives anglophones. Voir Josué. Variantes : Josiah, Jossua, Josua, Josuah, Josuha. Caractérologie : sociabilité, réceptivité, loyauté, bonté, diplomatie.

Josian
🏅 1 500

Dieu ajoutera (hébreu). Dans l'Hexagone, Josian est plus traditionnellement usité au Pays basque. On peut estimer que moins de 30 enfants seront prénommés ainsi en 2015. Caractérologie : dynamisme, indépendance, curiosité, courage, résolution.

Josias
🏅 300 ⬇

Dieu me soutient (hébreu). Caractérologie : autorité, innovation, autonomie, ambition, énergie.

Josse
🏅 350 ➡

Étymologie possible : doux prince (germanique). Fils de Judaël, le roi de Domnonée, saint Josse refusa la couronne pour se consacrer à la vie monastique (VIIᵉ siècle). Josse est un prénom breton. Variante : Joss. Caractérologie : dynamisme, curiosité, indépendance, courage, charisme.

Josselin
🏅 5 000 TOP 1000 ⬊

Étymologie possible : doux prince (germanique). Voir Josse. Masculin français et breton. Variantes : Josselyn, Judoc. Caractérologie : analyse, structure, persévérance, résolution, sécurité.

Josselyn
🏅 350

Étymologie possible : doux prince (germanique). Caractérologie : relationnel, médiation, fidélité, sympathie, intuition.

Josserand

Se rapporte à Gauz, divinité teutonne (germanique). Ce prénom est porté par moins de 100 personnes en France. Caractérologie : équilibre, résolution, famille, sens des responsabilités, volonté.

Josué
🏅 4 000 TOP 700 ➡

Dieu aidera (hébreu). Dans l'Ancien Testament, Josué, le successeur de Moïse, guide les Hébreux vers la Terre promise. Ce prénom rare se rencontre plus souvent dans les communautés juives francophones. Variante : Jossué. Caractérologie : indépendance, intelligence, savoir, méditation, sagesse.

Jovan
🏅 350 TOP 2000 ➡

Jupiter, jeune (latin). Dans l'Hexagone, Jovan est plus traditionnellement usité en Bretagne. Caractérologie : passion, volonté, habileté, ambition, force.

Joyce
🏅 500 TOP 2000 ↗

Allégresse (latin). Masculin anglais. Caractérologie : ténacité, méthode, engagement, fiabilité, bonté.

Juan
🏅 8 000 TOP 600 ➡

Dieu fait grâce (hébreu). Juan est un prénom espagnol. Caractérologie : autorité, innovation, énergie, autonomie, ambition.

Jude
🏅 900 TOP 2000 ↗

Loué, félicité (hébreu). Masculin anglais. Caractérologie : ténacité, engagement, méthode, fiabilité, sens du devoir.

Judicaël
🏅 3 000 TOP 2000 ⬊

Seigneur généreux (celte). Fils aîné de Judaël, le roi de Domnonée, saint Judicaël refusa la couronne et se retira dans le monastère de Gaël. Il dut cependant monter sur le trône lorsque son frère (saint Josse) déclina ce même honneur. Roi des Bretons malgré lui, saint Judicaël gouverna avec sagesse pendant vingt ans. On peut estimer

JULES

Fête : 12 avril

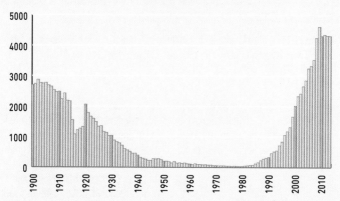

Étymologie : conformément à ses origines latines, Jules se rapporte à la grande famille romaine de Iule. Usité du temps de Rome à nos jours, ce prénom a connu des pics de popularité à la Renaissance et au XIXᵉ siècle. Au plus bas de ses attributions françaises dans les années 1970, il est menacé de disparition. Mais il revient deux décennies plus tard avec la vague des prénoms de source romaine (Aurélien, Julien), puis celle des rétros. C'est ainsi qu'il s'envole avec Léo.

Aujourd'hui, Jules émerge au 13ᵉ rang national et se place 12ᵉ à Paris. S'il fait marche arrière en Suisse romande, il a gagné des points dans le top 100 québécois. Son retour à l'échelle mondiale n'est pas encore d'actualité, mais cette poussée francophone pourrait faire des émules. En attendant, Julian éclipse largement Jules dans l'ensemble des pays occidentaux.

Brillant homme d'État romain, **Jules César** (101-44 avant J.-C.) conquit la Gaule et repoussa les frontières de son empire jusqu'au Rhin. Peu après avoir été nommé consul et dictateur à vie, il fut assassiné par des conspirateurs en plein sénat. C'est Brutus, son protégé, qui l'acheva du vingt-troisième et ultime coup de poignard.

Saint Jules est le premier pape romain qui choisit ce prénom au IVᵉ siècle. Durant sa papauté, il fit construire de nombreuses églises à Rome et établit la primauté de la capitale italienne sur les autres Églises. Saint Jules est le patron des vidangeurs.

Jules II, le pape qui succéda à Pie III en 1503, restaura la puissance politique des papes en Italie.

Personnalités célèbres : Jules Verne est l'auteur français de *Vingt Mille Lieues sous les mers*, *L'Île mystérieuse* et *Le Tour du monde en quatre-vingts jours*, romans parus dans les années 1870. Jules Renard, écrivain français (1864-1910), est particulièrement célèbre pour sa nouvelle *Poil de carotte*.

Statistiques : Jules est le 11ᵉ prénom masculin le plus donné en France depuis le début du XXIᵉ siècle. On peut estimer qu'il sera attribué à un garçon sur 100 en 2015.

que moins de 30 enfants seront prénommés ainsi en 2015. Variantes : Jekel, Jezekael, Jikael, Jikel, Judikael. Caractérologie : relationnel, intuition, fidélité, médiation, résolution.

Jules ⭐ 66 000 (TOP 50) 🔍 ➡️
De la famille romaine de Iule (latin). Caractérologie : engagement, fiabilité, méthode, ténacité, sens du devoir.

Julian ⭐ 12 000 (TOP 200) ➡️
De la famille romaine de Iule (latin). Julian est très répandu dans les pays anglophones, hispanophones et néerlandophones. Dans l'Hexagone, il est plus particulièrement attribué en Occitanie et au Pays basque. Caractérologie : ténacité, décision, méthode, engagement, fiabilité.

Julien ⭐ 296 000 (TOP 200) ⬇️
De la famille romaine de Iule (latin). Encore très méconnu au XIXᵉ siècle, Julien aurait pu rester invisible si Stendhal n'en avait pas fait le héros de son roman *Le Rouge et le Noir*. Un saint légendaire inspira également Gustave Flaubert dans *La Légende de saint Julien l'Hospitalier*, paru en 1877. Mais malgré ces percées littéraires, Julien reste dans l'ombre de Jules dont il est

dérivé. Il y restera jusqu'au XXᵉ siècle, où sa glorieuse carrière est comparable à celle de Julian dans les pays anglophones et hispanophones. Julien brille dans les 3 premiers rangs masculins de 1979 à 1990 et reste un choix fréquent en France aujourd'hui. Variantes : Julen, Juliann, Juliano, Jullian, Jullien. Caractérologie : ambition, force, passion, habileté, détermination.

Julio ⭐ 1 500 (TOP 1000) ➡️
De la famille romaine de Iule (latin). Julio est très répandu dans les pays hispanophones et lusophones. Variantes : Giuliano, Giulio. Caractérologie : efficacité, persévérance, raisonnement, sécurité, structure.

Julius ⭐ 300 ⬇️
De la famille romaine de Iule (latin). Caractérologie : réceptivité, loyauté, sociabilité, bonté, diplomatie.

Junien
Mois de juin (latin). Ce prénom est porté par moins de 100 personnes en France. Variante : Jun. Caractérologie : autorité, énergie, innovation, ambition, détermination.

K

Junior 🎯 1 000 TOP 800 ➡
Jeunesse (latin). Variante : Juvenal. Caractérologie : bienveillance, détermination, paix, raisonnement, conscience.

Juste 🎯 250
Juste (latin). Variante : Just. Caractérologie : communication, enthousiasme, pratique, organisation, adaptation.

Justin 🎯 12 000 TOP 300 ⬊
Juste (latin). En dehors de l'Hexagone, Justin est répandu dans les pays anglophones et aux Pays-Bas. Variantes : Justinien, Justino, Justo, Justyn, Tin. Forme bretonne : Jestin. Caractérologie : pragmatisme, optimisme, organisation, résolution, communication.

K

Kaan 🎯 950 TOP 800 ➡
Celui qui gouverne (turc). Caractérologie : réflexion, idéalisme, altruisme, intégrité, dévouement.

Kacem 🎯 350 ➡
Juste (arabe). Variantes : Kacim, Kassim, Kazim. Caractérologie : paix, bienveillance, conscience, organisation, conseil.

Kader 🎯 1 500 ⬇
Riche, puissant (arabe). On peut estimer que moins de 30 enfants seront prénommés ainsi en 2015. Variantes : Kada, Kadda, Kadder. Caractérologie : optimisme, pragmatisme, créativité, communication, décision.

Kadir 🎯 850 TOP 2000 ➡
Riche, puissant (arabe). Caractérologie : philosophie, connaissances, originalité, sagacité, spiritualité.

Kaelig 🎯 400 TOP 2000 ➡
Seigneur généreux (celte). Prénom breton. Variante : Kael. Caractérologie : altruisme, détermination, intégrité, idéalisme, bonté.

Kaï 🎯 120 TOP 2000
Mer (hawaïen), terre (japonais), et variante galloise de Caïus. L'éventuelle origine scandinave de Kai reste à démontrer. Caractérologie : pragmatisme, sociabilité, optimisme, créativité, communication.

Kaïs 🎯 6 000 TOP 100 ⬆
Fierté (arabe). Variantes : Caïs, Caïss, Kaïss, Kays. Caractérologie : méthode, ténacité, fiabilité, engagement, sens du devoir.

151

Kaléo
Voix (hawaïen). Ce prénom est porté par moins de 30 personnes en France. Caractérologie : ambition, courage, habileté, audace, organisation.

Kalvin 🎯 1 000 TOP 600 ➡
Chauve (latin). Caractérologie : paix, conscience, bienveillance, organisation, détermination.

Kamal  3 000

Parfait, achevé (arabe). On peut estimer que moins de 30 enfants seront prénommés ainsi en 2015. Variante : Kamale. Caractérologie : organisation, médiation, intuition, relationnel, fidélité.

Kamel 13 000 TOP 2000

Parfait, achevé (arabe). Ce prénom est particulièrement répandu dans les communautés musulmanes francophones. Variantes : Kamil, Kemal, Kemel, Kemil. Caractérologie : famille, sens des responsabilités, influence, équilibre, organisation.

Kan

Forme bretonne de Candice : d'un blanc éclatant (latin). Ce prénom est porté par moins de 100 personnes en France. Caractérologie : leadership, vitalité, achèvement, ardeur, stratégie.

Kane

Bataille (celte), beau (gallois), homme, ciel de l'est (hawaïen), argent, cloche (japonais). Ce prénom est porté par moins de 100 personnes en France. Caractérologie : efficacité, persévérance, structure, sécurité, honnêteté.

Kaori

Puissant, fort (japonais). Ce prénom est porté par moins de 30 personnes en France. Caractérologie : idéalisme, intégrité, réflexion, altruisme, dévouement.

Karan

Instrument de musique (sanscrit), parent (vieux breton). Ce prénom est porté par moins de 100 personnes en France.

Variante : Karanteg. Caractérologie : décision, idéalisme, altruisme, réflexion, intégrité.

Karel 550 TOP 2000

Pur (grec). Karel est plus particulièrement répandu dans les régions néerlandophones, en République tchèque et en Slovaquie. Caractérologie : diplomatie, réceptivité, sociabilité, gestion, décision.

Karim 36 000 TOP 400

Bien né, généreux (arabe). Ce prénom est particulièrement répandu dans les communautés musulmanes francophones. Variantes : Carim, Karam, Karem, Karime, Karym. Caractérologie : originalité, spiritualité, connaissances, philosophie, sagacité.

Karl 9 000 TOP 600

Force (germanique). Karl est répandu en Allemagne. C'est aussi un choix traditionnel flamand. Variantes : Karlo, Karlos. Caractérologie : éthique, famille, influence, équilibre, organisation.

Kaylan 140 TOP 1000

Élancé (irlandais). Variante : Kailan. Caractérologie : énergie, direction, indépendance, assurance, dynamisme.

Kazuo

Le premier-né (japonais). Ce prénom est porté par moins de 30 personnes en France. Caractérologie : intuition, fidélité, organisation, médiation, relationnel.

Keane

Forme francisée de Cian, de l'irlandais : « ancien ». Ce prénom est porté par moins

de 100 personnes en France. Variantes :
Kéan, Kéann. Caractérologie : générosité, idéalisme, rectitude, réflexion, loyauté.

Keanu
🏆 140

L'air de la montagne (hawaïen). Keanu est usité à Hawaï, dans les pays anglophones et scandinaves. Caractérologie : savoir, indépendance, intelligence, méditation, organisation.

Kéhila

Le rassembleur (hébreu). Ce prénom est porté par moins de 30 personnes en France. Caractérologie : dynamisme, audace, direction, résolution, finesse.

Keith
🏆 180

Le vent (celte). Masculin écossais et anglais. Caractérologie : vitalité, achèvement, stratégie, ardeur, finesse.

Kelan

Élancé (irlandais). Ce prénom est porté par moins de 100 personnes en France. Variante : Kéalan. Caractérologie : intelligence, savoir, méditation, indépendance, gestion.

Kélian
🏆 3 000 TOP 500 ➡️

Contestation ou église (irlandais). Variantes : Kealan, Keelan, Keelyan, Kelan, Keliann, Keilan, Kelyan, Keylian. Caractérologie : sagacité, connaissances, gestion, spiritualité, décision.

Kelig
🏆 250 ⬇️

Seigneur généreux (celte). Prénom breton. Caractérologie : passion, force, habileté, ambition, sympathie.

Kelil

Parfait (hébreu). Masculin anglais. Ce prénom est porté par moins de 30 personnes en France. Caractérologie : persévérance, sécurité, structure, efficacité, honnêteté.

Kélio
🏆 110 TOP 600

Fusion de Kélian et de prénoms se terminant par « io » (Élio, Fabio, etc.). Caractérologie : méditation, logique, intelligence, savoir, indépendance.

Kellian
🏆 900 TOP 2000 ⬇️

Contestation ou église (irlandais). Caractérologie : résolution, dynamisme, direction, audace, organisation.

Kelvin
🏆 1 500 TOP 600 ↘️

Petite rivière (celte). Masculin anglais. Caractérologie : autorité, ambition, innovation, énergie, autonomie.

Kelyan
🏆 3 000 TOP 300 ➡️

Contestation ou église (irlandais). Caractérologie : découverte, sympathie, organisation, courage, découverte.

Kemuel
🏆 150

Qui aide Dieu (hébreu). Caractérologie : ténacité, engagement, fiabilité, méthode, sens du devoir.

Ken
🏆 1 000 ↘️

Identique (japonais). Diminutif des prénoms formés avec Ken. Ken est plus particulièrement répandu en Australie et au Japon. Caractérologie : pragmatisme, optimisme, communication, créativité, sociabilité.

Kenan  2 000 TOP 400
Beau (celte). Prénom breton. Caractérologie : ouverture d'esprit, humanité, rêve, rectitude, générosité.

Kendal  140
Vallée de la rivière Kent (anglais). Masculin anglais. Variante : Kendall. Caractérologie : relationnel, intuition, organisation, fidélité, médiation.

Kenji 1 000 TOP 500
Prénom traditionnellement attribué au deuxième garçon au Japon. Caractérologie : sécurité, structure, persévérance, efficacité, résolution.

Kennard
Garde royale (vieil anglais). Ce prénom est porté par moins de 30 personnes en France. Caractérologie : méthode, fiabilité, sécurité, détermination, résolution.

Kennedy
Chef casqué (irlandais). Patronyme porté par John Fitzgerald Kennedy, le 35ᵉ président des États-Unis. Ce prénom est porté par moins de 100 personnes en France. Caractérologie : influence, sens des responsabilités, équilibre, exigence, famille.

Kenneth 600
Très beau (irlandais). Masculin anglais et écossais. Caractérologie : énergie, audace, originalité, découverte, sensibilité.

Kenny 6 000 TOP 400
Très beau (irlandais). Kenny est répandu en Écosse et dans les pays anglophones. Variante : Keny. Caractérologie : conscience, conseil, bienveillance, sagesse, paix.

Kent
Limite (anglais). Plus courant sous forme de patronyme. Ce prénom est porté par moins de 100 personnes en France. Caractérologie : audace, découverte, énergie, séduction, originalité.

Kentin 850 TOP 2000
Cinquième (latin). Caractérologie : ambition, autonomie, innovation, autorité, énergie.

Kenzi 550 TOP 800
Trésor (arabe). Variante : Kenzy. Caractérologie : diplomatie, sociabilité, attention, réceptivité, loyauté.

Kenzo 8 000 TOP 100
Trésor (arabe). Kenzo est également un prénom japonais ayant de nombreuses significations selon les kanji utilisés (« maison », « trésor », « éléphant » pour ne citer que trois d'entre elles). Caractérologie : vitalité, achèvement, stratégie, ardeur, sensibilité.

Kéo 250 TOP 2000
Se rapporte à Keokuk, chef indien qui vécut dans les années 1830 (Amérique du Nord). Caractérologie : méthode, fiabilité, sécurité, détermination, résolution.

Keoni TOP 2000
Dérivé hawaïen de John : Dieu fait grâce (hébreu). Ce prénom est porté par moins de 100 personnes en France. Variante : Keon. Caractérologie : générosité, rectitude, ouverture d'esprit, rêve, humanité.

LES PRÉNOMS BCBG

Qu'ils soient attribués par esprit de tradition, par snobisme ou par hasard, les prénoms BCBG passionnent et font couler beaucoup d'encre. Ce sujet n'a jamais été autant discuté sur les forums de sites internet dédiés aux prénoms. Il semblerait même que le côté péjoratif associé au label s'atténue. Or, en s'assouplissant, l'étiquette BCBG est devenue plus vague. Confusion d'autant plus excusable que l'essor de la culture bobo a brouillé quelques pistes.

Premier pilier élémentaire : un « bon » prénom BCBG doit marquer un signe d'appartenance à un milieu social bourgeois. Prenons l'exemple de Marie-Charlotte et Anne-Claire, très prisés à la fin des années 1960 par les cadres supérieurs : ils évoquent, aujourd'hui encore, des origines privilégiées. Mais à l'heure de l'Internet, les modes font et défont toujours plus rapidement la cote d'un prénom. C'est ainsi que, victimes de leur succès, un nombre croissant de choix BCBG se répandent dans l'ensemble de la société. Issus des années 1990, Camille, Antoine et Thomas en ont fait les frais : en se banalisant, ils ont perdu leur précieuse étiquette. Il en va de même aujourd'hui pour Arthur, Capucine et Louise, qui prospèrent autant à Paris que dans l'Ain ou dans le Pas-de-Calais. La question s'impose : existe-t-il encore des prénoms BCBG endurants ?

De toute évidence, oui. Ils doivent cependant rassembler certaines caractéristiques. Ainsi, les choix peu communs sont acceptables, mais les perles rares sont préférables. Et qu'on ne s'empresse pas de puiser dans un registre trop moderne. Car seuls les prénoms anciens sont légitimes : ne se transmettent-ils pas, la plupart du temps, de génération en génération ? Précisons par ailleurs que, d'une manière générale, les saints correspondant aux prénoms BCBG ne figurent pas sur les calendriers. En cas de doute, un prénom royal inusité sera toujours une valeur refuge. Alors, que les amateurs se rassurent, il y aura toujours des prénoms bon chic, bon genre… à moins que ce label ne devienne lui-même trop à la mode !

• Notre sélection de prénoms vraiment BCBG :

Adrien, Amaury, Ambroise, Ancelin, Anselme, Armand, Arthur, Augustin, Baudoin, Cassien, Célestin, Charles-Édouard, Clément, Côme, Constant, Constantin, Cyprien, Cyriaque, Edgar, Édouard, Éloi, Enguerrand, Étienne, Eudes, Ferréol, Foulques, Gaspard, Gauthier, Gauvain, Geoffroy, Gustave, Gonzague, Grégoire, Guillaume, Henri, Hippolyte, Hubert, Jean, Josselin, Lothaire, Louis, Maïeul, Mathurin, Mayeul, Raoul, Rodrigue, Stanislas, Tancrède, Théobald, Théophile, Tibault, Tugdual, Ulric, Vianney, Virgile.

Kéran  750 TOP 800 →
Poutre de bois (arménien). Caractérologie : engagement, ténacité, méthode, fiabilité, détermination.

Kerem 600 TOP 900 →
Vigne (hébreu). Caractérologie : intelligence, sagesse, indépendance, savoir, méditation.

Kerwan 300 ↓
Brun (irlandais). Variante : Kervin. Caractérologie : intégrité, idéalisme, altruisme, réflexion, résolution.

Keryan  750 TOP 900 →
Dérivé de Kerrien, éponyme d'une commune du Finistère (Bretagne). Variantes : Kerian, Keryann, Kyrian. Caractérologie : intuition, relationnel, médiation, décision, fidélité.

Kévan  650 TOP 1000 →
Beau garçon (irlandais). Variantes : Keven, Keyvan, Kewan. Caractérologie : ambition, habileté, management, force, passion.

Kévin  162 000 TOP 200 ↓
Beau garçon (irlandais). De longue date associé à l'Irlande, Kevin (ou Kévin) se propage dans les pays anglo-saxons au début du XXe siècle avant de gagner l'ensemble de l'Europe. Jaillissant de nulle part, il bondit peu après sa découverte au sommet masculin français, devenant numéro un de 1989 à 1994. Son déclin s'accentue depuis le début des années 2010. ◇ Ermite irlandais au VIe siècle, saint Kevin est le fondateur du monastère de Glendalough, situé près de Dublin. Variantes : Keveen, Keevin, Kevine, Kevy, Kewin. Caractérologie : indépendance, savoir, méditation, intelligence, sagesse.

Kévyn 750 →
Beau garçon (irlandais). Caractérologie : énergie, originalité, découverte, séduction, audace.

Keyne
Beauté, richesse (celte). Masculin anglais. Ce prénom est porté par moins de 100 personnes en France. Caractérologie : bienveillance, conscience, paix, conseil, sagesse.

Keziah  850 TOP 600 ↗
Arbuste dont l'écorce produit des épices (hébreu). Caractérologie : équilibre, décision, famille, sens des responsabilités, attention.

Khaled  3 000 TOP 2000 ↘
Éternel (arabe). Caractérologie : gestion, dynamisme, curiosité, courage, attention.

Khalid 4 000 TOP 2000 ↘
Éternel (arabe). On peut estimer que moins de 30 enfants seront prénommés ainsi en 2015. Caractérologie : rectitude, humanité, rêve, ouverture d'esprit, organisation.

Khalil 2 000 TOP 400 ↗
Ami fidèle (arabe). Variantes : Khallil, Khélil. Caractérologie : passion, force, ambition, habileté, organisation.

Kian 170
Ancien (irlandais). Kian est également un prénom perse se rapportant aux quatre éléments de la vie : l'eau, la terre, le feu et l'air. Variantes : Cian, Kyan. Caractérologie : passion, force, ambition, habileté, décision.

Kieran  900

Brun (irlandais). Ce prénom irlandais est assez répandu dans les pays anglophones. Dans l'Hexagone, il est particulièrement attribué en Bretagne. Variantes : Keir, Keiran. Caractérologie : ténacité, résolution, méthode, fiabilité, engagement.

Kilian  10 000

Contestation ou église (irlandais). Caractérologie : réceptivité, sociabilité, diplomatie, gestion, décision.

Killiam

Contestation ou église (irlandais). Ce prénom est porté par moins de 100 personnes en France. Caractérologie : organisation, méthode, engagement, ténacité, fiabilité.

Killian  21 000

Contestation ou église (irlandais). Ce prénom irlandais est désormais très répandu dans l'Hexagone. Voir Kylian. Variantes : Kilan, Kiliane, Kiliann, Killiane, Killiann, Kilien, Killien, Killyan, Kilyan, Kilyann. Caractérologie : curiosité, dynamisme, décision, gestion, courage.

Kilyan  2 000

Contestation ou église (irlandais). Caractérologie : rêve, humanité, résolution, sympathie, rectitude.

Kim 1 000

Plaine royale (afrikaans), de l'or (vietnamien), forme diminutive scandinave de Joachim. Caractérologie : influence, famille, équilibre, sens des responsabilités, exigence.

Kiran 180

Faisceau lumineux (sanscrit), brun (irlandais). Ce prénom est très répandu en Inde. Variante : Kyran. Caractérologie : force, résolution, ambition, habileté, passion.

Kirk

Église (scandinave). Plus courant sous forme de patronyme. Ce prénom est porté par moins de 100 personnes en France. Caractérologie : ténacité, méthode, sens du devoir, fiabilité, engagement.

Kiron

Le maître sage (grec). Dans la mythologie grecque, Chiron est le fils de la nymphe Phylire et de Cronos. Centaure pacifique et cultivé, il enseigne la sagesse aux héros Achille, Ulysse, Castor et Pollux. Ce prénom est porté par moins de 30 personnes en France. Caractérologie : sens du devoir, structure, honnêteté, efficacité, persévérance.

Klaus 190

Victoire du peuple (grec). Masculin allemand et autrichien. Variante : Claus. Caractérologie : direction, indépendance, audace, dynamisme, organisation.

Kleber 2 000

Bâtisseur (germanique). Patronyme porté par un général français qui s'est particulièrement illustré durant les guerres de la Révolution à la fin du XVIIIe siècle. On peut estimer que moins de 30 enfants seront prénommés ainsi en 2015. Variante : Klebert. Caractérologie : force, passion, ambition, habileté, management.

Koffi

Né un vendredi (Afrique de l'Ouest). Ce prénom est porté par moins de 100 personnes en France. Caractérologie : réceptivité, loyauté, sociabilité, bonté, diplomatie.

Kolia

Voix du Seigneur (hébreu). Ce prénom est porté par moins de 100 personnes en France. Variante : Kolya. Caractérologie : optimisme, pragmatisme, communication, organisation, raisonnement.

Konan

Intelligent, guerrier (anglo-saxon). Dans l'Hexagone, Konan est plus traditionnellement usité en Bretagne. Ce prénom est porté par moins de 100 personnes en France. Variantes : Conan, Connor, Conor. Caractérologie : direction, audace, dynamisme, assurance, indépendance.

Konrad 🚩 140

Conseiller courageux (germanique). Caractérologie : humanité, rêve, rectitude, détermination, volonté.

Konur

Personnage mythologique (scandinave). Ce prénom est porté par moins de 30 personnes en France. Caractérologie : méditation, intelligence, savoir, indépendance, logique.

Korentin 🚩 400

Ami (celte). Variante : Korantin. Caractérologie : méditation, intelligence, savoir, indépendance, sagesse.

Koshi

Serviteur de Dieu (finlandais). Ce prénom est porté par moins de 30 personnes en France. Caractérologie : ardeur, achèvement, vitalité, leadership, stratégie.

Kosmos

Univers (grec). Ce prénom est porté par moins de 30 personnes en France. Variante : Cosmos. Caractérologie : adaptabilité, médiation, intuition, relationnel, fidélité.

Kostia 🚩 120

Combattant (germanique). Kostia est un prénom finlandais. Caractérologie : adaptation, pratique, enthousiasme, communication, générosité.

Kovar

Forgeron (tchèque). Ce prénom est porté par moins de 30 personnes en France. Caractérologie : fiabilité, méthode, engagement, sens du devoir, ténacité.

Kraig

Rocher (irlandais). Ce prénom est porté par moins de 30 personnes en France. Caractérologie : autorité, innovation, énergie, ambition, autonomie.

Kris 🚩 550 TOP 2000

Diminutif des prénoms formés avec « Chris ». Masculin anglais et scandinave. Variantes : Kriss, Krys. Caractérologie : pragmatisme, optimisme, communication, créativité, sociabilité.

Kristen 🚩 350

Messie (grec). Kristen est répandu dans les pays scandinaves. C'est aussi un prénom traditionnel breton mixte en France. Caractérologie : famille, équilibre, influence, éthique, détermination.

Kristiansem

Fils de Christian (néerlandais). Ce prénom est porté par moins de 30 personnes en France. Caractérologie : pratique, adaptation, enthousiasme, communication, décision.

Kurt  600 TOP 2000

Conseiller courageux (germanique). Masculin allemand. Caractérologie : sagesse, indépendance, intelligence, savoir, méditation.

Kyle 850 TOP 600

Élancé (irlandais), ou forme diminutive anglophone récente de Kylian. Caractérologie : ardeur, stratégie, vitalité, achèvement, sympathie.

Kylian  22 000 TOP 100

Contestation ou église (irlandais). Portés par une vague d'inspiration irlandaise, Kylian et ses dérivés ont connu leur apogée français au début des années 2000. Variantes : Kiel, Kylan, Kyliann, Kylliann, Kylyan, Kyliane, Kylien. Caractérologie : idéalisme, résolution, altruisme, intégrité, sympathie.

Kyllian 8 000 TOP 300

Contestation ou église (irlandais). Caractérologie : décision, pragmatisme, communication, optimisme, cœur.

Kyran 120 TOP 2000

Faisceau lumineux (sanscrit), brun (irlandais). Ce prénom est très répandu en Inde. Caractérologie : résolution, équilibre, famille, sens des responsabilités, influence.

L

Ladislas 650

Gouverneur puissant et renommé (slave). Prénom polonais. Variantes : Ladislav, Ladix, Lao. Caractérologie : découverte, audace, originalité, énergie, séduction.

Laël 190

Dédié à Dieu (hébreu). Caractérologie : enthousiasme, pratique, communication, adaptation, générosité.

Laelien

Se rapporte à Laelianu, patronyme d'une famille espagnole noble du IIIe siècle. Ce prénom est porté par moins de 100 personnes en France. Caractérologie : structure, sécurité, persévérance, efficacité, décision.

Laïd 800

Origine possible : rétribution (arabe). Caractérologie : stratégie, ardeur, leadership, achèvement, vitalité.

Lamar

Qui vient de la mer (latin). Porté aussi sous forme de patronyme. Masculin anglais. Ce prénom est porté par moins de 30 personnes en France. Caractérologie : idéalisme, altruisme, intégrité, dévouement, réflexion.

Lambert 1 500

Pays, brillant (germanique). Lambert est plus particulièrement répandu dans les pays anglophones, en Allemagne et dans les régions néerlandophones. On peut estimer que moins de 30 enfants seront prénommés ainsi en 2015. Variantes : Lambrecht, Lanbert. Caractérologie : vitalité, achèvement, décision, stratégie, gestion.

Lamine 1 500 TOP 700

Loyal, digne de confiance (arabe). Caractérologie : rêve, détermination, ouverture d'esprit, rectitude, humanité.

Lancelot 1 000 TOP 2000

Assistant (vieux français). Masculin anglais et français. Enlevé par la fée Viviane à la mort de son père, Lancelot devient l'un des chevaliers les plus célèbres de la Table ronde. Variante : Lance. Caractérologie : gestion, dynamisme, audace, indépendance, direction.

Landry 3 000 TOP 1000

Gouverneur (anglais). Masculin anglais. Caractérologie : intuition, relationnel, médiation, réussite, cœur.

Larbi 1 500 TOP 2000

Celui qui est arabe (arabe). On peut estimer que moins de 30 enfants seront prénommés ainsi en 2015. Caractérologie : influence, gestion, équilibre, sens des responsabilités, famille.

Larry 950

Couronné de lauriers (latin). Masculin anglais. Caractérologie : loyauté, diplomatie, sociabilité, réceptivité, bonté.

Lassana 1 500 TOP 700

Beau (arabe). Variantes : Alassan, Alassane, Lassane, Lassen. Caractérologie : sens du devoir, ténacité, engagement, fiabilité, méthode.

Laszlo 350 TOP 2000

Gouverneur puissant et renommé (slave). Masculin hongrois. Variante : Laslo. Caractérologie : ténacité, sens du devoir, méthode, fiabilité, engagement.

Laurent 304 000 TOP 600

Couronné de lauriers (latin). Sous ses différentes graphies, Laurent est apparu dans plusieurs pays européens au Moyen Âge, mais il est longtemps resté discret en France. C'est au cœur du XXᵉ siècle qu'il démarre pour de bon. Escortant son féminin Laurence dans son ascension, il se hisse derrière Christophe au 2ᵉ rang masculin (en 1968). Son lent reflux s'est mué en plongée au début des années 2000. ◇ Diacre du pape Sixte II au IIIe siècle, saint Laurent distribua le trésor de l'Église aux pauvres plutôt que de le livrer à son persécuteur, l'empereur Valérien. Il mourut martyr sur un gril trois jours après le martyre du pape. Il est le patron des pauvres. Variantes : Lars, Laurel, Laurens, Laurentin, Laurentino, Laurentz, Laurenz, Lavr, Lawrence, Lorentz. Forme bretonne : Laorans. Caractérologie : détermination, direction, dynamisme, audace, organisation.

Laurian 180
Couronné de lauriers (latin). Prénom roumain. Caractérologie : ténacité, méthode, fiabilité, engagement, décision.

Lauric  250 TOP 2000
Couronné de lauriers (latin). Variantes : Laurick, Lauris. Caractérologie : direction, dynamisme, audace, indépendance, assurance.

Lawrence 450
Couronné de lauriers (latin). Cette forme moderne de Laurence est apparue dans les pays anglophones à partir du XVIe siècle. Elle a remplacé Laurence qui est masculin dans les pays de langue anglaise. Caractérologie : motivation, rectitude, générosité, humanité, réflexion.

Lazare 1 000  TOP 2000
Dieu a secouru (hébreu). Masculin français. Variantes : Lazar, Lazaro, Lazhar. Caractérologie : réflexion, altruisme, intégrité, idéalisme, détermination.

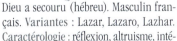

Léandre 7 000 TOP 200
Homme-lion (grec). Caractérologie : originalité, audace, découverte, énergie, décision.

Leandro 3 000 TOP 100
Homme-lion (grec). Leandro est particulièrement usité en Italie, dans les pays hispanophones et lusophones. C'est aussi un choix traditionnel basque. Caractérologie : conscience, paix, bienveillance, volonté, analyse.

Lee 250
Clairière (anglais), poétique (irlandais), force, tranchant, debout (chinois). Lee est également un patronyme chinois très répandu. Variante : Li. Caractérologie : sens du devoir, méthode, fiabilité, engagement, ténacité.

Leeroy 650 TOP 800
Clairière du roi (anglais). Masculin anglais. Caractérologie : achèvement, vitalité, stratégie, raisonnement, bonté.

Léger
Peuple, lance (germanique). Ce prénom est porté par moins de 100 personnes en France. Caractérologie : fidélité, intuition, médiation, relationnel, cœur.

Lélio 500  TOP 800
Lys (latin), qui témoigne (grec). Prénom italien. Caractérologie : force, ambition, passion, habileté, analyse.

Lemuel
Consacré à Dieu (hébreu). Ce prénom a été illustré par un roi dans la Bible. Il est porté par moins de 100 personnes en France.

Caractérologie : découverte, originalité, énergie, audace, séduction.

Lénaïc 1 500 TOP 2000 ⬇
Éclat du soleil (grec). Dans l'Hexagone, Lenaïc est plus traditionnellement usité en Bretagne. Ce prénom peut s'orthographier avec ou sans tréma. Variantes : Lenaïck, Lenaïk. Caractérologie : vitalité, stratégie, achèvement, décision, ardeur.

Lenny 16 000 TOP 100 ⬂
Lion (latin). Caractérologie : indépendance, méditation, intelligence, savoir, bonté.

Léno
Éclat du soleil (grec). Ce prénom est porté par moins de 100 personnes en France. Caractérologie : autorité, innovation, autonomie, énergie, ambition.

Lény 6 000 TOP 200 ➡
Lion (latin). Masculin anglais. Variante : Léni. Caractérologie : diplomatie, réceptivité, sociabilité, loyauté, cœur.

Lenzo 900 TOP 300 ⬆
Couronné de lauriers (latin). Lenzo est un prénom italien. Caractérologie : rectitude, humanité, finesse, générosité, ouverture d'esprit.

Léo 74 000 TOP 50 🔍 ⬆
Lion (latin). Caractérologie : curiosité, charisme, indépendance, dynamisme, courage.

Léon 27 000 TOP 100 🔍 ⬆
Lion (latin). Variantes : Léonid, Léonidas, Léontin. Forme occitane : Leon.

162

Caractérologie : énergie, innovation, autorité, ambition, autonomie.

Léonard 7 000 TOP 300 ➡
Lion (latin). Prénom français et anglais. Originaire de Toscane, Léonard de Vinci, peintre, architecte, sculpteur et inventeur génial, termina ses jours près d'Amboise en 1519. Le 6 novembre célèbre la mémoire d'un saint qui fut ermite dans la forêt orléanaise. Variantes : Léonar, Leonhard, Loni, Lonni, Lonis, Lony, Lonny. Caractérologie : bienveillance, paix, conscience, volonté, raisonnement.

Léonardo 1 500 TOP 600 ↗
Lion (latin). Leonardo est très répandu en Italie, dans les pays hispanophones et lusophones. Caractérologie : pragmatisme, optimisme, caractère, communication, logique.

Léonce 1 500 TOP 2000 ⬆
Lion (latin). Masculin français. On peut estimer que moins de 30 enfants seront prénommés ainsi en 2015. Variante : Leoncio. Caractérologie : altruisme, idéalisme, intégrité, réflexion, dévouement.

Léonel 700 TOP 2000 ➡
Lion (latin). Caractérologie : ouverture d'esprit, rêve, rectitude, générosité, humanité.

Leonis 120 TOP 2000
La maison de Léon (vieil anglais). Caractérologie : résolution, intuition, médiation, analyse, relationnel.

LÉO, LÉON

Fête : 10 novembre

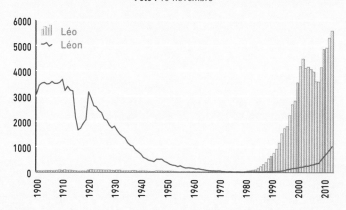

Étymologie : du latin *leo*, « lion ». Employé sous différentes formes, Léon fut porté par six empereurs byzantins, deux empereurs romains, un roi de Petite-Arménie et treize papes. Il se diffuse dès les premiers siècles dans les pays chrétiens et connaît une grande faveur au Ve siècle grâce à saint Léon le Grand. Leo, la forme inaccentuée, est également ancienne, mais sa popularité n'est jamais aussi importante qu'au XIXe siècle dans les pays anglophones. Cet engouement n'est pas contagieux, et Léon reste le choix privilégié des Français jusqu'à son effacement dans les années 1940. Ironiquement, c'est à Léo qu'il doit sa renaissance actuelle.

Ce dernier s'est envolé avec la fougue d'un prénom neuf dans les années 1990. On croyait sa carrière compromise par le repli des juxtapositions de voyelles (Théo, Mathéo), mais Léo a rebondi si vivement qu'il pourrait trôner sur le classement 2015.

En attendant pareille fortune, Léon devrait prénommer quelques 1 200 Français cette année. Il vole déjà la vedette à Léopold, un choix médiéval peu donné dont on croyait l'essor imminent. Léon a bondi au 29e rang parisien en 2014 ; il grandit désormais dans le top 70 national.

En dehors de l'Hexagone, ce prénom progresse en Suède et en Allemagne, où il se place 6e. De son côté, Léo gagne du terrain dans les pays francophones et scandinaves. Il a même repris vigueur en Angleterre alors que sa gloire semblait consommée. En effet, qu'il est loin, le temps où Tony Blair enflamma la cote de ce prénom en l'attribuant à son fils…

Le pape **saint Léon le Grand** marqua l'histoire en convainquant Attila, roi des Huns, de renoncer à l'assaut de Rome au Vᵉ siècle. Il obtint ensuite que la population soit épargnée durant le sac de Rome par les Vandales.

Personnalités célèbres : Léon Tolstoï, écrivain majeur de la littérature russe (1828-1910) ; Léon Trotsky, révolutionnaire russe assassiné par Staline (1879-1940) ; Léo Ferré, poète et musicien français (1916-1991) ; Leo McCarey, cinéaste américain (1898-1969).

Statistiques : Léo est le 2ᵉ prénom masculin le plus donné en France depuis le début du XXIᵉ siècle. On peut estimer qu'il sera attribué à un garçon sur 73 en 2015. **Léon** devrait prénommer un garçon sur 340 et figurer au 77ᵉ rang de ce palmarès.

Léonor
Compassion (grec). Ce prénom est porté par moins de 100 personnes en France. Caractérologie : spiritualité, sagacité, originalité, analyse, connaissances.

Léontin
Lion (latin). Ce prénom est porté par moins de 100 personnes en France. Caractérologie : force, raisonnement, habileté, ambition, passion.

Léo-Paul — 1 500 TOP 800 →
Forme composée de Léo et Paul. Caractérologie : direction, audace, indépendance, dynamisme, cœur.

Léopold — 7 000 TOP 300 →
Peuple courageux (germanique). En dehors de l'Hexagone, Leopold est particulièrement répandu dans les pays germanophones et anglophones. Variantes : Léopaul, Léopol, Leopoldo. Caractérologie : connaissances, sagacité, spiritualité, amitié, volonté.

Leroy — 170
Roi (vieux français). Masculin anglais. Caractérologie : enthousiasme, communication, amitié, pratique, raisonnement.

Lévi — 700 TOP 900 ↗
Qui accompagne (hébreu). Plus fréquent sous forme de patronyme. Lévi est plus particulièrement recensé aux Pays-Bas. Caractérologie : enthousiasme, communication, pratique, adaptation, générosité.

Levy — 800 TOP 800 ↑
Qui accompagne (hébreu). Plus fréquent sous forme de patronyme. Caractérologie : innovation, énergie, ambition, autorité, bonté.

Lewis — 950 TOP 700 ↑
Illustre au combat (germanique). Masculin anglais. Caractérologie : séduction, découverte, audace, motivation, originalité.

Liam — 11 000 TOP 50 🔍 ↑
Le peuple pour moi (hébreu), diminutif irlandais de William. Variante : Lyam.

LIAM

Fête : 10 janvier

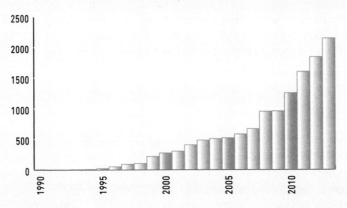

Étymologie : ce diminutif irlandais de William est aussi un prénom d'origine hébraïque signifiant : « le peuple pour moi ». Liam est usité dès le IXᵉ siècle dans les pays anglo-saxons, mais il décolle réellement lorsque Guillaume le Conquérant devient roi d'Angleterre en 1066. La carrière du Guillaume français étant compromise, c'est la forme anglaise William qui s'enflamme. Cette dernière se répand en Angleterre avant de gagner le pays de Galles puis l'Irlande. La variante gaélique Uilliam, dans un premier temps privilégiée, est alors rattrapée par Liam qui s'impose comme le raccourci naturel de William et Uilliam.

Liam disparaît ensuite partout sauf en Irlande, jusqu'à ce que la Grande Famine des années 1840 fasse émigrer des milliers de familles en Grande-Bretagne, aux États-Unis, au Canada et en Australie. Liam se propage dans ces terres d'accueil et devient dès les années 1930 un prénom à part entière. Il vient de s'imposer dans le top 10 américain et s'envole dans de nombreux pays européens.

165

En France, ce prénom né dans les années 1980 comble son retard puisqu'il monte en flèche dans le top 20 masculin. C'est chose faite au Québec et en Suisse romande, où il se place dans les 10 premiers rangs.

À la mort d'Édouard le Confesseur, **Guillaume le Conquérant**, qui était alors duc de Normandie, affirma qu'il était le successeur désigné du roi anglais. Mais son cousin Harold le prit de vitesse et se fit couronner à sa place. Guillaume souleva une armée et partit à la conquête du trône anglais. Vainqueur, il se fit couronner en 1066 et devint l'un des souverains les plus puissants de l'Occident.

Personnalités célèbres : Liam O'Flaherty, écrivain irlandais (1897-1984) ; Liam Neeson, acteur irlandais né en 1952 ; Liam Cunningham, acteur et réalisateur irlandais, né en 1961 ; Liam Gallagher, musicien et compositeur anglais d'origine irlandaise, né en 1972 ; Liam McMahon, acteur américain d'origine irlandaise.

Statistiques : Liam est le 36e prénom masculin le plus donné en France depuis le début du XXIe siècle. On peut estimer qu'il sera attribué à un garçon sur 100 en 2015.

Caractérologie : achèvement, vitalité, stratégie, ardeur, leadership.

Liborio
Liberté (latin). Liborio est plus particulièrement usité dans les pays lusophones. Ce prénom est porté par moins de 100 personnes en France. Caractérologie : force, passion, ambition, habileté, analyse.

Lié
🏆 110
Se rapporte à Bacchus, dieu du Vin dans l'Antiquité (latin). Caractérologie : force, habileté, passion, management, ambition.

Liebert
Libéré (latin). Masculin allemand. Ce prénom est porté par moins de 30 personnes en France. Caractérologie : force, ambition, management, habileté, passion.

Lilian
🏆 23 000 TOP 200 ⬇
Lys (latin). En dehors de l'Hexagone, Lilian est répandu dans les pays anglophones. Variantes : Lilien, Lillian. Caractérologie : résolution, communication, optimisme, pragmatisme, créativité.

Lilio
🏆 300 TOP 500 ⬆
Lys (latin). Prénom italien. Caractérologie : optimisme, communication, élégance, organisation, créativité.

Lilo
🏆 180 TOP 2000
Ce qui est mien est à Lui (hébreu). Lilo est un prénom mixte dont la signification diffère au féminin. Caractérologie : logique, optimisme, sociabilité, communication, créativité.

Lilouan
🏆 110 TOP 2000
Contraction de Lilian et Louan. Caractérologie : influence, équilibre, attention, conscience, exigence.

Lilyan
🏆 350 TOP 2000 ➡
Lys (latin). Caractérologie : innovation, énergie, autorité, amitié, détermination.

Lin
🏆 300
Forêt, pierre précieuse (chinois). Caractérologie : achèvement, vitalité, stratégie, leadership, ardeur.

Lino
🏆 3 000 TOP 300 ↗
Lin (grec). Lino est très répandu en Italie, dans les pays hispanophones et lusophones.

Caractérologie : curiosité, dynamisme, courage, logique, indépendance.

Lionel 🌟 84 000 **TOP 1000** →
Lion (latin). Masculin français et anglais. Caractérologie : sécurité, structure, persévérance, efficacité, logique.

Lionnel 🌟 2 000
Lion (latin). On peut estimer que moins de 30 enfants seront prénommés ainsi en 2015. Caractérologie : réflexion, altruisme, idéalisme, logique, intégrité.

Lior 🌟 350 **TOP 2000** ↗
La lumière est à moi (hébreu). Masculin anglais. Variante : Lyor. Caractérologie : analyse, humanité, rectitude, rêve, ouverture d'esprit.

Lisandre 🌟 110 **TOP 2000**
Dieu est serment (hébreu). Caractérologie : résolution, ambition, autorité, innovation, énergie.

Lisandro 🌟 1 000 **TOP 200** ↑
Dieu est serment (hébreu). Lisandro est un prénom espagnol. Variantes : Lisandre, Lissandro, Lysandro. Caractérologie : résolution, ambition, autorité, innovation, énergie.

Lisandru 🌟 600 **TOP 800** →
Défense de l'humanité (grec). Cette forme corse d'Alexandre est très en vogue sur l'Île de Beauté aujourd'hui. Caractérologie : achèvement, vitalité, stratégie, ardeur, résolution.

Livio 🌟 2 000 **TOP 300** ↑
Olive (latin). Une racine scandinave (*olafr*) pourrait également lui conférer le sens d'« ancêtre » en vieux norrois. Livio est un prénom italien. Caractérologie : méthode, ténacité, fiabilité, raisonnement, engagement.

Lloyd 🌟 500 **TOP 2000** →
Cheveux gris (gallois). Masculin anglais. Caractérologie : découverte, audace, séduction, énergie, originalité.

Loan 🌟 8 000 **TOP 100** ↗
Lumière (celte). Après être sorti du berceau breton qui l'avait vu naître dans les années 1980, Loan s'est propagé dans toute la France. Aujourd'hui, Loan est essentiellement masculin. Caractérologie : influence, équilibre, famille, éthique, exigence.

Loann 🌟 2 000 **TOP 500** →
Lumière (celte). Voir Loan. Prénom breton. Caractérologie : réceptivité, sociabilité, loyauté, diplomatie, bonté.

Loeiz 🌟 250 **TOP 2000** →
Illustre au combat (germanique). Prénom breton. Caractérologie : efficacité, structure, sécurité, persévérance, analyse.

Loevan 🌟 750 **TOP 400** ↑
Prénom breton dérivé de sainte Sève. Voir Loeva. Caractérologie : conscience, raisonnement, conseil, caractère, sagesse.

Logan 🌟 10 000 **TOP 300** →
Prairie (gaélique). Prénom écossais et anglais. Logan est le nom de marque d'une voiture commercialisée en Europe par Dacia, la filiale roumaine de Renault. Variantes : Logann, Loghan. Caractérologie : structure, persévérance, sécurité, sympathie, efficacité.

167

Lohan  3 000 TOP 200

Lumière (celte). Voir Loan. Prénom breton. Variante : Lohann. Caractérologie : indépendance, courage, curiosité, dynamisme, charisme.

Loïc  102 000 TOP 200

Illustre au combat (germanique). La ressemblance phonétique avec Loïg a fait renaître cette forme provençale de Louis en Bretagne, puis dans l'ensemble de l'Hexagone, à la fin des années 1980. Variantes : Lomig, Lowik. Caractérologie : logique, optimisme, communication, pragmatisme, créativité.

Loïck  3 000 TOP 2000

Illustre au combat (germanique). Voir Loïc. Prénom breton. On peut estimer que moins de 30 enfants seront prénommés ainsi en 2015. Caractérologie : énergie, découverte, audace, originalité, raisonnement.

Loïk 750

Illustre au combat (germanique). Voir Loïc. Variante : Loïg. Caractérologie : fidélité, relationnel, intuition, médiation, analyse.

Loïs  5 000 TOP 300

Illustre au combat (germanique). Ce prénom mixte est plus traditionnellement usité en Occitanie. Caractérologie : innovation, autorité, analyse, ambition, énergie.

Lolan

Contraction de « lo » et des prénoms se terminant par « lan ». Ce prénom est porté par moins de 100 personnes en France. Caractérologie : intégrité, idéalisme, altruisme, réflexion, dévouement.

Loman

Enfant nu (gaélique). Nom d'un saint irlandais qui vécut au V\ :superscript:`e` siècle. Ce prénom est porté par moins de 100 personnes en France. Caractérologie : autonomie, caractère, innovation, énergie, ambition.

Lorenzo 19 000 TOP 50

Couronné de lauriers (latin). Cette forme italienne de Laurent était quasi inconnue en France avant les années 1990. Elle fait une belle percée actuellement. Variantes : Laurenzo, Lenzo, Lorent, Lorenz. Caractérologie : équilibre, famille, influence, raisonnement, éthique.

Loric 800 TOP 1000

Couronné de lauriers (latin). Variante : Lorick. Caractérologie : créativité, optimisme, pragmatisme, communication, raisonnement.

Lorik 800 TOP 1000

Petite caille (arménien). Caractérologie : fidélité, relationnel, médiation, raisonnement, intuition.

Loris 11 000 TOP 200

Couronné de lauriers (latin). Masculin français. Variantes : Lorian, Lorin, Lorrain, Lorry, Lory, Lorys. Caractérologie : direction, dynamisme, audace, indépendance, logique.

Lorris 600

Couronné de lauriers (latin). Caractérologie : autorité, innovation, énergie, ambition, analyse.

LOUIS

Fête : 25 août

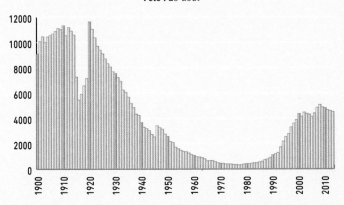

Étymologie : du germain *hold*, « célèbre », et de *wig*, « combat », d'où le sens : « illustre au combat ». Louis le Pieux, le fils de Charlemagne, était roi d'Aquitaine lorsqu'il fut couronné empereur à Aix-la-Chapelle en 813. Son sacre traça la voie d'une longue dynastie de Louis : dix-sept rois français portant ce nom se sont succédé jusqu'au XIXᵉ siècle. Mais malgré ce prestigieux passé, Louis n'a guère été attribué en France.

Après avoir battu des records d'impopularité à la fin de la Révolution, après l'exécution de Louis XVI, le prénom renaît à la fin du XIXᵉ siècle. Il suscite un tel engouement qu'il brille au 2ᵉ rang des attributions masculines de 1901 à 1908. S'il n'en a encore jamais renouvelé l'exploit, Louis a repris le chemin de la gloire. Il rayonne dans les tops 10 français et parisien depuis 2010 et peut toujours s'élever plus haut.

Comme bon nombre de prénoms bibliques, Louis cultive une carrière internationale. Il se positionne, aux côtés de Lewis et Luís, dans le top 60 de nombreux pays occidentaux. Dans la sphère francophone, il s'illustre parmi les 12 premiers choix des parents wallons et suisses romands.

Louis IX, plus communément appelé **Saint Louis**, fut roi de France de 1226 à 1270. Passionné par la théologie dès son plus jeune âge, le souverain fit preuve de piété tout au long de sa vie. À l'origine de la construction de la Sainte-Chapelle à Paris, il dirigea plusieurs croisades pour soutenir les royaumes chrétiens d'Orient affaiblis. Il mourut en 1270, lors de sa huitième croisade, aux pieds des remparts de Tunis. Saint Louis est le patron des coiffeurs et des passementiers.

Louis XIV (1638-1715) accéda au trône à l'âge de 5 ans. Afin de le préparer à son règne personnel, le jeune Louis fut placé, durant dix-huit ans, sous la régence de sa mère, Anne d'Autriche. Conseillé par Colbert, il développa le commerce et réorganisa l'armée, l'administration et les finances du pays. Contemporain de Molière, La Fontaine et Lully, le Roi-Soleil a favorisé le rayonnement des arts et des sciences de la France dans le monde.

Louis Pasteur (1822-1895), chimiste et biologiste français, découvrit le processus de pasteurisation et le vaccin contre la rage au XIXᵉ siècle. Louis Aragon a fondé le mouvement surréaliste français au début du XXᵉ siècle.

Statistiques : Louis est le 7ᵉ prénom masculin le plus donné en France depuis le début du XXIᵉ siècle. On peut estimer qu'il sera attribué à un garçon sur 97 en 2015.

Lothaire 350
Illustre guerrier (germanique). Variantes : Lothar, Luther. Caractérologie : connaissances, sagacité, spiritualité, sensibilité, raisonnement.

Lou 2 000
Illustre au combat (germanique), lumière (celte). En dehors de l'Hexagone, Lou est plus particulièrement répandu dans les pays anglophones. Caractérologie : créativité, optimisme, sociabilité, communication, pragmatisme.

Louan 1 000 TOP 700
Lumière (celte). Voir Loan. Prénom breton. Variante : Louen. Caractérologie : intégrité, altruisme, idéalisme, dévouement, réflexion.

Louca 2 000 TOP 300
Lumière (latin). Caractérologie : originalité, spiritualité, sagacité, connaissances, philosophie.

Loucas 1 500 TOP 400
Lumière (latin). Caractérologie : leadership, vitalité, stratégie, ardeur, achèvement.

Louis 195 000 TOP 50
Illustre au combat (germanique). Variantes : Lewis, Lowie. Caractérologie : persévérance, structure, sécurité, efficacité, raisonnement.

Louis-Alexandre 300 TOP 2000
Forme composée de Louis et Alexandre. Caractérologie : caractère, savoir, intelligence, logique, méditation.

Louis-Marie 1 500

Forme composée de Louis et Marie. On peut estimer que moins de 30 enfants seront prénommés ainsi en 2015. Caractérologie : curiosité, dynamisme, courage, caractère, logique.

Louison  3 000 TOP 400

Illustre au combat (germanique). Ce prénom mixte est désormais porté par un nombre égal de filles et de garçons. Caractérologie : décision, bienveillance, paix, conscience, logique.

Louis-Victor 170

Forme composée de Louis et Victor. Caractérologie : direction, dynamisme, audace, organisation, analyse.

Louka  7 000 TOP 100

Lumière (latin). Variante : Louki. Caractérologie : famille, équilibre, influence, sens des responsabilités, gestion.

Loukas  950 TOP 500

Lumière (latin). Caractérologie : analyse, indépendance, courage, dynamisme, curiosité.

Lounès  1 500 TOP 500

Compagnon de fortune (arabe). Variante : Lounis. Caractérologie : audace, découverte, énergie, originalité, séduction.

Lounis  1 000 TOP 700

Compagnon de fortune (arabe). Caractérologie : logique, humanité, décision, rectitude, rêve.

Loup  1 500 TOP 700

Loup (latin). Caractérologie : innovation, autorité, énergie, autonomie, ambition.

Loyd 170

Cheveux gris (gallois). Caractérologie : médiation, fidélité, intuition, relationnel, adaptabilité.

Loys 300 TOP 2000

Illustre au combat (germanique). Caractérologie : vitalité, achèvement, ardeur, stratégie, leadership.

Luan 450 TOP 2000

Lumière (celte). Voir Loan. Caractérologie : enthousiasme, pratique, communication, adaptation, générosité.

Lubin 2 000 TOP 300

Loup (latin). Masculin français. Caractérologie : honnêteté, sécurité, persévérance, structure, efficacité.

Luc 58 000 TOP 400

Lumière (latin). Voir le zoom dédié à Lucas. Caractérologie : réflexion, intégrité, altruisme, idéalisme, dévouement.

Luca 12 000 TOP 200

Lumière (latin). Voir le zoom dédié à Lucas. Caractérologie : dynamisme, audace, direction, indépendance, assurance.

Lucas 139 000 TOP 50

Lumière (latin). Variantes : Lucca, Luck, Lucka, Luckas, Lucke. Caractérologie : réceptivité, sociabilité, diplomatie, bonté, loyauté.

Lucian 400 TOP 700

Lumière (latin). Prénom anglais et roumain. Caractérologie : exigence, influence, famille, équilibre, détermination.

LUCAS

Fête : 18 octobre

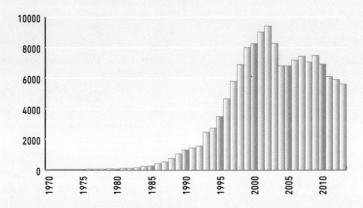

Étymologie : dérivé de Luc, du latin *lux*, « lumière ». Ce prénom employé au Moyen Âge est longtemps resté dans l'ombre de Luc. Attribué en référence au saint qui en porta le nom, Luc se diffusa dans les pays chrétiens dès les premiers siècles, et traversa l'histoire sans jamais disparaître. Les années 1960 marquent le dernier boom de ses attributions, particulièrement soutenues par le triomphe de Jean-Luc. Le reflux de ces prénoms crée une opportunité que Lucas saisit dans les années 1980. Surgissant sous les traits d'un prénom neuf, il se précipite au sommet du classement en 2002. Il trône à deux reprises sur le tableau masculin avant de jeter l'éponge. Lucas devrait figurer dans les 6 premiers rangs du palmarès 2015.

172

Sous ses différentes graphies, Lucas rayonne dans les palmarès de nombreux pays occidentaux. Les parents brésiliens, scandinaves, canadiens, wallons et québécois privilégient l'orthographe française de Lucas, tandis que les Romands et les Italiens se passent plus volontiers du « s » final. Dans les pays slaves, c'est Lukas qui l'emporte, tout comme Luke dans les pays anglophones. En Allemagne, Lukas est aujourd'hui dépassé par la popularité de Luca et Luka. En France, les formes européennes de Lucas évoluent encore loin derrière ce dernier. Mais un nouveau venu bouscule cette ordonnance : surgi de nulle part, Louka s'envole à un rythme effréné. Il a franchi la barrière des 1 000 attributions en 2010 et évolue dans le top 90 national. Une étoile filante à ne pas quitter des yeux.

Saint Luc parcourut la Gaule, l'Italie et la Macédoine dans l'objectif d'évangéliser ces régions. Auteur du troisième des quatre Évangiles, il mourut martyr au Iᵉʳ siècle. Il est le patron des peintres.

Saint Lucas, missionnaire dominicain, vécut au Japon au XVIIᵉ siècle.

Personnalités célèbres : Lucas Belvaux, acteur et réalisateur belge né en 1961 ; George Lucas, cinéaste et producteur américain de *La Guerre des étoiles*.

Statistiques : Lucas est le premier prénom masculin le plus donné en France depuis le début du XXIᵉ siècle. On peut estimer qu'il sera attribué à un garçon sur 95 en 2015.

Luciano
🛡 2 000 **TOP 700**

Lumière (latin). Luciano est très répandu en Italie et dans les pays hispanophones et lusophones. Variantes : Lucio, Lucius. Caractérologie : enthousiasme, communication, résolution, pratique, analyse.

Lucien
🛡 74 000 **TOP 200**

Lumière (latin). La forme latine Lucius s'est diffusée en Orient chrétien et en Occident aux premiers siècles grâce au culte voué à plusieurs saints porteurs du nom. Lucien, la forme française moderne, émerge bien plus tard : elle devient très à la mode à la fin du XIXᵉ siècle, après que Lucien Bonaparte (1775-1840) l'a illustrée. Elle s'élève encore au 16ᵉ rang français au seuil de son déclin, en 1920. Après une période d'hibernation, Lucien bourgeonne depuis peu et semble prêt à fleurir de nouveau. Caractérologie : dynamisme, direction, audace, indépendance, assurance.

Lucky
🛡 200

Lumière (latin). Caractérologie : idéalisme, dévouement, intégrité, altruisme, réflexion.

Ludger
🛡 110

Nation, lance (germanique). Masculin allemand. Caractérologie : ténacité, méthode, fiabilité, engagement, cœur.

Ludovic
🛡 122 000 **TOP 700**

Illustre au combat (germanique). Masculin anglais et français. Caractérologie : équilibre, influence, famille, exigence, raisonnement.

Ludovick
🛡 250

Illustre au combat (germanique). Variantes : Ludo, Ludovic, Ludovik. Forme basque : Lodoviko. Caractérologie : connaissances, sagacité, spiritualité, originalité, logique.

Ludwig
🛡 3 000 **TOP 2000**

Illustre au combat (germanique). Lidwig est plus particulièrement usité en Allemagne et en Alsace. On peut estimer que moins de 30 enfants seront prénommés ainsi en 2015. Variantes : Ludwick, Ludwik. Caractérologie : ténacité, engagement, méthode, fiabilité, sympathie.

Luigi 🏵 4 000 TOP 800 ⬇

Illustre au combat (germanique). Luigi est très répandu en Italie et en Corse. Variantes : Luidgi, Luidji, Luiggi. Caractérologie : structure, persévérance, sécurité, honnêteté, efficacité.

Luis 🏵 7 000 TOP 400 ➡

Illustre au combat (germanique). Luís est très répandu dans les pays hispanophones et lusophones. Variante : Luiz. Caractérologie : méditation, intelligence, savoir, indépendance, sagesse.

Luka 🏵 7 000 TOP 200 ➡

Lumière (latin). Luka est répandu en Russie, en Macédoine et dans les pays slaves méridionaux. Caractérologie : rectitude, humanité, rêve, organisation, tolérance.

Lukas 🏵 7 000 TOP 300 ⬊

Lumière (latin). Lukas est très répandu en Allemagne, en Autriche et dans les pays scandinaves. Caractérologie : dynamisme, audace, direction, indépendance, organisation.

Luke 🏵 1 000 TOP 1000 ➡

Lumière (latin). Luke est très répandu dans les pays anglophones. Caractérologie : fiabilité, méthode, engagement, ténacité, sens du devoir.

Lyam 🏵 2 000 TOP 200 ⬈

Variante de Liam (irlandais). Caractérologie : réalisation, sagesse, conseil, paix, conscience.

Lydéric 🏵 300 ⬈

Puissant, glorieux (germanique). Dans l'Hexagone, Lydéric est plus traditionnellement usité dans les Flandres. Variante : Ludéric. Caractérologie : persévérance, sécurité, structure, efficacité, sympathie.

Lyès 🏵 2 000 TOP 600 ⬈

Seigneur Dieu (arabe). Variante : Lyess. Caractérologie : spiritualité, connaissances, sagacité, originalité, cœur.

Lylian 🏵 1 500 TOP 800 ⬊

Lys (latin). Caractérologie : direction, dynamisme, audace, résolution, sympathie.

Lyonel 🏵 650

Lion (latin). Caractérologie : médiation, relationnel, intuition, cœur, fidélité.

Lysandre 🏵 600 TOP 600 ⬆

Contraction des prénoms commençant par « Ly » et d'Alexandre. Variante : Lysander. Caractérologie : réalisation, force, ambition, habileté, bonté.

M

M 200

Dans le langage phonétique des texto, M pourrait s'apparenter au verbe aimer. Mais ce prénom est né en 1961, bien avant l'apparition des téléphones portables, et bien avant de devenir le nom de scène du chanteur Mathieu Chedid. D'autres lettres ont depuis fait leur chemin, et une poignée d'enfants ont été prénommés A, L, N, X et Y ces dernières années. On peut douter qu'ils feront beaucoup d'envieux…

Macaire

Bienheureux (grec). Masculin français. Ce prénom est porté par moins de 100 personnes en France. Variantes : Makari, Makary. Caractérologie : dynamisme, curiosité, courage, indépendance, résolution.

Macéo  1 500 TOP 600

Arme médiévale, ou « du domaine de Matthieu » (vieux français). En dehors de l'Hexagone, Maceo est usité dans les pays anglophones. Variantes : Mace, Macey, Macy. Caractérologie : volonté, innovation, énergie, ambition, autonomie.

Madani 600

De la ville (arabe). Caractérologie : équilibre, sens des responsabilités, famille, influence, résolution.

Maddox

Fils du bienfaiteur (gallois). Ce prénom est porté par moins de 30 personnes en France. Caractérologie : intelligence, méditation, sagesse, indépendance, savoir.

Madiane

Se rapporte à un nom de ville (arabe). Ce prénom est porté par moins de 100 personnes en France. Caractérologie : sociabilité, réceptivité, loyauté, diplomatie, résolution.

Madjid 1 500

Noble, glorieux (arabe). On peut estimer que moins de 30 enfants seront prénommés ainsi en 2015. Variantes : Madgid, Majide. Caractérologie : énergie, audace, découverte, originalité, séduction.

Mady  550 TOP 2000

Loué, félicité pour sa droiture (arabe). Caractérologie : réalisation, savoir, méditation, intelligence, indépendance.

Maé 2 000 TOP 200

Chef, prince (celte). Caractérologie : autorité, innovation, ambition, énergie, autonomie.

Maël 35 000 TOP 50

Chef, prince (celte). Variantes : Amaël, Maëlig, Maëlo, Mahel, Mel, Mélaine. Caractérologie : efficacité, persévérance, structure, sécurité, honnêteté.

Maëlan 900 TOP 700

Chef, prince (celte). Prénom breton. Variantes : Maëlann, Maëlien. Caractérologie : énergie, autorité, innovation, autonomie, ambition.

Maëlig 300 →

Chef, prince (celte). Ce prénom breton peut également s'orthographier sans tréma. Caractérologie : relationnel, intuition, réussite, médiation, cœur.

Maëlo  150 TOP 2000

Combinaison de Maël et des prénoms se terminant en « o ». Caractérologie : ambition, ténacité, direction, énergie, innovation.

Magnus

Le grand (latin). Masculin scandinave. Ce prénom est porté par moins de 100 personnes en France. Caractérologie : communication, bonté, enthousiasme, réalisation, pratique.

Mahdi  1 500 TOP 500 ↑

Loué, félicité pour sa droiture (arabe). Variantes : Madi, Mady. Caractérologie : habileté, force, passion, ambition, management.

Mahé  4 000 TOP 200 ↗

Forme bretonne de Mathieu : don de Dieu (hébreu). Mahe s'écrit également sans accent. Variante : Mazen. Caractérologie : humanité, rectitude, rêve, générosité, tolérance.

Maher 650 TOP 700 ↑

Celui qui excelle (arabe). Variante : Mahir. Caractérologie : ouverture d'esprit, rectitude, rêve, décision, humanité.

Mahin

Puissant, extraordinaire (sanscrit). Masculin indien d'Asie. Ce prénom est porté par moins de 30 personnes en France.

Caractérologie : idéalisme, résolution, réflexion, altruisme, intégrité.

Mahmoud 1 000 TOP 2000 →

Digne d'éloges (arabe). Variante : Mamoud. Caractérologie : pragmatisme, optimisme, créativité, sociabilité, communication.

Maïeul 120

Le mois de mai (latin). Caractérologie : intelligence, savoir, méditation, indépendance, détermination.

Maixent 300 →

Le plus grand (latin). Caractérologie : audace, découverte, énergie, caractère, décision.

Majid 1 500 →

Noble, glorieux (arabe). On peut estimer que moins de 30 enfants seront prénommés ainsi en 2015. Variante : Majdi. Caractérologie : indépendance, assurance, direction, audace, dynamisme.

Majoric

Grand (latin). Ce prénom est porté par moins de 100 personnes en France. Caractérologie : équilibre, sens des responsabilités, influence, famille, logique.

Malcolm 1 500  TOP 2000 ↓

Disciple de sainte Colombe (gaélique). Masculin anglais. On peut estimer que moins de 30 enfants seront prénommés ainsi en 2015. Variante : Malcom. Caractérologie : conseil, bienveillance, sagesse, conscience, paix.

MAËL

Fête : 24 mai

Étymologie : du celte, « chef, prince ». Maël a longtemps été méconnu en dehors de son Armorique natale. Il le serait encore si la vague des prénoms bretons ne l'avait pas révélé. Parti avec une longueur d'avance sur Mathéo, Maël s'impose dans le top 40 français à la fin des années 1990. Il semble avoir atteint ses limites lorsque l'essor des prénoms bibliques lui redonne des ailes : le « el » de Maël ne rime-t-il pas avec Gabriel et Raphaël ? Fort de ce soutien inespéré, Maël pourrait s'établir au 20e rang du classement 2015.

Les dérivés de Maël sont nombreux, surtout au féminin. En forte croissance, Maëlle, Maëlla, Maélie et Maély se distinguent de leur groupe. Elles sont distancées par Maëlys qui est devenue, en quelques années, un choix incontournable. Les dérivés masculins se font plus discrets. Citons Amaël, Maëlan, Maëlig et Mel parmi ceux qui progressent le plus.

Maël fait peu d'émules à l'international mais il figure dans les tops 60 suisse romand et wallon.

Comme il est coutume de le faire en Bretagne, Mael et ses formes dérivées peuvent s'orthographier sans tréma.

D'origine irlandaise ou galloise, **saint Maël** est le neveu de saint Patrick (le patron des Irlandais) et le frère de Rieg. On sait peu de choses sur ce saint qui vécut au Ve siècle.

Statistiques : Maël est le 24e prénom masculin le plus donné en France depuis le début du XXIe siècle. On peut estimer qu'il sera attribué à un garçon sur 130 en 2015. Notons que Louis-Maël, Pierre-Maël, Jean-Maël et Yann-Maël bourgeonnent actuellement en France.

Malek 🏳 2 000 `TOP 700` ↗
Roi (arabe). Caractérologie : sens des responsabilités, famille, équilibre, influence, organisation.

Malik 🏳 10 000 `TOP 400` →
Roi (arabe). Variantes : Maelick, Malik, Malike, Melek, Mélih, Mélik. Caractérologie : ambition, autorité, organisation, innovation, énergie.

Mallory 🏳 600 →
Prince sage (celte). Masculin anglais. Variantes : Malaury, Mallaury. Caractérologie : paix, réussite, conscience, bienveillance, logique.

Malo 🏳 10 000 `TOP 50` ↗
Prince sage (celte). Masculin français et breton. Variante : Malou. Caractérologie : curiosité, dynamisme, courage, indépendance, charisme.

Malone 🏳 2 000 `TOP 300` →
Ancien patronyme irlandais signifiant : « serviteur de saint John ». Variante : Malonn. Caractérologie : bienveillance, volonté, paix, conscience, conseil.

Malory 🏳 300 ↓
Prince sage (celte). Masculin anglais. Caractérologie : pratique, communication, réalisation, enthousiasme, analyse.

Malvin 🏳 300 ↑
Ami de l'assemblée (celte). Masculin anglais. Variante : Malween. Caractérologie : stratégie, vitalité, achèvement, ardeur, résolution.

Mamadou 🏳 5 000 `TOP 400` →
Qui vient d'être sevré (arabe). Caractérologie : audace, énergie, découverte, originalité, séduction.

Manao
Nom de ville située sur la rive du Rio Negro, au Brésil. Ce prénom est porté par moins de 100 personnes en France. Caractérologie : passion, force, meneur, achèvement, habileté.

Mandel
Amande (germanique). Ce prénom est porté par moins de 30 personnes en France. Caractérologie : fiabilité, ténacité, engagement, méthode, sens du devoir.

Manech 🏳 250 `TOP 2000` →
Dieu fait grâce (hébreu), d'une intelligence suprême (sanscrit). Caractérologie : vitalité, ardeur, leadership, stratégie, achèvement.

Manéo
Contraction de Manuel et Néo. Ce prénom est porté par moins de 100 personnes en France. Caractérologie : communication, créativité, pratique, optimisme, adaptation.

Manfred 🏳 550
Homme de paix (germanique). Masculin allemand, néerlandais et anglais. Caractérologie : intelligence, méditation, savoir, détermination, volonté.

Mango
Dieu est avec nous (hébreu). Ce prénom est porté par moins de 30 personnes en France. Caractérologie : audace, volonté, réalisation, énergie, découverte.

Mani 🎖 350 **TOP 2000** →

Joyau (sanscrit). Prénom indien d'Asie. Caractérologie : énergie, décision, ambition, autorité, innovation.

Mano 🎖 550 **TOP 800** ↑

Forme de Manuel ou Manoa. Caractérologie : méditation, caractère, savoir, indépendance, intelligence.

Manoa 🎖 650 **TOP 600** ↑

Reposé, apaisé (hébreu). Caractérologie : passion, habileté, volonté, force, ambition.

Manoah 🎖 550 **TOP 800** →

Reposé, apaisé (hébreu). Dans l'Ancien Testament, Manoah est le père de Samson. Variante : Manoa. Caractérologie : connaissances, spiritualité, caractère, sagacité, originalité.

Manoé 🎖 600 **TOP 400** ↑

Contraction d'Emmanuel et Noé. Caractérologie : pragmatisme, volonté, optimisme, créativité, communication.

Manoël 🎖 550

Contraction d'Emmanuel et Joël. Variantes : Manaël, Mano, Manoé, Manolis, Manolito, Manolo. Caractérologie : paix, bienveillance, conseil, conscience, caractère.

Manolo 🎖 900 **TOP 900** ↘

Dieu est avec nous (hébreu). Prénom espagnol. Caractérologie : savoir, intelligence, ténacité, indépendance, méditation.

Mansour 🎖 950 **TOP 1000** →

Victorieux (arabe). Variante : Manssour. Caractérologie : volonté, sociabilité, diplomatie, réceptivité, raisonnement.

Manu 🎖 500 **TOP 2000** ↘

Penseur, sage (sanscrit), et forme basque de Manuel : Dieu fait grâce (hébreu). Caractérologie : sécurité, efficacité, structure, persévérance, honnêteté.

Manua

L'oiseau porteur de bonheur (tahitien). Ce prénom est porté par moins de 100 personnes en France. Caractérologie : persévérance, structure, honnêteté, sens du devoir, efficacité.

Manuel 🎖 33 000 **TOP 600** →

Dieu est avec nous (hébreu). Manuel est très répandu dans les pays germanophones, lusophones et hispanophones. C'est aussi un prénom traditionnel basque. Caractérologie : pragmatisme, créativité, communication, optimisme, sociabilité.

Marc 🎖 195 000 **TOP 400** ↘

Se rapporte à Mars, Dieu romain de la Guerre. La forme latine Marcus est fréquente dans la Rome antique, mais Marc et ses différentes graphies (Mark, Marcos, Markus, Marek, etc.) se diffusent longtemps après le martyre de saint Marc l'évangéliste au Ier siècle. Mark monte en faveur auprès des puritains anglophones au XVIIe siècle et devient très attribué dans les années 1960 en Occident. Dans l'Hexagone, Marc connaîtra un certain succès de 1940 à 1980, suffisant pour le placer au 44e rang des prénoms les plus attribués en France au XXe siècle. Caractérologie : habileté, force, management, ambition, passion.

Marc-Alexandre 🇫🇷 400 ↗

Forme composée de Marc et Alexandre. Caractérologie : intuition, médiation, relationnel, volonté, raisonnement.

Marcande

Contraction de Marc et André. Ce prénom est porté par moins de 30 personnes en France. Caractérologie : curiosité, indépendance, décision, dynamisme, courage.

Marc-Antoine 🇫🇷 5 000 TOP 900 →

Forme composée de Marc et Antoine. Caractérologie : énergie, audace, découverte, volonté, analyse.

Marceau 🇫🇷 7 000 TOP 200 ↗

Se rapporte à Mars, dieu romain de la Guerre (latin). Caractérologie : ambition, force, passion, habileté, résolution.

Marcel 🇫🇷 147 000 TOP 500 ↑

Se rapporte à Mars, dieu romain de la Guerre (latin). Ce diminutif de Marc a été porté par plusieurs saints, dont saint Marcel, un pape martyrisé au IVe siècle par l'empereur Dioclétien. Malgré sa notoriété, ce prénom tarde à se manifester dans l'Hexagone. Comme s'il avait attendu la naissance de Marcel Proust (1871-1922), ou celle de Marcel Duchamp (1887-1968), Marcel jaillit à la fin du XIXe siècle. Il figure parmi les 10 premiers rangs masculins de 1900 à 1930 et recule lentement ensuite. Frémissant depuis peu, Marcel est sorti de sa désuétude. Fera-t-il renaître ses formes anciennes, Marcus, Marceau et Marcelin ? Variantes : Marcian, Marcien, Marcio. Caractérologie : intelligence, indépendance, savoir, décision, méditation.

Marcelin 🇫🇷 1 000 TOP 800 ↑

Se rapporte à Mars, dieu romain de la Guerre (latin). Caractérologie : détermination, enthousiasme, communication, pratique, adaptation.

Marcellin 🇫🇷 1 500 TOP 2000 →

Se rapporte à Mars, dieu romain de la Guerre (latin). On peut estimer que moins de 30 enfants seront prénommés ainsi en 2015. Variante : Marcello. Caractérologie : sens des responsabilités, famille, influence, équilibre, résolution.

Marcello 🇫🇷 400 ↗

Se rapporte à Mars, dieu romain de la Guerre (latin). Prénom italien. Caractérologie : raisonnement, savoir, méditation, volonté, intelligence.

Marco 🇫🇷 7 000 TOP 500 →

Se rapporte à Mars, dieu romain de la Guerre (latin). Marco est très répandu en Italie, dans les pays hispanophones et lusophones. Variantes : Marcos, Marko. Caractérologie : analyse, courage, dynamisme, curiosité, indépendance.

Marc-Olivier 🇫🇷 800 ↓

Forme composée de Marc et Olivier. Caractérologie : volonté, vitalité, achèvement, stratégie, analyse.

Marcus 🇫🇷 1 500 TOP 300 ↗

Se rapporte à Mars, dieu romain de la Guerre (latin). Ce prénom romain est particulièrement recensé aux Pays-Bas. Variante : Markus. Caractérologie : optimisme, communication, créativité, sociabilité, pragmatisme.

Marek 🎌 350 **TOP 2000** ↗
Se rapporte à Mars, dieu romain de la Guerre (latin). Prénom polonais et tchèque. Caractérologie : pragmatisme, créativité, communication, optimisme, détermination.

Marian 🎌 1 500 **TOP 2000** →
Celui qui élève (hébreu). Prénom anglais et roumain. On peut estimer que moins de 30 enfants seront prénommés ainsi en 2015. Caractérologie : réceptivité, décision, sociabilité, diplomatie, loyauté.

Mariano 🎌 1 000 **TOP 2000** ↑
Celui qui élève (hébreu). Mariano est très répandu en Italie, dans les pays hispanophones et lusophones. Variante : Marianno. Caractérologie : détermination, force, ambition, volonté, habileté.

Marien 🎌 600 ↘
Celui qui élève (hébreu). Caractérologie : famille, équilibre, sens des responsabilités, influence, décision.

Marin 🎌 5 000 **TOP 300** →
Mer (latin). En dehors de l'Hexagone, Marin est plus particulièrement usité en Croatie. Caractérologie : ambition, décision, autorité, innovation, énergie.

Mario 🎌 14 000 **TOP 700** ↘
Celui qui élève (hébreu). Mario est très répandu en Italie, dans les pays hispanophones et lusophones. Caractérologie : diplomatie, réceptivité, loyauté, sociabilité, bonté.

Marius 🎌 25 000 **TOP 100** ↗
Nom de famille romain, mer (latin). Ce patronyme émerge sous la forme de prénom au XIXe siècle en France et dans plusieurs pays européens. Il s'affiche au 27e rang français en 1910, son dernier point culminant, bien avant d'inspirer le *Marius* de Marcel Pagnol (pièce de théâtre imprimée en 1928). Sans avoir jamais disparu, Marius renaît en fin de siècle après avoir été discret. À défaut de s'être enraciné en Provence, il se rencontre plus particulièrement dans le nord-ouest de la France. En dehors de l'Hexagone, Marius est répandu en Roumanie, dans les pays néerlandophones, scandinaves et germanophones. Caractérologie : humanité, rectitude, rêve, générosité, tolérance.

Mark 🎌 1 500 **TOP 2000** →
Se rapporte à Mars, dieu romain de la Guerre (latin). Masculin anglais, russe, néerlandais, slovène et hongrois. Variante : Marck. Caractérologie : connaissances, sagacité, spiritualité, originalité, philosophie.

181

Marley 🎌 1 500 **TOP 300** ↗
De la terre des lacs (vieil anglais). Caractérologie : médiation, relationnel, intuition, réussite, cœur.

Marlon 🎌 2 000 **TOP 400** ↗
Faucon (anglais). Ce prénom est particulièrement recensé aux États-Unis. Variante : Marlone. Caractérologie : audace, dynamisme, caractère, direction, logique.

MARTIN

Fête : 11 novembre

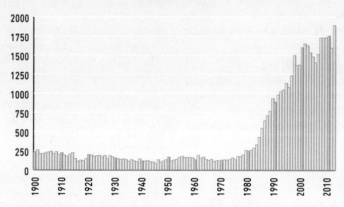

Étymologie : ce dérivé du latin *martinus* se rapporte à Mars, le dieu romain de la Guerre. Martin est le patronyme le plus répandu en France mais il est aussi très présent par le nombre de rues et lieux qui portent son nom. C'est l'immense popularité de saint Martin de Tours, évangélisateur de la Gaule au IVᵉ siècle, qui fit prospérer le nom dans toute l'Europe. Au Moyen Âge, avant même d'être porté par une lignée de 5 papes, Martin est déjà très courant.

Après une période de retrait, Martin revient en faveur au XXᵉ siècle dans les pays anglophones, germanophones, slaves et scandinaves. Sans descendre en deçà des 100 attributions annuelles, il végète de longues années en France avant de renaître dans les années 1990. Son ascension, lente mais constante, porte ses fruits : après avoir rejoint l'élite parisienne, il grimpe dans le top 30 français.

En dehors de l'Hexagone, Martin progresse en Wallonie et vient de s'imposer au 20ᵉ rang espagnol. Cette percée augure peut-être de succès européens à venir…

Frère augustin, théologien et professeur d'université, **Martin Luther** (1483-1546) défie le pape en soutenant que la Bible est l'unique source légitime d'autorité chrétienne. Banni de l'Empire au lendemain de la diète de Worms présidée par l'empereur Charles Quint (en 1521), il traduit la Bible en allemand et s'attelle à la réforme de l'Église. Il est le père du protestantisme.

Pasteur baptiste afro-américain, militant non-violent pour les droits des noirs, **Martin Luther King** (1929-68) organise des actions pacifiques pour défendre le droit de vote, abolir la ségrégation raciale et lutter contre les inégalités. Il est l'auteur du célèbre : « I have a dream », central au discours du 28 août 1963 à Washington, dans lequel il promeut l'espoir d'une plus grande justice sociale et d'une fraternité entre les communautés. Il reçoit le prix Nobel de la Paix en 1964 et meurt assassiné à Memphis en 1968.

Autres personnalités célèbres : Martin Scorsese, réalisateur américain né en 1942 ; Martin Heidegger (1889-1976), philosophe allemand.

Statistiques : Martin est le 42e prénom masculin le plus donné en France depuis le début du XXIe siècle. On peut estimer qu'il sera attribué à un garçon sur 145 en 2015.

Marouan 700
Roche, quartz (arabe). Caractérologie : volonté, sociabilité, réceptivité, raisonnement, diplomatie.

Marouane 2 000
Roche, quartz (arabe). Variantes : Maroin, Maroine, Marouen. Caractérologie : spiritualité, connaissances, volonté, sagacité, raisonnement.

Martial 27 000 TOP 2000
Se rapporte à Mars, dieu romain de la Guerre (latin). Masculin français. On peut estimer que moins de 30 enfants seront prénommés ainsi en 2015. Variantes : Marcial, Mars, Martel, Marti, Martian, Martie, Marty. Caractérologie : intuition, organisation, médiation, relationnel, fidélité.

Martin  44 000
Se rapporte à Mars, dieu romain de la Guerre (latin). Variantes : Marteen, Martino, Marty, Morten. Caractérologie : pratique, adaptation, communication, détermination, enthousiasme.

Marvin  10 000 TOP 400
Ami de la mer (anglais). Marvin est très répandu dans les pays anglophones. Variantes : Marveen, Marvine, Marving. Caractérologie : curiosité, dynamisme, courage, décision, indépendance.

Marvyn 1 500 TOP 2000
Ami de la mer (anglais). Variantes : Marwen, Marwin. Caractérologie : enthousiasme, réalisation, communication, pratique, détermination.

Marwan  5 000 TOP 300
Roche, quartz (arabe). Caractérologie : intelligence, indépendance, méditation, savoir, résolution.

Marwane 3 000 TOP 400
Roche, quartz (arabe). Caractérologie : communication, pratique, adaptation, enthousiasme, détermination.

Maryan 550
Celui qui élève (hébreu). Variante : Mary. Caractérologie : humanité, rêve, réalisation, rectitude, résolution.

Massimo 850

Le plus grand (latin). Prénom italien. Caractérologie : management, ambition, force, habileté, passion.

Matei 300 **TOP 800**

Don de Dieu (hébreu). Masculin roumain et basque. Variantes : Matej, Matvei, Matvey. Caractérologie : pragmatisme, communication, décision, optimisme, créativité.

Mateo 15 000 **TOP 200**

Don de Dieu (hébreu). En faveur dans les années 1990, ce prénom venu d'Espagne a lancé la carrière de Mathéo. Caractérologie : intégrité, idéalisme, altruisme, réflexion, caractère.

Mathéis 600 **TOP 400**

Contraction de Mathéo et Mathis. Mathéis a été recensé pour la première fois dans l'Hexagone en 2008. Caractérologie : communication, générosité, détermination, adaptation, émotion.

Mathelin

Don de Dieu (hébreu). Ce prénom est porté par moins de 30 personnes en France. Variante : Matelin. Caractérologie : direction, audace, sensibilité, détermination, dynamisme.

Mathéo 42 000 **TOP 50**

Don de Dieu (hébreu). Caractérologie : ambition, force, caractère, habileté, attention.

Mathias 32 000 **TOP 200**

Don de Dieu (hébreu). En dehors de l'Hexagone, Mathias est répandu dans les pays germanophones et scandinaves. Variante : Matias. Caractérologie : force, habileté, passion, ambition, management.

Mathieu 143 000 **TOP 200**

Don de Dieu (hébreu). Doté d'un saint apôtre très célèbre, Mathieu est assez commun au Moyen Âge. Il connaît une faveur accrue au XVIe siècle, durant la Réforme, avant de se mettre en veille jusqu'à la fin du XXe. Il renaît dans le monde occidental et les pays slaves sous ses nombreuses graphies (Mathew et Matthew en anglais, Matteo en espagnol, Mateo en italien, Matvei en russe, etc.). En France, Mathieu se place 11e en 1986, l'année de son apogée, avant d'être supplanté par Matteo et Mathéo. ◇ Percepteur des impôts au bureau de douane de Capharnaüm (en Galilée), saint Matthieu quitta son travail afin de suivre le Christ. Choisi comme apôtre, il écrivit le premier des quatre Évangiles et partit évangéliser l'Éthiopie. Caractérologie : découverte, énergie, audace, décision, attention.

Mathis 64 000 **TOP 50**

Don de Dieu (hébreu). Caractérologie : originalité, spiritualité, connaissances, philosophie, sagacité.

Mathurin 2 000 **TOP 900**

Maturité (latin). Caractérologie : curiosité, courage, décision, dynamisme, attention.

Mathys 19 000 **TOP 50**

Don de Dieu (hébreu). Voir Mathis. Caractérologie : découverte, énergie, audace, réalisation, originalité.

MATHÉO, MATHIS

Fête : 21 septembre

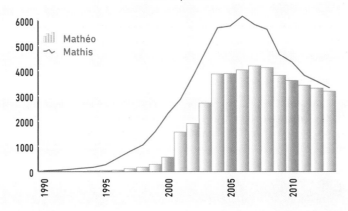

Étymologie : de l'hébreu *mattahïah*, « don de Dieu ». Qui aurait pu croire que Mathieu serait un jour devancé par ses formes dérivées ? La récente gloire de Mathis et Mathéo est d'autant plus remarquable que ce duo était pratiquement inconnu il y a trente ans. Ces prénoms ne se sont pas contentés d'éclipser Mathieu : Matteo, la star italienne des années 1990, a dû elle aussi s'incliner. Nul doute que cette dernière a semé la gloire de Mathéo à ses dépens.

Cette forme française, ou plutôt bretonne, de Mathieu est apparue un an après l'émergence de Matteo. L'engouement des parents a été d'autant plus rapide que la vague des prénoms régionaux propulsait déjà Maëlys, Lena et Maël vers le sommet. De sorte que si les Bretons le connaissent depuis longtemps, c'est dans toute la France que Mathéo s'est répandu. En 2015, Mathéo devrait cependant chuter à la 25e place du palmarès national.

En dehors de l'Hexagone, Mathéo brille dans le classement wallon tandis que Matteo gravite dans l'élite suisse romande.

Percepteur des impôts au bureau de douane de Capharnaüm (en Galilée), **saint Matthieu** quitta son travail afin de suivre le Christ. Choisi comme apôtre, il écrivit le premier des quatre Évangiles et partit le prêcher en Éthiopie. Saint Mathieu est le patron des banquiers, des comptables, des douaniers et des inspecteurs des impôts.

La carrière de Mathis est différente. Bien qu'il ait prénommé quelques Français au début du XXe siècle, Mathis est pratiquement inconnu avant les années 1990. C'est alors qu'il émerge avec tout l'attrait d'un prénom neuf, et qu'il s'impose comme l'héritier moderne de Mathias et Mathieu. Il bondit au 3e rang du palmarès en 2006 et reste aujourd'hui l'un des 40 premiers prénoms français.

En dehors de l'Hexagone, Mathis campe dans le top 20 québécois et chute des cimes wallonnes, suisses romandes et allemandes. Quant à sa carrière scandinave, elle est pour l'heure balbutiante.

Personnalité célèbre : Matteo de Pasti, sculpteur italien du XVe siècle.

Statistiques : Mathéo est le 21e prénom masculin le plus donné en France depuis le début du XXIe siècle. On peut estimer qu'il sera attribué à un garçon sur 140 en 2015. **Mathis** devrait prénommer un garçon sur 160 et figurer au 18e rang de ce palmarès.

Matis
Don de Dieu (hébreu). Variantes : Mathiss, Mathyss, Matiss, Mattis, Matys, Matyss, Matysse. Caractérologie : force, passion, ambition, habileté, management.

Matisse
Don de Dieu (hébreu). Caractérologie : résolution, originalité, découverte, énergie, audace.

Matt 🛡 2 000 TOP 400 →
Diminutif anglophone de Mathieu. Caractérologie : ouverture d'esprit, humanité, générosité, rêve, rectitude.

Matteo 🛡 31 000 TOP 100 ↘
Don de Dieu (hébreu). Voir le zoom dédié à Mathéo. Variantes : Mathéos, Mateos. Caractérologie : médiation, fidélité, relationnel, intuition, volonté.

Matthéo 🛡 3 000 TOP 500 ↘
Don de Dieu (hébreu). Caractérologie : direction, audace, dynamisme, attention, caractère.

Matthew 🛡 3 000 TOP 300 ↗
Don de Dieu (hébreu). Matthew est très répandu dans les pays anglophones. Variantes : Mathew, Matt, Matteu, Mattew, Mattie, Matthaeus, Mattheus. Caractérologie : rectitude, rêve, humanité, ouverture d'esprit, finesse.

Matthias 🛡 14 000 TOP 300 ↓
Don de Dieu (hébreu). Matthias est très répandu en Allemagne et en Grèce. Variantes : Mattia, Mattias. Caractérologie : audace, direction, dynamisme, indépendance, assurance.

Matthieu 🛡 77 000 TOP 200 ↘
Don de Dieu (hébreu). Percepteur des impôts au bureau de douane de Capharnaüm (en Galilée), saint Matthieu quitta son travail afin de suivre le Christ. Choisi

comme apôtre, il écrivit le premier des quatre Évangiles et partit évangéliser l'Éthiopie. Saint Matthieu est le patron des banquiers, des comptables, des douaniers et des inspecteurs des impôts. Variante : Mattieu. Caractérologie : résolution, savoir, finesse, méditation, intelligence.

Matthis
🌸 3 000 (TOP 800)

Don de Dieu (hébreu). Variantes : Mattis, Matthys, Mattys. Caractérologie : rectitude, rêve, tolérance, humanité, générosité.

Maudez

Serviteur, jour (celte). Venu d'Irlande, saint Maudez s'installa en Bretagne au Vᵉ ou VIᵉ siècle. Masculin breton. Ce prénom est porté par moins de 100 personnes en France. Caractérologie : savoir, sagesse, méditation, indépendance, intelligence.

Maurice
🌸 119 000

Sombre, foncé (latin). Général de la légion thébaine et martyr au IIIᵉ siècle, saint Maurice est le patron des militaires et des teinturiers. En dehors de l'Hexagone, ce prénom est très répandu dans les pays anglophones. On peut estimer que moins de 30 enfants seront prénommés ainsi en 2015. Variantes : Mauricio, Maurilio, Moris, Moriss. Caractérologie : intelligence, méditation, savoir, décision, indépendance.

Maurin
🌸 200

Celui qui élève (hébreu). Caractérologie : efficacité, persévérance, structure, détermination, sécurité.

Maverick
🌸 450

L'indépendant (anglais). Maverick est essentiellement recensé aux États-Unis.

Variante : Mavrick. Caractérologie : dynamisme, résolution, direction, organisation, audace.

Max
🌸 26 000 (TOP 300)

Le plus grand (latin). En dehors de l'Hexagone, Max est répandu dans les pays germanophones, anglophones et scandinaves. Voir Maxime. Caractérologie : relationnel, intuition, adaptabilité, médiation, fidélité.

Maxandre
🌸 550 (TOP 900) →

Contraction de Maxime et Alexandre. Caractérologie : force, ambition, résolution, habileté, volonté.

Maxence
🌸 48 000 (TOP 50) →

Le plus grand (latin). Attesté au Moyen Âge, ce dérivé de Maxime est très rare jusqu'à son émergence dans les années 1970. Il rencontre alors un engouement qui l'élève dans les 30 premiers rangs français en 2005. Il n'a pas toujours été masculin comme c'est le cas aujourd'hui. Cet ancien prénom mixte a été porté par un empereur romain vaincu en 312 par Constantin, et sainte Maxence, une princesse écossaise assassinée pour sa foi au Vᵉ siècle. Caractérologie : diplomatie, réceptivité, sociabilité, loyauté, caractère.

Maxens
🌸 900 (TOP 700) →

Le plus grand (latin). Variante : Maxance. Caractérologie : persévérance, structure, volonté, sécurité, efficacité.

Maxent
🌸 110 (TOP 2000)

Le plus grand (latin). Variante : Maxen. Caractérologie : volonté, courage, indépendance, curiosité, charisme.

MAXIME

Fête : 14 avril

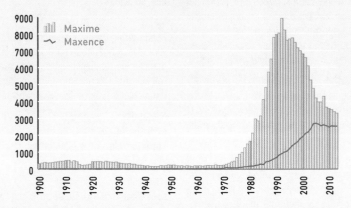

Étymologie : du latin *maximus*, « le plus grand ». Ce prénom a été porté par trois empereurs romains et de nombreux saints. Malgré son antériorité, il est peu attribué avant la fin des années 1970, époque charnière de son envol français. Il est l'un des 5 prénoms les plus donnés de 1992 à 2000, avant d'être happé par le repli des choix de source romaine. Mais contrairement à Romain, Adrien et Quentin qui s'effondrent, Maxime est encore posté aux portes du top 20 français. L'engouement que les Parisiens lui portent encore est-il la clé de sa longévité ?

Dans les pays francophones, le reflux de Maxime s'accentue mais il se maintient toujours dans les tops 20 wallon et romand. De leur côté, Maksim et Maxim occupent les premières marches du podium russe. Ces variantes sont également attribuées en Allemagne, mais pas autant que Maximilian qui se place 11e outre-Rhin.

De son côté, Maxence a été attribué à une poignée de garçons jusque dans les années 1970. Ce dérivé de Maxime construit peu à peu sa carrière et pourrait bientôt intégrer le top 30 français.

Magnus Clemens Maximus, empereur romain de 383 à 388, établit sa capitale à Trèves et régna sur Rome, la Gaule et l'Espagne. Il fut vaincu par Théodose Ier alors qu'il venait de conquérir l'Italie.

Maxence, empereur romain, fut vaincu en 312 par Constantin.

De nombreux saints ont porté ce prénom. Le 14 avril honore la mémoire de **saint Maxime**, martyr à Rome au IIIe siècle.

Personnalités célèbres : Maxime Le Forestier, chanteur, auteur, compositeur français ; Maxime Gorki, écrivain russe.

Une **maxime** est une règle de conduite, un principe, et parfois un proverbe. Dans ses *Maximes*, La Rochefoucauld construisit une réflexion sur la nature humaine.

Statistiques : Maxime est le 19e prénom masculin le plus donné en France depuis le début du XXIe siècle. On peut estimer qu'il sera attribué à un garçon sur 130 en 2015. **Maxence** devrait prénommer un garçon sur 180 et figurer au 33e rang de ce palmarès.

Maxim 2 000
Le plus grand (latin). Maxim est très répandu en Russie. Caractérologie : paix, conscience, conseil, bienveillance, sagesse.

Maxime 192 000
Le plus grand (latin). Variantes : Handi, Maïme, Maximien, Maximin, Maximino, Maximo, Maxym, Maxyme. Caractérologie : médiation, intuition, relationnel, caractère, décision.

Maximilien 9 000
Le plus grand (latin). Prénom français. La forme allemande et anglophone Maximilian est très en vogue en Allemagne actuellement. Variantes : Maximilian, Maximiliano, Maximillien. Caractérologie : innovation, autorité, énergie, volonté, raisonnement.

Maximin 2 000
Le plus grand (latin). On peut estimer que moins de 30 enfants seront prénommés ainsi en 2015. Caractérologie : relationnel, intuition, volonté, médiation, détermination.

Mayan
Masculin de Mayane, une contraction de Maya et Anne. Ce prénom est porté par moins de 100 personnes en France. Caractérologie : intégrité, altruisme, réflexion, idéalisme, réalisation.

Mayer
Grand (latin). Ce prénom est porté par moins de 30 personnes en France. Caractérologie : résolution, réalisation, achèvement, stratégie, vitalité.

Mayeul 1 500
Le mois de mai (latin). Prénom breton. Variantes : Maïeul, Mayol. Caractérologie : réussite, découverte, audace, cœur, énergie.

Mayron 1 000
Myrrhe (araméen). Variante : Myron. Caractérologie : volonté, dynamisme, curiosité, courage, réalisation.

189

Médard 400

Fort (germanique). Caractérologie : rectitude, ouverture d'esprit, rêve, humanité, détermination.

Meddy 1 500 **TOP 2000**

Le guide éclairé par Dieu (arabe). On peut estimer que moins de 30 enfants seront prénommés ainsi en 2015. Caractérologie : influence, équilibre, famille, sens des responsabilités, exigence.

Médéric 3 000

Puissant, fort (germanique). On peut estimer que moins de 30 enfants seront prénommés ainsi en 2015. Variante : Médérick. Caractérologie : adaptation, pratique, enthousiasme, communication, générosité.

Medhi 4 000 **TOP 1000**

Le guide éclairé par Dieu (arabe). Caractérologie : adaptation, pratique, générosité, communication, enthousiasme.

Mehdi 40 000 **TOP 200**

Le guide éclairé par Dieu (arabe). Ce prénom est particulièrement porté dans les cultures musulmanes. Variantes : Mehdy, Medhy, Médi, Médy, Mehedi, Meidhi, Meidi, Meidy, Meihdi, Mhedi, Mheidi. Caractérologie : enthousiasme, générosité, pratique, communication, adaptation.

Mehmet 3 000 **TOP 700**

Digne d'éloges (arabe). Caractérologie : dynamisme, audace, sensibilité, direction, indépendance.

Meinrad

Fort, conseiller (germanique). Masculin allemand. Ce prénom est porté par moins de 30 personnes en France. Caractérologie : autorité, innovation, ambition, énergie, résolution.

Meïr 250

Qui apporte la lumière (hébreu). Caractérologie : intégrité, altruisme, idéalisme, réflexion, dévouement.

Mel 350

Diminutif international des prénoms formés avec Mel, ou forme diminutive de Maël. Caractérologie : communication, optimisme, pragmatisme, créativité, sociabilité.

Mélaine 250

Noir, peau brune (grec), ou forme dérivée de Maël. Prénom breton. Caractérologie : dynamisme, curiosité, courage, résolution, indépendance.

Melchior 800 **TOP 2000**

Roi (persan). Selon la tradition chrétienne, Melchior, l'un des trois Rois mages venus d'Orient, se laissa guider par une étoile jusqu'à Bethléem. Lorsqu'il se présenta devant l'Enfant Jésus, il lui offrit de l'encens pour l'honorer comme roi. Caractérologie : relationnel, médiation, intuition, caractère, logique.

Melville **TOP 2000**

Qui habite sur une mauvaise terre (vieux français). Ce prénom est porté par moins de 100 personnes en France. Variante : Melvil. Caractérologie : idéalisme, réflexion, altruisme, intégrité, dévouement.

Melvin  10 000 **TOP 300**

Ami de l'assemblée (celte). Melvin est répandu dans les pays anglophones.

Variante : Melvine. Caractérologie : adaptation, communication, pratique, générosité, enthousiasme.

Melvyn 4 000 **TOP 400**
Ami de l'assemblée (celte). Masculin anglais. Variante : Melwin. Caractérologie : direction, audace, amitié, dynamisme, indépendance.

Menahem 350
Qui conforte (hébreu). Caractérologie : découverte, énergie, audace, originalité, séduction.

Mendel 200
Diminutif de Menahem : qui conforte (hébreu). Caractérologie : achèvement, vitalité, ardeur, stratégie, leadership.

Mendy 400
Diminutif masculin anglophone de Marie ou d'Emmanuel. Mendi signifie « montagne » en basque. Forme basque : Mendi. Caractérologie : spiritualité, connaissances, originalité, philosophie, sagacité.

Meo
Diminutif probable de Bartolomeo : fils de Tolomai (araméen). Ce prénom est porté par moins de 100 personnes en France. Caractérologie : caractère, conscience, paix, conseil, bienveillance.

Meriadec 200
Front (celte). Prénom breton. Variante : Meriadeg. Caractérologie : fiabilité, ténacité, méthode, engagement, détermination.

Méric 170
Puissant (germanique). Caractérologie : communication, créativité, pragmatisme, sociabilité, optimisme.

Merlin 1 500 **TOP 600**
Forteresse sur la mer (gallois). Dans la légende arthurienne, Merlin, dit l'Enchanteur, est le magicien qui commande les éléments naturels et les animaux. Caractérologie : passion, force, ambition, habileté, management.

Merwan  1 000 **TOP 2000**
Roche, quartz (arabe). Variantes : Merouan, Merouane, Merwane. Caractérologie : médiation, relationnel, intuition, fidélité, résolution.

Meryl 350 **TOP 2000**
Celui qui élève (hébreu). Masculin anglais. Variantes : Meril, Merryl, Mery, Merry, Meryll. Caractérologie : énergie, ambition, autorité, innovation, sympathie.

Messaoud 1 000
Porte-bonheur (arabe). Caractérologie : intelligence, savoir, méditation, caractère, indépendance.

Meven 600 **TOP 2000**
Heureux, joyeux (celte). Prénom breton. Caractérologie : courage, curiosité, dynamisme, indépendance, charisme.

Michaël 88 000 **TOP 600**
Qui est comme Dieu (hébreu). En dehors de l'Hexagone, Michael est très répandu dans les pays anglophones. Variantes : Micaël, Micha, Micham, Micheal, Miel, Misha, Mitch. Caractérologie : résolution,

COMMENT LES CÉLÉBRITÉS PRÉNOMMENT-ELLES LEURS ENFANTS ?

Nous nous intéressons de plus en plus au monde du spectacle et cet intérêt se répercute sur les prénoms que nous donnons à nos enfants. Nous les appelons comme nos vedettes préférées mais aussi, parfois, comme leurs propres bébés.

Voici un bouquet de prénoms masculins choisis par des people pour leur progéniture.

- Aaron chez Robert de Niro
- Adam chez David Pujadas
- Antonin chez Zabou Breitman
- Arthur chez Jacques Higelin
- Arzhel chez Alain Ducasse
- Balthazar chez Clémentine Célarié
- Baptiste chez Laurent Wauquiez
- Charlie chez Alice Taglioni
- Darius chez Claude Berri
- Diego chez Diego Maradona
- Eliott chez Enzo Enzo
- Enzo chez Flavie Flament et Benjamin Castaldi
- Ethan chez Dany Boon
- Evan chez Bruce Springsteen
- Félix chez Philippe Vandel et Dorothée Olliéric
- Gabin chez Karl Zéro
- Gabriel chez Isabelle Adjani
- Gaspard chez Jean-Louis Murat
- Gaston chez Thierry et Béatrice Ardisson
- George chez Kate Middleton et le prince William
- Giacomo chez Sting
- Gustave chez Clémentine Célarié
- Hippolyte chez Blandine Bury et Nicolas Herman
- Hugo chez Éric Zemmour
- Isaac chez Virginie Ledoyen
- Jack chez Vanessa Paradis et Johnny Depp
- Jeremy chez Paul Personne
- Joachim chez Yannick Noah
- Johan chez Emmanuelle Béart et David Moreau
- Joseph chez Jenifer et Thierry Neuvic
- Kelyan chez Noémie Lenoir et Claude Makelele

- Léo chez Roger Federer
- Léon chez Jamel Debbouze
- Léonard chez Élodie Gossuin
- Léopold chez Michel Field
- Liam chez Calista Flockhart et Harrison Ford
- Lino chez Cécile de France
- Lorenzo chez Isabelle Huppert
- Louis chez Mathilde Seigner
- Lucas chez Zinédine Zidane
- Lucien chez Serge Gainsbourg et Bambou
- Luigi chez Elsa (Lunghini) et Peter Kröner
- Mahé chez Maud Fontenoy
- Marcel chez Guillaume Canet et Marion Cotillard
- Marius chez Coluche
- Martin chez Victoria Abril
- Mathis chez Joey Star
- Max chez Steven Spielberg
- Maxim chez Natalia Vodianova et Antoine Arnault
- Nathan chez Anne-Sophie Pic
- Nino chez Clovis Cornillac
- Noé chez Judith Godrèche et Dany Boon
- Orlando chez Laetitia Casta
- Oscar chez Patrick Bruel
- Pablo chez Vincent Perez et Karine Silla
- Peter chez Faustine Bollaert et Maxime Chattam
- Pierre-Louis chez Jean-Hugues Anglade
- Raoul chez Romane Bohringer et Philippe Rebot
- Raphaël chez Juliette Binoche
- Roan chez Sharon Stone
- Roman chez Mc Solaar
- Sacha chez Laurent Delahousse
- Sam chez Tiger Woods
- Samuel chez Jennifer Garner et Ben Affleck
- Sean chez Pascal Obispo
- Simon chez Jean Dujardin
- Tadéo chez Julie Gayet
- Thiago chez Lionel Messi
- Titouan chez Nicolas Hulot

- Tom chez Jean Réno
- Tristan chez Thierry Henry
- Ulysse chez Mathilda May et Gérard Darmon
- Victor chez Thierry Lhermitte
- Vincent chez Sophie Marceau
- Yannis chez Grand Corps Malade
- Ziggy chez Bob Marley

famille, sens des responsabilités, influence, équilibre.

Michel 🏆 616 000 TOP 600 ⬎
Qui est comme Dieu (hébreu). L'immense popularité de saint Michel a alimenté la diffusion du prénom en Orient (neuf empereurs byzantins portèrent ce prénom du IXe au XIVe siècle) et en Occident chrétien. Du XIIe siècle au début du XIXe, Michel et ses nombreuses graphies (Michael, Miguel, Michal, Michele, Mikhail, etc.) sont très attribuées en Europe et dans les pays slaves. Dans l'Hexagone, Michel rejaillit dans les années 1920. Il prend tout son temps pour grimper au sommet, précédant Jean au 2e rang masculin en 1947 avant de décliner. Il est le 2e prénom le plus porté dans l'Hexagone aujourd'hui. ◇ Gouverneur des anges de la milice céleste, l'archange Michel représente les forces du bien dans la Bible. De nombreuses légendes auréolent ce saint qui inspira la construction du Mont-Saint-Michel et de maints édifices religieux. Au XIIIe siècle, Louis XI le déclara protecteur du royaume. Saint Michel est le patron de la Normandie, des boulangers, des pâtissiers, des escrimeurs, des parachutistes et des tonneliers. Caractérologie :

charisme, curiosité, courage, dynamisme, indépendance.

Mickaël 🏆 119 000 TOP 300 ⬎
Qui est comme Dieu (hébreu). Masculin français. Variantes : Mickail, Mickel, Mickey, Mihail, Mikhail, Myckaël. Caractérologie : rêve, rectitude, organisation, humanité, détermination.

Miguel 🏆 13 000 TOP 500 ⬎
Qui est comme Dieu (hébreu). Miguel est très répandu dans les pays hispanophones et lusophones. Variantes : Migel, Mikel, Miquel. Caractérologie : méthode, engagement, fiabilité, ténacité, bonté.

Mikaël 🏆 19 000 TOP 2000 ⬇
Qui est comme Dieu (hébreu). Mikaël est plus particulièrement répandu dans les pays scandinaves. Variantes : Mika, Mikaïl, Mikayil, Mikhaël, Miky. Caractérologie : équilibre, sens des responsabilités, organisation, famille, détermination.

Mikaïl 🏆 2 000 TOP 500 ➡
Qui est comme Dieu (hébreu). Caractérologie : énergie, innovation, ambition, autorité, organisation.

Mike
 8 000 **TOP 700**

Qui est comme Dieu (hébreu). Masculin anglais et néerlandais. Variantes : Mick, Micke, Micky, Myke. Caractérologie : bonté, sociabilité, réceptivité, diplomatie, loyauté.

Mikel
 500 **TOP 2000**

Qui est comme Dieu (hébreu). Dans l'Hexagone, Mikel est plus traditionnellement usité au Pays basque. Caractérologie : découverte, audace, énergie, originalité, séduction.

Milan
 5 000 **TOP 300**

Aimé du peuple (slave). En dehors de l'Hexagone, Milan est très répandu dans les pays slaves méridionaux. C'est aussi un prénom prisé par les parents néerlandophones. Variantes : Milane, Milhane, Milian, Millan. Caractérologie : engagement, résolution, méthode, ténacité, fiabilité.

Miles
 160

Militaire (latin). Masculin anglais. Caractérologie : structure, persévérance, sécurité, efficacité, résolution.

Milian
 140

Diminutif d'Émilian ou Maximilian. Caractérologie : méthode, fiabilité, ténacité, décision, engagement.

Milio

Diminutif d'Emilio ou patronyme d'origine grecque. Zachos Milios, révolutionnaire devenu célèbre, s'illustra dans la guerre d'indépendance grecque (1821-1830). Ce prénom est porté par moins de 100 personnes en France. Variante : Mélio.

Caractérologie : raisonnement, ténacité, précision, organisation, fiabilité.

Milko

Paix glorieuse (slave). Masculin slave et italien. Ce prénom est porté par moins de 100 personnes en France. Variante : Slawomir. Caractérologie : conscience, bienveillance, conseil, paix, raisonnement.

Milo
 4 000 **TOP 200**

Travailleur (germanique). Variante : Milou. Caractérologie : ténacité, méthode, engagement, fiabilité, analyse.

Milos
 250

Plaisant (grec). Caractérologie : audace, logique, énergie, découverte, originalité.

Milton

Celui qui vit dans un moulin (anglais). Masculin anglais. Ce prénom est porté par moins de 100 personnes en France. Caractérologie : diplomatie, sociabilité, réceptivité, caractère, logique.

Minh
 450

Intelligent, perspicace (vietnamien). Caractérologie : ambition, habileté, passion, force, management.

Miroslav
 130

Gloire immense (slave). Prénom slave méridional. Variante : Miroslaw. Caractérologie : innovation, autorité, énergie, raisonnement, ambition.

Moana
 170

Océan (tahitien). Caractérologie : achèvement, stratégie, ardeur, vitalité, caractère.

Moché 180
Sauvé des eaux (hébreu). Caractérologie : habileté, ambition, volonté, force, passion.

Modeste 450
Timide, discret (latin). Variante : Modesto. Caractérologie : humanité, rectitude, rêve, caractère, ouverture d'esprit.

Mohamed 71 000 TOP 50
Digne d'éloges (arabe). Selon la sixième édition de l'*Encyclopædia Britannica*, Mohamed et ses variations constituent le prénom le plus porté au monde. En France, Mohamed a émergé à la fin des années 1950 et n'a cessé de grandir depuis le début des années 2000. ◇ Le Coran relate que le prophète Mahomet reçut de l'ange Gabriel (Djibril en arabe) ses premières révélations en l'an 610, dans la grotte Hira. Bouleversé par cet événement, le fondateur de l'islam tenta de faire adopter par la société mecquoise de nouvelles règles de vie. Mais les notables, hostiles à tout changement, le rejetèrent. Pendant l'hégire, Mahomet émigra avec une cinquantaine de convertis à Médine, où il s'imposa comme gouverneur. Son autorité politique et religieuse grandit de telle sorte qu'à la fin de sa vie l'Arabie fut conquise et que le premier État musulman fut créé. Variantes : Mahamadou, Mahmadou, Mahmad, Mahmed, Mahmoud, Mahmut, Mohamad, Mohammad, Mohammed, Mohamadou. Caractérologie : courage, curiosité, indépendance, dynamisme, volonté.

Mohamed-Ali 1 500 TOP 500
Forme composée de Mohamed et Ali. Voir le zoom dédié aux prénoms composés. Caractérologie : rectitude, humanité, rêve, logique, caractère.

Mohamed-Amine
 3 000 TOP 300
Forme composée de Mohamed et Amine. Voir le zoom dédié aux prénoms composés. Variantes : Mohamed-Amin, Mohammed-Amine. Caractérologie : intuition, relationnel, médiation, décision, caractère.

Mohammed 7 000 TOP 300
Digne d'éloges (arabe). Caractérologie : volonté, intégrité, altruisme, réflexion, idéalisme.

Mohan 130
Plaisant, charmant (sanscrit). Prénom indien d'Asie. Caractérologie : équilibre, famille, volonté, sens des responsabilités, influence.

Mohand 1 500
Loué, comblé de louanges (kabyle). On peut estimer que moins de 30 enfants seront prénommés ainsi en 2015. Caractérologie : volonté, audace, indépendance, dynamisme, direction.

Mohsen 150
Vertueux, charitable (arabe). Variantes : Mohcine, Mohssin, Mohssine, Mouhcine, Mouhssine. Caractérologie : sociabilité, réceptivité, volonté, diplomatie, loyauté.

Moïse 7 000
Sauvé des eaux (hébreu). Dans la Bible, lorsque le pharaon décrète que les

nouveau-nés mâles hébreux doivent être tués, Moïse est placé dans un panier d'osier, puis déposé sur le Nil. Recueilli et adopté par la fille du pharaon, Moïse grandit et devient le prophète du peuple hébreu. Il libère son peuple d'Égypte et lui donne la Loi. Selon la tradition biblique, les dix commandements sont remis à Moïse sur le mont Sinaï. Variantes : Moïses, Moshé, Musa. Caractérologie : intelligence, méditation, savoir, caractère, décision.

Mokhtar  600

Celui qui est juste (arabe). Variantes : Moctar, Moktar, Moncef, Mouctar. Caractérologie : audace, énergie, découverte, séduction, originalité.

Montgomery

De la colline (germanique). Masculin anglais. Ce prénom est porté par moins de 100 personnes en France. Variante : Monty. Caractérologie : autorité, innovation, ambition, énergie, caractère.

Morad 3 000

Désir (arabe). On peut estimer que moins de 30 enfants seront prénommés ainsi en 2015. Variante : Morade. Caractérologie : paix, conscience, sagesse, bienveillance, conseil.

Morgan 28 000 TOP 200

Né de la mer (gallois). Morgan est très répandu dans les pays anglophones. C'est aussi un prénom breton traditionnel. Variantes : Moran, Morane, Morgann. Caractérologie : caractère, courage, dynamisme, réussite, curiosité.

Morvan  250

Mer blanche (celte). Prénom breton. Caractérologie : diplomatie, caractère, réceptivité, sociabilité, décision.

Mouad 550 TOP 2000

Protégé par Dieu (arabe). Variantes : Moad, Mohad, Mouaad. Caractérologie : altruisme, réflexion, idéalisme, intégrité, dévouement.

Mouhamed 800 TOP 600

Digne d'éloges (arabe). Variantes : Mouhamad, Mouhammad, Muhamed, Muhamet. Caractérologie : caractère, passion, ambition, force, habileté.

Moulay 900 TOP 2000

Roi (arabe). Caractérologie : sens des responsabilités, famille, influence, équilibre, réalisation.

Mounir 6 000 TOP 900

Celui qui éclaire (arabe). Variantes : Monir, Mounire. Caractérologie : rêve, humanité, rectitude, analyse, volonté.

Mourad 8 000 TOP 2000

197

Désir (arabe). Mourad est attribué dans les cultures musulmanes francophones ; c'est également un prénom arménien. On peut estimer que moins de 30 enfants seront prénommés ainsi en 2015. Variantes : Mourade, Murad. Caractérologie : rêve, rectitude, humanité, analyse, tolérance.

Moussa 7 000 TOP 300

Sauvé des eaux (arabe). Caractérologie : méditation, savoir, intelligence, sagesse, indépendance.

Moustapha  1 500 TOP 900
Élu le meilleur (arabe). Variantes : Mostafa, Mostapha, Mostéfa, Moustafa. Caractérologie : conscience, réalisation, organisation, bienveillance, paix.

Muhammed 1 500 TOP 600
Digne d'éloges (arabe). Variantes : Muhammad, Muhammet. Caractérologie : paix, bienveillance, conscience, sagesse, conseil.

Murphy 120
De la mer (irlandais). Caractérologie : réceptivité, sociabilité, ressort, diplomatie, loyauté.

Mustafa 4 000 TOP 600
Élu le meilleur (arabe). Caractérologie : rêve, gestion, humanité, rectitude, tolérance.

Mustapha 9 000 TOP 2000
Élu le meilleur (arabe). Caractérologie : idéalisme, altruisme, réalisation, organisation, intégrité.

Mylan 1 500 TOP 300
Aimé du peuple (slave). Caractérologie : réceptivité, sociabilité, réalisation, diplomatie, bonté.

N

Nabil  12 000 TOP 500
Noble, honorable (arabe). Ce prénom est particulièrement répandu dans les communautés musulmanes francophones. Variantes : Nabel, Nabile. Caractérologie : intuition, médiation, relationnel, résolution, organisation.

Nacer 1 000
Protection, victoire (arabe). Variantes : Naceur, Nassar, Nassir. Caractérologie : audace, originalité, énergie, découverte, détermination.

Nacim 1 000 TOP 1000
Air frais (arabe). Caractérologie : ténacité, fiabilité, engagement, détermination, méthode.

Nadav
Généreux (hébreu). Ce prénom est porté par moins de 100 personnes en France. Caractérologie : conscience, paix, influence, volonté, douceur.

Nadim 450
Compagnon qui boit (arabe). Caractérologie : curiosité, dynamisme, indépendance, courage, décision.

Nadir  5 000 TOP 400
Précieux, rare (arabe). Variantes : Nader, Nadhir, Nadire, Nédir. Caractérologie : audace, dynamisme, indépendance, direction, résolution.

Nadjim 350

Étoile (arabe). Caractérologie : famille, équilibre, sens des responsabilités, influence, décision.

Naël 9 000 TOP 50

Qui a étanché sa soif (arabe), diminutif des prénoms formés avec Naël (Gwenaël, Nathanaël, etc.). Caractérologie : courage, curiosité, indépendance, dynamisme, charisme.

Nagui 130

Sauvé (arabe). Variantes : Nadji, Naguy, Naji. Caractérologie : sagacité, connaissances, résolution, spiritualité, sympathie.

Naguib 250

De noble naissance (arabe). Variantes : Nadjib, Nagib. Caractérologie : intégrité, altruisme, résolution, idéalisme, sympathie.

Nahel 1 500 TOP 200

Voir Naël. Caractérologie : ténacité, méthode, fiabilité, engagement, sens du devoir.

Nahil 1 500 TOP 200

Qui a étanché sa soif (arabe). Variantes : Naïl, Nahel. Caractérologie : passion, détermination, habileté, force, ambition.

Naïm 5 000 TOP 100

Doux, délicieux (arabe), agréable (hébreu). Variantes : Naïme, Nahim. Caractérologie : indépendance, direction, audace, dynamisme, détermination.

Najib 1 500 TOP 2000

De noble naissance (arabe). On peut estimer que moins de 30 enfants seront prénommés ainsi en 2015. Caractérologie : détermination, altruisme, idéalisme, réflexion, intégrité.

Najim 650

Étoile (arabe). Variante : Nejm. Caractérologie : fidélité, médiation, relationnel, intuition, détermination.

Nan

Petit phoque (irlandais). Masculin breton. Ce prénom est porté par moins de 30 personnes en France. Caractérologie : médiation, intuition, adaptabilité, fidélité, relationnel.

Nans 1 500 TOP 2000

Forme provençale de Jean : Dieu fait grâce (hébreu). Caractérologie : communication, optimisme, pragmatisme, sociabilité, créativité.

Nao 200 TOP 900

Fleur de pêcher (vietnamien), honnête (japonais). Caractérologie : pragmatisme, optimisme, sociabilité, communication, créativité.

Napoléon 140

199

Nouvelle ville (grec). Général héroïque pendant la Révolution française, Napoléon fut sacré empereur en 1804. Il réforma le pays en créant le Code civil et les préfectures, et mena de nombreuses batailles contre la coalition européenne. Cependant la grande campagne de Russie et la bataille de Waterloo se soldèrent par de cuisantes défaites. Emprisonné et déporté par les Britanniques sur l'île de Sainte-Hélène, il termina sa vie en exil forcé. Caractérologie : réceptivité, sociabilité, diplomatie, loyauté, sympathie.

NATHAN

Fête : 24 août

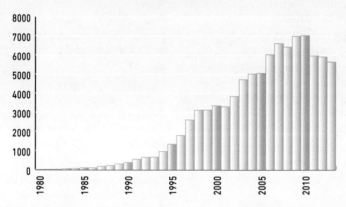

Étymologie : de l'hébreu, « Il a donné ». Il n'a rien à voir avec Nathanaël, prénom porté par le cinquième disciple de Jésus et plusieurs personnages de l'Ancien Testament. Nathan s'est diffusé dans les pays anglophones à partir du XVIᵉ siècle, mais il a peu de passé en France. Redécouvert dans les années 1990, il surfe sur la vague des terminaisons irlandaises (Kylian, Ryan, Evan), et s'envole dans le sillon des prénoms bibliques. Il atteint le premier rang du classement au début des années 2010 mais chute rapidement ensuite. En 2015, Nathan devrait tout de même figurer dans le top 10 masculin.

En dehors de l'Hexagone, Nathan s'illustre dans les 60 premiers choix américains et canadiens, mais c'est dans les régions francophones qu'il rafle les plus beaux trophées : il brille dans les tops 5 romand, québécois et wallon.

À noter : il ne faut pas confondre Nathan et Ethan. Malgré une origine hébraïque commune, les significations de ces prénoms sont différentes (voir le zoom dédié à Ethan).

Prophète dans l'Ancien Testament et conseiller du roi David, **Nathan** reproche à ce dernier d'avoir envoyé Urie au front afin d'épouser sa veuve Bethsabée. Il l'exhorte d'écarter son fils aîné du trône au profit de celui qui naîtra de sa nouvelle union. Suivant les injonctions de Nathan, le roi repenti acceptera de sacrer Salomon de son vivant.

Personnalités célèbres : Nathan Altman (1889-1970), premier illustrateur des *Contes du chat perché* ; Nathan Söderblom (1866-1931), pasteur luthérien suédois qui reçut le prix Nobel de la paix en 1930.

Statistiques : Nathan est le 4e prénom masculin le plus donné en France depuis le début du XXIe siècle. On peut estimer qu'il sera attribué à un garçon sur 98 en 2015.

Narcisse  1 000
Amour-propre (grec). Masculin français. Caractérologie : savoir, intelligence, méditation, indépendance, détermination.

Nasser  4 000 TOP 2000
Protection, victoire (arabe). On peut estimer que moins de 30 enfants seront prénommés ainsi en 2015. Variantes : Naser, Nasr, Nasri. Caractérologie : méthode, ténacité, engagement, fiabilité, décision.

Nassim 12 000 TOP 200
Air frais (arabe). Ce prénom est particulièrement répandu dans les communautés musulmanes francophones. Variantes : Nacime, Nasim, Nasime, Nassime. Caractérologie : créativité, communication, pragmatisme, optimisme, résolution.

Natale  160
Jour de la naissance (latin). Variantes : Natal, Natalino. Variante basque et occitane : Nadal. Caractérologie : force, ambition, habileté, gestion, passion.

Natéo  300 TOP 600
Contraction de Nathan et Théo. Caractérologie : énergie, autorité, innovation, autonomie, ambition.

Nathaël 2 000 TOP 400
Combinaison de Nathan et des prénoms se terminant en « el ». Caractérologie : gestion, attention, sagacité, connaissances, spiritualité.

Nathan 87 000 TOP 50
Il a donné (hébreu). Variantes : Natan, Nathalan, Nathane, Nathanel, Nathel, Nattan, Natthan, Nathy, Nethanel. Caractérologie : structure, efficacité, sécurité, finesse, persévérance.

Nathanaël  10 000 TOP 200
Il a donné (hébreu). Nathanaël est répandu dans les pays anglophones. Variantes : Natanaël, Nathaël. Caractérologie : ténacité, fiabilité, finesse, méthode, organisation.

Nathaniel  1 500 TOP 2000
Il a donné (hébreu). Masculin anglais. Variante : Nataniel. Caractérologie : pratique, enthousiasme, communication, détermination, sensibilité.

Nathéo 500 TOP 400
Contraction de Nathan et Théo. Caractérologie : intégrité, altruisme, sensibilité, idéalisme, réflexion.

Navid
Bonne nouvelle (persan, arabe). Ce prénom est porté par moins de 100 personnes en France. Variante : Naveed. Caractérologie : curiosité, dynamisme, courage, indépendance, résolution.

Nawfel  1 000 TOP 600
Beau et généreux (arabe). Variante : Naoufel. Caractérologie : philosophie,

connaissances, spiritualité, originalité, sagacité.

Nayel  400 TOP 2000

Méritant (arabe). Caractérologie : communication, pratique, enthousiasme, adaptation, bonté.

Nazaire 350

Consacré (hébreu). Caractérologie : réceptivité, sociabilité, résolution, diplomatie, loyauté.

Nazim 700 TOP 2000

Celui qui organise, met en ordre (arabe). Caractérologie : idéalisme, altruisme, intégrité, réflexion, décision.

Neal 300 TOP 2000

Champion (celte). Masculin anglais. Variantes : Nigel, Nygel. Caractérologie : indépendance, courage, dynamisme, curiosité, charisme.

Néhémie 250

Dieu réconforte (hébreu). Variante : Néhémiah. Caractérologie : énergie, découverte, audace, séduction, originalité.

Neil 1 500 TOP 600

Champion (celte). Masculin anglais, écossais et irlandais. Variantes : Nel, Nélio, Nello. Caractérologie : persévérance, efficacité, structure, honnêteté, sécurité.

Nelson 6 000 TOP 400

Fils de Neal (irlandais). Ce prénom est plus particulièrement porté dans les pays anglophones. Caractérologie : savoir, intelligence, méditation, indépendance, sagesse.

Némo  300

Nom du capitaine de *Vingt Mille Lieues sous les mers*, le célèbre roman de Jules Verne. Caractérologie : relationnel, fidélité, intuition, volonté, médiation.

Néo 2 000 TOP 500

Nouveau (grec). Caractérologie : savoir, intelligence, indépendance, sagesse, méditation.

Néréo

Nom d'un dieu marin dans la mythologie grecque. Ce prénom est porté par moins de 30 personnes en France. Caractérologie : enthousiasme, communication, pratique, adaptation, générosité.

Nériah

Dieu illumine (hébreu). Ce prénom est porté par moins de 30 personnes en France. Caractérologie : audace, direction, dynamisme, indépendance, décision.

Nessim 750 TOP 2000

Fleur sauvage (arabe). Caractérologie : connaissances, originalité, spiritualité, sagacité, détermination.

Nestor 850

Voyageur, sagesse (grec). Caractérologie : innovation, autorité, énergie, décision, ambition.

Neven 450 TOP 800

Ciel (celte). Prénom breton. Caractérologie : sens des responsabilités, influence, famille, équilibre, exigence.

Nguyen  110

Entier, idée de l'origine (vietnamien). C'est aussi un nom de famille répandu

LE PALMARÈS DES PRÉNOMS MIXTES EN 2015

Ci-dessous le top 15 des prénoms mixtes français, estimé pour l'année 2015. Le classement a été effectué par ordre décroissant d'attribution. La seconde colonne indique le pourcentage d'attribution au féminin. Les prénoms dont l'attribution est supérieure à 90% dans un genre (Marie, Sacha, Maël, etc.) ne figurent pas dans ce palmarès.

Prénom	% féminin	Prénom	% féminin	Prénom	% féminin
1. Camille	72	6. Alix	82	11. Alix	74
2. Noa	10	7. Charlie	49	12. Louison	57
3. Lou	90	8. Thaïs	85	13. Loïs	28
4. Éden	32	9. Maé	20	14. Yaël	49
5. Sasha	44	10. Andréa*	68	15. Ange	15

Rarement attribués de nos jours, Claude, Dominique et Frédérique figurent bien en deçà de l'élite du top 20. Et pour cause : une multitude de nouveautés leur ont volé la vedette. En 2015, celles-ci se font appeler Charlie, Éden, Noa ou Thaïs (prénom qui vient de bondir dans le top 10 et qui était exclusivement féminin jusqu'à la fin des années 1980). Elles sont encore bien éloignées de Camille qui règne sans conteste. Depuis quelques années, ce dernier se réinvente en prénommant une proportion grandissante de garçons. Aujourd'hui, plus d'un quart des Camille naissant en France sont des garçons. Pareille chose ne s'était pas produite depuis 1976 !

Le cas de Camille était prévisible, puisque ce dernier est un prénom mixte de longue date. Mais la pratique qui consiste à attribuer un prénom d'un genre établi au sexe opposé est, plus que jamais, d'actualité. Ce phénomène ne suffit heureusement pas à semer le doute sur le sexe des prénoms les plus répandus. Une poignée d'attributions ne saurait modifier l'identité établie d'un prénom donné par milliers. Il n'empêche, on peut difficilement se réjouir du fait qu'Emma, Clara ou Chloé puissent être attribués à des garçons, ne fût-ce qu'une poignée d'entre eux. Tout comme on n'enviera pas les quelques filles qui ont été prénommées Enzo, Lucas ou Nathan ces dernières années. N'en déplaise à leurs parents, ces prénoms à contresens ne seront jamais considérés comme des choix innovants.

Contrairement à ce qui prévaut pour les grands prénoms, les perles rares ne sont pas à l'abri de confusions gênantes. Prenons l'exemple de Noa : on ne peut pas tenir rigueur aux personnes qui ignorent sa mixité. Et encore moins blâmer celles qui l'imaginent féminin. D'autant que les trois premiers Noa de France sont... des filles nées en 1982 ! Or aujourd'hui,

Noa** est largement masculin. Loan, autre exemple typique, s'est féminisé en 2002 et 2003 avant devenir résolument masculin à partir de 2004. Qu'on se le dise, l'immense majorité des prénoms émergents sont susceptibles de changer de sexe en grandissant. Cela n'est pas sans compliquer l'identification des prénoms mixtes originaux.

Le saviez-vous ?

Tout comme Camille et Marie, nombre de prénoms féminins furent par le passé employés au masculin. C'est le cas d'Anne et Solène, choix féminins très répandus aujourd'hui, et dont le genre ne fait plus aucun doute… Du moins pour le moment ! D'autres grands noms ont par ailleurs fait l'objet d'attributions à contre-emploi. Ainsi, en 1900, Jean, Louis et Pierre ont prénommé une poignée de filles. Plus récemment, dans les années 1990, une vingtaine de garçons ont été baptisés Charlotte. En la matière, les parents d'aujourd'hui n'ont rien inventé.

* Au masculin, Andrea s'orthographie sans accent.
** Contrairement à ce qui prévaut à l'échelle nationale, 53 % des Noa nés à Paris en 2014 étaient des filles.

au Vietnam. Caractérologie : découverte, audace, originalité, cœur, énergie.

Nicholas 🏅 700 ⬇

Victoire du peuple (grec). Masculin anglais. Caractérologie : humanité, décision, rêve, rectitude, logique.

Nicodème 🏅 300 ⬇

Victoire du peuple (grec). Caractérologie : audace, énergie, volonté, découverte, analyse.

Nicolas 🏅 384 000 **TOP 200** ⬇

Victoire du peuple (grec). De nombreux souverains, plusieurs saints et cinq papes ont porté ce prénom dans les pays chrétiens depuis le XIIe siècle. En France, on le trouve souvent placé dans les premiers rangs, non loin de Jean et Pierre, jusqu'à la fin du XVIIIe siècle. C'est après une longue parenthèse qu'il ressuscite dans les années 1960, faisant tant d'émules qu'il trône sur le palmarès français au début des années 1980. Il reste très attribué jusqu'au début des années 2000. On rencontre plus aisément ce prénom dans le Nord de la France, où la tradition de la Saint-Nicolas s'est perpétuée. En dehors de l'Hexagone, Nicolas et ses nombreuses variantes sont très répandus dans le monde occidental, en Russie et dans les pays slaves. ◇ Saint Nicolas est le nom donné à l'évêque de Myre (Turquie) qui manifesta une grande bonté envers les enfants au IVe siècle. ◇ Nicolas Copernic est l'astronome polonais qui démontra en 1543 que la Terre n'est pas le centre de l'Univers et qu'elle tourne autour du Soleil. Variantes : Caelan, Nic, Nicaise, Nick, Nickolas, Nicky, Nico, Nicol, Nicolai, Nicolino, Nicolo, Nikita. Formes bretonnes : Kola, Kolaig, Kolaz, Koldo, Nikolaz.

Caractérologie : dynamisme, audace, direction, logique, décision.

Nidal 350 TOP 2000
Combat (arabe). Variante : Nidhal. Caractérologie : résolution, sécurité, persévérance, structure, efficacité.

Niels 2 000 TOP 600
Champion (celte). Niels est répandu dans les pays scandinaves et néerlandophones. Caractérologie : découverte, énergie, originalité, résolution, audace.

Nikita 350 TOP 1000
Victoire du peuple (grec). Masculin russe et macédonien. Caractérologie : innovation, ambition, énergie, autorité, résolution.

Nikola 1 000 TOP 2000
Victoire du peuple (grec). Variantes : Nikolas, Nikos. Caractérologie : logique, force, décision, ambition, habileté.

Nil 650 TOP 2000
Voir Nils. Nom du fleuve le plus long du monde. Variantes : Néala, Nèle. Caractérologie : force, habileté, passion, ambition, management.

Nils 5 000 TOP 400
Forme scandinave de Neal ou Nicolas. Caractérologie : rectitude, rêve, humanité, ouverture d'esprit, détermination.

Nino 8 000 TOP 100
Dieu fait grâce (hébreu). Nino est un prénom italien. Caractérologie : savoir, intelligence, méditation, sagesse, indépendance.

Noa 22 000 TOP 50
Reposé, apaisé (hébreu). Caractérologie : communication, enthousiasme, adaptation, pratique, générosité.

Noah 37 000 TOP 50
Reposé, apaisé (hébreu). Variante : Noha. Caractérologie : sociabilité, bonté, réceptivité, diplomatie, loyauté.

Noaïm TOP 2000
Doux, délicieux (arabe). Ce prénom est porté par moins de 100 personnes en France. Caractérologie : philosophie, intelligence, ténacité, décision, savoir.

Noam 9 000 TOP 100
Sucré, bonheur (hébreu). En dehors de l'Hexagone, Noam est particulièrement répandu dans les pays anglophones et en Israël. Caractérologie : savoir, méditation, caractère, intelligence, indépendance.

Noan 1 500 TOP 400
Agneau (celte), ou dérivé d'Oanez (une forme bretonne d'Agnès signifiant « chaste, pur » en grec). Noan connaît un bel essor depuis le début des années 2000. Il est très largement masculin aujourd'hui. Variantes : Noann, Nohan, Nohann. Caractérologie : vitalité, achèvement, stratégie, ardeur, management.

Noé 25 000 TOP 50
Reposé, apaisé (hébreu). Caractérologie : sagacité, spiritualité, connaissances, philosophie, originalité.

Noël 33 000
Jour de la naissance (latin). Masculin français et anglais. On peut estimer que moins

NOA, NOAH, NOÉ

Fête : 10 novembre

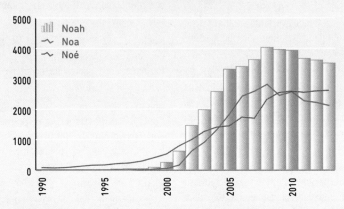

Étymologie : de l'hébreu *noah*, « reposé, apaisé ». Comme bien d'autres prénoms de l'Ancien Testament (Aaron, Adam, Raphaël), Noé n'a guère été usité avant la fin du XXᵉ siècle en France. C'est en 1993 que ce prénom est pour la première fois attribué à plus de cent garçons. Son envol ouvre la voie à Noah, qui le rattrape rapidement, pour le dépasser en 2002. L'avance de ce dernier est toujours d'actualité : Noah devrait s'afficher au 16ᵉ rang du palmarès 2015 et devancer Noé d'une quinzaine de rangs.

Cette dynamique a nourri l'essor foudroyant de Noa : cette variante, attribuée au premier Français en 1998, s'est imposée parmi les 40 premiers choix masculins. Ce succès est encore plus étonnant si l'on considère que ce prénom, féminin* à ses débuts, est masculin dans 90 % des naissances aujourd'hui.

Le succès de Noah s'est propagé aux pays francophones. Après avoir été numéro un en Belgique, ce prénom s'établit dans les 15 premiers rangs wallons, suisses romands et québécois. En dehors de la zone francophone, Noah brille en Allemagne et dans les pays anglophones. Il ne lui reste qu'à confirmer son envol dans les pays scandinaves. Sa popularité ne s'est jamais autant mesurée à l'échelle internationale !

Fils de Lamech et descendant de Caïn, **Noé** est l'un des héros de la Bible. Parce qu'il est un homme juste et sincère, Dieu lui permet d'échapper au déluge destiné à noyer les hommes pervertis. Dieu ordonne à Noé de construire une arche et de s'y abriter avec sa famille et un couple de chaque espèce animale. Après avoir navigué pendant plusieurs semaines sur une mer déchaînée, la tempête se calme et l'arche échoue sur le mont Ararat, en Turquie. Noé libère alors les animaux destinés à peupler la terre. L'histoire de Noé est mentionnée dans plusieurs passages du Coran. À noter : on attribue à Noé l'invention du vin.

Statistiques : Noah est le 16e prénom masculin le plus donné en France depuis le début du XXIe siècle. On peut estimer qu'il sera attribué à un garçon sur 110 en 2015. Par comparaison, **Noé** devrait prénommer un garçon sur 160 (contre un sur 220 pour **Noa**).

*Noa est en tête des attributions féminines en Israël. Fille de Celofehad dans l'Ancien Testament, Noa revendique auprès de Moïse un droit à l'héritage laissé par son père, qui a eu cinq filles et aucun fils. C'est grâce à elle que la loi régissant les successions est modifiée en faveur des femmes.

de 30 enfants seront prénommés ainsi en 2015. Variante : Noëlan. Caractérologie : innovation, autonomie, ambition, autorité, énergie.

Noha  2 000 TOP 500
Esprit, sagesse (arabe), et variante moderne de Noah. Caractérologie : intuition, relationnel, fidélité, médiation, adaptabilité.

Noham  5 000 TOP 50
Sucré, bonheur (hébreu). Caractérologie : conseil, paix, conscience, bienveillance, caractère.

Nohan  1 500 TOP 300
Agneau (celte), ou dérivé d'Oanez (une forme bretonne d'Agnès signifiant : « chaste, pur » en grec). Caractérologie : méditation, indépendance, intelligence, savoir, sagesse.

Nolan  24 000 TOP 50
Champion (celte). Variantes : Nohlan, Nolhan, Nolhann, Nolane, Nollan. Caractérologie : bonté, sociabilité, réceptivité, loyauté, diplomatie.

Nolann 5 000 TOP 200
Champion (celte). Nolann est répandu en Irlande et dans les pays anglophones. Caractérologie : indépendance, sagesse, savoir, intelligence, méditation.

Nolwen 160
Blanc, heureux (celte). Prénom breton. Variante : Nolwenn. Caractérologie : relationnel, intuition, médiation, fidélité, adaptabilité.

Nominoë
Roi de Bretagne de 830 à 851, Nominoë délivra les Bretons du joug des Francs. Il est considéré comme le père de la nation bretonne. Ce prénom est porté par moins de 100 personnes en France. Caractérologie : persévérance, structure, efficacité, sécurité, caractère.

Nonna
Se rapporte au nom du saint patron de Penmarc'h (breton). Ce prénom est porté par moins de 100 personnes en France. Caractérologie : structure, persévérance, efficacité, honnêteté, sécurité.

NOLAN

Fête : 6 décembre

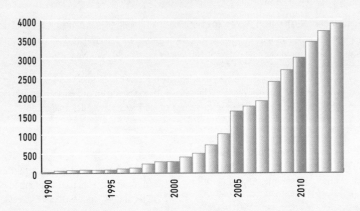

Étymologie : de l'irlandais *nuall*, « champion ». Si Nolan a été découvert récemment, le nom de famille O'Nuallian, « descendant de Nuallan », dont il est dérivé, est ancien. Le père de cette lignée, un seigneur irlandais du IIᵉ siècle, aurait transmis à ses descendants de nombreuses terres. Et c'est au fil des siècles que les propriétaires terriens ont diffusé ce patronyme à l'ensemble de l'Irlande et des îles britanniques.

L'usage d'O'Nuallian évolue en Grande-Bretagne à partir du XVIᵉ siècle : de la perte de son préfixe à un usage étendu au prénom, la transformation n'est pas des moindres. Cependant, les occurrences patronymiques y éclipsent, aujourd'hui encore, celles du prénom. Vierge de cet héritage historique, Nolan rencontre un succès croissant dans les pays francophones. Surfant sur la vague irlandaise d'Evan, Killian et Rayan, Nolan grandit en Bretagne avant de bondir dans le top 20 français. Après avoir percé dans l'élite wallonne et romande, Nolan pourrait conquérir le Québec et toute l'Amérique du Nord.

Comme Niels, Nolan peut se fêter le 6 décembre.

Personnalités célèbres : Nolan Bushnell, fondateur de la compagnie Atari et des premiers jeux vidéo ; Barry Nolan, acteur et producteur américain.

Statistiques : Nolan est le 15ᵉ prénom masculin le plus donné en France depuis le début du XXIᵉ siècle. On peut estimer qu'il sera attribué à un garçon sur 100 en 2015.

VOUS AVEZ DIT «DÉSUET»?

Bien des prénoms dont la gloire est révolue ont brillé au cours des siècles. Certains d'entre eux renaissent à la faveur de vagues médiévales (Arthur, Aliénor, Clémence) ou rétro (Emma, Louise, Jules, Louis). D'autres se délectent dans l'oubli : il faudrait remonter au XIIe siècle pour retrouver Cunibert dans toute leur splendeur. Alternativement, nous pouvons observer l'évolution de prénoms dont la désuétude est d'autant plus captivante qu'ils sont encore d'actualité. Ci dessous le palmarès des prénoms masculins portés par plus de 120 000 Français qui devraient être attribués moins de 50 fois dans l'Hexagone. Ces derniers ont été classés par ordre croissant d'attribution estimée pour 2015. Gérard remporte la palme du palmarès cette année.

Nombre d'attributions estimées par prénom en 2015

Gérard	4	Patrice	14	Gilles	25
René	5	Serge	14	Francis	26
Didier	7	Jean-Pierre	16	Thierry	27
Bernard	8	Claude	18	Robert	28
Hervé	8	Fabrice	20	Alain	44
Guy	9	Pascal	23	Patrick	44
Jean-Claude	9	Dominique	24	Jérôme	45
Roger	10	Yves	24	Frédéric	49

Note : Les prénoms dont le nombre d'attributions estimé est le même sont classés par ordre décroissant de fréquence.

Norbert 🏆 17 000
Célèbre homme du Nord (germanique). En dehors de l'Hexagone, ce prénom est particulièrement porté dans les pays anglophones. On peut estimer que moins de 30 enfants seront prénommés ainsi en 2015. Variantes : Nobert, Norberto. Caractérologie : fidélité, intuition, relationnel, médiation, adaptabilité.

Nordine 🏆 8 000 (TOP 2000) ↘
Lumière de la religion (arabe). Variantes : Nordin, Noreddine, Noredine, Norredine.

Caractérologie : volonté, indépendance, méditation, intelligence, savoir.

Nori 🏆 140
Règle, loi (japonais). Caractérologie : diplomatie, sociabilité, loyauté, réceptivité, bonté.

Norman 🏆 1 500 ➡
Homme du Nord (germanique). Masculin anglais. On peut estimer que moins de 30 enfants seront prénommés ainsi en 2015. Variante : Normann. Caractérologie :

optimisme, communication, pragmatisme, résolution, volonté.

Nour 900 TOP 800 →
Lumière (arabe). Caractérologie : énergie, découverte, audace, raisonnement, originalité.

Nourdine 2 000 →
Lumière de la religion (arabe). On peut estimer que moins de 30 enfants seront prénommés ainsi en 2015. Variantes : Nour, Nourddine, Nourdin, Nouri, Noury, Nori, Nory, Nuri. Caractérologie : direction, dynamisme, audace, volonté, analyse.

Nouredine 900 ↑
Lumière de la religion (arabe). Variantes : Noureddine, Nouridine, Nourredine,

Nourreddine. Caractérologie : famille, équilibre, volonté, sens des responsabilités, analyse.

Numa 800
Beau, agréable (latin). Numa Pompilius, le deuxième des sept rois traditionnels de Rome, transforma et modernisa le calendrier romain (715-673 avant J.-C.). Caractérologie : ténacité, méthode, engagement, sens du devoir, fiabilité.

Nuno 1 000
Grand-père ou moine (latin). Ce prénom est particulièrement répandu au Portugal. Caractérologie : indépendance, direction, audace, assurance, dynamisme.

* * *

Oan 100
Diminutif masculin d'Oanez : chaste, pur (grec). Prénom breton. Caractérologie : pratique, adaptation, enthousiasme, communication, générosité.

Océan 300 →
Océan (grec). Masculin français et anglais. Fils d'Ouranos et de Gaia dans la mythologie grecque, Océan est l'aîné des Titans. Son union avec sa sœur Téthys engendre 3 000 fils, les Fleuves, et autant de filles, les

Océanides (nymphes de la mer et des eaux). Caractérologie : médiation, relationnel, adaptabilité, intuition, fidélité.

Octave 3 000
Huitième (latin). Octavius, la forme latine originelle, et son féminin Octavie sont très répandus au temps de Rome. Traditionnellement, ce nom désignait le huitième enfant né dans une famille. C'est ainsi que le fils adoptif de Jules César se nommait avant de devenir Auguste, le premier empereur de Rome. En France, ce prénom se manifeste en toute discrétion à la fin du XIXe siècle, et renaît depuis les années 1990. Sa carrière est similaire dans les pays anglo-saxons, où on le trouve plus souvent sous la forme

Octavian. Une émulation insuffisante pour éveiller notre Octavien français. Variantes : Octavio, Otavio, Ottavio. Caractérologie : communication, organisation, optimisme, pragmatisme, volonté.

Octavien

Huitième (latin). Masculin français. Ce prénom est porté par moins de 100 personnes en France. Variante : Octavian. Caractérologie : force, achèvement, organisation, raisonnement, leadership.

Odilon
 300

Richesse (germanique). Variantes : Odelin, Odil. Forme basque : Odet. Caractérologie : conscience, bienveillance, raisonnement, volonté, paix.

Odin
400 **TOP 2000**

Richesse (germanique). Dans la mythologie scandinave, Odin est le premier des dieux principaux. Il est à la fois le sage, le mage et le roi des dieux. Odin est un prénom norvégien. Caractérologie : sens des responsabilités, famille, volonté, influence, équilibre.

Odon
130

Richesse (germanique). Odon se rapporte également au prénom scandinave Odin. Caractérologie : enthousiasme, communication, pratique, volonté, adaptation.

Odran
140

Pâle (irlandais). Caractérologie : originalité, spiritualité, connaissances, philosophie, sagacité.

Ogier

Richesse, lance (germanique). Ogier est plus traditionnellement usité dans les Flandres. Ce prénom est porté par moins de 100 personnes en France. Variante : Oger. Caractérologie : humanité, rêve, rectitude, tolérance, générosité.

Ohan

Diminutif d'Hovannès, une forme arménienne de Jean : Dieu fait grâce (hébreu). Ce prénom est porté par moins de 100 personnes en France. Caractérologie : sociabilité, loyauté, diplomatie, réceptivité, bonté.

Oihan
600 **TOP 800**

Bosquet, bois (basque). Caractérologie : sociabilité, diplomatie, réceptivité, résolution, loyauté.

Olaf
140

Ancêtre (vieux norrois). Plusieurs rois danois et suédois ont illustré ce prénom scandinave. En Norvège, Olav V, le père du roi Harald, et plusieurs de leurs aïeux ont également porté ce prénom. Variante : Olav. Caractérologie : intelligence, savoir, indépendance, méditation, sagesse.

Oleg
150

Sacré (scandinave). Caractérologie : pragmatisme, optimisme, cœur, communication, créativité.

Olindo

Aube (grec), violette (latin). Ce prénom est porté par moins de 100 personnes en France. Caractérologie : volonté, sens des responsabilités, équilibre, famille, analyse.

Oliver ⚑ 1 000 `TOP 1000` ↗
Olive (latin). Une racine scandinave (*olafr*) pourrait également lui conférer le sens d'« ancêtre » en vieux norrois. Masculin anglais. Caractérologie : rectitude, humanité, rêve, logique, caractère.

Olivier ⚑ 264 000 `TOP 400` ↘
Olive (latin). Une racine scandinave (*olafr*) pourrait également lui conférer le sens d'« ancêtre » en vieux norrois. Compagnon et confident de Roland dans *La Chanson de Roland*, Olivier est attesté dès la fin du XIe siècle en France. Il fait néanmoins plus d'adeptes outre-Manche, où il maintient une visibilité durable (Oliver est aujourd'hui l'un des prénoms les plus portés dans les pays anglophones). Il est encore rare en France lorsqu'il émerge dans les années 1950, mais il parvient au 5e rang masculin au début des années 1970. Son déclin s'accentue depuis quelques années. ◇ Évêque irlandais au XVIIe siècle, saint Olivier Plunket fut faussement accusé d'avoir comploté contre la couronne anglaise et fut exécuté. Caractérologie : idéalisme, altruisme, raisonnement, intégrité, volonté.

Ollivier ⚑ 1 000
Olive (latin). Une racine scandinave (*olafr*) pourrait également lui conférer le sens d'« ancêtre » en vieux norrois. Variantes : Olive, Olliver. Caractérologie : communication, caractère, logique, optimisme, pragmatisme.

Omar ⚑ 8 000 `TOP 400` →
Le plus haut (arabe), qui prend la parole (hébreu). Sur le point d'assassiner le prophète Mahomet, Omar se rendit compte de son erreur et se convertit. Devenu le second calife de l'islam, il entreprit de conquérir la Palestine, la Mésopotamie, l'Égypte et la Perse avant d'être assassiné en 644 par l'un de ses esclaves. Caractérologie : sociabilité, bonté, loyauté, réceptivité, diplomatie.

Omer ⚑ 3 000 `TOP 700` ↗
Gerbe de blé (hébreu). Moine normand, saint Omer fut nommé évêque de Thérouanne par le roi Dagobert ; il évangélisa l'Artois et la Flandre au VIIe siècle. Caractérologie : équilibre, famille, sens des responsabilités, caractère, influence.

Onésime ⚑ 190
Utile (grec). Masculin anglais. Variante : Onézime. Caractérologie : force, ambition, habileté, caractère, décision.

Onofrio
Paix (germanique). Ce prénom est porté par moins de 100 personnes en France. Variantes : Humphrey, Onofre. Caractérologie : diplomatie, sociabilité, loyauté, réceptivité, bonté.

Orain
Au présent (basque). Ce prénom est porté par moins de 30 personnes en France. Caractérologie : communication, pragmatisme, détermination, créativité, optimisme.

Orazio ⚑ 150 →
Forme italienne d'Horace : voir (grec). Caractérologie : enthousiasme, générosité, adaptation, pratique, communication.

Orbert

Riche (germanique). Ce prénom est porté par moins de 30 personnes en France. Caractérologie : paix, conscience, sagesse, bienveillance, conseil.

Orel

En or (latin). Ce prénom est porté par moins de 100 personnes en France. Variante : Oriel. Caractérologie : force, raisonnement, indépendance, charisme, curiosité.

Oren  300

Couleur pâle (irlandais). Variante : Oran. Caractérologie : sagacité, originalité, connaissances, spiritualité, philosophie.

Orens

Levant, orient (latin). Un saint évêque d'Auch se prénomma ainsi au ve siècle. Ce prénom est porté par moins de 100 personnes en France. Variante : Orence. Caractérologie : aspiration, passion, vitalité, détermination, achèvement.

Oreste 170

Montagneux (grec). Caractérologie : énergie, innovation, autorité, décision, ambition.

Orian 250

En or (latin). Caractérologie : communication, pratique, résolution, enthousiasme, adaptation.

Oribel

En or (latin). Masculin basque. Ce prénom est porté par moins de 30 personnes en France. Caractérologie : indépendance, savoir, intelligence, logique, méditation.

Oriol

En or (latin). Ce prénom est porté par moins de 100 personnes en France. Variante : Orio. Caractérologie : famille, logique, sens des responsabilités, équilibre, influence.

Orion 160

En or (latin). Masculin anglais. Variantes : Orie, Orien. Caractérologie : ambition, habileté, management, force, passion.

Orlan 190

Gloire du pays (germanique). Masculin anglais. Caractérologie : paix, bienveillance, résolution, analyse, conscience.

Orlando 1 000

Gloire du pays (germanique). Prénom italien. Variante : Orland. Caractérologie : intelligence, savoir, analyse, méditation, volonté.

Orphée 200

Prénom mixte révolutionnaire dont l'origine est obscure. Variante : Orféo. Caractérologie : méthode, ténacité, fiabilité, engagement, ressort.

Orso 130

Ours (latin). Caractérologie : sécurité, persévérance, efficacité, structure, honnêteté.

Orson

Ours (latin). Ce prénom est porté par moins de 100 personnes en France. Variante : Ursin. Caractérologie : intégrité, réflexion, idéalisme, décision, altruisme.

OSCAR

Fête : 3 février

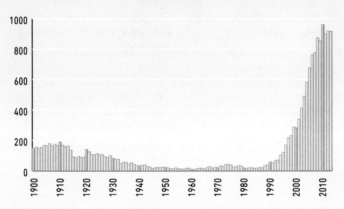

Étymologie : du germain *ans* (*oss* en vieux norrois), qui se réfère à une divinité nordique, et de *gari*, « lance », d'où la signification : « lance divine ». Ce prénom ancien a été très répandu dans les pays scandinaves et en Irlande, où il s'est diffusé à la suite des invasions vikings. Il s'envole dans les pays anglophones au milieu du XVIIIᵉ siècle, porté par le succès de l'écrivain irlandais Oscar Wilde, puis par les écrits de James Macpherson. Le poète écossais prétendit avoir retrouvé et traduit un ensemble de textes appartenant au cycle du poète Ossian. Il affirma qu'Oscar, guerrier héroïque, était le fils d'Ossian et le petit-fils de Fionn Mac Cumhail, un personnage de la mythologie irlandaise. Bien que leur authenticité ait été mise en doute, ces textes ravivèrent l'intérêt du Vieux Continent pour la mythologie celtique. Napoléon, admirateur des légendes d'Ossian, donna lui-même le prénom d'Oscar à l'un de ses filleuls, lequel devint par la suite roi de Suède et de Norvège (Oscar I).

Très courant dans les pays scandinaves, ce prénom royal est également prisé en Allemagne et en Angleterre, où il s'établit dans les 30 premiers choix. Il fait peu d'émules dans les pays francophones mais il s'est répandu en Espagne, au Portugal et dans de nombreux pays d'Amérique latine. En 2015, Oscar devrait s'afficher dans le top 80 national. S'il est prématuré d'annoncer sa gloire française, celle qui se dessine à Paris est de bon augure : en 2014, Oscar s'est hissé au 22ᵉ rang parisien.

Le 3 février honore la mémoire de **saint Oscar,** ou **Anskaire**, moine picard d'origine saxonne qui évangélisa les pays scandinaves au IXᵉ siècle.

Oscar Ier de Suède, né Joseph François Oscar Bernadotte le 4 juillet 1799 à Paris fut roi de Suède et de Norvège du 8 mars 1844 à sa mort (à Stockholm, en 1859). Durant son règne, il entreprit des réformes économiques et forma une alliance avec la France et le Royaume-Uni pour protéger la Scandinavie. Son fils **Oscar II** (1829-1907) fut également roi de Suède et de Norvège jusqu'à la rupture de l'union personnelle entre la Suède et la Norvège, en juin 1905.

Personnalités célèbres : Oscar Wilde, l'un des plus célèbres écrivains irlandais, né en 1854 et mort à Paris en 1900 à l'âge de 46 ans ; Oscar Peterson, pianiste et compositeur de jazz canadien (1925-2007) ; Oscar Niemeyer, architecte brésilien dont la renommée est mondiale (1907-2012) ; Óscar Domínguez, peintre surréaliste espagnol (1906-1957).

Statistiques : Oscar est le 80e prénom masculin le plus donné en France depuis le début du XXIe siècle. On peut estimer qu'il sera attribué à un garçon sur 440 en 2015.

Oscar 12 000
Lance divine (germanique). Variante : Oskar. Caractérologie : sociabilité, réceptivité, diplomatie, loyauté, logique.

Osman 1 500
Jeune serpent (arabe). Osman fonda la dynastie ottomane au XIIIe siècle. Variante : Osmane. Caractérologie : force, ambition, passion, volonté, habileté.

Osmond
Protégé par Dieu (anglais). Ce prénom est porté par moins de 30 personnes en France. Caractérologie : caractère, force, ambition, habileté, passion.

Ossian
Petit faon (celte). Masculin irlandais. Ce prénom est porté par moins de 30 personnes en France. Caractérologie : décision, dynamisme, curiosité, indépendance, courage.

Oswald 🎗 500
Divin, gouverneur (germanique). Masculin anglais. Variantes : Osval, Osvald, Osvaldo, Oswaldo. Caractérologie : réceptivité, sociabilité, volonté, loyauté, diplomatie.

Otello
Riche, prospère (germanique). Ce prénom est porté par moins de 30 personnes en France. Variante : Othello. Caractérologie : sagesse, méditation, savoir, indépendance, intelligence.

Othman 1 500
Jeune serpent (arabe). Troisième calife de l'islam au VIIe siècle, Othman fut le mari de Ruqayya, la fille du prophète Mahomet. C'est sous son califat que la première édition du Coran fut publiée. Variantes : Otman, Otmane, Ottman, Outman, Outmane. Caractérologie : ambition, force, volonté, habileté, sensibilité.

LES PRÉNOMS RÉTRO DU DÉBUT DU XXᵉ SIÈCLE

Cette sélection rassemble des petits noms qui furent en faveur au début des années 1900. Après avoir sombré dans l'oubli, ces pépites reprennent des couleurs. Certaines, comme Anatole, Félix ou Augustin reprennent discrètement le chemin de l'école. D'autres, comme Léo, Louis ou Jules s'ébattent déjà dans les cours de récréation !

• Abel, Achille, Aimé, Albert, Alfred, Anatole, Anthime, Antoine, Auguste, Augustin, Célestin, Edgar, Edmond, Émile, Ernest, Eugène, Faustin, Félix, Fernand, Gaston, Gustave, Henri, Jules, Joseph, Léon, Léopold, Louis, Lucien, Marceau, Marius, Max, Melchior, Oscar, Philémon, Rubens, Sully, Théodore, Théophile, Victor, Victorin, Wilhem.

D'autres perles au côté suranné ne méritent pas le désintérêt qui les accable aujourd'hui. Ci-dessous des prénoms qui furent attribués à une poignée d'enfants au tout début du XXᵉ siècle… avant de disparaître des registres d'état civil. Avis aux amateurs…

• Ancelin, Apollinaire, Céleste, Cyriaque, Donatien, Éléodore, Eudore, Fleury, Floris, Gervais, Guislain, Irénée, Jaquelin, Marcelin, Maximin, Pépin, Rosaire, Saturnin, Théodule, Thiébaut, Urbain, Valéry, Victorien.

Othon 🏆 160
Riche, prospère (germanique). Forme occitane : Oton. Caractérologie : rectitude, humanité, rêve, attention, ouverture d'esprit.

Otto 🏆 170
Riche, prospère (germanique). Otto est plus particulièrement usité en Allemagne, dans les pays scandinaves et au Pays basque. Caractérologie : méditation, intelligence, sagesse, savoir, indépendance.

Oualid 🏆 2 000 ⬇
Nouveau-né (arabe). On peut estimer que moins de 30 enfants seront prénommés ainsi en 2015. Caractérologie : ambition, force, passion, analyse, habileté.

Oumar 🏆 2 000 (TOP 500) ↗
Le plus haut (arabe). Variante : Oumarou. Caractérologie : indépendance, curiosité, dynamisme, analyse, courage.

Ouriel 🏆 250 →
La flamme du Seigneur (hébreu). Caractérologie : force, ambition, passion, habileté, analyse.

Ousmane 🏆 2 000 (TOP 500) →
Jeune serpent (arabe). Variantes : Ousman, Usman. Caractérologie : savoir, méditation, intelligence, volonté, indépendance.

Oussama 🏆 2 000 (TOP 600) ↗
Lion (arabe). Variantes : Ousama, Ossama, Oussema. Caractérologie : force, ambition, habileté, passion, management.

Ovide 🏆 110
Se rapporte à un ancien patronyme romain. Forme basque : Ovidio. Caractérologie : direction, audace, volonté, dynamisme, indépendance.

Owen 🏆 5 000 TOP 100 ⬆
Bien né (grec). Owen est très répandu en Irlande. Caractérologie : communication, pratique, enthousiasme, adaptation, générosité.

Ozan 🏆 800 TOP 2000 ➡
Santé, remède (basque). Caractérologie : réceptivité, sociabilité, diplomatie, loyauté, bonté.

- -

P

Pablo 🏆 9 000 TOP 200 ➡

Petit, faible (latin). Pablo est un prénom espagnol. Caractérologie : autorité, énergie, innovation, ambition, gestion.

Pacifique
Pacifique (latin). Ce prénom est porté par moins de 30 personnes en France. Caractérologie : famille, équilibre, sens des responsabilités, raisonnement, action.

Paco 🏆 2 000 TOP 500 ➡

Forme abrégée de Pater Comunitatis (l'un des noms donnés à saint François d'Assise en espagnol). Paco est également un diminutif espagnol de Pacôme. Caractérologie : vitalité, stratégie, ardeur, achèvement, leadership.

Pacôme 🏆 2 000 TOP 500 ➡

Pacifier (latin). Caractérologie : achèvement, stratégie, vitalité, volonté, réalisation.

Palmyr
Palmiers (hébreu). Ce prénom est porté par moins de 30 personnes en France. Variantes : Palmire, Palmyre. Caractérologie : structure, efficacité, persévérance, sécurité, réalisation.

Pamphile
L'ami de tous (grec). Ce prénom est porté par moins de 100 personnes en France. Caractérologie : ressort, habileté, force, ambition, réalisation.

Pancrace
Qui est tout-puissant (grec). Ce prénom est porté par moins de 30 personnes en France. Caractérologie : intelligence, méditation, savoir, décision, cœur.

Paolo 🏆 6 000 TOP 400 ➡

Petit, faible (latin). Paolo est un prénom italien. Variantes : Paol, Paolino. Forme bretonne : Paolig. Caractérologie : indépendance, courage, curiosité, dynamisme, charisme.

Paris
 200

Dans la mythologie grecque, Pâris provoque la guerre de Troie en enlevant Hélène, épouse de Ménélas. Caractérologie : rectitude, humanité, rêve, générosité, ouverture d'esprit.

Parsam

Fils des jeûnes (arménien). Ce prénom est porté par moins de 30 personnes en France. Caractérologie : dynamisme, curiosité, réussite, courage, indépendance.

Pascal
286 000 **TOP 2000**

Passage (hébreu). Aux premiers temps du christianisme, ce nom était attribué aux enfants nés durant la période de Pâques. Bien qu'il soit porté par deux papes au Moyen Âge, ce prénom reste très rare jusqu'au milieu du XXᵉ siècle. Il s'envole dans les années 1950 et parvient au 2ᵉ rang français en 1962, son point culminant. En dehors de l'Hexagone, Pascal est plus particulièrement répandu en Allemagne et aux Pays-Bas. On peut estimer que moins de 30 enfants seront prénommés ainsi en 2015. Variantes : Pascual, Pasqual. Variante basque et bretonne : Paskal. Caractérologie : intelligence, indépendance, méditation, savoir, sagesse.

Patric
900

Noble personne (latin). Caractérologie : ténacité, organisation, méthode, fiabilité, engagement.

Patrice
127 000

Noble personne (latin). Ce prénom attesté au Moyen Âge est rarissime jusqu'au XXᵉ siècle. Surfant sur la vague de Patrick, il s'élance dans les années 1940 et atteint, comme Patricia, son point culminant en 1961. Mais contrairement à son féminin, Patrice se contente de passer quatre saisons dans le top 20. Alors que Patrick brille dans l'élite, Patrice jette l'éponge et tombe dans les profondeurs du classement. On peut estimer que moins de 30 enfants seront prénommés ainsi en 2015. Variantes : Patricien, Patricio, Patrizio. Forme bretonne : Padrig. Caractérologie : altruisme, intégrité, résolution, idéalisme, sympathie.

Patrick
361 000 **TOP 2000**

Noble personne (latin). Répandu dans les pays anglo-saxons au Moyen Âge, ce prénom porté par plusieurs saints doit sa notoriété à saint Patrick (de son vrai nom Maewyn Succat), considéré comme le fondateur du christianisme irlandais au Vᵉ siècle. Patron de l'Irlande, saint Patrick était si vénéré qu'avant le XVIIᵉ siècle, les parents de l'archipel n'attribuaient pas ce prénom : ils le jugeaient trop sacré pour un usage quotidien. Ce dernier est aujourd'hui très porté en Irlande, en Allemagne, dans les pays anglophones et en France. Au terme d'une forte progression, Patrick s'est imposé au 3ᵉ rang du classement masculin en 1960. Il a brillé dans le top 20 français de 1948 à 1970 avant de tomber en désuétude dans les années 2000. Variantes : Patrique, Patryck. Caractérologie : famille, équilibre, influence, organisation, éthique.

Patxi
 550

Libre, français (latin). Caractérologie : sagacité, connaissances, spiritualité, philosophie, originalité.

PAUL

Fête : 29 juin

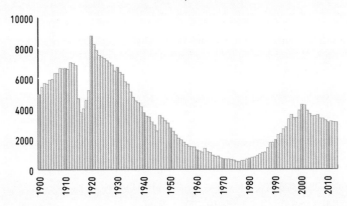

Étymologie : du latin *paulus*, « petit, faible ». Usité en Asie Mineure et en Gaule dès les premiers siècles, Paul concurrence brièvement la forme latine Paulus avant de s'éclipser. Il renaît au XIIIᵉ siècle dans les pays chrétiens mais sa diffusion prend toute son ampleur durant la Réforme, au XVIᵉ siècle, puis à la fin du XIXᵉ siècle. Après une période de défaveur entamée dans les années 1920, Paul a repris des couleurs. Il brille dans l'élite du classement parisien et campe dans les 25 premiers rangs français depuis 1993.

En dehors de l'Hexagone, Paul figure au 3ᵉ rang des choix allemands mais son absence des palmarès européens est surprenante. Ancré à la 3ᵉ place des prénoms espagnols, Pablo viendra-t-il lui prêter main-forte ? En attendant mieux, ce dernier progresse dans le top 200 français. Il devance largement Paulin qui prénomme une centaine de Français chaque année.

219

De nombreux rois, saints et papes ont porté ce prénom. Juif de Tarse (en Turquie) et citoyen romain au Iᵉʳ siècle, **saint Paul** fut d'abord connu sous le nom hébraïque de Saül. Il combattit le christianisme naissant avec ferveur avant qu'une révélation de la foi ne l'incite à se convertir. Devenu apôtre de Jésus, il répandit la foi hors de Judée en évangélisant l'Asie Mineure et la Grèce. La profondeur de sa réflexion et sa doctrine en font l'un des premiers théologiens du christianisme.

Poète latin au Vᵉ siècle, **Paulin de Nole** consacra sa vie à la foi. Il est célébré fêté le 11 janvier.

Personnalités célèbres : Paul Auster, écrivain américain né en 1947 ; Paul Cézanne, peintre français (1839-1906) ; Paul Gauguin, peintre et sculpteur français (1848-1903) ; Paul Klee, peintre suisse (1879-1940) ; Paul Bocuse, chef cuisinier français né en 1926 ; Paul McCartney, chanteur anglais, ancien membre des Beatles, né en 1942.

Statistiques : Paul est le 25e prénom masculin le plus donné en France depuis le début du XXIe siècle. On peut estimer qu'il sera attribué à un garçon sur 140 en 2015. De son côté, **Pablo** devrait prénommer un garçon sur 900.

Paul 193 000 TOP 50

Petit, faible (latin). Variantes : Paulien, Paulino, Paulo, Paulus, Pavel. Caractérologie : dynamisme, curiosité, charisme, courage, indépendance.

Paul-Alexandre 350

Forme composée de Paul et Alexandre. Caractérologie : achèvement, réalisation, vitalité, stratégie, analyse.

Paul-Antoine 950 TOP 2000

Forme composée de Paul et Antoine. Caractérologie : réceptivité, sociabilité, diplomatie, cœur, logique.

Paul-Émile 750

Forme composée de Paul et Émile. Caractérologie : structure, sécurité, réalisation, persévérance, sympathie.

Paul-Étienne 170

Forme composée de Paul et Étienne. Caractérologie : énergie, cœur, découverte, audace, décision.

Paul-Henri 850

Forme composée de Paul et Henri. Caractérologie : audace, énergie, découverte, sympathie, ressort.

Paulin 3 000 TOP 600

Petit, faible (latin). Variantes : Paulien, Paulino, Polin. Caractérologie : audace, direction, détermination, amitié, dynamisme.

Paulo 4 000

Forme portugaise et espagnole de Paul : petit, faible (latin). Ce prénom est particulièrement répandu au Portugal et en Espagne. On peut estimer que moins de 30 enfants seront prénommés ainsi en 2015. Caractérologie : diplomatie, sociabilité, réceptivité, loyauté, bonté.

Pavel 350 TOP 2000

Petit, faible (latin). Cette forme slave de Paul est particulièrement répandue en Bulgarie. Caractérologie : sociabilité, réceptivité, diplomatie, cœur, réussite.

Pedro 4 000 TOP 700

Petit caillou (grec). Masculin espagnol et portugais. Variantes : Pedre, Peet, Peidro, Peire, Peit, Peitro, Peo. Caractérologie : fiabilité, ténacité, engagement, méthode, volonté.

Peio
 600 **TOP 2000**

Petit caillou (grec). Prénom basque. Caractérologie : rectitude, humanité, tolérance, idéalisme, générosité.

Pépin
200

Déterminé (germanique). Caractérologie : équilibre, sens des responsabilités, famille, influence, exigence.

Pépito

Dieu ajoutera (hébreu). Ce prénom est porté par moins de 100 personnes en France. Caractérologie : rectitude, rêve, humanité, ouverture d'esprit, générosité.

Perceval
180

Perce la vallée (vieux français). Héros des légendes arthuriennes, Perceval fut élevé par sa mère dans une forêt isolée. Un jour, il croisa cinq chevaliers aux armures étincelantes et en fut bouleversé. Il se rendit à la cour du roi Arthur pour y être adoubé, et s'illustra dans d'innombrables aventures chevaleresques. Variantes : Perce, Percy. Caractérologie : innovation, autorité, réalisation, énergie, bonté.

Périclès

Juste meneur (grec). Ce prénom est porté par moins de 30 personnes en France. Caractérologie : conscience, paix, bienveillance, détermination, bonté.

Peter
 5 000 **TOP 2000**

Petit caillou (grec). Masculin anglais, allemand et scandinave. Variantes : Petri, Petro, Petrus. Forme corse : Petru. Caractérologie : innovation, autonomie, autorité, énergie, ambition.

Peyo
300

Petit caillou (grec). Prénom breton. Variante : Peio. Caractérologie : sagacité, spiritualité, originalité, philosophie, connaissances.

Pharell
 450 **TOP 600**

Courageux (irlandais). Variante : Pharel. Caractérologie : idéalisme, sympathie, altruisme, ressort, intégrité.

Phil

Diminutif des prénoms formés avec Phil. Ce prénom est porté par moins de 100 personnes en France. Caractérologie : ouverture d'esprit, rêve, action, rectitude, humanité.

Philbert
150

Qui aime les chevaux (grec). Variante : Filbert. Caractérologie : attention, idéalisme, intégrité, altruisme, action.

Philéas
 400 **TOP 2000**

Qui aime (grec). Variante : Phile. Caractérologie : intelligence, action, méditation, savoir, cœur.

Philémon
 750 **TOP 2000**

Affectueux, amical (grec). Philémon forme avec Baucis un couple de la mythologie grecque repris dans les *Métamorphoses* d'Ovide. Après avoir vécu une vie paisible et humble, Philémon et Baucis meurent ensemble et sont transformés en arbres aux feuillages emmêlés. Forme basque : Filemon. Caractérologie : raisonnement, sociabilité, réceptivité, volonté, diplomatie.

Philibert 🎖 1 000 ⌄

Très brillant (germanique). Caractérologie : action, humanité, rêve, sensibilité, rectitude.

Philip 🎖 1 500

Qui aime les chevaux (grec). Prénom anglais, scandinave et néerlandais. On peut estimer que moins de 30 enfants seront prénommés ainsi en 2015. Variantes : Philipe, Philipp, Philippo, Phillip. Caractérologie : savoir, intelligence, méditation, indépendance, ressort.

Philippe 🎖 485 000  →

Qui aime les chevaux (grec). Ce vieux prénom fut illustré par plusieurs saints, six rois de France, cinq rois d'Espagne et un roi macédonien, Philippe II, le père d'Alexandre le Grand (382-386 avant J.-C.). Saint Philippe, l'un des premiers apôtres de Jésus, prêcha l'Évangile en Grèce et en Asie Mineure jusqu'à un âge avancé. Sous ses différentes graphies (Philip, Felipe, Filippo, etc.), ce prénom est très attribué dans les pays chrétiens durant et après le Moyen Âge. Après une période de retrait au XIXe siècle, Philippe revient de plus belle en France dans les années 1950. Il détrône Jean en 1959 et se maintient premier jusqu'en 1964. Son déclin s'est nettement accéléré depuis la fin des années 1980. Caractérologie : énergie, innovation, autorité, amitié, action.

Philis

Rameau (grec). Ce prénom est porté par moins de 30 personnes en France.

Caractérologie : direction, dynamisme, indépendance, audace, action.

Philogone

Aimer la génération (grec). Ce prénom est porté par moins de 100 personnes en France. Caractérologie : réceptivité, diplomatie, sociabilité, raisonnement, action.

Pierre 🎖 486 000 TOP 100 ⌄

Petit caillou (grec). Le premier pape, une centaine de saints et de nombreux rois ont porté ce prénom très courant dans le monde occidental. Simon est le nom originel de l'apôtre qui devint saint Pierre. Jésus choisit ce nom pour lui en référence à la mission dont il fut investi, celle de bâtir des églises « solides comme de la pierre ». L'immense popularité de saint Pierre contribua à la diffusion du nom en Orient chrétien, puis en Occident. Il fut, sous ses nombreuses graphies, largement attribué au Moyen Âge, et dans un passé plus récent, porté par deux empereurs du Brésil et nombre de rois européens. Trois tsars russes, dont le fondateur de la ville de Saint-Pétersbourg (Pierre le Grand), ont également illustré ce prénom. ◇ Si Pierre est l'un des prénoms les plus attribués en France du XVe au XXe siècle, il n'a guère eu l'occasion de devancer Jean, son plus grand rival. Faute de mieux, il s'est souvent contenté des deuxièmes rangs. Sa rébellion survient en 1981 : alors que Jean poursuivait son reflux, Pierre s'est redressé et l'a dépassé. Il le tient à distance respectueuse depuis. Caractérologie : habileté, ambition, management, passion, force.

Pierre-Adrien 500
Forme composée de Pierre et Adrien. Caractérologie : courage, dynamisme, curiosité, réussite, décision.

Pierre-Alexandre 3000 TOP2000
Forme composée de Pierre et Alexandre. On peut estimer que moins de 30 enfants seront prénommés ainsi en 2015. Caractérologie : réalisation, sociabilité, réceptivité, diplomatie, analyse.

Pierre-Alexis 850
Forme composée de Pierre et Alexis. Caractérologie : paix, analyse, bienveillance, conscience, sympathie.

Pierre-Antoine 4000 TOP1000
Forme composée de Pierre et Antoine. Caractérologie : indépendance, dynamisme, curiosité, résolution, courage.

Pierre-Emmanuel 3 000
Forme composée de Pierre et Emmanuel. On peut estimer que moins de 30 enfants seront prénommés ainsi en 2015. Caractérologie : sociabilité, réceptivité, diplomatie, amitié, réalisation.

Pierre-François 1 500
Forme composée de Pierre et François. On peut estimer que moins de 30 enfants seront prénommés ainsi en 2015. Caractérologie : pragmatisme, optimisme, logique, cœur, communication.

Pierre-Henri 2 000
Forme composée de Pierre et Henri. On peut estimer que moins de 30 enfants seront prénommés ainsi en 2015. Caractérologie : ardeur, action, achèvement, vitalité, stratégie.

Pierre-Jean 3 000
Forme composée de Pierre et Jean. On peut estimer que moins de 30 enfants seront prénommés ainsi en 2015. Caractérologie : réceptivité, décision, diplomatie, loyauté, sociabilité.

Pierre-Louis 6 000 TOP 800
Forme composée de Pierre et Louis. Caractérologie : enthousiasme, communication, sympathie, pratique, analyse.

Pierre-Loup 250
Forme composée de Pierre et Loup. Caractérologie : intégrité, sympathie, altruisme, idéalisme, analyse.

Pierre-Luc 600
Forme composée de Pierre et Luc. Caractérologie : stratégie, vitalité, achèvement, amitié, ardeur.

Pierre-Marie 3000 TOP2000
Forme composée de Pierre et Marie. On peut estimer que moins de 30 enfants seront prénommés ainsi en 2015. Caractérologie : humanité, rectitude, décision, rêve, réussite.

Pierre-Olivier 2 000
Forme composée de Pierre et Olivier. On peut estimer que moins de 30 enfants seront prénommés ainsi en 2015. Caractérologie : achèvement, vitalité, stratégie, logique, caractère.

Pierre-Yves 9 000 TOP 2000
Forme composée de Pierre et Yves. On peut estimer que moins de 30 enfants seront

223

prénommés ainsi en 2015. Caractérologie : savoir, intelligence, méditation, détermination, réalisation.

Pierric
🌟 1 500 ⬇

Petit caillou (grec). On peut estimer que moins de 30 enfants seront prénommés ainsi en 2015. Caractérologie : paix, bienveillance, conseil, conscience, sympathie.

Pierrick
🌟 18 000 (TOP 900) ⬇

Petit caillou (grec). Masculin français. Variantes : Perick, Perig, Pieric, Pierick, Pierig, Pierrig, Pierrik. Caractérologie : force, habileté, passion, ambition, bonté.

Pierrot
🌟 2 000 ➡

Petit caillou (grec). On peut estimer que moins de 30 enfants seront prénommés ainsi en 2015. Variantes : Perin, Pier, Piet, Pieter, Pierce, Pierino, Pierrino, Piero. Caractérologie : réceptivité, bonté, sociabilité, loyauté, diplomatie.

Pietro
🌟 1 000 ➡

Petit caillou (grec). Prénom italien. Caractérologie : intuition, médiation, relationnel, fidélité, adaptabilité.

Pio

Pieux (latin). Masculin italien et portugais. Ce prénom est porté par moins de 100 personnes en France. Caractérologie : persévérance, efficacité, sécurité, structure, honnêteté.

Placide
🌟 250

Placide, calme (latin). Variante : Placido. Caractérologie : audace, énergie, découverte, sympathie, réalisation.

Pol
🌟 1 500 (TOP 2000) ⬇

Petit, faible (latin). Pol est plus traditionnellement usité en Irlande, en Écosse et en Bretagne. On peut estimer que moins de 30 enfants seront prénommés ainsi en 2015. Caractérologie : savoir, intelligence, méditation, indépendance, sagesse.

Polycarpe

Fruits en abondance (grec). Ce prénom est porté par moins de 100 personnes en France. Caractérologie : pragmatisme, communication, optimisme, analyse, sympathie.

Pompée

Gloire éclatante (grec). Ce prénom est porté par moins de 30 personnes en France. Caractérologie : savoir, intelligence, méditation, caractère, indépendance.

Preston
🌟 500 (TOP 1000) ➡

Domaine, bien du prêtre (anglais). Masculin anglais. Caractérologie : vitalité, ardeur, achèvement, détermination, stratégie.

Priam
🌟 170 (TOP 2000)

Dans la mythologie grecque, Priam est le dernier roi de Troie. Caractérologie : pragmatisme, créativité, communication, optimisme, réalisation.

Primael
🌟 110

Charismatique, prince (celte). Prénom breton. Variante : Primel. Caractérologie : sociabilité, réceptivité, réalisation, diplomatie, sympathie.

LES PRÉNOMS DE ROIS

La vogue du rétro a fait renaître bien des prénoms oubliés. Curieusement, cet engouement ne s'est pas propagé aux prénoms royaux masculins qui, à l'exception de Louis, restent peu attribués. Prenons le temps de revisiter l'histoire sous cet angle particulier. Qui sait… Charles, Henri, François, Jean ou Philippe pourraient revenir dans les prochaines années… Les noms de ces monarques sont classés par ordre chronologique. Ils retracent les dynasties successives des Carolingiens, des Capétiens, des Valois et des Bourbons.

Les Carolingiens (715-987)	Les Capétiens (987-1328)
Pépin le Bref	Hugues Capet
Charles Ier ou Charlemagne	Robert II le Pieux
Louis Ier le Pieux	Henri Ier
Charles II le Chauve	Philippe Ier
Louis II le Bègue	Louis VI le Gros
Louis III	Louis VII le Jeune
Carloman	Philippe II Auguste
Charles le Gros	Louis VIII le Lion
Eudes	Louis IX le Saint
Charles III le Simple	Philippe III le Hardi
Robert Ier	Philippe IV le Bel
Raoul de Bourgogne	Louis X le Hutin
Louis IV d'Outremer	Philippe V le Long
Louis V le Fainéant	Charles IV le Bel

Les Valois (1328-1589)	Les Bourbons (1589-1830)
Philippe VI de Valois	Henri IV le Vert-Galant
Jean II le Bon	Louis XIII le Juste
Charles V le Sage	Louis XIV le Grand
Charles VI le Fol	Louis XV le Bien-Aimé
Charles VII le Victorieux	Louis XVI
Louis XI	Louis XVIII
Charles VIII l'Affable	Charles X
Louis XII Père du peuple	
François Ier le Roi Chevalier	**Les Orléans (1830-1848)**
Henri II	Louis-Philippe Ier
François II	
Charles IX	
Henri III	

Primo

 200

Premier (latin). Prénom italien. Caractérologie : force, ambition, habileté, management, passion.

Prince

350 **TOP 1000**

En premier (latin). Plus courant sous forme de patronyme. Masculin anglais. Caractérologie : sociabilité, réceptivité, diplomatie, sympathie, loyauté.

Priscillien

Ancien (latin). Ce prénom est porté par moins de 100 personnes en France.

Caractérologie : rectitude, humanité, rêve, amitié, détermination.

Prosper

 1 500 ➡

Avec bonheur (latin). Masculin anglais et français. On peut estimer que moins de 30 enfants seront prénommés ainsi en 2015. Variante : Prospert. Caractérologie : ambition, passion, force, habileté, décision.

Prudent

160

Prudent (latin). Caractérologie : achèvement, vitalité, ardeur, stratégie, bonté.

Q

Qaïs

 120

Fierté (arabe). Caractérologie : direction, audace, dynamisme, indépendance, assurance.

Quang

180

Lumière, glorieux (vietnamien). Caractérologie : bienveillance, paix, conseil, amitié, conscience.

Quentin

 122 000 **TOP 100**

Cinquième (latin). Quentin a connu la gloire dans les pays anglo-saxons au XIXe siècle, puis en France dans les années 1990. Citoyen romain, saint Quintinus se convertit au christianisme et partit évangéliser la Gaule au IIIe siècle. C'est

en sa mémoire que Saint-Quentin, la capitale de la haute Picardie, porte son nom. Variantes : Quantin, Quentyn, Quinten, Quinten, Quintino. Caractérologie : dynamisme, indépendance, sensibilité, direction, audace.

Quincy

150

Cinquième (latin). Masculin anglais. Variantes : Quincey, Quinto. Caractérologie : ambition, sympathie, force, habileté, ressort.

Quintilien

S'inspirant de Cicéron, Quintilien fut rhéteur dans la Rome antique au Ier siècle. Ce prénom est porté par moins de 30 personnes en France. Caractérologie : diplomatie, loyauté, réceptivité, sociabilité, sensibilité.

Quoc 250

Nation (vietnamien). Caractérologie : relationnel, adaptabilité, intuition, médiation, fidélité.

. . . .

R

Rabah  3 000 TOP 2000

Jardin (arabe). On peut estimer que moins de 30 enfants seront prénommés ainsi en 2015. Variantes : Raba, Rabbah, Rabia, Rabih. Caractérologie : enthousiasme, pratique, communication, adaptation, générosité.

Rabie

Mon maître (hébreu). Ce prénom est porté par moins de 100 personnes en France. Variante : Rabi. Caractérologie : vitalité, achèvement, stratégie, ardeur, résolution.

Rachid  18 000 TOP 2000

Bien guidé, qui a la foi (arabe). Ce prénom est particulièrement répandu dans les communautés musulmanes francophones. On peut estimer que moins de 30 enfants seront prénommés ainsi en 2015. Variantes : Rached, Rachide. Caractérologie : savoir, intelligence, sagesse, indépendance, méditation.

Rafaël  11 000 TOP 100

Dieu a guéri (hébreu). Rafael est répandu dans les pays hispanophones, scandinaves et germanophones. C'est aussi un prénom traditionnel basque et catalan. Caractérologie : intelligence, savoir, méditation, analyse, résolution.

Raffi 140

De haut rang (arabe, arménien). Caractérologie : ténacité, méthode, sens du devoir, engagement, fiabilité.

Rafik 1 500

Ami, tranquillité (arabe). On peut estimer que moins de 30 enfants seront prénommés ainsi en 2015. Caractérologie : intégrité, altruisme, idéalisme, réflexion, dévouement.

Rahim 450 TOP 2000

Qui pardonne (arabe). Caractérologie : structure, persévérance, sécurité, efficacité, honnêteté.

Raimond

Qui conseille avec sagesse (germanique). Ce prénom est porté par moins de 100 personnes en France. Variantes : Raimon, Raimondo, Raimundo, Ramond. Caractérologie : diplomatie, réceptivité, décision, sociabilité, caractère.

Rainier

Conseil, décision (germanique). Dans l'Hexagone, Rainier est plus traditionnellement usité dans les Flandres. Ce prénom est porté par moins de 100 personnes en France. Variantes : Régnier, Reiner. Caractérologie : réceptivité, sociabilité, résolution, diplomatie, loyauté.

Rajiv

L'un des noms de la fleur de lotus (sanscrit). Rajiv est très répandu en Inde. Ce prénom est porté par moins de 100 personnes en France. Caractérologie : conseil, bienveillance, sagesse, paix, conscience.

Ralph
 1 500

Loup renommé (germanique). Masculin anglais. On peut estimer que moins de 30 enfants seront prénommés ainsi en 2015. Variantes : Ralf, Rolph, Rolphe. Caractérologie : audace, dynamisme, direction, action, indépendance.

Rambert

Illustre conseiller (germanique). Ce prénom est porté par moins de 100 personnes en France. Caractérologie : découverte, audace, originalité, détermination, énergie.

Ramdane
350

Mois sacré (arabe). Caractérologie : intuition, relationnel, médiation, résolution, fidélité.

Rami
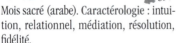 1 000 **TOP 700**

Habileté (arabe). Variante : Ramy. Caractérologie : audace, découverte, énergie, originalité, séduction.

Ramiro
 140

Ce nom espagnol aurait des racines wisigothes et signifierait « grand juge ». Masculin espagnol et basque. Forme basque : Erramir. Caractérologie : sociabilité, réceptivité, diplomatie, loyauté, bonté.

Ramon
1 000

Qui conseille avec sagesse (germanique). Ramon est plus particulièrement usité dans les pays hispanophones, en Italie et en Occitanie. Caractérologie : résolution, intelligence, savoir, méditation, volonté.

Ramsès

Nom de plusieurs pharaons d'Égypte ancienne. Ce prénom est porté par moins de 100 personnes en France. Caractérologie : optimisme, pragmatisme, créativité, communication, décision.

Ramzi
2 000

Important (arabe). On peut estimer que moins de 30 enfants seront prénommés ainsi en 2015. Variante : Ramzy. Caractérologie : fiabilité, ténacité, méthode, engagement, sens du devoir.

Randy
1 500 **TOP 800**

Loup renommé (germanique). Masculin anglais. Variantes : Randolf, Randolph. Caractérologie : habileté, décision, ambition, force, réussite.

Rani
250

Riche et noble (arabe). Caractérologie : sens des responsabilités, équilibre, famille, décision, influence.

RAPHAËL

Fête : 29 septembre

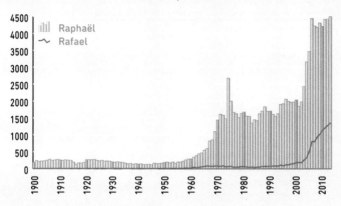

Raphaël
Rafael

Étymologie : de l'hébreu *rephaël*, « Dieu a guéri ». Attribué en quantité constante mais modeste, ce choix intemporel est longtemps resté discret dans les pays occidentaux. En France, à l'exception d'un pic d'attribution isolé en 1974, Raphaël est relativement peu répandu jusqu'en 2000, où sa croissance l'entraîne vers le sommet. En 2015, Raphaël devrait briller dans les premiers rangs parisiens et nationaux. Nul doute que l'essor des prénoms bibliques et la popularité du chanteur Raphaël ont favorisé ce succès.

Raphaël poursuit également son chemin en dehors de l'Hexagone. Il n'a pas la cote dans les pays anglophones mais il s'envole dans l'élite des prénoms wallons et québécois. De son côté, Rafael ne cesse de grandir en Espagne, en Allemagne et dans les pays d'Amérique latine. Il vient même d'intégrer le top 60 français.

Notons que Rapha et Rafa, petits noms familiers et affectueux, ne sont pas encore recensés dans les maternités françaises. Au féminin, la percée de Raphaëlle n'est pas davantage d'actualité.

Ange de la guérison dans la Bible, **Raphaël** guérit le père de Tobie de la cécité et délivre Sara du démon qui l'a rendue veuve à sept reprises le soir de ses noces. Il est le patron des voyageurs.

Peintre et architecte, **Raphaël** (de son vrai nom Raffaello Sanzio) est l'un des plus célèbres peintres italiens de la Renaissance. Il laisse à la postérité la grâce et la beauté de ses madones qui l'ont rendu si célèbre. Il meurt en 1520 à l'âge de 37 ans.

Personnalités célèbres : Raphaël Enthoven, professeur de philosophie, animateur de télévision et de radio né en 1975 ; Raphaël Haroche, chanteur français né en 1972 ; Raphaël Ibanes, ancien international français de rugby, né en 1973 ; Raphaël Imbert, saxophoniste de jazz, chef d'orchestre et compositeur né en 1974 ; Rafael Nadal, joueur de tennis professionnel espagnol, né en 1981.

Statistiques : Raphaël est le 8e prénom masculin le plus donné en France depuis le début du XXIe siècle. On peut estimer qu'il sera attribué à un garçon sur 80 en 2015. **Rafaël** devrait prénommer un garçon sur 300 et figurer au 57e rang de ce palmarès.

Rankin

Bouclier, protection (vieil anglais, celte). Masculin écossais et irlandais. Ce prénom est porté par moins de 30 personnes en France. Caractérologie : fiabilité, ténacité, engagement, méthode, résolution.

Raoul 9 000 TOP 2000

Loup renommé (germanique). Masculin français. On peut estimer que moins de 30 enfants seront prénommés ainsi en 2015. Variantes : Raouf, Raoulin, Raul. Forme occitane : Raolf. Caractérologie : persévérance, structure, sécurité, logique, efficacité.

Raphaël 105 000 TOP 50

Dieu a guéri (hébreu). Caractérologie : ressort, sympathie, intelligence, méditation, savoir.

Rayan 25 000 TOP 50

Contraction de Ryan et Rayane. Porté par une vague d'inspiration irlandaise, Rayan émerge à la fin du XXe siècle et s'impose dans les 40 premiers rangs français en 2008. Ses origines lui confèrent une identité multiculturelle indissociable de son succès, encore sensible aujourd'hui.

Caractérologie : courage, dynamisme, indépendance, curiosité, résolution.

Rayane 9 000 TOP 200

Beau, désaltéré (arabe). Masculin français. Variantes : Raïan, Raïane, Rayann, Rayanne, Rayen, Reyan, Reyane. Caractérologie : innovation, énergie, autorité, ambition, détermination.

Rayhan 700 TOP 2000

Beau, désaltéré (arabe), petit roi (irlandais). Variantes : Rahyan, Raïan, Raïhan, Raïhane. Caractérologie : persévérance, détermination, sécurité, action, structure.

Raymond 105 000 TOP 2000

Qui conseille avec sagesse (germanique). Originaire de Catalogne, saint Raymond fut le conseiller du pape Grégoire IX au XIIIe siècle. Chef des dominicains, il écrivit plusieurs essais sur la théologie. En dehors de l'Hexagone, Raymond est très répandu dans les pays anglophones. On peut estimer que moins de 30 enfants seront prénommés ainsi en 2015. Variantes : Ray, Raymon, Raymondo, Remon, Remond.

Caractérologie : altruisme, idéalisme, intégrité, volonté, réalisation.

Raynald 3 000

Qui conseille avec sagesse (germanique). On peut estimer que moins de 30 enfants seront prénommés ainsi en 2015. Variante : Raynal. Caractérologie : communication, pratique, réussite, enthousiasme, cœur.

Razi

Mon secret (araméen). Ce prénom est porté par moins de 100 personnes en France. Caractérologie : altruisme, idéalisme, réflexion, dévouement, intégrité.

Réda 5 000 TOP 400

Satisfaction, plénitude (arabe). Variantes : Rédha, Rhéda. Caractérologie : audace, dynamisme, indépendance, direction, résolution.

Rédouane 2 000 TOP 900

Satisfaction, plénitude (arabe). Variantes : Radoin, Radoine, Radouan, Radouane, Radwan, Radwane, Rédoine, Rédouan, Redwan, Redwane, Ridouan, Ridouane, Ridvan, Ridwan, Ridwane. Caractérologie : volonté, analyse, sociabilité, diplomatie, réceptivité.

Réginald 850

Qui conseille avec sagesse (germanique). Masculin anglais et allemand. Caractérologie : méditation, cœur, savoir, intelligence, réussite.

Régis 57 000

Royal (latin). Masculin français. On peut estimer que moins de 30 enfants seront prénommés ainsi en 2015. Caractérologie :

Réhan 250 TOP 2000

Basilique (arabe). Caractérologie : bienveillance, paix, conscience, conseil, détermination.

Reinhold

Qui conseille avec sagesse (germanique). Masculin allemand. Ce prénom est porté par moins de 100 personnes en France. Caractérologie : persévérance, structure, sécurité, volonté, raisonnement.

Réjan

Roi (latin). Ce prénom est porté par moins de 100 personnes en France. Variante : Réjean. Caractérologie : pragmatisme, créativité, communication, optimisme, résolution.

Rémi 80 000 TOP 300

Rameur (latin). Rémi se rapporte aux Rèmes, le nom du peuple qui vivait dans la région de Reims. C'est dans la basilique rémoise que l'évêque Remi fit baptiser Clovis et ses troupes. Notons que ce prénom français peut être orthographié sans accent. Forme basque : Remigio. Caractérologie : tolérance, rêve, rectitude, humanité, générosité.

Rémy 62 000 TOP 400

Rameur (latin). Masculin français. Caractérologie : connaissances, sagacité, spiritualité, philosophie, originalité.

Rénald 2 000

Qui conseille avec sagesse (germanique). On peut estimer que moins de

30 enfants seront prénommés ainsi en 2015. Variantes : Reinald, Rénal. Caractérologie : décision, altruisme, idéalisme, intégrité, réflexion.

Renaldo 450
Qui conseille avec sagesse (germanique). Masculin espagnol et portugais. Variantes : Reinaldo, Reinhard, Reinold. Caractérologie : paix, bienveillance, conscience, caractère, logique.

Renan  2 000 TOP 900
Petit phoque (irlandais). Prénom breton. Variante : Reunan. Caractérologie : savoir, intelligence, méditation, indépendance, décision.

Renato 900
Renaître (latin). Renato est particulièrement répandu en Italie, en Corse et dans les pays hispanophones et lusophones. Forme occitane : Renat. Caractérologie : ambition, autorité, innovation, énergie, détermination.

Renaud 23 000 TOP 2000
Qui conseille avec sagesse (germanique). Masculin français. Variantes : Renauld, Renaut, Reno. Caractérologie : rêve, rectitude, humanité, ouverture d'esprit, résolution.

René 199 000
Renaître (latin). La forme latine Renatus fut assez populaire dans les pays chrétiens au Moyen Âge. Elle se raréfie au XVIIe siècle, alors que saint René Goupil est tué par des Iroquois juste après s'être signé devant eux. Plusieurs ducs de France, un comte de Provence, un roi napolitain et le célèbre physicien et philosophe français René Descartes (1596-1650) ont donné une grande notoriété au prénom. Pour autant, ce dernier ne prend pas de véritable essor avant la fin du XIXe siècle. Il s'illustre dans les 5 premiers rangs dans les années 1920 et prend tout son temps pour se faire oublier ensuite. On peut estimer que moins de 30 enfants seront prénommés ainsi en 2015. Caractérologie : conscience, conseil, bienveillance, paix, sagesse.

Renzo 500
Diminutif de Lorenzo : couronné de lauriers (latin). Prénom italien. Variante : Renso. Caractérologie : sens des responsabilités, équilibre, exigence, famille, influence.

Reuben
« C'est un fils ! » (hébreu). Ce prénom est porté par moins de 100 personnes en France. Caractérologie : loyauté, réceptivité, diplomatie, bonté, sociabilité.

Reuel
Ami de Dieu (hébreu). Ce prénom est porté par moins de 30 personnes en France. Caractérologie : intelligence, méditation, sagesse, savoir, indépendance.

Reymond 250
Qui conseille avec sagesse (germanique). Caractérologie : sécurité, caractère, persévérance, efficacité, structure.

Reynald 5 000
Qui conseille avec sagesse (germanique). Masculin français. On peut estimer que moins de 30 enfants seront prénommés ainsi en 2015. Variantes : Reynal,

Reynaldo, Reynaud, Reynold. Caractérologie : savoir, intelligence, méditation, réalisation, sympathie.

Rhys

Héros (gallois). Ce prénom est porté par moins de 100 personnes en France. Caractérologie : intelligence, ressort, indépendance, méditation, savoir.

Riad

Jardin (arabe). Variantes : Riade, Riadh, Riyadh. Caractérologie : découverte, originalité, audace, énergie, séduction.

Ricardo

Puissant gouverneur (germanique). Ricardo est très répandu dans les pays hispanophones et lusophones. Variantes : Ricard, Riccardo. Caractérologie : courage, logique, indépendance, curiosité, dynamisme.

Richard

Puissant gouverneur (germanique). Masculin anglais et français. Variante : Rick. Caractérologie : connaissances, originalité, sagacité, philosophie, spiritualité.

Rida

Satisfaction, plénitude (arabe). On peut estimer que moins de 30 enfants seront prénommés ainsi en 2015. Variante : Ridha. Caractérologie : audace, énergie, séduction, originalité, découverte.

Ridge

Crête (anglais). Ce prénom est porté par moins de 100 personnes en France. Caractérologie : spiritualité, connaissances, originalité, sagacité, philosophie.

Rigobert

Brillant, gloire (germanique). Caractérologie : honnêteté, sécurité, structure, persévérance, efficacité.

Rinaldo

Qui conseille avec sagesse (germanique). Prénom italien. Caractérologie : caractère, énergie, autorité, innovation, logique.

Rino

Renaître (latin). Masculin italien. Caractérologie : sociabilité, réceptivité, loyauté, diplomatie, bonté.

Ritchy

Puissant gouverneur (germanique). Variantes : Ricci, Rich, Richie, Ritchie, Rick, Ricky, Ritchi, Rytchi. Caractérologie : fidélité, relationnel, intuition, ressort, médiation.

Riwan

Roi, valeur (celte). Prénom breton. Variantes : Riwal, Rywan. Caractérologie : décision, diplomatie, sociabilité, loyauté, réceptivité.

Riyad

Serein, épanoui (arabe). Caractérologie : réalisation, pratique, enthousiasme, communication, adaptation.

Roald

Qui conseille avec sagesse (germanique). Masculin anglais. Ce prénom est porté par moins de 100 personnes en France. Caractérologie : curiosité, dynamisme, courage, logique, indépendance.

ROBIN

Fête : 30 avril

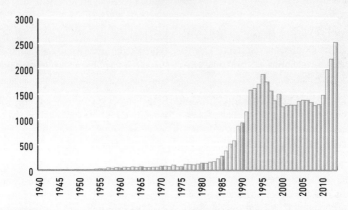

Étymologie : ce diminutif de Robert est attesté en France au Moyen Âge, mais il rencontre beaucoup plus de succès outre-Manche. Il y est déjà répandu au XVe siècle, lorsque des contes et ballades populaires diffusent les exploits de Robin des Bois, le célèbre brigand défenseur des pauvres. Au début du XXe siècle, Robin renaît en Angleterre et aux États-Unis, où il émerge au féminin. Avec sa variante Robyn, nouvelle pour les années 1930, il prénomme une proportion croissante de filles. Il ne lui faut guère de temps pour devenir mixte dans les deux pays, puis changer de genre outre-Atlantique. Au milieu des années 1960, Robin s'impose au 25e rang des prénoms féminins américains, son dernier point culminant. Comment expliquer ce changement de sexe si récent ? Il est possible qu'en pleine Seconde Guerre mondiale les parents américains aient voulu donner à leurs filles un prénom évoquant la grâce et la gaieté du rouge-gorge, car cet oiseau répond lui aussi au nom anglais de *robin*.

Dans un genre comme dans l'autre, Robin chute dans les classements anglophones, et c'est au masculin qu'il décolle en France. Il pourrait battre tous ses records d'attributions en s'imposant dans le top 30 national. Sous forme de patronyme, Robin est très répandu dans les pays de langue anglaise. Il est assez fréquent dans l'Hexagone, et bien connu grâce à l'humoriste française Muriel Robin.

Littérature : la première référence à Robin des Bois a été faite par William Langland dans *Piers Plowman* (*Pierre le laboureur* en français), un poème allégorique de plus de 7 000 vers composé entre 1360 et 1387. Robin est également le fidèle acolyte de *Batman*, un

234

personnage de fiction créé par Bob Kane et Bill Finger, qui parut pour la première fois dans *Detective Comics* en 1939, et dont les aventures ont inspiré de nombreux films.

Personnalités célèbres : Robin Gibbs, musicien britannique, fondateur des Bee Gees (1949-2012) ; Robin Cook, médecin et écrivain américain né en 1940 ; Robin Williams, acteur américain né en 1951 ; Robin Renucci, acteur français né en 1956 ; Robin Wright Penn, actrice américaine née en 1966 ; Robin McKelle, chanteuse de jazz américaine.

Statistiques : Robin est le 35e prénom masculin le plus donné du XXIe siècle en France. On peut estimer qu'il sera attribué à un garçon sur 140 en 2015.

Roan ⭐ 400 TOP 2000 →
Voir Rohan. Caractérologie : pragmatisme, optimisme, sociabilité, communication, résolution.

Robert ⭐ 186 000 TOP 2000 ⌄
Brillant, gloire (germanique). Deux rois de France et trois rois d'Écosse ont porté ce prénom très répandu en France et en Angleterre au Moyen Âge. Le père de Guillaume le Conquérant se nommait ainsi, tout comme son contemporain Robert de Molesme, le saint qui fonda l'ordre de Cîteaux au XIe siècle. Ce prénom ne disparaît pas après la période médiévale, mais son dernier coup d'éclat remonte aux années 1920, durant lesquelles il s'impose dans les 10 premiers choix français (jusqu'en 1939). Bien qu'il ait disparu des maternités dans les années 1980, Robert, Roberto et leurs dérivés sont très répandus dans le monde occidental aujourd'hui. On peut estimer que moins de 30 enfants seront prénommés ainsi en 2015. Variantes : Rob, Robbie, Robby, Rober, Robertino, Roby.

Caractérologie : bienveillance, conscience, conseil, paix, sagesse.

Roberto ⭐ 3 000 TOP 2000 ⌄
Brillant, gloire (germanique). Roberto est répandu dans les pays hispanophones, lusophones et en Italie. On peut estimer que moins de 30 enfants seront prénommés ainsi en 2015. Caractérologie : sociabilité, communication, optimisme, créativité, pragmatisme.

Robin ⭐ 39 000 TOP 50 🔍 ↗
Brillant, gloire (germanique). Variante : Robyn. Caractérologie : sécurité, structure, persévérance, efficacité, honnêteté.

Robinson ⭐ 1 000 TOP 800 →
Fils de Robin (anglais). Masculin anglais et français. Caractérologie : connaissances, sagacité, décision, spiritualité, originalité.

Rocco ⭐ 750 ⌄
Reposé (germanique). Prénom italien. Caractérologie : ouverture d'esprit, rectitude, raisonnement, humanité, rêve.

Roch
⭐ 1 500 ➡

Reposé (germanique), Il est Guide (hébreu). Masculin français. On peut estimer que moins de 30 enfants seront prénommés ainsi en 2015. Caractérologie : vitalité, achèvement, stratégie, ardeur, raisonnement.

Rocky
⭐ 300 ⬇

Rocheux (anglais). Caractérologie : analyse, intégrité, altruisme, idéalisme, réflexion.

Roderick
⭐ 160

Glorieux, puissant (germanique). Caractérologie : relationnel, intuition, médiation, volonté, raisonnement.

Rodney
⭐ 400 ↘

Glorieux, puissant (germanique). Masculin anglais. Caractérologie : idéalisme, altruisme, intégrité, réflexion, caractère.

Rodolphe
⭐ 20 000 ↘

Loup renommé (germanique). Masculin français. On peut estimer que moins de 30 enfants seront prénommés ainsi en 2015. Variantes : Rodolf, Rodolfo, Rodolph, Rolf. Caractérologie : optimisme, communication, pragmatisme, volonté, raisonnement.

Rodrigue
⭐ 8 000 **TOP 2000** ↘

Glorieux, puissant (germanique). Masculin français. Variantes : Rodrigo, Rodriguez. Forme basque : Ruy. Caractérologie : raisonnement, connaissances, sagacité, spiritualité, volonté.

Roger
⭐ 171 000

Lance glorieuse (germanique). Ce prénom médiéval s'est propagé en Angleterre lors de la conquête normande. Du IXe au XVIIe siècle, il a été porté par plusieurs saints et un célèbre philosophe anglais (Roger Bacon, 1214-1294). En France comme outre-Manche, il est fréquent à la fin du Moyen Âge et resurgit épisodiquement au cours des siècles suivants. Son dernier coup d'éclat remonte au milieu des années 1920, où il culmine devant Robert au 5e rang français. On peut estimer que moins de 30 enfants seront prénommés ainsi en 2015. Variantes : Roge, Rogelio, Rogerio, Ruggero. Forme occitane : Rotger. Caractérologie : rêve, humanité, générosité, rectitude, tolérance.

Rohan
⭐ 900 **TOP 800** ↘

En ascension, bois de santal (sanscrit), roux (irlandais). Ce prénom est très répandu en Inde. Variantes : Roan, Roann, Rowan. Caractérologie : diplomatie, réceptivité, sociabilité, loyauté, résolution.

Roland
⭐ 81 000 ↘

Gloire du pays (germanique). Ce prénom médiéval a connu sa dernière renaissance au milieu du siècle dernier. En dehors de l'Hexagone, il est plus particulièrement recensé dans les pays anglophones. On peut estimer que moins de 30 enfants seront prénommés ainsi en 2015. Variantes : Rolan, Rolando, Roldan. Caractérologie : direction, audace, dynamisme, logique, caractère.

Rolland
⭐ 5 000

Gloire du pays (germanique). En dehors de l'Hexagone, ce prénom est particulièrement porté dans les pays anglophones.

On peut estimer que moins de 30 enfants seront prénommés ainsi en 2015. Caractérologie : méthode, ténacité, volonté, fiabilité, analyse.

Romain 183 000 TOP 100

Romain (latin). Romain, ou Roman, fut porté par quatre empereurs byzantins, un pape et un saint qui fonda les monastères du mont Jura au ve siècle. Malgré ce passé riche en histoire, Romain peine à se manifester avant la fin du xxe siècle en France. Il s'élance comme un prénom neuf à la fin des années 1960 pour briller au 3e rang masculin en 1987-1988. Bien qu'il ait passé le flambeau à Roman et Romane, il reste un prénom choisi par les parents aujourd'hui. Caractérologie : connaissances, spiritualité, sagacité, décision, caractère.

Roman 7 000 TOP 300

Romain (latin). Roman est particulièrement attribué en Allemagne, en Occitanie et dans les pays slaves et anglophones. Variantes : Romane, Romann, Romano, Romin. Caractérologie : sagacité, connaissances, détermination, spiritualité, volonté.

Romaric 5 000 TOP 900

Célèbre, puissant (germanique). Masculin français. Variantes : Romarick, Romary. Caractérologie : curiosité, courage, dynamisme, indépendance, logique.

Romarin

Rosée de mer (latin). Ce prénom est porté par moins de 30 personnes en France. Caractérologie : intelligence, savoir, méditation, décision, caractère.

Roméo 6 000 TOP 200

De Rome (latin). Roméo est très répandu en Italie. Caractérologie : pratique, enthousiasme, adaptation, communication, volonté.

Romuald 19 000 TOP 2000

Glorieux gouverneur (germanique). En dehors de l'Hexagone, Romuald est particulièrement usité en Pologne. On peut estimer que moins de 30 enfants seront prénommés ainsi en 2015. Variante : Romualdo. Caractérologie : créativité, raisonnement, pragmatisme, communication, optimisme.

Ronald 3 000

Qui conseille avec sagesse (germanique). Masculin anglais. On peut estimer que moins de 30 enfants seront prénommés ainsi en 2015. Variantes : Ron, Ronaldo. Caractérologie : dynamisme, audace, direction, logique, caractère.

Ronaldo 300

Qui conseille avec sagesse (germanique). Caractérologie : connaissances, volonté, spiritualité, analyse, sagacité.

Ronan 15 000 TOP 400

Petit phoque (irlandais). Dans l'Hexagone, Ronan est plus particulièrement attribué en Bretagne. Caractérologie : vitalité, achèvement, stratégie, ardeur, décision.

Ronel

Chant de Dieu (hébreu). Ce prénom est porté par moins de 100 personnes en France. Caractérologie : autorité, énergie, innovation, ambition, raisonnement.

LES PRÉNOMS COMPOSÉS MASCULINS

Ci-dessous le top 20 des prénoms composés masculins, estimé pour l'année 2014. Le classement a été effectué par ordre décroissant d'attribution.

1. Mohamed-Amine
2. Mohamed-Ali
3. Jean-Baptiste
4. Marc-Emmanuel
5. Pierre-Louis
6. Léo-Paul
7. Marc-Antoine
8. Paul-Arthur
9. Pierre-Antoine
10. Paul-Antoine

11. Abdel-Malik
12. Saïf-Eddine
13. Mohamed-Lamine
14. Mohamed-Salah
15. Mohamed-Saïd
16. Jean-Sébastien
17. Mohamed-Yassine
18. Pierre-Yves
19. Pierre-Alexandre
20. Chems-Eddine

Commentaires et observations

En 2008, Mohamed-Amine a tourné une page importante de l'histoire des prénoms composés. D'une part, il a supplanté Jean-Baptiste qui régnait sans partage depuis 1982. D'autre part, sa consécration rend éclatante la percée des compositions arabes. Aboutissement d'un phénomène d'envergure entamé dans les années 1980, neuf d'entre elles devraient figurer dans le top 20 estimé pour 2014. En apparaissant à 6 reprises (alors que Jean et Pierre se manifestent respectivement 2 et 4 fois), Mohamed domine le classement. Qu'il semble lointain, le temps où Jean était incontournable ! Et pourtant, ce dernier dominait encore le tableau au début des années 2000.

L'essor des compositions arabes est concomitant avec le reflux des assemblages traditionnels. Cela ne signifie pas que ces derniers aient disparu. Au demeurant, Mohamed et ses 55 formes composées ne font pas le poids face à Pierre, Louis et Paul qui en comptent encore 300. Il n'y a pas de quoi inquiéter Jean qui compose à lui seul 248 duos.

Le reste du classement marie classicisme et modernité. Jean-Baptiste brille sur la 3e marche du podium et reste une valeur sûre du genre. Guidés par Pierre-Louis, les composés avec Pierre gagnent du terrain. De leur côté, Antoine et Paul se disputent le haut du pavé (Léo-Paul et Marc-Antoine évoluent dans les 10 premiers rangs). Enfin, quelques surprises viennent émailler ce tableau : Emmanuel et Sébastien renaissent après une longue absence tandis qu'Arthur et Paul bondissent vers le sommet.

Rony ⭐ 1 500 →

Qui conseille avec sagesse (germanique). Ce diminutif de Ronald est connu dans les pays anglophones. On peut estimer que moins de 30 enfants seront prénommés ainsi en 2015. Variantes : Ronnie, Ronny. Caractérologie : idéalisme, réflexion, intégrité, altruisme, dévouement.

Roque

Reposé (germanique). Ce prénom est porté par moins de 100 personnes en France. Caractérologie : méthode, ténacité, raisonnement, engagement, fiabilité.

Rosan ⭐ 600

Rose (latin). Caractérologie : méthode, fiabilité, engagement, ténacité, détermination.

Rosario ⭐ 650

Rose (latin). Variantes : Rosaire, Rosalio, Roscoe, Roselin, Rosemond. Caractérologie : énergie, séduction, audace, découverte, originalité.

Roshan ⭐ 110

Lumière brillante (persan), éclairé (sanscrit). Caractérologie : adaptation, pratique, communication, générosité, enthousiasme.

Ross

Cheval (germanique), promontoire (gaélique). Masculin écossais et anglais. Ce prénom est porté par moins de 100 personnes en France. Caractérologie : ambition, force, habileté, management, passion.

Rowan ⭐ 350 ↘

En ascension, bois de santal (sanscrit), roux (irlandais). Également dérivé du patronyme irlandais O'Ruadhán (« descendant de Ruadhán »). Caractérologie : achèvement, vitalité, résolution, stratégie, ardeur.

Roy ⭐ 550 ↓

Roi (latin). Masculin anglais. Variante : Rex. Caractérologie : sécurité, persévérance, efficacité, honnêteté, structure.

Ruben ⭐ 9 000 `TOP 100`

« C'est un fils ! » (hébreu). Ce prénom biblique est établi de longue date dans les communautés juives. Les puritains anglophones ont relancé sa carrière au XVIIe siècle, mais il est longtemps resté inconnu en France. Il ne cesse d'y grandir depuis son émergence dans les années 1980. Caractérologie : équilibre, famille, éthique, influence, exigence.

Rubens ⭐ 750 `TOP 2000` ↓

« C'est un fils ! » (hébreu). Caractérologie : sagacité, connaissances, spiritualité, organisation, résolution.

Ruddy ⭐ 3 000 ↓

Loup renommé (germanique). Masculin anglais. On peut estimer que moins de 30 enfants seront prénommés ainsi en 2015. Caractérologie : rectitude, générosité, humanité, ouverture d'esprit, rêve.

Rudolphe ⭐ 450

Loup renommé (germanique). Variantes : Rudolf, Rudolph. Caractérologie : caractère, rectitude, humanité, logique, rêve.

Rudy ⭐ 19 000 `TOP 500`

Loup renommé (germanique). Rudy est très répandu dans les pays anglophones. Variantes : Rody, Rudi. Caractérologie :

énergie, découverte, audace, séduction, originalité.

Ruel

Ami de Dieu, terre rouge (hébreu). Ce prénom est porté par moins de 30 personnes en France. Caractérologie : intuition, fidélité, médiation, adaptabilité, relationnel.

Rufino

Roux (latin). Masculin italien, espagnol et portugais. Ce prénom est porté par moins de 100 personnes en France. Variantes : Ruffin, Rufin, Rufus. Caractérologie : intuition, médiation, relationnel, fidélité, analyse.

Rui 1 500

Loup renommé (germanique). On peut estimer que moins de 30 enfants seront prénommés ainsi en 2015. Caractérologie : adaptation, communication, enthousiasme, pratique, générosité.

Rumwald

Gouverneur célèbre (germanique). Ce prénom est porté par moins de 30 personnes en France. Caractérologie : réceptivité, diplomatie, loyauté, sociabilité, résolution.

Rupert

Brillant, gloire (germanique). Masculin allemand, néerlandais et anglais. Ce prénom est porté par moins de 100 personnes en France. Caractérologie : habileté, ambition, amitié, force, passion.

Russell

Comme un renard (anglo-saxon). Ce prénom est porté par moins de 100 personnes en France. Variantes : Russ, Russel.

Caractérologie : spiritualité, résolution, sagacité, originalité, connaissances.

Ryad 3 000

Jardin (arabe). Caractérologie : enthousiasme, réalisation, pratique, communication, adaptation.

Ryan 15 000

Petit roi (irlandais). Porté par une vague d'inspiration irlandaise, Ryan a connu son apogée dans le top 80 français au début des années 2000. Il est très répandu en Irlande et dans les Pays-Bas. Saint Rhian, abbé gallois dont on sait peu de choses, aurait donné son nom à Llanrhian, un petit village du Pembrokeshire (pays de Galles). Variantes : Raïan, Rian, Rihan, Riyan, Ryane, Ryann, Ryhan. Caractérologie : structure, efficacité, persévérance, sécurité, détermination.

S

Saad 🏆 1 500 **TOP 600** ↗

Heureux, que le destin favorise (arabe), l'aide de Dieu (hébreu). Variantes : Saadi, Saaïd, Saïdi. Caractérologie : originalité, philosophie, connaissances, spiritualité, sagacité.

Saber 🏆 850 ➡

Calme et patient (arabe). Caractérologie : rêve, humanité, rectitude, ouverture d'esprit, résolution.

Sabin 🏆 200

Habitant d'Italie centrale (latin). Variantes : Sabien, Sabino. Caractérologie : décision, rectitude, rêve, humanité, ouverture d'esprit.

Sabri 🏆 4 000 **TOP 600** ↘

Calme et patient (arabe). Variantes : Sabir, Sabri. Caractérologie : ténacité, fiabilité, engagement, sens du devoir, méthode.

Sacha 🏆 30 000 **TOP 50** 🔍 ↗

Défense de l'humanité (grec). Caractérologie : découverte, énergie, séduction, audace, originalité.

Sadek  🏆 300 **TOP 2000** ➡

Honnête, franc (arabe). Variantes : Sadak, Saddek, Sadok, Sédik, Seddik. Caractérologie : persévérance, structure, sécurité, honnêteté, efficacité.

Safi 🏆 250

Pur, ami préféré (arabe). Caractérologie : stratégie, achèvement, vitalité, leadership, ardeur.

Safouane 🏆 190

Pur (arabe). Variantes : Safwan, Safwane. Caractérologie : assurance, direction, audace, indépendance, dynamisme.

Sahel 🏆 300 **TOP 2000** ⬆

Conciliant (arabe). Variante : Sahil. Caractérologie : idéalisme, altruisme, dévouement, intégrité, réflexion.

Saïd 🏆 11 000 **TOP 600** ➡

Heureux, que le destin favorise (arabe). Ce prénom est particulièrement répandu dans les communautés musulmanes francophones. Variantes : Sadi, Sadio, Saïdou. Caractérologie : sagesse, conscience, bienveillance, conseil, paix.

Salah 🏆 4 000 **TOP 900** ↗

Bon, vertueux (arabe). Caractérologie : indépendance, charisme, courage, curiosité, dynamisme.

Salem 🏆 1 500 **TOP 2000** ➡

Pur, intact, en sécurité (arabe). On peut estimer que moins de 30 enfants seront prénommés ainsi en 2015. Caractérologie : audace, découverte, originalité, énergie, séduction.

Salih 🏆 500 **TOP 2000** ↘

Intègre, équitable (arabe). Variante : Saleh. Caractérologie : sécurité, structure, efficacité, honnêteté, persévérance.

SACHA

Fête : 22 avril

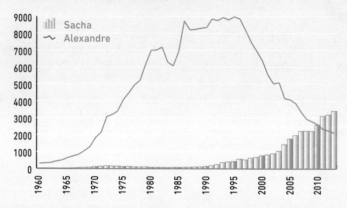

Étymologie : du grec *alexein*, « repousser, défendre », et andros, « l'homme, l'ennemi », d'où la signification : « défense de l'humanité ». Cette forme russe d'Alexandre s'est propagée en Europe au début du XXᵉ siècle et en France à partir des années 1960. Son meilleur ambassadeur fut Sacha Guitry, dont les pièces de théâtre connaissent un succès persistant. Ce prénom a grandi dans l'ombre d'Alexandre, étoile du top 10 français de 1982 à 2002. Autant dire que sa décrue est arrivée à point : après avoir conquis l'élite parisienne, Sacha vient de bondir dans le top 20 national.

Dans la sphère francophone, Sacha est inconnu au Québec mais il rencontre une faveur croissante en Wallonie et en Romandie. Sasha, la forme préférée des anglophones, est essentiellement féminine dans les pays de langue anglaise. Sa faveur est née dans les années 1930 grâce à Sasha, la princesse russe du roman *Orlando*, de Virginia Woolf. En France, cette graphie mixte se féminise, contrairement à Sacha qui est masculin dans 97 % de ses attributions.

Note : Sy, le diminutif anglophone de Sacha, est porté par une vingtaine de filles en France.

Personnalités célèbres : Sacha Guitry (de son vrai nom Alexandre Georges-Pierre Guitry), comédien, acteur, dramaturge et metteur en scène, né à Saint-Pétersbourg en 1885 et mort à Paris en 1957 ; Sacha Distel, guitariste, compositeur et chanteur français d'origine russe (1933-2004) ; Sacha Noam Baron Cohen, acteur et humoriste britannique, né en 1971 ; Sacha Judaszko, comédien et humoriste français, né en 1978.

Statistiques : Sacha est le 23ᵉ prénom masculin le plus donné en France depuis le début du XXIᵉ siècle. On peut estimer qu'il sera attribué à un garçon sur 120 en 2015. De son côté, **Sasha** devrait prénommer un garçon sur 600 (contre une fille sur 730), et se placer au 119ᵉ rang du podium masculin.

Salim ⭐ 8 000 **TOP 400** →
Pur, intact, en sécurité (arabe). Variantes : Aslam, Salime, Salimou, Salman, Salmane, Slimen. Caractérologie : idéalisme, altruisme, intégrité, dévouement, réflexion.

Salomon ⭐ 850 **TOP 2000** →
Paix (hébreu). En dehors de l'Hexagone, Salomon est particulièrement usité dans les pays scandinaves. Caractérologie : vitalité, stratégie, achèvement, ardeur, caractère.

Salvador ⭐ 1 500
Sauveur (latin). Prénom espagnol. On peut estimer que moins de 30 enfants seront prénommés ainsi en 2015. Caractérologie : diplomatie, réceptivité, sociabilité, loyauté, raisonnement.

Salvator ⭐ 550
Sauveur (latin). Caractérologie : rectitude, humanité, rêve, analyse, organisation.

Salvatore ⭐ 3 000 →
Sauveur (latin). Salvatore est très répandu en Italie. On peut estimer que moins de 30 enfants seront prénommés ainsi en 2015. Forme corse : Salvadore. Caractérologie : énergie, découverte, audace, volonté, analyse.

Sam ⭐ 4 000 **TOP 400** ↘
Son nom est Dieu (hébreu). De diminutif anglophone à prénom à part entière, Sam a fait son chemin : il est désormais attribué dans toutes les cultures judéo-chrétiennes. Caractérologie : bienveillance, conscience, paix, conseil, sagesse.

Samba ⭐ 1 500 **TOP 1000** →
Le deuxième fils (Afrique de l'Ouest). Caractérologie : rêve, humanité, rectitude, ouverture d'esprit, générosité.

Sami ⭐ 11 000 **TOP 200** ↘
Son nom est Dieu (hébreu), élevé, admirable (arabe). Ce prénom est particulièrement répandu dans les communautés musulmanes francophones. Caractérologie : paix, conscience, sagesse, bienveillance, conseil.

Samir ⭐ 16 000 **TOP 600** ↘
Conversation intime pendant la nuit (arabe). Ce prénom est particulièrement répandu dans les communautés musulmanes francophones. Variantes : Samire, Samyr, Sémir. Caractérologie : sens des responsabilités, famille, équilibre, influence, exigence.

Sammy ⭐ 1 500 **TOP 2000** →
Son nom est Dieu (hébreu), élevé, admirable (arabe). On peut estimer que moins de 30 enfants seront prénommés ainsi en 2015. Caractérologie : vitalité, achèvement, ardeur, stratégie, réalisation.

Sampiero

Petit caillou (grec). Masculin corse. Ce prénom est porté par moins de 100 personnes en France. Caractérologie : paix, volonté, réalisation, bienveillance, conscience.

Samson

🚩 1 000 TOP 2000 →

Soleil (hébreu). Masculin anglais. Caractérologie : idéalisme, intégrité, réflexion, volonté, altruisme.

Samuel

🚩 76 000 TOP 100 🔍 →

Son nom est Dieu (hébreu). Caractérologie : ambition, passion, force, habileté, management.

Samy

🚩 14 000 TOP 200 →

Son nom est Dieu (hébreu), élevé, admirable (arabe). Samy est très répandu dans les pays anglophones. Caractérologie : structure, sécurité, persévérance, efficacité, réussite.

Sandro

🚩 4 000 TOP 200 ↑

Défense de l'humanité (grec). Sandro est très répandu en Italie. Caractérologie : vitalité, achèvement, stratégie, volonté, résolution.

Sandy

🚩 2 000 ↓

Défense de l'humanité (grec). Masculin anglais. On peut estimer que moins de 30 enfants seront prénommés ainsi en 2015. Caractérologie : altruisme, réalisation, idéalisme, intégrité, réflexion.

Sanjay

🚩 200 →

Triomphant (sanscrit). Prénom indien d'Asie. Caractérologie : connaissances, sagacité, philosophie, originalité, spiritualité.

Santiago

🚩 950 TOP 1000 ↗

Contraction espagnole de *santo* (« saint ») et Iago (forme dérivée de Jacques). Santiago est le patron de l'Espagne. Diminutif : Tiago. Caractérologie : curiosité, courage, détermination, dynamisme, indépendance.

Santu

Tous les saints (latin). Masculin corse. Ce prénom est porté par moins de 100 personnes en France. Variante : San. Caractérologie : communication, organisation, pragmatisme, optimisme, créativité.

Saphir

🚩 200 TOP 2000 ↑

Pierre précieuse bleue (grec), ambassadeur (arabe). Masculin anglais. Caractérologie : ambition, force, habileté, passion, ressort.

Sariel

Prince de Dieu (hébreu). Ce prénom est porté par moins de 30 personnes en France. Caractérologie : énergie, innovation, ambition, autorité, détermination.

Sarkis

🚩 120

Servir (latin). Masculin arménien. Caractérologie : audace, découverte, séduction, énergie, originalité.

Sasha

🚩 5 000 TOP 200 →

Défense de l'humanité (grec). En dehors de l'Hexagone, Sasha est très répandu en Russie. Variante : Sascha. Caractérologie : optimisme, créativité, pragmatisme, sociabilité, communication.

Saturnin

🚩 400

Saturne (latin). Variante : Saturnino. Caractérologie : achèvement, stratégie, gestion, décision, vitalité.

244

SAMUEL

Fête : 20 août

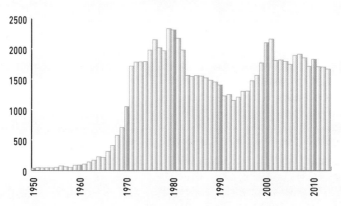

Étymologie : de l'hébreu, « Son nom est Dieu ». Classique et intemporel dans les pays anglophones, où il est très répandu, ce prénom peine à s'imposer en France. Malgré un envol prometteur dans les années 1960, sa carrière tourne court et s'abîme dans un parcours en dents de scie. Dernier épisode d'une longue aventure, Samuel s'impose dans le top 20 parisien en 2006, puis progresse dans les 50 premiers rangs français. D'aucuns y verront les signes d'un nouveau départ : Samuel ne rime-t-il pas avec Gabriel et Raphaël ? En arborant son « el » (« Dieu » en hébreu), ce trio est porté par la vague des prénoms bibliques. En attendant confirmation, le diminutif Sam est en recul (environ 200 naissances estimées pour 2015).

245

Samuel n'a pas attendu sa renaissance française pour triompher dans d'autres pays. Il s'affiche dans le top 50 wallon et a déjà franchi des cimes en Romandie et au Québec. En dehors de la zone francophone, il figure dans les 30 premiers choix des parents anglophones et espagnols.

Samuel, premier grand juge et prophète, désigna Saül comme le premier roi d'Israël, puis David à sa succession. Deux livres de la Bible portent son nom.

Samuel Beckett (1906-1989), romancier irlandais et auteur d'*En attendant Godot,* reçut le prix Nobel de littérature en 1969.

Samuel Morse (1791-1872), physicien américain, est l'inventeur du code morse, système de télécommunication abandonné par la marine en 1999.

Statistiques : Samuel est le 46ᵉ prénom masculin le plus donné en France depuis le début du XXIᵉ siècle. On peut estimer qu'il sera attribué à un garçon sur 260 en 2015.

Saül

Demandé par Dieu (hébreu). Désigné par le prophète Samuel, Saül devint le premier roi d'Israël. Ce prénom biblique est établi de longue date dans les communautés juives. Ce prénom est porté par moins de 30 personnes en France. Caractérologie : ardeur, achèvement, leadership, vitalité, stratégie.

Sauveur 🏆 1 500

Sauveur (latin). On peut estimer que moins de 30 enfants seront prénommés ainsi en 2015. Caractérologie : ambition, habileté, passion, détermination, force.

Saverio 🏆 250

Maison neuve (basque). Caractérologie : décision, ambition, force, habileté, caractère.

Savinien 🏆 300

Habitant d'Italie centrale (latin). Variantes : Savin, Savino. Caractérologie : optimisme, pragmatisme, créativité, communication, décision.

Scipion

Baguette de bois (latin). Ce prénom est porté par moins de 30 personnes en France. Caractérologie : fiabilité, méthode, analyse, sympathie, ténacité.

Scott 🏆 1 000 TOP 1000 ➡

Écossais (celte). Masculin écossais et anglais. Variante : Scotty. Caractérologie :

dynamisme, curiosité, courage, indépendance, organisation.

Sean 🏆 2 000 TOP 600 ⬇

Dieu fait grâce (hébreu). Cette forme irlandaise de Jean est assez répandue dans les pays anglophones. Caractérologie : enthousiasme, communication, pratique, adaptation, générosité.

Searle

Force (germanique). Ce prénom est porté par moins de 30 personnes en France. Caractérologie : paix, bienveillance, conseil, conscience, résolution.

Sébastian 🏆 1 500 TOP 900 ↗

Respecté, vénéré (grec). Masculin anglais, allemand, scandinave et espagnol. Variante : Sebastiano. Caractérologie : rectitude, humanité, décision, ouverture d'esprit, rêve.

Sébastien 🏆 295 000 TOP 500 ⬇

Respecté, vénéré (grec). La forme latine Sebastianus, portée au Vᵉ siècle par un empereur romain, est l'ancêtre du Sebastian anglais, allemand, scandinave et espagnol en usage au Moyen Âge. En France, Sébastien fait peu d'émules avant que *Belle et Sébastien* soit diffusé en 1965. Le nombre de ses attributions, décuplées par le succès de la série télévisée, le propulse au 1ᵉʳ rang masculin de 1975 à 1979, puis au 2ᵉ jusqu'en 1985. Son reflux s'est accentué au début du troisième millénaire. ◇ Capitaine dans l'armée de Dioclétien au IIIe siècle, saint Sébastien fut battu à mort par ses soldats lorsque ceux-ci découvrirent qu'il était chrétien. Il est le patron des prisonniers. Ce prénom fut également porté par un roi du Portugal au XVIe siècle. Caractérologie : ténacité, méthode, fiabilité, engagement, détermination.

Secondo
Second (latin). Ce prénom est porté par moins de 100 personnes en France. Variantes : Second, Segond, Segundo. Caractérologie : optimisme, communication, volonté, pragmatisme, créativité.

Sélim   🏆 5 000 (TOP 500) →
Pur, intact, en sécurité (arabe). Variante : Célim. Caractérologie : structure, persévérance, sécurité, détermination, efficacité.

Selyan   🏆 800 (TOP 500) ↑
Lune (grec). Variante : Celyan. Caractérologie : persévérance, structure, sécurité, efficacité, bonté.

Sémih   🏆 1 000 (TOP 800) ↓
Généreux, magnanime (arabe). Caractérologie : intégrité, idéalisme, altruisme, résolution, réflexion.

Sémy   🏆 150
Élevé, admirable (arabe). Caractérologie : force, ambition, habileté, passion, réussite.

Seng
Noble, luxe (vietnamien). Ce prénom est porté par moins de 100 personnes en France. Caractérologie : ouverture d'esprit, humanité, rêve, rectitude, générosité.

Septime
Septième (latin). Ce prénom est porté par moins de 100 personnes en France. Caractérologie : paix, décision, bienveillance, conscience, réussite.

Séraphin   1 500 (TOP 2000) →
Ardent (latin). Masculin français. On peut estimer que moins de 30 enfants seront prénommés ainsi en 2015. Variante : Seraphino. Caractérologie : action, rectitude, humanité, rêve, décision.

Serge   173 000 ↓
Servir (latin). Ce nom porté par une puissante famille romaine se diffuse en Orient après le martyre de saint Serge de Rafasa, officier romain décapité pour sa foi en Syrie au IVe siècle. Au fil des siècles, Serge et ses différentes graphies deviennent très fréquents en Grèce et dans la chrétienté orthodoxe. Au XVe siècle, le moine Serge de Radonège devient le saint patron de la Russie, ce qui propulse Sergeï au sommet des attributions. Et c'est sous l'influence de l'immigration russe, au début du XXe siècle, que Serge émerge en Europe. Peu après son envol en Italie, dans les pays hispanophones et lusophones (Sergio), Serge s'élance en France dans les années 1950. Il s'impose rapidement dans les 20 premiers rangs mais s'évapore à la fin du siècle. On peut estimer que moins de 30 enfants seront prénommés ainsi en 2015. Variantes : Serges, Sergeï, Sergio, Serguei. Caractérologie : idéalisme, altruisme, réflexion, décision, intégrité.

Sergio ⭐ 3 000 (TOP 2000) ↘

Servir (latin). Sergio est très répandu dans les pays hispanophones, lusophones et en Italie. En France, il est plus traditionnellement usité en Corse. Variante : Serjio. Caractérologie : direction, audace, dynamisme, indépendance, résolution.

Servan ⭐ 300 ↓

Qui est respectueux (celte). Prénom breton. Caractérologie : méditation, indépendance, savoir, intelligence, détermination.

Seth ⭐ 120

Dieu a désigné (hébreu). Masculin anglais. Caractérologie : savoir, méditation, intelligence, indépendance, finesse.

Sévan ⭐ 1 500 (TOP 600) ↘

Nom d'un lac d'Arménie (arménien). Caractérologie : méditation, indépendance, savoir, sagesse, intelligence.

Seven ⭐ 140

Sept (anglais), variation de Sevan (arménien). Masculin anglais. Caractérologie : relationnel, adaptabilité, médiation, intuition, fidélité.

Séverin ⭐ 1 500 →

Grave, sérieux (latin). Masculin français. On peut estimer que moins de 30 enfants seront prénommés ainsi en 2015. Variantes : Sever, Séverian, Severino. Caractérologie : réceptivité, décision, sociabilité, loyauté, diplomatie.

Seymour

Qui vit près de la mer (anglais). Masculin anglais. Ce prénom est porté par moins de 100 personnes en France. Caractérologie : force, ambition, habileté, réussite, logique.

Sezny

Rayon de soleil (celte). Ce prénom est porté par moins de 100 personnes en France. Caractérologie : vitalité, stratégie, ardeur, achèvement, leadership.

Shad ⭐ 140

Bataille, guerrier (celte). Masculin anglais. Caractérologie : charisme, courage, dynamisme, curiosité, indépendance.

Shaï ⭐ 300 ↘

Don, présent (hébreu). Caractérologie : ambition, énergie, innovation, autonomie, autorité.

Shawn ⭐ 850 (TOP 900) ↘

Dieu fait grâce (hébreu). Variantes : Shan, Shane, Shaun, Shun. Caractérologie : relationnel, adaptabilité, intuition, fidélité, médiation.

Sheldon ⭐ 180 (TOP 2000)

Colline protégée (vieil anglais). Masculin anglais. Caractérologie : découverte, énergie, originalité, audace, volonté.

Sidi ⭐ 1 000 (TOP 2000) ↗

Habitant de Sidon (latin), lion (arabe). Variantes : Sid, Sidy. Forme composée rare mais en forte croissance : Sidi-Mohamed. Caractérologie : audace, énergie, originalité, séduction, découverte.

Sidney ⭐ 1 500 (TOP 2000) →

Habitant de Sidon (latin). Patronyme anglais ancien. Prénom anglophone. Sidon, l'une des plus vieilles cités de la Phénicie, aurait été fondée par Canaan, le petit-fils de

Noé. Cette ville au destin exceptionnel surmonta la destruction infligée par les Perses (en 343), puis par les Assyriens (en 677). Située sur la côte libanaise, Sidon est appelée Sayda aujourd'hui. Variante : Saens. Caractérologie : persévérance, structure, sécurité, réussite, décision.

Sidoine 300

Habitant de Sidon (latin). Caractérologie : communication, caractère, enthousiasme, pratique, décision.

Siegfried 950

Victoire, paix (germanique). Siegfried est très répandu en Allemagne. Variantes : Siegfrid, Siegrid, Sigfried. Caractérologie : direction, audace, caractère, dynamisme, réussite.

Sigismond 120

Victoire préservée (germanique). Variantes : Sigmond, Sigmund. Caractérologie : caractère, dynamisme, direction, audace, réussite.

Silas  550 TOP 600

Demander (araméen). Masculin anglais. Caractérologie : bienveillance, conscience, paix, conseil, sagesse.

Silvain 650

Forêt (latin). Variantes : Seva, Silvano, Silver, Silvin, Silvino. Forme bretonne : Sev. Caractérologie : dynamisme, courage, curiosité, détermination, indépendance.

Silvère 1 000

Forêt (latin). Caractérologie : ouverture d'esprit, rectitude, humanité, rêve, décision.

Silvio 1 000

Forêt (latin). Prénom italien, espagnol et portugais. Variante : Silbio. Caractérologie : audace, énergie, découverte, originalité, raisonnement.

Simao 250 TOP 800

Qui est exaucé (hébreu). Ce prénom est particulièrement répandu au Portugal. Caractérologie : optimisme, communication, créativité, pragmatisme, sociabilité.

Siméo 250 TOP 900

Contraction de Simon et Théo. Caractérologie : spiritualité, indépendance, volonté, connaissances, originalité.

Siméon 2 000 TOP 400

Qui est exaucé (hébreu). Simeon est répandu en Russie, en Bulgarie et en Serbie. Caractérologie : pragmatisme, communication, optimisme, détermination, volonté.

Simon 69 000 TOP 100

Qui est exaucé (hébreu). Ce nom mentionné dans l'Ancien Testament est très ancien. Il fut porté par Simon Macchabée, gouverneur juif de la Judée et fondateur de la dynastie des Hasmonéens au IIe siècle avant J.-C. Il fut également porté par plusieurs saints, dont deux apôtres. Simon se diffuse au Moyen Âge, connaît un essor durant la Réforme, et maintient ses attributions dans les pays de culture judéo-chrétienne jusqu'au XIXe siècle. Son retour français est tardif, et somme toute modeste, puisqu'il ne perce pas au-dessus du 35e rang masculin à son pic (au début des années 1990). ◇ Simon est le nom originel de l'apôtre qui devint saint Pierre.

Jésus choisit ce nom pour lui en référence à la mission dont il fut investi, celle de bâtir des églises « solides comme de la pierre ». Apôtre de Jésus lui aussi, saint Simon, appelé le « zélote », aurait prêché l'Évangile en Perse avant de mourir martyr. Dans l'Ancien Testament, Simon, le fils de Jacob et Léa, est le fondateur d'une des douze tribus d'Israël. ◇ Général et homme d'État sud-américain, Simon Bolívar combattit pour l'indépendance des colonies espagnoles d'Amérique. Il est le libérateur du Venezuela, de la Colombie, de l'Équateur et du Pérou. Variantes : Shimon, Siméo, Simson, Syméon, Symon, Ximun. Caractérologie : résolution, méditation, savoir, volonté, intelligence.

Sinan 🏆 1 000 TOP 700 ⬆

Protecteur (arabe). Caractérologie : pratique, communication, décision, enthousiasme, adaptation.

Sinclair 🏆 140

Se rapporte à Saint-Clair, nom de plusieurs villages français. Patronyme écossais assez courant. Caractérologie : sécurité, structure, efficacité, résolution, persévérance.

Sixte 🏆 300 ➡

Lisse, poli (grec). Caractérologie : audace, découverte, résolution, énergie, originalité.

Sliman 🏆 750 ⬇

Intact, d'origine (arabe). Caractérologie : dynamisme, curiosité, résolution, courage, indépendance.

Slimane 🏆 2 000 TOP 2000 ➡

Intact, d'origine (arabe). On peut estimer que moins de 30 enfants seront prénommés

ainsi en 2015. Variante : Slim. Caractérologie : ambition, innovation, autorité, détermination, énergie.

Sloan 🏆 700 TOP 600 ↗

Guerrier (celte). Masculin anglais. Caractérologie : spiritualité, sagacité, philosophie, connaissances, originalité.

Smaïl 🏆 1 500

Forme arabe d'Ismaël : Dieu a entendu (hébreu). On peut estimer que moins de 30 enfants seront prénommés ainsi en 2015. Variante : Smaël. Caractérologie : idéalisme, altruisme, dévouement, intégrité, réflexion.

Smaïn 🏆 1 000 ⬇

Forme arabe d'Ismaël : Dieu a entendu (hébreu). Variante : Smaïne. Caractérologie : sociabilité, détermination, réceptivité, diplomatie, loyauté.

Soan 🏆 3 000 TOP 100 ⬆

Variante de Sohan ou forme de Jean usitée dans les îles Wallis-et-Futuna. Vainqueur de l'émission Nouvelle Star en 2009, Julien Decroix, dit « Soan », a peut-être contribué au décollage récent de ce prénom. Variantes : Soane, Soann, Soen, Sohann, Sohane. Caractérologie : engagement, méthode, ténacité, sens du devoir, fiabilité.

Socrate 🏆 150

Salut et paix (grec). Socrate, philosophe de la Grèce antique (Ve siècle avant J.-C.), n'a laissé aucun écrit. Il est connu par les témoignages de ses contemporains et les écrits de son disciple Platon. Caractérologie : humanité, rectitude, analyse, rêve, résolution.

VARIATIONS ORTHOGRAPHIQUES ET INVENTIONS

Les inventions enrichissent chaque année le patrimoine français des prénoms. Qu'ils se traduisent par l'apparition de nouvelles consonances ou par la combinaison de plusieurs prénoms, ces choix sont de plus en plus prisés par les parents.

La plupart des combinaisons sont vouées à rester uniques et anonymes. Cependant, une poignée d'entre elles parviennent chaque année à se diffuser. C'est le cas de Mathéis (Mathéo et Mathis), Timaël (Tim et Maël), Lilwenn (Lily et Nolwenn) et Anaé (Anne et Hanaé), qui ont acquis une notoriété nationale.

Autre alternative en faveur, le recours aux variations s'est accentué cette dernière décennie. L'opération est simple : l'orthographe du prénom est altérée mais sa prononciation reste inchangée. Pas un prénom d'envergure n'échappe à cette pratique. Même les plus improbables. Avec leurs trois lettres, Léo, Tom, Éva et Zoé semblaient hors d'atteinte, et pourtant… leurs homonymes Lého, Tome, Eeva et Zoey ne cessent de grandir, gonflant le cortège des Maëll, Enzzo, Anays, Camill et Mannon, pour ne citer que les plus visibles d'entre eux. Notons qu'avec plus de 700 naissances estimées pour 2015, Nolhan obtient la palme de la plus forte progression.

Dans ce contexte, on ne s'étonne plus que de nouveaux venus fassent tant d'émules en se couvrant de gloire. Comme Rihana qui, en l'espace d'une décennie, s'est retrouvée affublée d'une quinzaine de variantes. Ou Aïdan, dont les dérivés se multiplient en France et dans les pays anglophones. Reste Kylian qui détient, avec ses 35 graphies, le nombre record des altérations.

Le phénomène des inventions n'est pas nouveau et les prénoms difficiles à porter existent depuis belle lurette. Pour autant, un prénom excentrique, une variante orthographique peu commune ou complexe à prononcer, est le plus souvent porté comme un fardeau. Il condamne son porteur à épeler l'orthographe précise de son prénom tout au long de sa vie. Sans compter les moqueries d'enfants ou d'adultes qui peuvent causer des dégâts psychologiques et un réel handicap. Des e-mails sont régulièrement envoyés au site **MeilleursPrenoms.com** par des internautes qui déplorent l'absence de leur prénom sur les sites internet. Leur démarche procède d'une quête de reconnaissance, d'un besoin de prouver que leur prénom est bien réel. D'où la nécessité pour les parents de se poser les bonnes questions.

Soen  500 TOP 800 ↗
Variante moderne de Soan, étoile (japonais). Caractérologie : habileté, ambition, management, passion, force.

Sofian  6 000 TOP 600 ↘
Dévoué (arabe). Caractérologie : innovation, ambition, autorité, énergie, détermination.

Sofiane  20 000 TOP 200 ↘
Dévoué (arabe). Ce prénom est particulièrement répandu dans les communautés musulmanes francophones. Variantes : Saufiane, Sofyan, Sofyane. Caractérologie : bienveillance, paix, conscience, conseil, résolution.

Sofien 1 000 TOP 2000 →
Dévoué (arabe). Variantes : Sofiene, Sofienne, Sofyen. Caractérologie : audace, énergie, originalité, découverte, détermination.

Sohan 2 000 TOP 200 ↑
Étoile (arabe), beau, magnifique (sanscrit). Variantes : Soane, Soann, Soen, Sohann, Sohane. Caractérologie : ambition, force, management, passion, habileté.

Sol
Soleil (latin). Dans la mythologie romaine, Sol est le dieu du Soleil. Ce prénom est porté par moins de 100 personnes en France. Caractérologie : dynamisme, audace, indépendance, assurance, direction.

Solal  2 000 TOP 400 →
Celui qui fraie un chemin (hébreu). Caractérologie : courage, curiosité, dynamisme, charisme, indépendance.

Solan 450 TOP 500 ↑
Solennel (latin). Variantes : Solane, Solann. Caractérologie : philosophie, originalité, connaissances, sagacité, spiritualité.

Soliman 140
Paix (hébreu). Variante : Solly. Caractérologie : sociabilité, réceptivité, diplomatie, analyse, volonté.

Sonny  2 000 TOP 2000 →
Fils, garçon (anglais). Masculin anglais. Caractérologie : bienveillance, conscience, conseil, paix, sagesse.

Sony 1 500 →
Fils, garçon (anglais). Masculin anglais. On peut estimer que moins de 30 enfants seront prénommés ainsi en 2015. Variante : Soni. Caractérologie : dynamisme, audace, assurance, direction, indépendance.

Sophian 1 000 →
Dévoué (arabe). Caractérologie : action, audace, dynamisme, détermination, direction.

Sophiane 900 →
Dévoué (arabe). Variante : Sophien. Caractérologie : action, bienveillance, paix, conscience, décision.

Sorel 140 TOP 2000
Sorbier (allemand). Masculin anglais. Caractérologie : exigence, influence, famille, équilibre, patience.

Soren  2 000 TOP 300 ↗
Grave, sérieux (latin). Soren est très répandu dans les pays scandinaves.

Caractérologie : leadership, vitalité, achèvement, stratégie, détermination.

Sosthène
🌟 450

Celui dont la force est préservée (grec). Forme corse : Sostene. Caractérologie : conseil, conscience, paix, sensibilité, bienveillance.

Soufian
🌟 650 ⬆

Dévoué (arabe). Caractérologie : ténacité, méthode, fiabilité, détermination, raisonnement.

Soufiane
🌟 3 000 **TOP 1000** ➡

Dévoué (arabe). Variantes : Souphiane, Soufien. Caractérologie : humanité, décision, rectitude, rêve, logique.

Souhéil
🌟 400 **TOP 2000** ➡

Préparer, faciliter un projet (arabe). Variantes : Sohaïl, Sohéil, Souhaïl, Souhayl. Caractérologie : résolution, ambition, force, analyse, habileté.

Souleymane
🌟 2 000 **TOP 400** ↗

Sain, intact, en sécurité (arabe). Variantes : Soleiman, Souleiman, Soulemane, Souleyman, Souliman, Soulimane, Sulayman, Suliman. Caractérologie : ténacité, fiabilité, méthode, volonté, réalisation.

Sovan

Or (cambodgien). Ce prénom est porté par moins de 100 personnes en France. Variante : Sovann. Caractérologie : achèvement, vitalité, stratégie, ardeur, volonté.

Spencer

Qui distribue des provisions (anglais). Masculin anglais. Ce prénom est porté par moins de 100 personnes en France.

Variante : Spence. Caractérologie : habileté, détermination, force, ambition, bonté.

Stan
🌟 2 000 **TOP 500** ➡

Diminutif des prénoms formés avec Stan. Masculin anglais et néerlandais. Caractérologie : altruisme, réflexion, idéalisme, intégrité, dévouement.

Stanislas
🌟 15 000 **TOP 400** ➡

Forme francisée de Stanislav : commandeur glorieux (slave). Variantes : Stanis, Stanislav, Stanislawa, Stany, Stanyslas. Caractérologie : famille, décision, gestion, équilibre, sens des responsabilités.

Stanislaw
🌟 400

Commandeur glorieux (slave). Caractérologie : direction, dynamisme, décision, audace, gestion.

Stanley
🌟 2 000 **TOP 700** ➡

Clairière rocailleuse (anglais). Masculin anglais. Caractérologie : famille, équilibre, organisation, sens des responsabilités, bonté.

Steed
🌟 120

Habitant d'une ferme (anglais). Caractérologie : ardeur, vitalité, leadership, stratégie, achèvement.

Steeve
🌟 10 000 **TOP 2000** ⬇

Couronné (grec). En dehors de l'Hexagone, ce prénom est particulièrement porté dans les pays anglophones. On peut estimer que moins de 30 enfants seront prénommés ainsi en 2015. Variantes : Steave, Steeves. Caractérologie : sécurité, efficacité, persévérance, structure, honnêteté.

Steeven ⭐ 3 000 TOP 2000 ⌄
Couronné (grec). Variante : Steevens.
Caractérologie : idéalisme, dévouement,
altruisme, intégrité, réflexion.

Steevy ⭐ 700 ⌄
Couronné (grec). Variantes : Steevie, Stevie, Stevy. Caractérologie : sens des responsabilités, famille, équilibre, influence, réussite.

Stefan ⭐ 2 000 TOP 1000 →
Couronné (grec). Stefan est très répandu en Allemagne et dans les pays slaves méridionaux. C'est aussi un choix traditionnel basque. Caractérologie : intuition, fidélité, relationnel, médiation, adaptabilité.

Stellio ⭐ 130
Étoile (latin). Variante : Stelio. Caractérologie : relationnel, décision, médiation, intuition, logique.

Sten
Cailloux (suédois). Masculin scandinave. Ce prénom est porté par moins de 100 personnes en France. Caractérologie : efficacité, sécurité, honnêteté, persévérance, structure.

Stéphan ⭐ 12 000 ⌄
Couronné (grec). Masculin allemand. On peut estimer que moins de 30 enfants seront prénommés ainsi en 2015. Variantes : Stéfane, Stefano, Stéphann, Stéphanne. Caractérologie : médiation, fidélité, intuition, finesse, relationnel.

Stéphane ⭐ 296 000 TOP 700 ⌄
Couronné (grec). De nombreux saints, plusieurs papes et souverains ont porté ce prénom très répandu dans les pays occidentaux. Sous ses différentes graphies (Stephan, Stefan, Stephen), il s'épanouit dans les pays chrétiens, grecs et latins, dès les premiers siècles. Mais à la fin du Moyen Âge, Stéphane est progressivement remplacé par Étienne, une forme française du prénom apparue après lui. Stéphane devient très rare en France jusqu'au milieu XXe siècle. Il rejaillit alors, avec toute la fougue d'un prénom neuf, pour rejoindre les premiers rangs masculins dans les années 1970. Loin devant Étienne, Stéphane trône sur le classement français à deux reprises. Il reste visible jusqu'à la fin du siècle avant de sombrer dans l'abîme. Caractérologie : savoir, indépendance, méditation, intelligence, finesse.

Stephen ⭐ 6 000 TOP 2000 ⌄
Couronné (grec). En dehors de l'Hexagone, ce prénom est particulièrement porté dans les pays anglophones. Variantes : Stefen, Steffen. Caractérologie : paix, bienveillance, conscience, conseil, finesse.

Stevan ⭐ 800 TOP 2000 →
Couronné (grec). Ce prénom est plus particulièrement répandu en Serbie et dans les pays anglophones. Caractérologie : altruisme, idéalisme, intégrité, réflexion, dévouement.

Steve ⭐ 22 000 TOP 2000 ⌄
Couronné (grec). En dehors de l'Hexagone, ce prénom est particulièrement porté dans les pays anglophones. On peut estimer que moins de 30 enfants seront prénommés ainsi en 2015. Variantes : Steves,

Stive, Stivy, Styve. Caractérologie : vitalité, achèvement, leadership, stratégie, ardeur.

Steven  32 000 TOP 500

Couronné (grec). Steven est très répandu dans les pays anglophones. Variantes : Steveen, Stevenn, Stewen, Stiven. Caractérologie : structure, persévérance, sécurité, efficacité, honnêteté.

Stevens 2 000

Couronné (grec). Masculin anglais. On peut estimer que moins de 30 enfants seront prénommés ainsi en 2015. Caractérologie : découverte, audace, originalité, énergie, séduction.

Stevenson 110

Fils de Steven (anglais). Masculin anglais. Caractérologie : sagacité, connaissances, caractère, originalité, spiritualité.

Stig

Le grand marcheur (scandinave). Ce prénom est porté par moins de 30 personnes en France. Caractérologie : assurance, audace, dynamisme, direction, indépendance.

Stuart 170

Qui prend soin (anglais). Ancien patronyme écossais. Variante : Stewart. Caractérologie : rectitude, humanité, rêve, ouverture d'esprit, gestion.

Styven 400

Couronné (grec). Caractérologie : influence, équilibre, famille, sens des responsabilités, réalisation.

Suleyman 700 TOP 2000

Sain, intact, en sécurité (arabe). Caractérologie : sociabilité, réceptivité, diplomatie, cœur, réussite.

Suliac

Soleil (celte). Masculin breton. Ce prénom est porté par moins de 100 personnes en France. Variante : Suliag. Caractérologie : sociabilité, diplomatie, loyauté, réceptivité, bonté.

Sullivan 6 000 TOP 1000

Champ retourné sur une colline (vieil anglais). Patronyme anglophone assez répandu. Variante : Sulivan. Caractérologie : fidélité, médiation, intuition, relationnel, détermination.

Sully 2 000 TOP 2000

Nom de plusieurs villes et lieux situés dans le monde. Sully est également porté aussi sous forme de patronyme. On peut estimer que moins de 30 enfants seront prénommés ainsi en 2015. Caractérologie : achèvement, vitalité, ardeur, leadership, stratégie.

Sullyvan 1 500 TOP 900

Champ retourné sur une colline (vieil anglais). Variante : Sulyvan. Caractérologie : altruisme, idéalisme, intégrité, réalisation, sympathie.

Sulpice 110

Aide (latin). Caractérologie : structure, persévérance, sécurité, amitié, détermination.

Sunny 550 TOP 2000

Ensoleillé (anglais). Masculin anglais. Caractérologie : amitié, créativité, optimisme, communication, pragmatisme.

Sven
🌳 1 000 **TOP 1000** →

Jeunesse (scandinave). Prénom suédois et néerlandais. Variantes : Svenn, Swen. Caractérologie : bienveillance, paix, sagesse, conscience, conseil.

Swan
🌳 2 000 **TOP 400** →

Cygne (anglais). Prénom anglais. Caractérologie : générosité, pratique, enthousiasme, communication, adaptation.

Swann
🌳 3 000 **TOP 500** ↘

Cygne (anglais). Caractérologie : achèvement, vitalité, stratégie, ardeur, leadership.

Sydney
🌳 700 →

Habitant de Sidon (latin). Patronyme anglais ancien. Masculin anglais. Caractérologie : relationnel, intuition, fidélité, médiation, réalisation.

Sylvain
🌳 125 000 **TOP 900** ↓

Forêt (latin). Prénom français. Dans la mythologie romaine, Sylvain était le dieu des Forêts et des Champs. Caractérologie : pratique, communication, cœur, réussite, enthousiasme.

Sylvère
🌳 1 500

Forêt (latin). On peut estimer que moins de 30 enfants seront prénommés ainsi en 2015. Variantes : Sylve, Sylver. Caractérologie : connaissances, sagacité, cœur, réussite, spiritualité.

Sylvestre
🌳 2 000 ↓

Habitant de la forêt (latin). On peut estimer que moins de 30 enfants seront prénommés ainsi en 2015. Variantes : Silvester, Silvestre, Sylvester. Caractérologie : énergie, autorité, innovation, réalisation, sympathie.

Sylvian
🌳 550

Forêt (latin). Variantes : Sylvano, Sylvin. Caractérologie : communication, optimisme, réalisation, pragmatisme, bonté.

Sylvio
🌳 1 500 **TOP 2000** →

Forêt (latin). Prénom italien. On peut estimer que moins de 30 enfants seront prénommés ainsi en 2015. Caractérologie : enthousiasme, communication, réalisation, raisonnement, pratique.

Symphorien
🌳 120

Unir, porter (grec). Caractérologie : intelligence, savoir, méditation, réalisation, volonté.

T

Tadek

Père (celte). Masculin breton. Ce prénom est porté par moins de 100 personnes en France. Variantes : Tadec, Tadeck. Caractérologie : dynamisme, curiosité, courage, indépendance, charisme.

Tadeusz  450

Courageux (grec). Variantes : Tadéo, Tadeus, Tadeuz, Thadeus, Thadeusz. Caractérologie : organisation, sens des responsabilités, équilibre, famille, finesse.

Tahar 🌟 2 000 **TOP 2000** 🔽

Pureté, innocence (arabe). On peut estimer que moins de 30 enfants seront prénommés ainsi en 2015. Variantes : Taher, Tahir. Caractérologie : pratique, communication, enthousiasme, adaptation, générosité.

Tal

Rosée (hébreu). Ce prénom est porté par moins de 100 personnes en France. Caractérologie : famille, équilibre, sens des responsabilités, influence, organisation.

Talal 🌟 180

Élégant (arabe). Variante : Talel. Caractérologie : autorité, énergie, innovation, ambition, organisation.

Talha 🌟 250 **TOP 2000** ➔

Fleur d'acacia (arabe). Caractérologie : conscience, paix, bienveillance, conseil, gestion.

Tam

Centre, cœur, esprit (vietnamien), diminutif écossais de Thomas. Ce prénom est porté par moins de 100 personnes en France. Caractérologie : connaissances, philosophie, sagacité, spiritualité, originalité.

Tan 🌟 140

Nouveau (vietnamien). Caractérologie : achèvement, leadership, stratégie, vitalité, ardeur.

Tancrède 🌟 600 **TOP 2000** ➔

Noble paix (germanique). Caractérologie : sagacité, spiritualité, organisation, détermination, connaissances.

Taner 🌟 180

Lumière du matin (turc). Caractérologie : efficacité, structure, sécurité, persévérance, résolution.

Tangi 🌟 600

Chien ou guerrier de feu (celte). Caractérologie : sens des responsabilités, influence, équilibre, famille, résolution.

Tanguy  18 000 **TOP 900** 🔽

257

Chien ou guerrier de feu (celte). Masculin français et breton. Variante : Tangui. Caractérologie : savoir, intelligence, méditation, organisation, bonté.

Tao 🌟 2 000 **TOP 300** ➔

Voie, méthode, création (chinois), respectueux de ses parents (vietnamien). Caractérologie : ouverture d'esprit, rectitude, humanité, rêve, générosité.

Taran

Paradisiaque (sanscrit). Se prononce « Tarane ». Taran est très répandu en

Inde. Ce prénom est porté par moins de 100 personnes en France. Caractérologie : altruisme, intégrité, réflexion, résolution, idéalisme.

Tarek  2 000

Étoile du matin (arabe). Caractérologie : innovation, autorité, énergie, résolution, ambition.

Tarik  4 000

Étoile du matin (arabe). Variantes : Tarak, Tarick, Tariq. Caractérologie : découverte, énergie, originalité, audace, séduction.

Tayeb 1 000

De nature calme et bienveillante (arabe). Caractérologie : passion, force, habileté, ambition, management.

Taylor 600

Tailleur (anglais). Patronyme anglais ancien. Masculin anglais. Caractérologie : autorité, énergie, organisation, innovation, analyse.

Tayron  450

Du comté d'Eoghan (irlandais). Masculin anglais. Caractérologie : pratique, communication, enthousiasme, adaptation, résolution.

Ted  500

Don de Dieu (grec). Caractérologie : intuition, médiation, adaptabilité, relationnel, fidélité.

Teddy  23 000

Don de Dieu (grec). Ce prénom est plus particulièrement répandu aux États-Unis. Variantes : Teddie, Tedy, Theddy.

Caractérologie : ténacité, méthode, fiabilité, engagement, sens du devoir.

Teiki

Le roi des dieux rêveurs (tahitien). Ce prénom est porté par moins de 100 personnes en France. Caractérologie : rectitude, rêve, humanité, générosité, ouverture d'esprit.

Télémaque

Combat, distance (grec). Dans la mythologie grecque, Télémaque est le fils d'Ulysse et de Pénélope. Ce prénom est porté par moins de 100 personnes en France. Caractérologie : rectitude, gestion, rêve, attention, humanité.

Télesphore

Qui déplace (grec). Ce prénom est porté par moins de 100 personnes en France. Caractérologie : équilibre, famille, sens des responsabilités, raisonnement, sensibilité.

Télio 350

Ce dérivé de Telo vient probablement du grec *Theos*, Dieu. Telo, évêque de Llandav (pays de Galles) au VIe siècle, est le patron de plusieurs villages bretons. Variantes : Teilo, Téliau, Télo, Thélau, Théliau, Thélio, Tilio. Caractérologie : intelligence, savoir, méditation, indépendance, logique.

Telmo

Protection divine (germanique). Masculin espagnol et portugais. Ce prénom est porté par moins de 100 personnes en France. Caractérologie : médiation, relationnel, intuition, fidélité, volonté.

HARMONIE D'UN PRÉNOM AVEC SON PATRONYME

Selon un sondage réalisé en 2015 sur le site **MeilleursPrenoms.com**, la sonorité est un élément essentiel du processus d'attribution d'un prénom. L'harmonie du prénom avec son patronyme vient au second rang des critères, devant l'originalité (voir les résultats du sondage p. 294). Si les fautes de goût évidentes sautent aux yeux (exemples : Aude Javel, Emma Taume ou Jean Roule), peut-on éviter tous les pièges ?

Il n'existe pas de règle qui garantisse un mariage harmonieux. Chaque prénom est unique et ne s'accorde pas de la même manière. C'est à vous de faire confiance à ce que vous ressentez lorsque vous l'associez avec votre nom de famille. Mais en cas de doute persistant, un examen objectif s'impose. Il s'agit de prononcer, syllabe par syllabe, le nom à la suite du prénom. Ce procédé révélera tout frottement indélicat (exemple : Mathilde Degest), et toute liaison inutile (exemple : Antonin Nimbert). S'il faut donner une règle, disons qu'un assemblage heureux évite les prénoms dont les terminaisons sont identiques au commencement des patronymes.

Un dernier élément doit être pris en compte : généralement, les prénoms longs s'harmonisent mieux avec les patronymes courts. C'est la raison pour laquelle les prénoms composés s'accordent si bien avec ces derniers (Marie-Amélie Daust est bien plus gracieux que Marie-Amélie de Paradimont).

Enfin si vous hésitez encore, vous pouvez également tester vos idées auprès de vos proches. Selon le sondage évoqué précédemment, près de la moitié des futurs parents partagent leurs idées de prénoms avec leurs proches, et dans l'immense majorité des cas, le choix ne constitue pas une source de conflit.

Téo ⭐ 7 000 `TOP 200` →
Dieu (grec). Téo est particulièrement répandu en Italie dans les pays hispanophones. *Caractérologie* : efficacité, sécurité, persévérance, structure, honnêteté.

Teoman ⭐ 300 ↓
Nom du chanteur et compositeur turc Fazli Teoman. On trouve également Téoman écrit avec l'accent aigu. *Caractérologie* :

originalité, audace, découverte, énergie, caractère.

Térence ⭐ 3 000 `TOP 800` →
Tendre, gracieux (grec). Masculin anglais. *Variantes* : Terrence, Therence. *Caractérologie* : indépendance, sagesse, méditation, savoir, intelligence.

Terry ⭐ 3 000 `TOP 900` →
Tendre, gracieux (grec). Masculin anglais. *Variantes* : Tery, Therry, Théry.

THÉO

Fête : 9 novembre

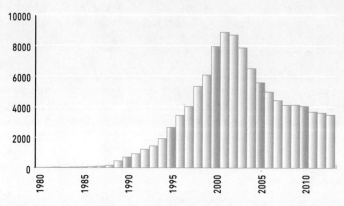

Étymologie : du grec *théos*, « Dieu ». Si Théo est un prénom à part entière, il fut longtemps utilisé comme diminutif de Théodore, Théobald, Théodose, Théophane et Théotime. Ces prénoms de tradition grecque se sont diffusés en Europe à partir du XVIe siècle ; ils doivent leur côté rétro au pic d'attribution français qui les distingua au XIXe siècle.

À la fin des années 1980, l'essor des prénoms courts fait pour la première fois surgir Théo dans l'Hexagone. Il prend l'avantage sur Théodore d'autant plus aisément que ce dernier est au plus bas de sa popularité. Dès lors, sa carrière est lancée. Théo brille dans les 3 premiers rangs masculins de 2000 à 2003 et se maintient, aujourd'hui encore, dans le top 20 français

L'essor de Théo a donné un nouvel élan à Timothée et Théotime, auxquels Timéo doit une partie de son succès (voir le zoom qui lui est consacré). Chez les filles, Théoline, Théoxane, Théonie et Théotine ont fait quelques apparitions dans les maternités ; elles ont bien vite été rattrapées par la jeune Timéa.

Théo a séduit de nombreux parents francophones. S'il n'a pas encore percé dans le top 20 québécois, il évolue en haut des tableaux suisses romands et wallons. Mais son succès se mesure également dans les pays scandinaves et slaves (Teo). Ce qui n'empêche pas Théodore de briller en Russie et dans les contrées anglophones, où les parents l'apprécient beaucoup. Notons enfin l'émergence de Théau. Ce prénom ancien bénéficie de la gloire de Théo et réapparaît en France depuis les années 1990.

Soldat de l'armée romaine au temps de Maximien (vers 303), **saint Théodore** fut martyrisé à Amasée (Turquie) après avoir déclaré sa foi et incendié un temple païen dédié à la déesse Rhéa. Théodore est le patron des soldats.

Personnalités célèbres : Theodore Roosevelt, président des États-Unis de 1901 à 1909, reçut le Prix Nobel de la paix en 1906 ; Théodore Géricault (1791-1824), peintre français auquel on doit *Le Radeau de la Méduse*.

Statistiques : Théo est le 17ᵉ prénom masculin le plus donné en France depuis le début du XXIᵉ siècle. On peut estimer qu'il sera attribué à un garçon sur 130 en 2015.

Caractérologie : séduction, énergie, découverte, originalité, audace.

Teva 🦋 700
Grand voyageur (tahitien). Écrit avec un accent, Téva signifie également « fruit de la nature » en hébreu. Caractérologie : optimisme, pragmatisme, communication, sociabilité, créativité.

Thaddée 🦋 250 ⬆
Courageux (grec). Variantes : Thad, Thade, Thadée. Caractérologie : sensibilité, sociabilité, réceptivité, loyauté, diplomatie.

Thaï
Plusieurs (vietnamien). Ce prénom est porté par moins de 100 personnes en France. Caractérologie : fidélité, relationnel, adaptabilité, intuition, médiation.

Thaïs 🦋 450 TOP 500 ⬆
Lien, bandage (grec). Ce prénom féminin est depuis quelques années attribué à un nombre croissant de garçons. Caractérologie : pratique, adaptation, communication, enthousiasme, générosité.

Thanh 🦋 350
Fin, clair, couleur bleue ou muraille (idée de solidité), achevé (vietnamien). Caractérologie : sens des responsabilités, équilibre, famille, influence, sensibilité.

Thao 🦋 500 TOP 600 ⬆
Respectueux de ses parents (vietnamien). Caractérologie : vitalité, achèvement, stratégie, ardeur, leadership.

Théau 🦋 800 ➡
Dieu (grec). Caractérologie : innovation, autorité, énergie, sensibilité, organisation.

Thècle
Gloire de Dieu (grec). Ce prénom est porté par moins de 30 personnes en France. Caractérologie : stratégie, vitalité, ardeur, achèvement, attention.

Théo 🦋 103 000 TOP 50 🔍 ➡
Dieu (grec). Caractérologie : communication, pragmatisme, optimisme, créativité, attention.

Théobald

Peuple courageux (germanique). Théobald est plus particulièrement usité dans les pays anglophones, en Allemagne et en Alsace. Ce prénom est porté par moins de 100 personnes en France. Variantes : Téobald, Théobaldo. Caractérologie : sécurité, persévérance, structure, caractère, attention.

Théoden

Théoden est un personnage de fiction. Il est le roi de Rohan dans *Le Seigneur des anneaux*, de J. R. R. Tolkien. Dans l'Hexagone, les premières attributions de Théoden ont été recensées en 2004. Ce prénom est porté par moins de 100 personnes en France. Caractérologie : volonté, finesse, stratégie, vitalité, attention.

Théodore 🚩 6 000 TOP 400 ↗

Don de Dieu (grec). Deux papes, deux empereurs et de nombreux saints ont illustré ce prénom. Soldat romain chrétien au IIIᵉ siècle, saint Théodore mourut martyr à Amasée, en Asie Mineure. Théodore est un prénom anglais et français. Variantes : Fedor, Feodor, Téodor, Téodore, Téodoric, Téodorick, Téodoro, Theodor, Théodoric. Caractérologie : altruisme, volonté, intégrité, idéalisme, finesse.

Théodose

Don de Dieu (grec). Théodose Iᵉʳ le Grand est le dernier empereur qui régna sur un Empire romain unifié. Il fonda la dynastie théodosienne qui vit fleurir les premiers empereurs d'Orient. Ce prénom est porté par moins de 30 personnes en France.

Caractérologie : dynamisme, direction, sensibilité, indépendance, volonté.

Théodosio

Don de Dieu (grec). Ce prénom est porté par moins de 30 personnes en France. Variantes : Téodosio, Théodose. Caractérologie : relationnel, intuition, attention, médiation, caractère.

Théodule 🚩 190

Serviteur de Dieu (grec). Caractérologie : diplomatie, loyauté, volonté, sociabilité, écoute.

Théophane 🚩 1 000 TOP 2000 →

Apparition divine (grec). Variante : Téophane. Caractérologie : diplomatie, réceptivité, sociabilité, attention, loyauté.

Théophile 🚩 8 000 TOP 500 →

Qui aime les dieux (grec). Masculin français. Variantes : Téophile, Théofil, Théophil. Caractérologie : habileté, force, ambition, analyse, finesse.

Théotime 🚩 1 000 TOP 2000 ↘

Honorer Dieu (grec). Variantes : Théotim, Théotine. Caractérologie : attention, courage, caractère, curiosité, dynamisme.

Thibaud 🚩 14 000 TOP 500

Peuple courageux (germanique). Variantes : Thibauld, Thiébaud, Thiebault, Thiébaut, Thuriau, Thybault, Tibald, Tibaud, Tibauld, Tibault, Tibo. Caractérologie : sociabilité, réceptivité, diplomatie, organisation, loyauté.

Thibault 🚩 49 000 TOP 100

Peuple courageux (germanique). Masculin français. Caractérologie : pratique,

THOMAS, TOM

Fête : 28 janvier, 3 juillet

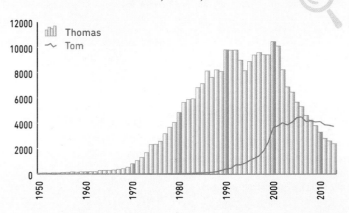

Étymologie : de l'araméen *toma*, « jumeau ». Ce vieux prénom doit sa notoriété au fait qu'il fut porté par de nombreux saints. Attribué depuis des siècles dans les pays anglophones, ce nom classique n'émerge pourtant pas en France avant les années 1980. De quelle manière comble-t-il son retard ! Propulsé par une croissance fulgurante, il s'impose à la tête des prénoms français en 1996 et s'y maintient pendant six ans. Aujourd'hui, son reflux le fait chuter dans le top 40 national mais il reste dans l'élite des attributions parisiennes.

En attendant plus ample dérive française, Thomas est encore prisé en Angleterre et en Australie. Son déclin américain est concomitant à celui observé au Québec et en Wallonie.

263

Cette situation affecte peu les perspectives de Tom. Bien qu'il soit impopulaire dans le pays de Tom Cruise, ce diminutif est attribué à près de 4 000 Français chaque année. Ce prénom, courant aux États-Unis au XIXᵉ siècle, a été découvert dans les années 1980 en France. Porté par la vogue des choix courts et sa jeunesse, il devrait s'élever à la 15ᵉ place du palmarès national en 2015.

Saint Thomas, apôtre de Jésus au Iᵉʳ siècle, est célèbre pour avoir douté de la résurrection du Christ avant de lui proclamer sa foi. Il est le patron des architectes et des maçons.

Saint Thomas d'Aquin vécut au XIIIᵉ siècle. Auteur de la Somme théologique, il est considéré comme l'un des plus grands théologiens de l'histoire chrétienne. Il est le patron des universités.

Personnalités célèbres : Thomas Hobbes (1588-1679), philosophe anglais ; Thomas Jefferson (1743-1826), président des États-Unis ; Thomas Paine (1737-1809), écrivain anglais ; Thomas Edison (1847-1931), inventeur américain du premier phonographe et de l'électricité.

Statistiques : Thomas est le 31e prénom masculin le plus donné en France depuis le début du XXIe siècle. On peut estimer qu'il sera attribué à un garçon sur 200 en 2015. Placé au 14e rang du classement, **Tom** devrait prénommer un garçon sur 120.

communication, enthousiasme, adaptation, organisation.

Thibaut ⭐ 34 000 TOP 300 ⬇
Peuple courageux (germanique). Masculin français. Caractérologie : intégrité, idéalisme, réflexion, gestion, altruisme.

Thiefaine ⭐ 250 ↘
Apparition divine (grec). Variante : Tiephaine. Caractérologie : énergie, sensibilité, découverte, détermination, audace.

Thien
Celui qui est juste, bon et vertueux (vietnamien). Ce prénom est porté par moins de 100 personnes en France. Caractérologie : réceptivité, diplomatie, loyauté, sociabilité, sensibilité.

Thierry ⭐ 274 000 TOP 2000 ⬇
Gouverneur du peuple (germanique). Un roi des Francs et un saint fondateur de l'abbaye du Mont-d'Or (près de Reims) ont porté ce nom au VIe siècle. Malgré sa notoriété, Thierry peine à se diffuser en France. C'est au cœur du XXe siècle qu'il s'élance de nouveau, avec tant de vigueur qu'il lui faut moins d'une décennie pour atteindre l'élite des attributions. Le succès du feuilleton télévisé *Thierry la Fronde*, diffusé en

1963, a indéniablement soutenu son accession au trône (en 1965). On peut estimer que moins de 30 enfants seront prénommés ainsi en 2015. Variantes : Thierno, Tierry. Caractérologie : sécurité, persévérance, structure, ressort, finesse.

Thiery ⭐ 1 000
Gouverneur du peuple (germanique). Caractérologie : structure, persévérance, sécurité, ressort, finesse.

Thom ⭐ 250 TOP 2000 →
Ananas, parfumé (vietnamien), diminutif anglophone de Thomas. Caractérologie : médiation, intuition, relationnel, fidélité, adaptabilité.

Thomas ⭐ 261 000 TOP 50 🔍 ⬇
Jumeau (araméen). Variante : Thoma. Caractérologie : ténacité, méthode, fiabilité, sens du devoir, engagement.

Thomy ⭐ 180
Jumeau (araméen). Caractérologie : rectitude, humanité, rêve, générosité, ouverture d'esprit.

Thong
Intelligent (vietnamien). Ce prénom est porté par moins de 100 personnes en

France. Caractérologie : indépendance, dynamisme, audace, attention, direction.

Thony
 450

Inestimable (latin), fleur (grec). Caractérologie : innovation, énergie, autorité, sensibilité, ambition.

Tiago
6 000 TOP 100

Supplanter, talonner (hébreu). Voir Santiago. Tiago est très répandu au Portugal. Caractérologie : Intelligence, méditation, spiritualité, savoir, sensibilité.

Tibère

Autel, lieu saint (anglais). Ce prénom est porté par moins de 100 personnes en France. Variantes : Tiber, Tibor. Caractérologie : curiosité, courage, dynamisme, charisme, indépendance.

Tidiane
900 TOP 600

Prénom sénégalais dont l'origine est inconnue. Caractérologie : vitalité, achèvement, détermination, stratégie, ardeur.

Tien

Féerique (vietnamien). Ce prénom est porté par moins de 100 personnes en France. Caractérologie : pratique, communication, enthousiasme, générosité, adaptation.

Tifenn
 180

Apparition divine (grec). Variante : Thiphaine. Caractérologie : courage, dynamisme, charisme, curiosité, indépendance.

Tilian
 160 TOP 2000

Puissance, combat (germanique). Variantes : Tylan, Tylian, Tilien. Caractérologie : organisation, médiation, volonté, fidélité, adaptabilité.

Tilio
 800 TOP 500

Ce dérivé de Telo vient probablement du grec *Theos*, Dieu. Telo, évêque de Llandav (pays de Galles) au VIe siècle, est le patron de plusieurs villages bretons (Landeleau, Leuhan, Saint-Thélo et Montertelot). Variantes : Till, Tillo, Tylio. Caractérologie : intuition, relationnel, médiation, raisonnement, adaptabilité.

Tim
4 000 TOP 200

Honorer Dieu (grec). Tim est très en vogue dans les pays germanophones, anglophones et néerlandophones. Caractérologie : paix, bienveillance, conseil, conscience, sagesse.

Timaël
450 TOP 100

Contraction de Timéo et Maël. Timaël a été attribué pour la première fois en France en 1999. Caractérologie : conscience, organisation, conseil, paix, bienveillance.

Timéo
22 000 TOP 50

Honorer Dieu (grec). Variantes : Thiméo, Thyméo, Timo. Caractérologie : vitalité, achèvement, caractère, ardeur, stratégie.

Timo
450 TOP 1000

Honorer Dieu (grec). Masculin allemand, scandinave, espagnol, italien et néerlandais. Caractérologie : communication, pragmatisme, sociabilité, optimisme, créativité.

Timothé
10 000 TOP 100

Honorer Dieu (grec). Masculin français. Caractérologie : idéalisme, finesse, volonté, intégrité, altruisme.

TIMÉO

Fête : 26 janvier

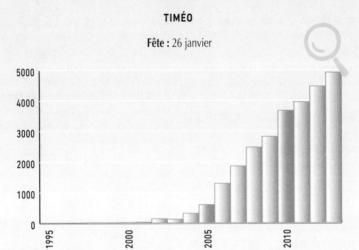

Étymologie : la traduction littérale du latin *timeo* par « craindre » est correcte, mais elle ne rend pas justice à ce prénom. Timéo puise, comme Timothée, ses origines du grec *timè*, « tenir en honneur », et *théos*, « Dieu », d'où le sens : « honorer Dieu ». Le premier Timéo de France naît en 1998, au moment où Théo s'envole au sommet du classement. Figure de proue des terminaisons en « éo », Théo aspire Mathéo, Hugo et Léo dans son sillage, puis fait renaître ses ancêtres Timothée, Théodore et Théotime. Bien que ces derniers se diffusent modestement, Time avec ses quatre lettres marque les esprits et fait son chemin. La combinaison avec Théo devient attrayante et ne tarde pas à se réaliser. Ayant rencontré un vif succès, Timéo devrait s'imposer au 5e rang du classement français en 2015.

Les produits dérivés de cette gloire émergent sous diverses formes. La création de Thiméo suit de près celles de Timaël (contraction de Timothée et Maël) et Timothéo. Mais ces derniers comptent moins d'adeptes que le dérivé allemand Timo, qui décolle outre-Rhin, ou le féminin Timéa. En dehors de l'Hexagone, Timéo pourrait s'imposer dans les tops 30 wallon et suisse romand, et dans le top 50 allemand (Timo). Timée, la version française de Timaeus, n'a jamais fait recette dans l'Hexagone. Son éclosion serait-elle imminente ?

Homme politique grec au IVe siècle avant J.-C., **Timoléon** délivra Syracuse et gouverna la ville sur le mode d'une démocratie modérée. Atteint de cécité, il se retira volontairement du pouvoir et mourut en 337 avant J.-C.

Timée de Syracuse (ou **Timaeus**), historien grec du IVe siècle avant J.-C, rédigea une volumineuse histoire des origines de la Sicile et des événements qui conduisirent à la première guerre punique.

Timée de Locres, philosophe grec pythagoricien, aurait vécu au Ve siècle avant J.-C. Il est cité par Platon dans ses Dialogues mais la preuve de son existence est mise en doute.

Timée le Sophiste, philosophe et grammairien grec, vécut au IIe ou IIIe siècle.

Statistiques : Timéo est le 6e prénom masculin le plus donné en France depuis le début du XXIe siècle. On peut estimer qu'il sera attribué à un garçon sur 82 en 2015. **Timothée** devrait prénommer un garçon sur 520 et figurer au 101e rang de ce palmarès.

Timothée
16 000
Honorer Dieu (grec). Disciple de Paul au Ier siècle, saint Timothée fut martyrisé à Éphèse (en Turquie). Timothée est un prénom français. Variantes : Timmy, Timon, Timoté, Timotei, Timotéo, Thimoté, Thimotée, Thimothé, Timothey, Tymothé. Caractérologie : dynamisme, curiosité, courage, attention, caractère.

Timothy
2 000 TOP 600
Honorer Dieu (grec). Masculin anglais. Variante : Timoty. Caractérologie : réceptivité, ressort, loyauté, diplomatie, sociabilité.

Timour
200
De grande taille (hébreu). Variante : Timur. Caractérologie : paix, conseil, bienveillance, conscience, analyse.

Tin
Juste (latin). Ce prénom est porté par moins de 30 personnes en France. Caractérologie : originalité, sagacité, spiritualité, philosophie, connaissances.

Tino
2 000 TOP 300
Diminutif des prénoms se terminant par « Tino ». Tino est un prénom italien. Caractérologie : sens du devoir, structure, honnêteté, efficacité, persévérance.

Tito
190
Honorable (grec). Masculin italien, espagnol et portugais. Forme francisée : Titien. Caractérologie : autorité, innovation, énergie, autonomie, ambition.

Titouan
17 000 TOP 100
Petit Antoine (occitan). Malgré ses racines occitanes, Titouan est principalement attribué en Bretagne aujourd'hui. Bon nombre de parents choisissent ce prénom en hommage au navigateur et artiste Titouan Lamazou. Caractérologie : direction, dynamisme, audace, raisonnement, détermination.

Titus
Qui rend honneur (latin). Ce prénom romain est plus traditionnellement usité

en Corse. Ce prénom est porté par moins de 100 personnes en France. Variante : Tiziano. Caractérologie : ambition, force, habileté, passion, gestion.

Tiziano 550 TOP 1000
Qui rend honneur (latin). Prénom italien. Caractérologie : engagement, finesse, fiabilité, ténacité, responsabilité.

Tobias 950 TOP 2000
Dieu est bon (hébreu). Tobias est particulièrement répandu dans les pays scandinaves et aux Pays-Bas. Variantes : Tobie, Toby. Caractérologie : sociabilité, pragmatisme, communication, créativité, optimisme.

Tobie
Dieu est bon (hébreu). Ce prénom est porté par moins de 100 personnes en France. Caractérologie : influence, famille, sens des responsabilités, exigence, équilibre.

Todd
Renard (anglais). Ce prénom est porté par moins de 100 personnes en France. Caractérologie : spiritualité, connaissances, originalité, philosophie, sagacité.

Tom 65 000 TOP 50
Jumeau (araméen). Caractérologie : pragmatisme, créativité, optimisme, sociabilité, communication.

Tomas 1 500 TOP 800
Jumeau (araméen). Masculin écossais, espagnol, portugais, scandinave et tchèque. Variantes : Toma, Tomaso, Tomi. Caractérologie : découverte, énergie, audace, originalité, séduction.

Tomislav 120
Jumeau (araméen). Tomislav est particulièrement répandu en Croatie et en Pologne. Caractérologie : communication, pratique, enthousiasme, organisation, analyse.

Tommy 5 000 TOP 700
Jumeau (araméen). Ce prénom est particulièrement recensé aux États-Unis. Caractérologie : originalité, audace, énergie, découverte, séduction.

Tomy 1 500 TOP 2000
Jumeau (araméen). Masculin anglais. Caractérologie : énergie, ambition, innovation, autonomie, autorité.

Tong
Obéissant (vietnamien). Ce prénom est porté par moins de 100 personnes en France. Caractérologie : réceptivité, loyauté, sociabilité, diplomatie, bonté.

Toni 2 000 TOP 1000
Inestimable (latin), fleur (grec). Caractérologie : persévérance, sécurité, honnêteté, efficacité, structure.

Tony 48 000 TOP 200
Inestimable (latin), fleur (grec). Tony est répandu dans les pays anglophones. Variantes : Tonino, Tonio, Tonny. Caractérologie : diplomatie, sociabilité, réceptivité, loyauté, bonté.

Toufik 2 000 TOP 2000
Succès, harmonie (arabe). On peut estimer que moins de 30 enfants seront prénommés ainsi en 2015. Variantes : Tofik, Toufic, Toufike. Caractérologie : raisonnement, ambition, autorité, énergie, innovation.

IDÉES DE PRÉNOMS MASCULINS TRICULTURELS

Le tableau ci-dessous propose une sélection de prénoms francophones et leurs équivalents anglophones et hispanophones. Cette sélection sera utile aux parents qui souhaitent trouver un prénom dont l'orthographe ou la prononciation reste identique dans de nombreuses régions du monde.

Prénom francophone	Prénom anglophone	Prénom hispanophone
Adam	Adam	Adam
Adrien	Adrian	Adrián
Aïdan	Aidan	Aiden
Alex	Alex	Álex
Angel	Angel	Ángel
Alexandre	Alexander	Alejandro
Adrien	Adrian	Adrián
Charles	Charles	Carlos
Daniel	Daniel	Daniel
Éric	Erik	Erik, Erico
Ethan	Ethan	Izan
Évan	Évan	Ivan
Gabriel	Gabriel	Gabriel
Hugo	Hugo	Hugo
Jérémie, Jérémy	Jeremy	Jeremías
Joseph	Joseph	José
Jules	Jules	Julio
Julien	Julien	Julián
Louis	Lewis, Luis	Luis
Lucas	Lucas, Luke	Lucas
Marc	Mark	Marcos, Marco
Martin	Martin	Martín
Michaël	Mickaël	Miguel
Nathan	Nathan	Natán
Nicolas	Nicholas	Nicolás
Noé	Noah	Noé
Oscar	Oscar	Óscar
Paul	Paul	Pablo
Raphaël	Raphael	Rafael
Ruben	Ruben	Ruben
Samuel	Samuel	Samuel
Simon	Simon	Simon
Théo	Theo	Téo
Thomas	Thomas	Tomás
Victor	Victor	Victor, Victoriano
Guillaume	William	Guillermo
Rayan, Ryan	Ryan	–
Zacharie, Zachary	Zachary	Zacarías

Toussaint ⭐ 1 500

« tous les saints » (latin). On peut estimer que moins de 30 enfants seront prénommés ainsi en 2015. Caractérologie :
pratique, enthousiasme, communication,
analyse, résolution.

Tran

Très précieux (vietnamien). Ce prénom
est porté par moins de 100 personnes en
France. Caractérologie : stratégie, achèvement, vitalité, ardeur, détermination.

Trevis ⭐ 350 TOP 2000 →

Le passeur (vieux français). Masculin
anglais. Variante : Travis. Caractérologie : pragmatisme, créativité, communication, optimisme, résolution.

Trévor ⭐ 250 →

Grande victoire (gallois). Ce prénom gallois
est usité dans les pays anglophones. C'est
aussi un choix traditionnel breton. Caractérologie : force, ambition, habileté, passion, caractère.

Tristan ⭐ 37 000 TOP 100 ↘

Révolte, tumulte (celte). Ce prénom médiéval, rendu célèbre par la légende de *Tristan et Yseut*, est peu usité jusqu'à la fin
du XXᵉ siècle. Il renaît dans les pays anglophones (particulièrement aux États-Unis)
et en France, où il atteint le 50ᵉ rang en
2001. Malgré son déclin, Tristan est encore
un prénom attribué aujourd'hui. ◇Cheva-
lier de la Table ronde, Tristan était éper-
dument amoureux d'Iseut la blonde mais
il dut se résoudre à épouser Iseut aux
blanches mains. Le récit de cette passion
tragique a transcendé les siècles et inspiré

nombre de poètes et musiciens. Caractérologie : diplomatie, sociabilité, décision,
loyauté, réceptivité.

Trystan ⭐ 1 500 TOP 800 →

Révolte, tumulte (celte). Voir Tristan.
Caractérologie : altruisme, intégrité,
réflexion, détermination, idéalisme.

Tuan ⭐ 170

Talent, savoir (vietnamien). Caractérologie : organisation, intuition, relationnel,
médiation, fidélité.

Tudy

Acclamé par le peule (celte). Masculin
anglais. Ce prénom est porté par moins de
100 personnes en France. Caractérologie :
sagacité, spiritualité, connaissances, originalité, philosophie.

Tugdual ⭐ 650 ↘

Peuple, valeur (celte). Prénom breton.
Caractérologie : dynamisme, curiosité,
courage, gestion, réussite.

Tullio

Se rapporte au patronyme italien Tullius.
Masculin italien. Ce prénom est porté par
moins de 100 personnes en France. Caractérologie : stratégie, achèvement, vitalité,
raisonnement, ardeur.

Txomin ⭐ 200 ↑

Qui appartient au Seigneur (latin). Caractérologie : dynamisme, curiosité, indépendance, caractère, courage.

Ty

Bâtisseur de maisons (anglais). Ce prénom est porté par moins de 100 personnes en France. Caractérologie :

humanité, ouverture d'esprit, rêve, rectitude, générosité.

Tyler  750 TOP 500

Bâtisseur de maisons (anglais). Masculin anglais. Caractérologie : force, ambition, passion, habileté, bonté.

Tylian  400 TOP 800

Puissance, combat (germanique). Caractérologie : humanité, détermination, rectitude, amitié, rêve.

Tyméo  2 000 TOP 200

Honorer Dieu (grec). Caractérologie : influence, caractère, équilibre, famille, sens des responsabilités.

Tyron  950 TOP 500

Du comté d'Eoghan (irlandais). Variante : Tyrone. Caractérologie : relationnel, médiation, intuition, adaptabilité, fidélité.

Tyson  450 TOP 2000

Braises (vieux français). Variante : Tayson. Caractérologie : adaptation, pratique, communication, générosité, enthousiasme.

U

Ugo 9 000 TOP 400

Esprit, intelligence (germanique). Ugo est un prénom italien. Caractérologie : spiritualité, connaissances, sagacité, originalité, philosophie.

Ugolin

Esprit, intelligence (germanique). Ce prénom est porté par moins de 100 personnes en France. Caractérologie : logique, cœur, conscience, bienveillance, paix.

Ulric 600 TOP 2000

Puissance (germanique). Masculin anglais. Dans l'Hexagone, Ulric est plus traditionnellement usité en Occitanie.

Caractérologie : altruisme, réflexion, dévouement, intégrité, idéalisme.

Ulrich 3 000

Puissance (germanique). En dehors de l'Hexagone, Ulrich est plus particulièrement usité en Allemagne. On peut estimer que moins de 30 enfants seront prénommés ainsi en 2015. Variantes : Ulric, Ulrick, Ulrik, Ulrike, Ulrique. Caractérologie : ambition, force, management, habileté, passion.

Ulysse 5 000 TOP 300

Courroucé (latin). Héros de la mythologie grecque, Ulysse est l'un des personnages principaux de l'*Iliade* et de l'*Odyssée*. Habile et ingénieux, Ulysse invente le stratagème du cheval de Troie qui cause la perte de la ville. Dans l'*Odyssée*, Homère relate le voyage semé d'embûches qu'Ulysse

271

doit surmonter pour regagner Ithaque, sa patrie. Ulysse est un prénom français. Variantes : Ulisse, Ulix, Ulyxes. Caractérologie : fidélité, relationnel, intuition, médiation, cœur.

Umberto 🎏 500
Esprit brillant (germanique). Umberto est un prénom italien. Caractérologie : sécurité, persévérance, structure, volonté, raisonnement.

Umea
Enfant (basque). Ce prénom est porté par moins de 30 personnes en France.

Caractérologie : ténacité, méthode, engagement, sens du devoir, fiabilité.

Urbain 🎏 1 000
De la ville (latin). Variante : Urban. Caractérologie : organisation, résolution, médiation, relationnel, intuition.

Uriel 🎏 300 TOP 2000
Dieu est ma lumière (hébreu). Prénom breton. Variantes : Uriah, Urias. Caractérologie : médiation, intuition, fidélité, relationnel, adaptabilité.

• •

V

Vaclav
Gloire immense (slave). Masculin tchèque. Ce prénom est porté par moins de 30 personnes en France. Caractérologie : méditation, savoir, intelligence, sagesse, indépendance.

Vadim 🎏 1 500 TOP 400 ⬆
Règne glorieux (slave). Ce prénom russe est répandu dans les pays slaves et en Roumanie. Caractérologie : structure, sécurité, persévérance, efficacité, honnêteté.

Vaea
Souverain qui a partagé l'océan (tahitien). Ce prénom est porté par moins de

30 personnes en France. Caractérologie : intuition, relationnel, médiation, fidélité, adaptabilité.

Vahé 🎏 160
Le meilleur (prénom arménien d'origine iranienne). Caractérologie : intégrité, altruisme, idéalisme, réflexion, dévouement.

Valentin 92 000 TOP 50 ➡
Vaillant (latin). Le 14 février célèbre la mémoire de saint Valentin, un prêtre romain martyrisé par l'empereur Claudius au IIIe siècle. Le culte dont il fit l'objet répandit le nom parmi les premiers chrétiens. Il se raréfia ensuite, et le pape qui choisit ce nom au IXe siècle ne put enrayer son reflux. Valentin renaît au moment où un conte médiéval folklorique, *Valentin et Orson*, le remet au goût du jour (au XIIIe siècle).

Il se propage alors à l'Angleterre, où l'on trouve Valentine attribué dans les deux genres, et se manifeste plus irrégulièrement en France jusqu'à la fin du XXᵉ siècle. En 1996, Valentin s'est hissé au 12ᵉ rang masculin après un jaillissement soudain. Il jouit d'une certaine popularité aujourd'hui. ◇ L'origine de la Saint-Valentin, la fête des amoureux, remonte au XVᵉ siècle et à l'idée reçue que les oiseaux s'accouplent à ce moment-là. Variantes : Valentino, Valence, Valens. Forme basque : Balentin. Caractérologie : méditation, savoir, organisation, intelligence, résolution.

Valentino
 950 **TOP 700** →
Vaillant (latin). Prénom italien. Caractérologie : méthode, logique, ténacité, caractère, fiabilité.

Valère
🛡 2 000 ◎
Valeureux (latin). On peut estimer que moins de 30 enfants seront prénommés ainsi en 2015. Caractérologie : rêve, humanité, tolérance, rectitude, décision.

Valérian
🛡 2 000 **TOP 900** →
Valeureux (latin). Masculin français. Caractérologie : direction, indépendance, audace, dynamisme, résolution.

Valérien
 200
Valeureux (latin). Caractérologie : courage, curiosité, détermination, indépendance, dynamisme.

Valéry
 5 000 →
Valeureux (latin). Prénom russe. On peut estimer que moins de 30 enfants seront prénommés ainsi en 2015. Variantes : Valéri, Valeriano. Formes basques : Balere, Baleri.

Caractérologie : intuition, relationnel, sympathie, médiation, réalisation.

Valmont
Protection du gouverneur (germanique). Ce prénom est porté par moins de 100 personnes en France. Variantes : Valmon, Valmond. Caractérologie : gestion, connaissances, spiritualité, caractère, sagacité.

Valter
🛡 200
Commander, gouverner (germanique). Caractérologie : bienveillance, paix, organisation, détermination, conscience.

Van
🛡 550 ◎
Bourg (arménien). Au Vietnam, Van est traditionnellement attribué comme deuxième prénom afin d'indiquer le sexe (masculin) de l'individu. Caractérologie : innovation, énergie, ambition, autorité, autonomie.

Vania
Diminutif russe d'Ivan (Jean en français) : Dieu fait grâce (hébreu). Ce prénom est porté par moins de 100 personnes en France. Variante : Vanya. Caractérologie : médiation, relationnel, intuition, fidélité, résolution.

Vartan
Qui offre des roses (arménien). Ce prénom est porté par moins de 100 personnes en France. Caractérologie : persévérance, structure, résolution, sécurité, efficacité.

Vassili
 450  →
Roi (grec). Variantes : Vasili, Vassilis, Vassily, Wassily. Caractérologie : ambition, autorité, innovation, énergie, autonomie.

Veli 190
Frère (finlandais), gardien (turc). Caractérologie : enthousiasme, pratique, communication, adaptation, générosité.

Venceslas 250
Gloire immense (slave). Caractérologie : direction, indépendance, audace, dynamisme, assurance.

Véran
Vrai (latin), foi (slave). Masculin serbe. Ce prénom est porté par moins de 100 personnes en France. Variante : Verano. Caractérologie : sens des responsabilités, équilibre, famille, détermination, influence.

Vianney 4 000
Se rapporte à Jean-Marie Vianney, curé d'Ars qui fut canonisé au XXe siècle. Caractérologie : idéalisme, intégrité, altruisme, réussite, décision.

Vicente 1 000
Qui triomphe (latin). Prénom espagnol. Variante : Vicenzo. Caractérologie : influence, équilibre, famille, sens des responsabilités, exigence.

Victor 70 000 TOP 50
Victorieux (latin). Ce nom porté par trois papes et plusieurs saints était répandu aux premiers temps du christianisme, mais il se raréfia au Moyen Âge. Il renaît à la fin du XVIIIe siècle, juste avant la naissance de Victor Hugo (1802-1885), et devient très populaire dans le monde occidental. On l'aperçoit dans les 30 premiers rangs français au début du XXe siècle avant de le voir s'écrouler, puis resurgir dans les années 1990. Il pourrait s'affirmer davantage dans les prochaines années. ◇ Soldat chrétien au IIIe siècle, saint Victor mourut martyr à Marseille. Variantes : Bittor, Viance, Vic, Vicky, Victoric, Victorice, Viktor, Vitor. Caractérologie : famille, équilibre, influence, éthique, raisonnement.

Victor-Emmanuel 200
Forme composée de Victor et Emmanuel. Caractérologie : idéalisme, caractère, altruisme, intégrité, logique.

Victorien 4 000 TOP 2000
Victorieux (latin). Masculin français. Variantes : Victorin, Victorino, Victorio, Vittorio. Caractérologie : spiritualité, volonté, sagacité, connaissances, analyse.

Vijay
Victoire (sanscrit). Vijay est très répandu en Inde. Ce prénom est porté par moins de 100 personnes en France. Caractérologie : réalisation, fiabilité, méthode, ténacité, engagement.

Vincent 215 000 TOP 200
Qui triomphe (latin). Vincent a été porté par plusieurs saints aux premiers siècles, mais c'est le culte voué à saint Vincent de Saragosse, martyr espagnol au IVe siècle, qui propage ce nom. Sous ses différentes formes, il devient plus fréquent en Europe à la fin du Moyen Âge, puis au XIXe siècle au moment où vécut Vincent Van Gogh (1853-1890). En perte de vitesse durant plusieurs décennies, Vincent renaît au cœur du XXe siècle et s'impose dans les 10 premiers rangs français au début des années 1980. Loin d'avoir disparu, ce prénom intemporel

LE PALMARÈS DES 100 PRÉNOMS MASCULINS DU XXᵉ SIÈCLE

Les prénoms de ce palmarès sont classés par ordre décroissant d'attribution. Jean, Pierre et Michel sont les trois prénoms masculins les plus attribués du siècle dernier.

1. Jean	26. Maurice	51. Jean-Pierre	76. Ludovic
2. Pierre	27. Laurent	52. Albert	77. Benoît
3. Michel	28. Frédéric	53. Guillaume	78. Jérémy
4. André	29. Éric	54. Thomas	79. Fernand
5. Philippe	30. Julien	55. Gilbert	80. Benjamin
6. René	31. Pascal	56. Franck	81. Mickaël
7. Alain	32. Stéphane	57. Gilles	82. Jean-Luc
8. Jacques	33. Sébastien	58. Francis	83. Damien
9. Bernard	34. David	59. Jean-Claude	84. Xavier
10. Marcel	35. Thierry	60. Émile	85. Léon
11. Louis	36. Olivier	61. Denis	86. Eugène
12. Daniel	37. Raymond	62. Romain	87. Fabien
13. Roger	38. Guy	63. Anthony	88. Clément
14. Robert	39. Dominique	64. Cédric	89. Gabriel
15. Claude	40. Alexandre	65. Maxime	90. Adrien
16. Christian	41. Didier	66. Joël	91. Florian
17. Georges	42. Marc	67. Kevin	92. Jean-François
18. Henri	43. Yves	68. Hervé	93. Jonathan
19. Patrick	44. Charles	69. Patrice	94. Alexis
20. François	45. Serge	70. Fabrice	95. Lionel
21. Gérard	46. Bruno	71. Roland	96. Gaston
22. Christophe	47. Vincent	72. Sylvain	97. Loïc
23. Joseph	48. Antoine	73. Emmanuel	98. Michaël
24. Nicolas	49. Lucien	74. Arnaud	99. Jean-Marc
25. Paul	50. Jérôme	75. Mathieu	100. Victor

est encore souvent choisi par les parents. ◇
Prêtre au XVIIᵉ siècle, saint Vincent de Paul
consacra sa vie aux œuvres caritatives. Il
fonda plusieurs confréries de Charité pour
aider les pauvres, et la congrégation de
la Mission pour la formation des prêtres.
Variantes : Vince, Vincente, Vinny, Viny.
Caractérologie : équilibre, influence,
famille, exigence, éthique.

Vincenzo

Qui triomphe (latin). Prénom italien.
Caractérologie : rêve, rectitude, humanité, logique, caractère.

Vinh 140

Glorieux, honorable (vietnamien). Caractérologie : stratégie, leadership, vitalité,
achèvement, ardeur.

Virgil

Qui porte une canne (latin). Prénom
anglais et roumain. On peut estimer que
moins de 30 enfants seront prénommés
ainsi en 2015. Caractérologie : curiosité, courage, dynamisme, indépendance,
charisme.

Virgile

Qui porte une canne (latin). Masculin français. Variantes : Virgyl, Virgilio.
Caractérologie : indépendance, direction,
audace, cœur, dynamisme.

Virginien

Pur, vierge (latin). Ce prénom est porté
par moins de 100 personnes en France.
Variante : Virginio. Caractérologie : force,
stratégie, chef, ardeur, vie.

Vital 850

Vie (latin). Dans l'Hexagone, Vital est
plus traditionnellement usité en Occitanie. Caractérologie : dynamisme, audace,
indépendance, direction, gestion.

Vito 750

Victorieux (latin). Caractérologie : pratique, enthousiasme, communication,
générosité, adaptation.

Vittorio 450

Victorieux (latin). Prénom italien. Caractérologie : intuition, fidélité, médiation,
adaptabilité, relationnel.

Vivian   2 000

Vivant (latin). Vivian est répandu dans les
pays anglophones et scandinaves. C'est
aussi un prénom traditionnel occitan. On
peut estimer que moins de 30 enfants
seront prénommés ainsi en 2015. Caractérologie : dynamisme, curiosité, courage,
résolution, indépendance.

Vivien 9 000

Vivant (latin). Masculin français. Caractérologie : intégrité, idéalisme, altruisme,
dévouement, réflexion.

Vladan

Prénom composé à partir des premières
syllabes de Vladimir et Lénine. Vladimir
Ilitch Oulianov Lénine est le nom complet
du célèbre homme d'État russe (1870-1924).
Masculin slave. Ce prénom est porté par
moins de 100 personnes en France. Caractérologie : rectitude, humanité, rêve, ouverture d'esprit, générosité.

Vladimir  2 000 **TOP 2000** →
Règne glorieux (slave). Vladimir est particulièrement répandu en Russie et dans les pays slaves. Caractérologie : sagacité, spiritualité, connaissances, philosophie, originalité.

Voltaire 🏅 140
Prénom révolutionnaire et pseudonyme de l'écrivain et philosophe français François-Marie Arouet (1694-1778). Caractérologie : pratique, enthousiasme, volonté, communication, analyse.

Waclaw
Gloire immense (slave). Masculin tchèque. Ce prénom est porté par moins de 100 personnes en France. Caractérologie : altruisme, idéalisme, intégrité, dévouement, réflexion.

Waël 🏅 3 000 **TOP 200** ↗
Celui qui cherche refuge dans la spiritualité (arabe). Variantes : Waïl, Wahil. Caractérologie : courage, curiosité, indépendance, dynamisme, charisme.

Wahib 🏅 500 **TOP 2000** →
Charitable (arabe). Variantes : Ouahib, Waheb. Caractérologie : spiritualité, connaissances, détermination, sagacité, sensibilité.

Wahid 🏅 650 ↑
Unique (arabe). Variantes : Ouaïd, Ouahid. Caractérologie : intégrité, idéalisme, réflexion, altruisme, décision.

Walbert
Mur consolidé (germanique). Masculin anglais. Ce prénom est porté par moins de 30 personnes en France. Caractérologie : rectitude, organisation, rêve, humanité, détermination.

Waldemar 🏅 110
Illustre commandeur (scandinave). Variante : Valdemar. Caractérologie : dynamisme, indépendance, curiosité, courage, détermination.

Waldo
Celui qui a arraché sa victoire (scandinave). Ce prénom est porté par moins de 100 personnes en France. Caractérologie : innovation, ambition, autorité, énergie, volonté.

Walid 🏅 10 000 **TOP 300** ↘
Nouveau-né (arabe). Variantes : Walide, Wallid. Caractérologie : structure, persévérance, efficacité, sécurité, détermination.

Wallace 🏅 150
Du pays de Galles (anglo-saxon). Masculin anglais et écossais. Caractérologie : pragmatisme, optimisme, sociabilité, communication, créativité.

Walter
🏵 5 000

Commander, gouverner (germanique). Walter est particulièrement répandu en Allemagne, dans les pays anglophones et scandinaves. On peut estimer que moins de 30 enfants seront prénommés ainsi en 2015. Variante : Walther. Caractérologie : connaissances, sagacité, organisation, spiritualité, résolution.

Waly
🏵 180

Du pays de Galles (anglo-saxon). Masculin anglais. Variantes : Wali, Wally. Caractérologie : méditation, indépendance, cœur, savoir, intelligence.

Wandrille
🏵 550

Nom de saint dont l'étymologie est inconnue. Caractérologie : stratégie, résolution, achèvement, ardeur, vitalité.

Warren
🏵 4 000

Qui protège les jardins (germanique). Warren est très répandu dans les pays anglophones. Variante : Waren. Caractérologie : sagacité, connaissances, spiritualité, originalité, décision.

Wassil
🏵 550

Maturation spirituelle (arabe). Variante : Wacil. Caractérologie : intuition, relationnel, médiation, fidélité, détermination.

Wassim
🏵 7 000

Beau, gracieux (arabe). Variantes : Wacim, Wasim, Wassime. Caractérologie : communication, pragmatisme, créativité, optimisme, décision.

Wayne
🏵 300

Qui construit des wagons (anglais). Masculin anglais. Caractérologie : originalité, énergie, audace, séduction, découverte.

Wenceslas
🏵 500

Gloire immense (slave). Caractérologie : sociabilité, diplomatie, loyauté, bonté, réceptivité.

Wendel
🏵 500

Marcheur (germanique). Masculin allemand, néerlandais et grec. Ce prénom est porté par moins de 100 personnes en France. Variante : Wendelin. Caractérologie : idéalisme, intégrité, altruisme, réflexion, dévouement.

Wendy
🏵 500

Branche fine (germanique). Masculin anglais. Caractérologie : ardeur, vitalité, achèvement, stratégie, leadership.

Werner
🏵 700

Armée protectrice (germanique). Werner est particulièrement répandu en Allemagne, aux Pays-Bas et dans les pays scandinaves. Variante : Wernert. Caractérologie : médiation, relationnel, fidélité, adaptabilité, intuition.

Wesley
🏵 4 000

Prairie de l'Ouest (anglais). Wesley est répandu dans les pays anglophones. Caractérologie : ambition, habileté, cœur, force, passion.

Wilfrid
🏵 7 000

Déterminé à amener la paix (germanique). On peut estimer que moins de 30 enfants seront prénommés ainsi en 2015.

Variantes : Vilfrid, Wielfried, Wilf, Wilfred. Caractérologie : intégrité, altruisme, volonté, idéalisme, raisonnement.

Wilfried  13 000 TOP 2000

Déterminé à amener la paix (germanique). Masculin allemand. On peut estimer que moins de 30 enfants seront prénommés ainsi en 2015. Caractérologie : dynamisme, courage, raisonnement, curiosité, volonté.

Wilhem 650

Protecteur résolu (germanique). Masculin allemand. Variantes : Wilhelm, Willelm, Willem, Willen. Caractérologie : savoir, intelligence, méditation, indépendance, sagesse.

Willem  1 000 TOP 2000

Protecteur résolu (germanique). Willem est plus particulièrement recensé aux Pays-Bas aujourd'hui. Caractérologie : relationnel, sympathie, amitié, intuition, médiation.

William  65 000 TOP 100

Protecteur résolu (germanique). Dans sa conquête du trône anglais, Guillaume le Conquérant (1027-87) a lancé la brillante carrière de William. Cette forme anglaise de Guillaume est devenue, avec John, un prénom classique très populaire dans les pays anglo-saxons. Voir Guillaume. Variantes : Vili, Viliam, Wiliam, Will, Willis, Willyam, Wylliam. Caractérologie : savoir, méditation, intelligence, indépendance, décision.

Williams 2 000

Protecteur résolu (germanique). Masculin anglais. On peut estimer que moins de 30 enfants seront prénommés ainsi en 2015. Caractérologie : force, ambition, passion, résolution, habileté.

Willy  16 000 TOP 2000

Protecteur résolu (germanique). En dehors de l'Hexagone, Willy est plus particulièrement porté dans les pays anglophones et en Suisse alémanique. Variantes : Willi, Willie. Caractérologie : rectitude, humanité, rêve, ouverture d'esprit, sympathie.

Wilmer

Volonté, renommée (germanique). Masculin anglais. Ce prénom est porté par moins de 30 personnes en France. Caractérologie : stratégie, achèvement, vitalité, leadership, ardeur.

Wilson 2 000 TOP 2000

Fils de William (anglais). Plus fréquent sous forme de patronyme anglophone. Variante : Williamson. Caractérologie : diplomatie, raisonnement, détermination, sociabilité, réceptivité.

Winfried

Ami de la paix (germanique). Masculin allemand. Ce prénom est porté par moins de 30 personnes en France. Variante : Winfrid. Caractérologie : sagacité, connaissances, spiritualité, volonté, originalité.

Winston 120

Pierre de joie (anglais). Masculin anglais. Caractérologie : sens des responsabilités, famille, équilibre, influence, décision.

Winter

Hiver (anglais). Masculin anglais. Ce prénom est porté par moins de 100 personnes

ÉVOLUTION DES PRATIQUES D'ATTRIBUTION DES PRÉNOMS
DE 1900 À NOS JOURS

Depuis l'assouplissement de la législation, en 1993, le répertoire des prénoms s'est élargi d'un tiers. Une expansion sans précédent qui s'explique par l'arrivée massive de prénoms nouveaux, et par la multiplication de variantes en tout genre. Qu'ils soient régionaux ou venus d'ailleurs, anciens ou inventés, ces prénoms originaux participent du désir des parents de donner une identité unique à leurs enfants (voir l'article dédié à ce sujet). Tant de changements en un peu plus d'un siècle… Nos arrière-grands-parents n'auraient jamais pu rêver avoir un tel embarras du choix ! Il faut dire que l'on recensait sept fois moins de prénoms attribués en 1900 qu'aujourd'hui.

La diversité, reflet de notre société moderne

En termes de diversité, la situation entre les deux époques est incomparable. S'il suffisait de citer 46 prénoms masculins et 60 prénoms féminins pour couvrir 80 % des naissances en 1900, il en faut respectivement… 450 et 970 aujourd'hui ! Le graphique ci-dessous montre l'accélération de cette tendance dans les années 1990. Notons que le nombre de prénoms est pratiquement deux fois moins élevé au masculin. La preuve que le registre féminin génère davantage d'innovations… du moins pour le moment.

Évolution du nombre de prénoms représentant 80 % des attributions entre 1900 et 2010.

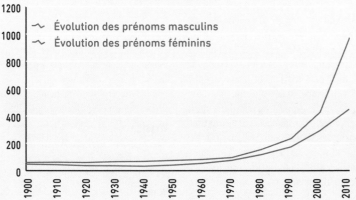

Au début du XXe siècle, la faible diversité des choix engendrait une surreprésentation des prénoms phares dans la population. Songeons à cette réalité : en 1900, l'éventail des dix prénoms les plus attribués suffisait à désigner 42 % des bébés nés dans une maternité. Autrement dit, un nouveau-né avait pratiquement une chance sur 10 de se voir attribuer un prénom porté par la moitié des enfants du même sexe nés la même année. Les statistiques étaient encore plus impitoyables si le prénom choisi était en tête du palmarès. Ce qui, pendant la première partie du XXᵉ siècle, fut le cas de Marie et Jean. Il n'est pas étonnant que Marie ait été, en 1900, attribué à une fille sur 11. Par comparaison, Louise devrait être attribué à une fille sur 80 en 2015. Ainsi, Louise a bien plus de chances d'être unique dans une classe d'école que Marie au siècle dernier ! Dans le graphique ci-dessous, le poids relatif de ces prénoms phares chute brutalement à la fin des années 1960. Notons que l'écart entre les filles et les garçons se resserre nettement au milieu des années 1990.

Les 10 prénoms les plus attribués, exprimés en pourcentage d'attribution entre 1900 et 2010.

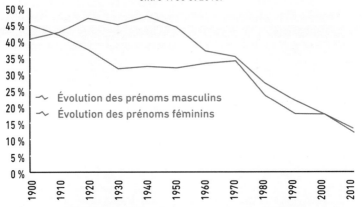

Le poids croissant des prénoms rares

Inévitablement, les prénoms rares représentent une part croissante du stock national des prénoms. Ainsi, la majorité des prénoms recensés (soit plus de 18 000 d'entre eux) sont portés par moins de 100 personnes en France aujourd'hui. Par contraste, le répertoire de prénoms portés par 10 000 à 100 000 Français est inférieur à 500 prénoms. Il diminue dramatiquement si l'on recherche les prénoms portés par plus de 500 000 individus : seuls Marie, Jean et Michel peuvent en effet répondre à cet appel. Ces témoins du temps passé ne laisseront pas d'héritiers susceptibles d'être aussi massivement portés…

en France. Caractérologie : ambition, force, management, passion, habileté.

Wissam  1 500

Honoré de médailles (arabe). Variantes : Ouisam, Ouissam, Wisam. Caractérologie : pratique, communication, enthousiasme, détermination, adaptation.

Wissem  1 500

Honoré de médailles (arabe). Variantes : Ouisem, Ouissem, Wisem. Caractérologie : sagacité, spiritualité, connaissances, originalité, décision.

Wit

Vie (polonais), blanc (néerlandais). Wit est plus particulièrement usité en Pologne et aux Pays-Bas. Ce prénom est porté par moins de 30 personnes en France. Variante : Dewitt. Caractérologie : connaissances, spiritualité, philosophie, sagacité, originalité.

Wladimir 750

Règne glorieux (slave). Variantes : Waldi, Waldimir. Caractérologie : passion, force, habileté, résolution, ambition.

Wladislaw 350

Gouverneur puissant et renommé (slave). Prénom polonais. Variantes : Vladislas, Vladislav, Vladislaw, Wadislas, Wadislav, Wadyslas, Wadyslaw, Wladislas, Wladislav, Wladyslaw. Caractérologie : énergie, originalité, découverte, audace, décision.

Wolf

Loup (germanique). Dans l'Hexagone, Wolf est plus traditionnellement usité en Alsace. Ce prénom est porté par moins de 100 personnes en France. Variantes : Wolff, Wulf. Caractérologie : médiation, fidélité, relationnel, adaptabilité, intuition.

Wolfgang 500

Loup qui avance (germanique). Masculin allemand. Variante : Wolfang. Caractérologie : persévérance, sécurité, structure, efficacité, cœur.

Woody 120

Règne glorieux (slave). Masculin anglais. Caractérologie : audace, direction, indépendance, dynamisme, volonté.

Wulfran 140

Loup, corbeau (germanique). Variante : Wulfram. Caractérologie : curiosité, dynamisme, courage, résolution, analyse.

Wyatt  900

Combat, courage (germanique). Se rapporte également à un ancien patronyme anglo-saxon. Caractérologie : force, passion, management, ambition, habileté.

Xabi  450

Maison neuve (basque). Caractérologie : idéalisme, intégrité, altruisme, réflexion, dévouement.

Xan  400

Dieu fait grâce (hébreu). Prénom basque. Caractérologie : pragmatisme, optimisme, créativité, sociabilité, communication.

Xavier 102 000

Maison neuve (basque). Jésuite missionnaire au XVIᵉ siècle, saint François-Xavier partit, à la demande du pape Paul III, prêcher en Indes orientales et au Japon. Il est le patron des missionnaires. Variantes : Jabier, Xabier, Xaver, Xidi. Caractérologie : connaissances, sagacité, spiritualité, détermination, volonté.

Xian

Sophistiqué, compétent (chinois). Ce prénom est porté par moins de 30 personnes en France. Caractérologie : détermination, créativité, adaptation, optimisme, communication.

Xuan 130

Printemps, jeunesse (vietnamien). Caractérologie : famille, équilibre, sens des responsabilités, influence, exigence.

• •

Yaacov 170

Supplanter, talonner (hébreu). Caractérologie : méthode, engagement, fiabilité, réussite, ténacité.

Yacin 750

Se rapporte aux premières lettres de la 36ᵉ sourate du Coran (arabe). Caractérologie : sagacité, connaissances, décision, spiritualité, cœur.

Yacine 13 000

Se rapporte aux premières lettres de la 36ᵉ sourate du Coran (arabe). Ce prénom est particulièrement porté dans les cultures musulmanes. Caractérologie : communication, enthousiasme, pratique, résolution, sympathie.

Yaël 3 000

Forme basque et bretonne de Joël : Dieu est Dieu (hébreu). Au féminin, Yaël est un prénom biblique dont l'étymologie est différente. Caractérologie : connaissances, spiritualité, sagacité, originalité, bonté.

Yamine 🏵 1 000 **TOP 2000** ⬇
Fleur de jasmin (arabe). Variante : Yamin. Caractérologie : persévérance, décision, structure, sécurité, réussite.

Yan 🏵 5 000 **TOP 2000** ↘
Dieu fait grâce (hébreu). Yan est également un patronyme chinois et un nom qui signifie : « hirondelle ». Ce prénom slave occidental est aussi un choix traditionnel basque. Variante : Yanne. Caractérologie : sécurité, persévérance, efficacité, structure, honnêteté.

Yanaël 🏵 1 000 **TOP 1000** ➡
Combinaison de Yan et des prénoms se terminant par « aël ». Caractérologie : amitié, invention, fiabilité, engagement, ténacité.

Yani 🏵 800 **TOP 700** ↗
Dieu fait grâce (hébreu). Variante : Yanni. Caractérologie : efficacité, persévérance, détermination, structure, sécurité.

Yanick 🏵 2 000
Dieu fait grâce (hébreu). On peut estimer que moins de 30 enfants seront prénommés ainsi en 2015. Caractérologie : humanité, rectitude, sympathie, rêve, résolution.

Yanis 🏵 48 000 **TOP 50** 🔍 ↘
Dieu fait grâce (hébreu). Variantes : Yanice, Yaniss, Yanisse, Yannice. Caractérologie : découverte, audace, énergie, résolution, originalité.

Yann 🏵 81 000 **TOP 200** ↘
Dieu fait grâce (hébreu). Masculin français et breton. Caractérologie : humanité, rectitude, tolérance, générosité, rêve.

Yannick 🏵 82 000 **TOP 900** ⬇
Dieu fait grâce (hébreu). Masculin français et breton. Variantes : Yanic, Yanik, Yaniv, Yannic, Yannig, Yannik. Caractérologie : curiosité, dynamisme, courage, sympathie, résolution.

Yannis 🏵 13 000 **TOP 300** 🔍 ⬇
Dieu fait grâce (hébreu). Voir Yanis. Caractérologie : direction, dynamisme, indépendance, audace, détermination.

Yao
Né un jeudi (akan) Ce prénom d'Afrique de l'Ouest est principalement recensé au Ghana, au Togo et en Côte d'Ivoire. Yao est également un patronyme et un nom qui fut porté par un roi légendaire chinois au IIIe siècle avant J.-C. Ce prénom est porté par moins de 100 personnes en France. Caractérologie : curiosité, charisme, indépendance, dynamisme, courage.

Yasin 🏵 2 000 **TOP 600** ↘
Se rapporte aux premières lettres de la 36e sourate du Coran (arabe). Variante : Yasine. Caractérologie : énergie, détermination, découverte, audace, originalité.

Yasser 🏵 1 500 **TOP 400** ↗
Riche (arabe). Variante : Yacer. Caractérologie : bienveillance, conscience, conseil, paix, détermination.

Yassin 🏵 4 000 **TOP 600** ➡
Se rapporte aux premières lettres de la 36e sourate du Coran (arabe). Caractérologie : bienveillance, paix, conseil, conscience, décision.

YANIS

Fête : 24 juin

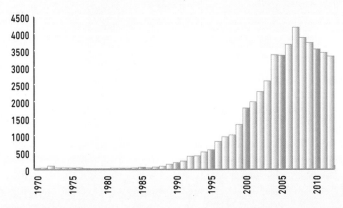

Étymologie : de l'hébreu *iohanan*, « Dieu fait grâce ». Après avoir embrassé les prénoms irlandais (Kylian), anglophones (Ethan), espagnols (Esteban) et italiens (Enzo, Matteo), les Français ont adopté cette forme grecque de Jean. Cette découverte est tardive puisque Yanis ne dépasse même pas le seuil des 70 naissances avant 1988. Qui aurait pu prédire l'engouement dont il fait l'objet la décennie suivante ? Sa croissance est telle qu'il intègre le top 20 français en 2006. Il devrait se poster au 25ᵉ rang du classement national cette année.

La fortune de Yanis a favorisé l'apparition de déclinaisons dont les sonorités sont proches : Yannis, Ianis, Iannis, Yanice, Yaniss et Yanisse émergent discrètement. Plus répandu que ces derniers, Anis progresse dans la communauté musulmane de France. Il grandit aujourd'hui dans le top 200 national.

En dehors de l'Hexagone, ou de la Grèce dont il est originaire, Yanis fait des émules dans les contrées francophones. Après avoir conquis la Wallonie, il se profile à l'horizon des prénoms québécois et vient de percer dans le top 50 suisse romand.

Personnalité célèbre : Iannis Xenakis (1922-2001), musicien français d'origine grecque.

Statistiques : Yanis est le 26ᵉ prénom masculin le plus donné en France depuis le début du XXIᵉ siècle. On peut estimer qu'il sera attribué à un garçon sur 150 en 2015.

Yassine 15 000

Se rapporte aux premières lettres de la 36ᵉ sourate du Coran (arabe). Ce prénom est particulièrement répandu dans les communautés musulmanes francophones. Caractérologie : sociabilité, diplomatie, réceptivité, décision, loyauté.

Yassir 950 TOP 700 →

Riche (arabe). Caractérologie : autonomie, autorité, innovation, énergie, ambition.

Yasuo

Calme, pacifique (japonais). Ce prénom est porté par moins de 30 personnes en France. Caractérologie : humanité, rectitude, rêve, ouverture d'esprit, générosité.

Yazid  3 000 TOP 600 →

Le meilleur (arabe). Variante : Yazide. Caractérologie : intuition, ressort, médiation, relationnel, réalisation.

Yehiel

Que le Seigneur vive (hébreu). Ce prénom est porté par moins de 100 personnes en France. Caractérologie : audace, direction, dynamisme, action, bonté.

Yéhouda  130

Remercier (hébreu). Caractérologie : savoir, intelligence, volonté, méditation, réalisation.

Yen

Paix, hirondelle (vietnamien). Ce prénom est porté par moins de 30 personnes en France. Caractérologie : achèvement, vitalité, ardeur, stratégie, leadership.

Yeram

Bande d'oiseaux (arménien). Ce prénom est porté par moins de 30 personnes en France. Caractérologie : habileté, force, détermination, réalisation, ambition.

Yeraz

Rêve (arménien). Ce prénom est porté par moins de 30 personnes en France. Caractérologie : communication, décision, pragmatisme, optimisme, action.

Ylan  3 000 TOP 200

Arbre (hébreu). Variante : Ylann. Caractérologie : connaissances, spiritualité, sagacité, originalité, bonté.

Ylenzo 250 TOP 800

Combinaison de la lettre Y et du prénom Lenzo. Ce nouveau prénom est en vogue dans les communautés gitanes francophones aujourd'hui. Caractérologie : tolérance, sagacité, amitié, bonté, caractère.

Ylies 1 000 TOP 500

Qui vient de Dieu (arabe), le Seigneur est mon Dieu (hébreu). Variante : Yliess. Caractérologie : savoir, méditation, intelligence, sympathie, résolution.

Yoah

Dieu, frère (hébreu). Ce prénom est porté par moins de 30 personnes en France. Caractérologie : structure, sécurité, persévérance, efficacité, honnêteté.

Yoan  15 000 TOP 400

Dieu fait grâce (hébreu). En dehors de l'Hexagone, Yoan est particulièrement répandu dans les pays slaves. C'est aussi un prénom traditionnel basque et breton.

Caractérologie : autorité, ambition, autonomie, énergie, innovation.

Yoann 41 000 TOP 400 →

Dieu fait grâce (hébreu). Dans l'Hexagone, Yoann est plus traditionnellement usité en Bretagne et au Pays basque. Variantes : Ioannis, Yoane, Yoanne. Caractérologie : paix, bienveillance, conscience, sagesse, conseil.

Yoav 160

Dieu, père (hébreu). Caractérologie : humanité, ouverture d'esprit, rêve, réalisation, rectitude.

Yoël 600 TOP 2000 ↗

Dieu est Dieu (hébreu). Caractérologie : pragmatisme, communication, créativité, optimisme, sympathie.

Yohan  23 000 TOP 300 ↘

Dieu fait grâce (hébreu). Masculin français et basque. Caractérologie : rectitude, tolérance, générosité, rêve, humanité.

Yohann  22 000 TOP 600 ↘

Dieu fait grâce (hébreu). Masculin français. Variantes : Yohanan, Yohane, Yohanne. Caractérologie : dynamisme, courage, indépendance, curiosité, charisme.

Yolan  550 TOP 1000 →

Aube (grec), violette (latin). Variante : Yoland. Caractérologie : méthode, ténacité, engagement, sympathie, fiabilité.

Yon 300 ↘

Colombe (hébreu). Caractérologie : humanité, rectitude, rêve, ouverture d'esprit, générosité.

Yonaël

Variation de Jonaël. Ce prénom est porté par moins de 100 personnes en France. Caractérologie : humanité, rectitude, bonté, idéalisme, ouverture d'esprit.

Yonah

Colombe (hébreu). Ce prénom est porté par moins de 100 personnes en France. Caractérologie : réflexion, rêve, partage, fiabilité, intégrité.

Yonathan 350 TOP 2000 ↑

Dieu a donné (hébreu). Caractérologie : finesse, vitalité, achèvement, stratégie, ardeur.

Yoni 3 000 TOP 700 ↓

Colombe (hébreu). Masculin français. Variantes : Yona, Yonni, Yony. Caractérologie : rectitude, humanité, rêve, générosité, tolérance.

Yoram 250 ↗

Nom sacré (grec). Caractérologie : rectitude, rêve, ouverture d'esprit, humanité, réalisation.

Yoran 300 →

Dieu est exalté (hébreu). Caractérologie : dynamisme, audace, direction, décision, indépendance.

Yorick 850 ↓

Labourer le sol (grec). Dans l'Hexagone, Yorick est plus traditionnellement usité au Pays basque. Variantes : Yorik, Yorrick. Caractérologie : idéalisme, altruisme, analyse, intégrité, réflexion.

Yoris
300 TOP 2000

Variation de Joris ou combinaison de prénoms présentant ces sonorités (exemples : Yohan et Loris). Caractérologie : courage, séduction, indépendance, charisme, curiosité.

Youcef
4 000 TOP 400

Équivalent arabe de Joseph : Dieu ajoutera (hébreu). Caractérologie : optimisme, créativité, cœur, pragmatisme, communication.

Youen
700 TOP 900

If (celte). Dans l'Hexagone, Youen est plus traditionnellement usité en Bretagne. Caractérologie : habileté, passion, ambition, force, cœur.

Youenn
1 500 TOP 700

If (celte). Prénom breton. Variantes : Youen, Youn. Caractérologie : méthode, cœur, ténacité, engagement, fiabilité.

Younès
11 000 TOP 100

Proche de Dieu (arabe). Ce prénom est particulièrement répandu dans les communautés musulmanes francophones. Variantes : Yunus, Younus. Caractérologie : idéalisme, cœur, réflexion, intégrité, altruisme.

Youness
2 000 TOP 500

Proche de Dieu (arabe). Variantes : Younesse, Younous, Youns, Younsse. Caractérologie : autorité, innovation, énergie, amitié, ambition.

Youri
3 000 TOP 900

Forme francisée de Yuri, l'équivalent russe de Georges. Variantes : Iouri, Youry.

Caractérologie : méditation, intelligence, raisonnement, savoir, indépendance.

Youssef
13 000 TOP 100

Équivalent arabe de Joseph : Dieu ajoutera (hébreu). Ce prénom est particulièrement répandu dans les communautés musulmanes francophones. Variantes : Yossef, Yousef, Youssaf. Caractérologie : sociabilité, réceptivité, diplomatie, loyauté, bonté.

Youssouf
1 500 TOP 500

Équivalent arabe de Joseph : Dieu ajoutera (hébreu). Caractérologie : conscience, bienveillance, conseil, paix, sagesse.

Yunus
850 TOP 900

Équivalent arabe de Jonas : colombe (hébreu). Caractérologie : innovation, ambition, énergie, cœur, autorité.

Yusuf
2 000 TOP 400

Dieu ajoutera (hébreu). Caractérologie : relationnel, intuition, fidélité, adaptabilité, médiation.

Yvain
500

If (celte). Masculin français et breton. Caractérologie : force, ambition, réussite, habileté, décision.

Yvan
22 000 TOP 800

Dieu fait grâce (hébreu). Yvan est répandu dans les pays slaves et anglophones. Variantes : Yvani, Yovan. Caractérologie : vitalité, achèvement, ardeur, stratégie, réussite.

Yvane
200

Dieu fait grâce (hébreu). Caractérologie : méthode, engagement, fiabilité, réalisation, ténacité.

Yvann 1 500 TOP 700 →
Dieu fait grâce (hébreu). Caractérologie : structure, efficacité, persévérance, sécurité, réalisation.

Yves 158 000 TOP 2000 ⌄
If (celte). Yves s'est diffusé en Bretagne dès le Moyen Âge en raison du culte voué à Yves Hélori de Kermartin (1250-1303), son saint patron. Avocat de profession, il se rendit populaire en défendant brillamment les plus pauvres avant de devenir prêtre. Yves est sorti de son berceau breton au début du XXᵉ siècle et s'est progressivement diffusé dans l'Hexagone. Il s'est imposé dans les 10 premiers rangs masculins à la fin des années 1940. À l'image d'Yves Saint Laurent (1936-2008), Yves est spécifiquement français. On peut estimer que moins de 30 enfants seront prénommés ainsi en 2015. Variantes : Iv, Ivelin, Ioen, Yvelin, Yven, Wanig. Caractérologie : force, ambition, passion, réussite, habileté.

Yves-Marie 1 000
Forme composée de Yves et Marie. Caractérologie : rectitude, humanité, rêve, résolution, réalisation.

Yvon 29 000 ↓
If (celte). Masculin français et breton. On peut estimer que moins de 30 enfants seront prénommés ainsi en 2015. Variantes : Ivon, Ivonig. Caractérologie : persévérance, structure, efficacité, sécurité, caractère.

Yvonnick 1 500
If (celte). On peut estimer que moins de 30 enfants seront prénommés ainsi en 2015. Variantes : Yvonic, Yvonick, Yvonnic. Caractérologie : dynamisme, courage, caractère, logique, curiosité.

Z

Zacharia 600 TOP 2000 ↗
Dieu se souvient (hébreu). Attribué dans le Pays basque et les pays de cultures musulmanes, ce prénom d'origine hébraïque est plus multiculturel qu'il n'y paraît. Variantes : Sakaria, Zacharias, Zackaria, Zaccharia. Caractérologie : structure, persévérance, efficacité, sécurité, honnêteté.

Zacharie 3 000 TOP 400 →
Dieu se souvient (hébreu). Un pape du VIIIᵉ siècle et plusieurs saints ont illustré ce prénom. Saint Zacharie, le père de saint Jean-Baptiste, est fêté le 5 novembre. ◇ Dans l'Ancien Testament, Zacharie le Prophète fait accélérer la reconstruction du Temple de Jérusalem. Variantes : Zaccharie, Zachari, Zakarie. Caractérologie : stratégie, vitalité, ardeur, achèvement, détermination.

LES PRÉNOMS ANTI-COTE

Les parents qui souhaitent attribuer un prénom anti-cote sont de plus en plus nombreux. Afin de faciliter leurs recherches, nous avons sélectionné des prénoms qui devraient être attribués à moins de 50 enfants en 2016. Ils sont classés ci-dessous par ordre décroissant de fréquence pour chaque période donnée.

• Les anti-cote du début du XXᵉ siècle (1900-1929)

René, Maurice, Raymond, Fernand, Alfred, Alphonse, Edmond, Marie, Claude, Raoul, Roland, Désiré, Adolphe, Noël, Norbert, Yvon, Edgard, Gervais, Jean-Marie, Honoré, Casimir, Walter, Valéry.

• Les anti-cote de la période 1930-1949

Bernard, Gérard, Claude, Jean-Pierre, Guy, Yves, Robert, Gilbert, Roger, Roland, Jean-Claude, Noël, Fernand.

• Les anti-cote de la période 1950-1979

Pascal, Didier, Gilles, Jean-Pierre, Serge, Patrice, Hervé, Jean-Luc, Francis, Jean-Marc, Jean-François, Jean-Michel, Jean-Paul, Jean-Louis, Jérôme, Fabrice, Bertrand, Régis, Jacky, Roger, Jean-Jacques, Jean-Philippe, Jean-Yves, Cyrille, Hubert, Jean-Christophe, Gérald, Farid, Stephan, Carlos, Erick, Gildas, Wilfried, François-Xavier.

• Les anti-cote de la période 1980-1999

Rodolphe, Jérôme, Patrick, Thierry, Ghislain, Ludovic, Hervé, Sylvain, Pierre-Yves, Stephen, Renaud, Jean-Sébastien, Yannick, Wilfrid, Jamel, Frederick, Harold, Frank, Steve, Ronald.

• Les anti-cote dans les années 2000

Voir l'encart « Vous avez dit "désuet" ? » p. 209.

Zachary　🏴 1 500　**TOP 500** →
Dieu se souvient (hébreu). Masculin anglais. Variantes : Zacchary, Zackary. Caractérologie : direction, audace, dynamisme, indépendance, action.

Zack　🏴 500　**TOP 700** ↑
Dieu se souvient (hébreu). Caractérologie : courage, dynamisme, indépendance, curiosité, organisation.

Zadig　🏴 300　**TOP 800** ↑
Passage (hébreu). Zadig est également le personnage central de *Zadig ou la Destinée*, un conte philosophique de Voltaire resté célèbre, publié pour la première fois en 1747. Caractérologie : ressort, diplomatie, sociabilité, réceptivité, réalisation.

Zahir
 450 **TOP 1000**

Rayonnant (arabe). Variantes : Zaher, Zaïr, Zohir. Caractérologie : achèvement, vitalité, ardeur, leadership, stratégie.

Zaïd
 450 **TOP 1000**

L'ascète (arabe). Variante : Zayd. Caractérologie : méthode, ténacité, engagement, fiabilité, sens du devoir.

Zakaria
 8 000 **TOP 200**

Dieu se souvient (hébreu). Variantes : Zakari, Zakariya, Zakarya. Caractérologie : ténacité, méthode, fiabilité, sens du devoir, engagement.

Zakary
 500 **TOP 2000**

Dieu se souvient (hébreu). Zakary est plus particulièrement usité dans les pays anglophones. Caractérologie : énergie, innovation, ambition, autorité, action.

Zaki
 400 **TOP 2000**

Intelligent, pur (arabe). Variante : Zéki. Caractérologie : réceptivité, sociabilité, loyauté, diplomatie, bonté.

Zébulon

Exalté (hébreu). Ce prénom est porté par moins de 30 personnes en France. Caractérologie : découverte, audace, énergie, originalité, attention.

Zénon
 250

Hospitalier (grec). Variante : Zeno. Caractérologie : sociabilité, bonté, réceptivité, diplomatie, loyauté.

Zéphirin
 180

Vent doux (grec). Variante : Zéphyrin. Caractérologie : paix, conscience, conseil, bienveillance, action.

Zéphyr
 200 **TOP 2000**

Vent doux (grec). Dans la mythologie grecque, Zéphyr était la personnification divine des vents. Variante : Zéphir. Caractérologie : audace, indépendance, dynamisme, ressort, direction.

Zéphyrin

Vent doux (grec). Dans l'Hexagone, ce prénom est plus traditionnellement usité au Pays basque. Ce prénom est porté par moins de 100 personnes en France. Caractérologie : sécurité, persévérance, structure, action, efficacité.

Ziad
 1 000 **TOP 600**

Croissance (arabe). Variantes : Ziyad, Ziyed, Zyed. Caractérologie : ténacité, fiabilité, méthode, engagement, sens du devoir.

Zian
 300

Élégant (arabe). Zian est le héros du roman de Frison Roche *Premier de cordée*. Son succès n'a pas eu d'impact immédiat sur le prénom puisque le premier Zian de France est né en 1993, cinquante ans après la date de parution du livre. Caractérologie : curiosité, dynamisme, découverte, séduction, audace.

Zidane
400

Ce patronyme a été enregistré en tant que prénom à l'état civil pour la première fois en 1948. Caractérologie : courage, dynamisme, curiosité, indépendance, détermination.

Zied
 500 **TOP 2000**

Croissance (arabe). Caractérologie : habileté, ambition, passion, force, management.

Les effets de la globalisation n'épargnent pas les prénoms. De Melbourne à Washington, en passant par Paris, les stars du moment partent à la conquête de vastes empires. Ainsi, Adam, Ethan, Gabriel, Liam, Lucas (luca, Lukas), Gabriel, Nathan, Noah, Oscar, Samuel et Léo rencontrent un succès retentissant en Europe et dans les pays anglophones. Chez les filles, c'est à l'échelle planétaire qu'Anna, Alice (Alicia), Emma, Chloé, Éva (Ava), Léa, Lily, Olivia et Sophia (Sofia) se propagent. Dans le même temps, la décote des stars d'hier prend des ampleurs inédites. Ainsi, après avoir longtemps brillé, Nicholas, Thomas, Laura et Lucie (Lucy) accusent une décroissance généralisée dans de nombreux pays.

L'engouement pour les prénoms venus d'ailleurs est l'une des dynamiques de cette globalisation. Il permet la diffusion de prénoms oubliés, de choix inédits, inventés ou débusqués à l'autre bout du monde. Les parents désireux de trouver la perle rare ont d'autant plus de facilité qu'Internet leur ouvre toutes les frontières. Cette liberté s'est traduite par l'essor de prénoms hindous, perses, et indiens d'Amérique (exemples : Cheyenne, Indira) aux États-Unis comme en Angleterre. En France, cette quête d'exotisme a introduit des nouveautés chinoises (Meï, Tao), indiennes (Uma, Mani, Rohan), japonaises (Ken, Hanaé), slaves (Milan, Vadim, Mila, Tania), scandinaves (Liv, Solveig, Nils, Sven) et tahitiennes (Teva, Moana). Sans oublier l'introduction d'innombrables succès européens.

Au milieu de cette déferlante, la vague des prénoms anglo-américains est toujours puissante, mais l'influence des choix européens est devenue incontournable. La percée de petits noms italiens (Clara, Giulia, Enzo, Matteo), grecs (Yanis), espagnols (Inès, Lola, Diego, Mateo, Pablo) et irlandais (Aïdan, Evan, Liam, Nolan) n'est pas uniquement observée dans leurs terres d'origine. Ils se répandent dans toute l'Europe et bien au-delà (outre-Atlantique notamment).

Évidemment, tous les prénoms ne s'exportent pas n'importe où. Les succès de Maëlys, de Camille, Romane et Manon n'ont guère fait d'émules en dehors des contrées francophones. Il est vrai que ces sonorités sont spécifiquement françaises. Reste que pour s'adapter à un pays d'accueil, de petits moyens font souvent l'affaire. Pour s'épanouir en terres hispano-phones, Anna se déleste souvent d'un « n ». Pour séduire les parents anglophones, quoi de plus simple pour Nicolas que d'arborer un « h » ? Il arrive aussi qu'un prénom change du tout au tout. C'est le cas d'Ethan qui s'est transformé en Izan pour conquérir l'Espagne. Une stratégie qui porte ses fruits.

Ziggy

Diminutif allemand et anglophone de Siegfried : victoire, paix (germanique). Ce prénom est porté par moins de 100 personnes en France. **Caractérologie** : médiation, autonomie, intuition, ambition, audace.

Zinedine  2 000 **TOP 700**

L'emblème de la religion (arabe). Variantes : Zine, Zineddine. Forme composée : Zine-Eddine. **Caractérologie** : curiosité, dynamisme, indépendance, courage, charisme.

Zlatko

Doré (slave). Masculin slave méridional. Ce prénom est porté par moins de 100 personnes en France. **Caractérologie** : structure, persévérance, sécurité, efficacité, gestion.

Zoël

Vie (grec). Ce prénom est porté par moins de 30 personnes en France. **Caractérologie** : méthode, ténacité, sens du devoir, fiabilité, engagement.

Zohéir 160

Rayonnant (arabe). Variantes : Zohaïr, Zoher, Zohir, Zouhaïr, Zouheïr. **Caractérologie** : idéalisme, altruisme, réflexion, dévouement, intégrité.

Zoran 650 **TOP 2000**

Fleur, blancheur lumineuse (arabe). Prénom slave méridional. **Caractérologie** : diplomatie, loyauté, réceptivité, détermination, sociabilité.

Zuri

Blanc (basque). Ce prénom est porté par moins de 30 personnes en France. **Caractérologie** : diplomatie, loyauté, réceptivité, sociabilité, bonté.

Zyad 700 **TOP 700**

Croissance (arabe). **Caractérologie** : relationnel, connaissances, fidélité, réalisation, médiation.

Sondage :

Comment les parents choisissent-ils les prénoms de leurs enfants ?

Vous connaissez le sexe de votre bébé, mais au troisième trimestre de grossesse, vous hésitez encore sur le prénom à lui attribuer. Il faut dire que vous êtes exigeant(e) : ce prénom doit avoir une belle sonorité, il doit s'accorder avec votre patronyme et se conformer à bien d'autres critères. Cette situation est-elle courante ? Comment les autres parents choisissent-ils les prénoms de leurs enfants ? C'est dans l'objectif de répondre à ces questions qu'un sondage a été mis en ligne sur le site **MeilleursPrenoms.com** du 1er juillet 2014 au 1er juin 2015.

Le questionnaire s'adressait aux parents et aux futurs parents. Au total, 829 personnes (dont 590 femmes) y ont répondu. La plupart des personnes interrogées (600 d'entre elles) habitaient en France, les autres résidaient principalement en Belgique, au Canada ou en Suisse. Plus du tiers des personnes sondées (35 %) attendaient un enfant au moment où elles ont participé au sondage.

◖ DES ÉLÉMENTS DÉTERMINANTS DANS LE PROCESSUS DE CHOIX

La sonorité, jugée très importante pour 60 % des parents, vient largement en tête des critères de choix. Viennent ensuite l'harmonie du prénom avec le patronyme et son originalité. Bien évidemment, d'autres éléments sont également pris en considération. Ainsi, la connotation sociale du prénom et son étymologie pèsent dans la balance, tout comme la mode, qui peut devenir un critère éliminatoire. Ainsi, un tiers des parents affirment avoir expressément évité les prénoms à la mode. Dans le même temps, le poids des traditions diminue : un prénom porté par un aïeul est jugé « très important » pour 3 % de sondés seulement. Mais le plus important est sans doute que 98 % des parents ne regrettent pas leur choix, quel qu'il soit.

◖ DE LA CONCEPTION À L'INSCRIPTION SUR LES REGISTRES D'ÉTAT CIVIL

La recherche d'un prénom peut sembler ardue et pourtant, elle reste une source de bonheur tranquille (dans 87 % des cas, le choix n'a pas occasionné de conflits). Pour préserver cette sérénité, une majorité de futurs parents évitent de partager leurs idées de prénoms avec leurs proches (famille ou amis). Pour ce qui est du timing, un tiers d'entre eux prennent le temps de mûrir leur décision en repoussant leur choix à la fin de la grossesse. Un nombre non négligeable de parents (16 %) affirme même avoir attendu le jour de la naissance pour arrêter leur décision. Et que l'on ne croie pas que ce choix soit la seule affaire du père ou de la mère. Dans l'immense majorité des cas, la décision est prise à deux. Un choix facilité pour 85 % des sondés qui demandent à connaître à l'avance le sexe de l'enfant. Pour ceux qui hésitent encore sur le premier prénom à donner, pas de panique, ils peuvent se rattraper sur leur deuxième ou troisième choix : en la matière, une majorité de parents inscrivent trois prénoms sur les registres d'état civil.

Ci-après les questions qui ont été posées aux parents et leurs réponses, exprimées en pourcentage.

Éléments influençant le choix d'un prénom

Quels ont été/sont selon vous les éléments ayant le plus d'importance dans la détermination du prénom de votre enfant ?

Belle sonorité	
Très important	60 %
Assez important	35 %
Peu important	3 %
Aucune importance	1 %
Expressément évité	0 %
Critère non applicable	1 %
Accord entre le prénom et le patronyme	
Très important	20 %
Assez important	38 %
Peu important	25 %
Aucune importance	14 %
Expressément évité	1 %
Critère non applicable	2 %
Originalité (prénom inconnu ou peu commun dans l'Hexagone au moment de l'attribution)	
Très important	22 %
Assez important	34 %
Peu important	25 %
Aucune importance	12 %
Expressément évité	4 %
Critère non applicable	3 %

Éléments influençant le choix d'un prénom *(suite)*

Connotation sociale du prénom	
Très important	20 %
Assez important	38 %
Peu important	25 %
Aucune importance	14 %
Expressément évité	1 %
Critère non applicable	2 %
Étymologie (origine et sens) d'un prénom	
Très important	20 %
Assez important	30 %
Peu important	31 %
Aucune importance	16 %
Expressément évité	1 %
Critère non applicable	2 %
Créativité	
Très important	8 %
Assez important	9 %
Peu important	16 %
Aucune importance	23 %
Expressément évité	26 %
Critère non applicable	18 %
Caractère identitaire (le prénom évoque une appartenance communautaire ou religieuse)	
Très important	8 %
Assez important	12 %
Peu important	18 %
Aucune importance	30 %
Expressément évité	18 %
Critère non applicable	14 %
Prénom porté par une personnalité célèbre, un héros de littérature, de cinéma ou de télévision	
Très important	5 %
Assez important	6 %

Éléments influençant le choix d'un prénom *(suite)*

Peu important	16 %
Aucune importance	37 %
Expressément évité	20 %
Critère non applicable	16 %
Prénom porté par un aïeul	
Très important	3 %
Assez important	7 %
Peu important	25 %
Aucune importance	40 %
Expressément évité	14 %
Critère non applicable	11 %
Prénom à la mode	
Très important	5 %
Assez important	10 %
Peu important	25 %
Aucune importance	25 %
Expressément évité	29 %
Critère non applicable	6 %
Votre opinion...	
Pour ou contre parler de ses idées de prénoms à ses proches ?	
Pour	45 %
Contre	55 %
Le choix du prénom de votre enfant est / a-t-il été une source de conflits ?	
Oui	13 %
Non	87 %
En aviez-vous parlé à vos proches (famille) ?	
Oui	42 %
Non	58 %
En aviez-vous parlé à vos amis ?	
Oui	40 %
Non	60 %

Éléments influençant le choix d'un prénom *(suite)*

Vous êtes déjà parent...
Qui a eu une influence déterminante dans le choix du prénom ?
Choix de prénom du premier bébé

Le père	15 %
La mère	20 %
Les deux parents	65 %
Autre influence	0 %

Vous avez choisi le prénom que vous avez donné à votre premier enfant...

Avant la grossesse	18 %
Durant les deux premiers trimestres	35 %
Durant le troisième trimestre	31 %
Le jour de la naissance ou juste après	16 %

Garçon ou fille ?
Durant la grossesse, vous avez demandé quel serait le sexe de votre premier enfant...

Oui	85 %
Non	15 %

Deux, trois, quatre prénoms...
Combien de prénoms avez-vous inscrits sur la fiche d'état civil à la naissance de votre premier enfant ?

Un seul prénom	27 %
Deux prénoms	25 %
Trois prénoms	42 %
Quatre prénoms et plus	6 %

Vous avez choisi un prénom rare.
Vous avez découvert ce prénom pour la toute première fois...

Dans un magazine	2 %
Dans un livre ou une encyclopédie sur les prénoms	10 %
Sur un site internet	20 %
Ce prénom est porté par une personnalité	10 %
Vous estimez l'avoir inventé	5 %
Des amis ou connaissances ont donné ce prénom à leur enfant	3 %

Éléments influençant le choix d'un prénom *(suite)*

Vous ne vous rappelez plus la façon dont vous avez découvert ce prénom	8 %
Vous avez entendu ce prénom dans un lieu public (exemple : un parent a appelé un enfant ainsi)	12 %
Autre	30 %

Avez-vous inventé le prénom que vous avez attribué à votre enfant ?

Oui	6 %
Non	94 %

Regrettez-vous le prénom que vous avez attribué à votre enfant ?

Oui	2 %
Non	98 %

Si oui, le prénom est-il jugé :

	Oui	Non
Trop répandu	15 %	85 %
Trop rare	17 %	83 %
Trop classique	11 %	89 %
Trop original	15 %	85 %
Trop connoté socialement	9 %	91 %
Ne correspond pas au tempérament de l'enfant	4 %	96 %
Ce prénom mixte a changé de genre dominant	10 %	90 %

Prénoms en fête

Les prénoms ci-dessous sont classés par ordre alphabétique et sont accompagnés de leurs jours de fête. Cette sélection inclut des prénoms répandus et d'autres qui le sont moins mais dont la croissance est prometteuse. Les prénoms cités dans les encadrés thématiques de cet ouvrage (prénoms régionaux, courants de prénoms dans le vent, palmarès des prénoms francophones, etc.) figurent dans ce répertoire.

A

Aaron	1er juillet
Abel	5 août
Abélard	5 août
Abraham	20 décembre
Achille	12 mai
Adam	16 mai
Adrian	8 septembre
Adrien	8 septembre
Aidan	23 août
Aimé	13 septembre
Alain	9 septembre
Alan	9 septembre ou 27 novembre
Alaric	29 septembre
Alban	22 juin
Albert	15 novembre
Albin	1er mars
Aldo	17 septembre
Aldric	7 janvier
Alex	22 avril
Alexandre	22 avril
Alexis	17 février
Alexy	17 février
Alfred	15 août
Alix	9 janvier
Aloïs	25 août
Alphonse	1er août
Amadéo	30 mars
Amaury	9 août
Ambroise	7 décembre
Amédée	30 mars
Anatole	3 février
André	30 novembre
Andrea	30 novembre
Ange	5 mai

Angel	27 janvier
Angelo	27 janvier
Anselme	21 avril
Anthime	27 avril
Anthony	13 juin
Antoine	13 juin
Antonin	5 mai
Antonio	13 juin
Antony	13 juin
Armand	23 décembre
Armel	16 août
Arnaud	10 février
Arno	10 février
Arthur	15 novembre
Aubin	1er mars
Audran	7 février
Auguste	7 octobre
Augustin	28 août
Aurel	20 juillet
Aurèle	20 juillet
Aurélien	16 juin
Austin	28 août
Axel	21 mars
Aymeric	4 novembre

B

Balthazar	6 janvier
Baptiste	24 juin
Barnabé	11 juin
Barthélémy	24 août
Basile	2 janvier
Bastien	20 janvier
Baudouin	17 octobre
Benjamin	31 mars
Benoît	11 juillet
Béranger	26 mai

Bérenger	26 mai
Bernard	20 août
Bertrand	6 septembre
Bilal	Pas de fête connue
Blaise	3 février
Boris	2 mai
Brendan	16 mai
Briac	18 décembre
Brian	18 décembre
Brice	13 novembre
Brieuc	1er mai
Bruno	6 octobre
Bryan	18 décembre

C

Cameron	14 juillet
Camille	14 juillet
Carl	2 mars, 4 novembre
Casimir	4 mars
Cédric	7 janvier
Célestin	19 mai
Célian	21 octobre
César	15 avril
Charles	2 mars, 4 novembre
Charley	2 mars, 4 novembre
Charlie	2 mars, 4 novembre
Charly	2 mars, 4 novembre
Chris	21 août
Christian	12 novembre
Christophe	21 août
Christopher	21 août

Claude .... 15 février
Clément .... 23 novembre
Cléo .... 19 octobre
Clovis .... 25 août
Colin .... 6 décembre
Côme .... 26 septembre
Conrad .... 26 novembre
Constant .... 23 septembre
Constantin .... 21 mai
Corentin .... 12 décembre
Cyprien .... 16 septembre
Cyriaque .... 8 août
Cyril .... 18 mars
Cyrille .... 18 mars

D

Damien .... 26 septembre
Dan .... 11 décembre
Daniel .... 11 décembre
Danny .... 11 décembre
Dany .... 11 décembre
Dave .... 29 décembre
David .... 29 décembre
Davy .... 20 septembre
Denis .... 9 octobre
Didier .... 23 mai
Diego .... 23 mai
Dimitri .... 26 octobre
Dimitry .... 26 octobre
Dominique .... 8 août
Domitien .... 7 mai
Donald .... 15 juillet
Donatien .... 24 mai
Donovan .... 15 juillet
Dorian .... 25 octobre
Doryan .... 25 octobre
Dustin .... 21 juin
Dylan ...... Pas de fête connue

E

Eddy .... 5 janvier
Edgar .... 8 juillet
Edmond .... 20 novembre
Édouard .... 5 janvier
Edwin .... 12 octobre
Élian .... 20 juillet
Élias .... 20 juillet
Élie .... 20 juillet

Eliot .... 20 juillet
Eliott .... 20 juillet
Elliot .... 20 juillet
Elliott .... 20 juillet
Éloi .... 1er décembre
Elouan .... 28 août
Émeric .... 4 novembre
Émile .... 22 mai
Émilien .... 12 novembre
Emmanuel .... 25 décembre
Enguerrand ...... 25 octobre
Enzo .... 13 juillet
Éric .... 18 mai
Erik .... 18 mai
Ernest .... 7 novembre
Erwan .... 19 mai
Erwann .... 19 mai
Erwin .... 25 avril
Estéban .... 26 décembre
Ethan .... Pas de fête
connue
Étienne .... 26 décembre
Eudelin .... 19 novembre
Eudes .... 19 novembre
Eugène .... 13 juillet
Evan .... 3 mai
Even .... 3 mai
Evrard .... 14 août
Ewen .... 3 mai

F

Fabian .... 20 janvier
Fabien .... 20 janvier
Fabio .... 20 janvier
Fabrice .... 22 août
Fantin .... 30 août
Félicien .... 9 juin
Félix .... 12 février
Ferdinand .... 30 mai
Fernand .... 27 juin
Firmin .... 11 octobre
Florent .... 4 juillet
Florentin .... 24 octobre
Florestan .... 5 octobre
Florian .... 4 mai
Francesco .... 24 janvier,
4 octobre

Francis .... 24 janvier,
4 octobre
Franck .... 24 janvier,
4 octobre
François .... 24 janvier,
4 octobre
Freddy .... 18 juillet
Frédéric .... 18 juillet
Frederick .... 18 juillet

G

Gabin .... 19 février
Gabriel .... 29 septembre
Gaël .... 17 décembre
Gaétan .... 7 août
Gary .... 5 décembre
Gaspard .... 28 décembre,
6 janvier
Gaston .... 6 février
Gatien .... 18 décembre
Gauthier .... 9 avril
Gautier .... 9 avril
Geoffrey .... 8 novembre
Geoffroy .... 8 novembre
Georges .... 23 avril
Gérald .... 5 décembre
Gérard .... 3 octobre
Germain .... 28 mai
Ghislain .... 10 octobre
Gianny .... 24 juin
Gilbert .... 7 juin
Gildas .... 29 janvier
Gilles .... 1er septembre
Gino .... 16 juin
Giovanni .... 24 juin
Glenn .... 11 septembre
Gontran .... 28 mars
Gonzague .... 21 juin
Goulven .... 1er juillet
Grégoire .... 3 septembre
Grégory .... 3 septembre
Guibert .... 7 juin
Guilhem .... 28 mai
Guillaume .... 10 janvier
Gurvan .... 3 mai
Gustave .... 7 octobre
Guy .... 12 juin

301

Gwenael .... 3 novembre
Gwendal .... 18 janvier

H

Habib .... 27 mars
Hadrien .... 8 septembre
Harold .... 1er novembre
Harry .... 13 juillet
Henri .... 13 juillet
Henry .... 13 juillet
Herbert .... 20 mars
Hervé .... 17 juin
Hippolyte .... 13 août
Honoré .... 16 mai
Howard .... 16 mai
Hubert .... 3 novembre
Hugo .... 1er avril
Hugues .... 1er avril
Humbert .... 25 mars
Hyacinthe .... 17 août

I

Igor .... 5 juin
Ioan .... 24 juin
Isaac .... 20 décembre
Isidore .... 4 avril
Ivan .... 24 juin

J

Jack .... 3 mai, 25 juillet
Jacky .... 3 mai, 25 juillet
Jacob .... 20 décembre
Jacques .... 3 mai, 25 juillet
James .... 3 mai, 25 juillet
Jan .... 24 juin
Jason .... 12 juillet
Jean .... 24 juin
Jean-Baptiste .... 24 juin
Jeff .... 8 novembre
Jefferson .... 8 novembre
Jeffrey .... 8 novembre
Jérémie .... 1er mai
Jérémy .... 1er mai
Jérôme .... 30 septembre
Jerry .... 30 septembre
Jessy .... 4 novembre
Jim .... 3 mai, 25 juillet
Jimmy .... 3 mai, 25 juillet

Joachim .... 26 juillet
Joan .... 24 juin
Jocelyn .... 13 décembre
Joël .... 13 juillet
Joey .... 13 juillet
Joffrey .... 8 novembre
Johann .... 24 juin
John .... 24 juin
Johnny .... 24 juin
Jonas .... 21 septembre
Jonathan .... 1er mars
Jordan .... 13 février
Jordane .... 13 février
Jordi .... 23 avril
Jordy .... 23 avril
Joris .... 23 avril
José .... 19 mars
Joseph .... 19 mars
Joshua .... 1er septembre
Josselin .... 13 décembre
Josué .... 1er septembre
Judicaël .... 17 décembre
Jules .... 12 avril
Julian .... 2 août
Julien .... 2 août
Juste .... 14 octobre
Justin .... 1er juin

K

Karl .... 2 mars, 4 novembre
Kelian .... 8 juillet
Kenny .... 11 octobre
Kevin .... 3 juin
Kilian .... 8 juillet
Killian .... 8 juillet
Kylian .... 8 juillet
Kyllian .... 8 juillet

L

Ladislas .... 27 juin
Landry .... 10 juin
Laurent .... 10 août
Lazare .... 23 février
Léandre .... 27 février
Lenaïc .... 18 août
Léo .... 10 novembre
Léocadie .... 9 décembre

Léon .... 10 novembre
Léonard .... 6 novembre
Léopold .... 15 novembre
Liam .... 10 janvier
Lilian .... 27 juillet
Lionel .... 10 novembre
Loan .... 28 août
Loïc .... 25 août
Loïck .... 25 août
Loïs .... 25 août
Lorenzo .... 10 août
Loris .... 10 août
Lou .... 25 août
Louis .... 25 août
Louison .... 25 août
Louka .... 18 octobre
Loup .... 29 juillet
Luc .... 18 octobre
Luca .... 18 octobre
Lucas .... 18 octobre
Lucien .... 8 janvier
Ludovic .... 25 août
Ludwig .... 25 août
Luigi .... 25 août
Luis .... 25 août
Luka .... 18 octobre

M

Maël .... 24 mai
Malcolm .... 9 juin
Malo .... 15 novembre
Malory .... 15 novembre
Manoël .... 25 décembre
Manuel .... 25 décembre
Manuela .... 25 décembre
Marc .... 25 avril
Marceau .... 16 janvier
Marcel .... 16 janvier
Marcelin .... 6 avril
Marco .... 25 avril
Marin .... 3 mars
Marius .... 19 janvier
Martial .... 30 juin
Martin .... 11 novembre
Mateo .... 21 septembre
Mathéis .... 21 septembre
Mathéo .... 21 septembre

302

Mathias	14 mai
Mathieu	21 septembre
Mathis	21 septembre
Mathurin	14 mars
Matisse	21 septembre
Matteo	21 septembre
Matthew	21 septembre
Matthias	14 mai
Matthieu	21 septembre
Maurice	22 septembre
Max	14 avril
Maxence	26 juin
Maxime	14 avril
Maximilien	14 août
Maximin	29 mai
Mayeul	11 mai
Médard	8 juin
Médéric	29 août
Melchior	6 janvier
Michaël	29 septembre
Michel	29 septembre
Mickaël	29 septembre
Miguel	29 septembre
Mikaël	29 septembre
Mike	29 septembre
Moïse	4 septembre
Morgan	8 octobre

N _____

Narcisse	29 octobre
Nathan	24 août
Nathanaël	24 août
Nelson	3 février
Nestor	26 février
Nicolas	6 décembre
Niels	6 décembre
Nils	6 décembre
Noah	10 novembre
Noé	10 novembre
Noël	25 décembre
Nolan	6 décembre
Norbert	6 juin

O _____

Octave	20 novembre
Olivier	12 juillet
Oscar	3 février
Othon	2 janvier

Otto	2 janvier

P _____

Pablo	29 juin
Pacôme	9 mai
Paolo	29 juin
Pascal	17 mai
Patrice	17 mars
Patrick	17 mars
Paul	29 juin
Paulin	11 janvier
Peter	29 juin
Philémon	22 novembre
Philibert	3 mai
Philippe	3 mai
Pierre	29 juin
Pierrick	29 juin
Placide	5 octobre
Pol	12 mars
Prosper	25 juin

Q _____

Quentin	31 octobre

R _____

Rafaël	29 septembre
Ralph	7 juillet
Ramon	7 janvier
Randy	21 juin
Raoul	7 juillet
Raphaël	29 septembre
Raymond	7 janvier
Régis	16 juin
Rémi	15 janvier
Rémy	15 janvier
Renan	1er juin
Renato	19 octobre
Renaud	17 septembre
René	19 octobre
Reynald	17 septembre
Richard	3 avril
Robert	30 avril
Roberto	30 avril
Robin	30 avril
Roch	16 août
Rodolphe	21 juin
Rodrigue	13 mars
Roger	30 décembre

Roland	15 septembre
Romain	28 février
Roman	28 février
Romaric	10 décembre
Roméo	25 février
Romuald	19 juin
Ronan	1er juin
Ruben	22 août
Rudy	21 juin
Ryan	8 mars

S _____

Sacha	22 avril
Salomon	25 juin
Sam	20 août
Sammy	20 août
Samson	28 juillet
Samuel	20 août
Samy	20 août
Sasha	22 avril
Saturnin	29 novembre
Scott	28 juillet
Sean	24 juin
Sébastien	20 janvier
Segal	18 octobre
Séraphin	12 octobre
Serge	7 octobre
Séverin	27 novembre
Siméon	18 février
Simon	28 octobre
Stanislas	11 avril
Steeve	26 décembre
Steeven	26 décembre
Stefan	26 décembre
Stéphane	26 décembre
Stephen	26 décembre
Steve	26 décembre
Steven	26 décembre
Sven	26 février
Sydney	21 août
Sylvain	4 mai
Sylvestre	31 décembre

T _____

Tanguy	19 novembre
Teddy	9 novembre
Téo	9 novembre
Terence	21 juin

Terry .... 21 juin
Théo .... 9 novembre
Théodora .... 11 février
Théodore .... 9 novembre
Théophile .... 13 octobre
Théotime .... 16 mai
Thibaud .... 8 juillet
Thibaut .... 8 juillet
Thierry .... 1er juillet
Thomas .... 28 janvier,
3 juillet
Tiago .... 25 juillet
Tim .... 26 janvier
Timéo .... 25 janvier
Timothé .... 26 janvier
Timothée .... 26 janvier
Timothy .... 26 janvier
Titouan .... 13 juin
Tom .... 28 janvier,
3 juillet
Tommy .... 28 janvier,
3 juillet
Tony .... 13 juin
Tristan .... 12 novembre
Trystan .... 12 novembre
Tyrone .... 1er octobre

U
Ugo .... 1er avril
Ulrich .... 10 juillet
Urbain .... 19 décembre
Uriel .... 1er octobre

V
Vadim .... 15 juillet
Valentin .... 14 février
Valère .... 1er avril
Valérian .... 1er avril
Valériane .... 1er avril
Valéry .... 1er avril
Venceslas .... 28 septembre
Victor .... 21 juillet
Victorien .... 23 mars
Vincent .... 22 janvier,
27 septembre
Virgil .... 5 mars
Virgile .... 5 mars
Vital .... 28 avril

Vivien .... 10 mars
Vladimir .... 15 juillet

W
Walter .... 9 avril
Wassily .... 2 janvier
Werner .... 19 avril
Wilfrid .... 12 octobre
Wilfried .... 12 octobre
Wilhem .... 10 janvier
William .... 10 janvier
Willy .... 10 janvier
Wladimir .... 15 juillet

X
Xavier .... 3 décembre

Y
Yaël .... 13 juillet
Yan .... 24 juin
Yanis .... 24 juin
Yann .... 24 juin
Yannick .... 24 juin
Yannis .... 24 juin
Yoan .... 24 juin
Yoann .... 24 juin
Yohan .... 24 juin
Yohann .... 24 juin
Youcef .... 19 mars
Youri .... 23 avril
Youssef .... 19 mars
Yvain .... 19 mai
Yvan .... 24 juin
Yves .... 19 mai
Yvon .... 19 mai

Z
Zacharie .... 5 novembre
Zachary .... 5 novembre
Zakaria .... 5 novembre
Zéphir .... 26 août
Zéphirin .... 26 août